평생교육론

이기원 · 한영상 · 박선태 · 정혜선 · 명근홍 · 장순휘 공저

LIFELONG EDUCATION

양 성 원

머리말

제4차 산업혁명의 물결이 전 세계를 휩쓸고 있다. 이 용어는 2016년 세계경제포럼(World Economic Forum: WEF)에서 처음 언급된 이후, 정보통신기술(ICT) 기반의 새로운 산업시대를 대표하는 용어가 되었다. 즉, 인공지능(AI), 사물 인터넷(IoT), 클라우드 컴퓨팅, 빅데이터, 모바일 등 지능정보기술이 경제 · 사회 전반에 융합되어 혁신적인 변화를 가져오고 있다. 이러한 삶의 전 분야에서 발생하고 있는 변화는 우리로 하여금 새로운 라이프스타일과 삶의 지식을 요구하고 있다. 평생교육학적 관점에서 보면 평생학습의 시대가 도래된 것이다.

다시 말해 현대를 살아가는 우리는 끊임없는 자기 계몽의 필요 속에 살고 있다. 즉, 과학기술의 발달로 인한 새로운 지식이 수없이 쏟아지는 시대를 놓치지 않고 따라가기 위해서는 지속적으로 새로운 지식을 깨우쳐 나가는 방법밖에 없다. 여기서 우리는 평생학습의 필요성을 갖게 되는 것이다.

따라서 본 책은 평생교육에 종사하는 전문가 및 평생교육을 전공하는 학생들에게는 전문 지식과 영역을 탐구할 수 있는 가이드 역할을 하기 위해서 시작되었다. 즉, 평생교육사나 평생교육 분야에 종사하는 이들에게 평생교육에 대한 종합적인 이해를 하는데 도움을 줄 수 있기를 희망하는 마음에서 집필을 하였다.

이를 위해 본 책은 4부 총13장으로 구성하였다. 구체적으로 1부 평생교육의 이론적 기초는 총3개의 장으로 구성되었는데, 1장 평생교육의 기초에서는 평생교육의 개념, 평생교육의 이념과 필요성, 평생교육의 영역 및 특성과 평생교육의 유사개념에 대해 소개하였고, 2장 평생교육의 발달과정에서는 외국의 평생교육 역사와 한국의 평생교육 역사에 대해 기술하였으며, 3장 현대사회와 평생교육에서는 현대사회의 특징 및 평생학습사회의 특징에 대해 소개하였다.

2부 평생교육행정 및 경영에서는 총4개의 장으로 구성하였는데, 4장 평생교육정책에서는 평생교육정책, 한국의 평생학습 정책 및 영역별 평생교육청책에 대해 소개하였고, 5장 평생교육제도에서는 평생교육제도와 평생교육사에 대해 기술하였으며, 6장 평생교육행정 및 조직에서는 평생교육 추진체계, 평생교육 행정기관 및 평생교육 행정과 조직에 대해 소개하였고, 7장 평생교육경영 및 리더십에서는 평생교육경영, 평생교육과 리더십 및 평생교육 교수자에 대해 기술하였다.

3부 평생교육방법과 교수체제설계에서는 2개의 장으로 구성하였는데, 8장 평생교육방법 및 평가에서는 평생교육 교수자의 개념과 역할, 교수역량의 개념과 구성요소, 효과적인 교수·학습방법 및 평생교육평가에 대해 소개하였고, 9장 평생교육 교수체제설계에서는 교수체제설계 및 교수체제설계의 모형에 대해 기술하였다.

4부 대상별 평생교육의 실제에서는 4개의 장으로 구성하였는데, 10장 청소년 평생교육에서는 청소년기 발달, 청소년의 권리와 사회적 책임, 형식교육으로서의 청소년 평생교육 및 비형식교육으로서의 청소년 평생교육에 대해 소개하였고, 11장 성인 평생교육에서는 성인의 발달, 성인학습자의 특성 및 성인 평생교육 실태에 대해 기술하였고, 12장 노인 평생교육에서는 노인에 대한 이해, 노인 평생교육의 개념과 필요성 및 노인 평생교육 프로그램의 운영 실태에 대해 소개하였고, 13장 기타 대상별 평생교육에서는 장애인 평생교육, 여성 평생교육, 농업인 평생교육, 학부모 평생교육, 군인 평생교육, 북한이탈주민 평생교육 및 다문화 평생교육에 대해 자세하게 기술하였다.

본 책을 통해 평생교육과 평생학습에 대해 관심을 가지고 있는 전문가와 예비 전문가가 평생교육과 평생학습에 대한 자신감을 가질 수 있기를 바라고, 또한 이 책을 통해 인식의 확장을 경험하고 배우는 즐거움을 가지는 시간을 갖기를 바라는 마음이다.

끝으로 이 책을 출판할 수 있도록 도와주신 양성원의 강철원 대표님과 출판사 관계 직원 여러분께 감사의 마음을 전한다.

2023년 2월

저자 일동

차례

PART

2 평생교육행정 및 경영

PART 3 평생교육방법과 교수체제설계

PART 4 대상별 평생교육의 실제

PART 1

평생교육의 이론적 기초

Chapter

01 평생교육의 기초

배울내용

1. 평생교육의 개념
2. 평생교육의 이념과 필요성
3. 평생교육의 영역 및 특성
4. 평생교육의 유사개념

학습목표

1. 평생교육의 개념을 이해한다.
2. 평생교육의 이념을 설명할 수 있다.
3. 평생교육의 필요성을 파악한다.
4. 평생교육법에 의한 평생교육기관의 유형을 파악한다.
5. 평생교육 학습영역을 구분할 수 있다.
6. 평생교육의 특성을 설명할 수 있다.
7. 평생교육의 유사개념들의 차이를 설명할 수 있다.

1. 평생교육의 개념

평생교육의 개념은 오랜 역사를 통해 다양한 개념으로 정의되어 왔기 때문에 한 마디로 정의하기는 매우 어려운 측면이 있다. 평생교육은 원래 프랑스어로 'L'education permanente'이고 영어로는 'lifelong education'이며, 우리나라에서는 '평생교육', 중국에서는 '종생교육', 일본에서는 '생애교육'으로 사용하고 있다. 랑그랑(Lengrand, 1975)은 평생교육을 "개인의 출생에서부터 죽을 때까지 전 생애에 걸친 교육의 통합"이라고 하였으며, 데이브(Dave, 1976)는 "삶의 질을 향상시키기 위하여 평생토록 이루어지는 모든 형태의 형식적 · 비형식적 학습활동"이라고 정의하고 있다.

평생교육의 개념을 「평생교육법」에서는 "평생교육이란 학교의 정규교육과정을 제외한 학력보완교육, 성인기초 · 문자해득교육, 직업능력향상교육, 인문교양교육, 문화예술교육, 시민참여교육 등을 포함하는 모든 형태의 조직적인 교육활동을 말한다"로 정의하고 있다. 우리나라 학자들이 주장하고 있는 평생교육에 대한 정의는 〈표 1-1〉과 같다.

표 1-1 평생교육에 대한 정의

구분	내용
한정란(2008)	평생교육은 인간이 자기발달 단계에서 최대한 잠재력을 발휘하고 자신의 발달과정에 효율적으로 적응해 나갈 수 있도록 하는 것
김진영, 김남진(2009)	평생교육은 모든 교육을 포함하는 개념으로 사람이 태어나서 죽을 때까지 배워야 하며 가정, 학교, 사회 등 사람이 살아가는 모든 장소에서 학습이 이루어질 수 있는 통합적인 교육의 최상위 개념으로서 모든 실천적 영역을 포함하는 이념
임봉순(2012)	평생교육을 특정 기간 동안 특정 장소에서 받게 되는 학교 교육만으로는 충족시킬 수 없는 성인의 다양한 학습욕구의 만족을 위하여 언제, 어디서나 원하는 교육을 받을 수 있도록 하는 열린교육 체제
차갑부(2014)	평생교육을 개인의 출생에서 사망 전까지의 수직적 통합과 가정과 학교를 포함한 모든 생활공간의 수평적 통합을 통하여 언제, 어디서나 필요할 때 자신의 학습욕구를 충족시킬 수 있는 형식적 · 비형식적 · 무형식적 교육 활동

구분	내용
한석주(2015)	평생교육을 인간의 삶의 과정에서 생존능력을 증대하고 삶의 질을 향상시키기 위한 평생의 과정을 통해서 이루어지는 한 사회의 모든 형태의 형식적 · 비형식적인 학습활동의 전부

지금까지의 평생교육에 대한 정의를 종합해 보면, 평생교육이라는 용어는 매우 다양한 관점에서 기술되고 있다는 것을 알 수 있다. 일반적으로 평생교육은 삶(life), 평생(lifelong)과 교육(education)의 세 가지 개념이 내포되어 있는 용어로, 개인이 한 평생 살아가는 동안 갖게 되는 모든 교육을 의미한다. 랑그랑은 평생교육을 개인의 출생에서 시작하여 죽을 때까지 계속되는 모든 교육을 통합하는 활동으로 보았는데, 즉 평생교육은 수직적이고 수평적 차원이 통합된 특성을 지닌 교육이라고 주장하였다. 평생교육이 수직적이라는 의미는 평생교육의 대상이 요람에서 무덤까지, 즉 유아, 아동, 청소년, 성인, 노인을 포함한다는 의미하며, 수평적이라는 의미는 인간의 생활공간인 가정, 학교, 사회, 직장, 가상공간 등을 포함한다는 것을 의미한다(김진숙 외, 2018).

2. 평생교육의 이념과 필요성

랑그랑

평생교육의 이념은 1965년 프랑스 파리에서 개최된 '세계성인교육발전회의(International Committee for the Advancement of Adult Education: ICAE)'에서 의장을 맡은 랑그랑이 제출한 토의 자료 「영구 교육(L'education permanente)」이라는 보고서를 통해 최초로 언급되었다(박선희, 2020). 랑그랑은 보고서의 서두에 "교육은 아동기 · 청소년기에 정지되는 것이 아니라, 인간이 태어나는 순간부터 계속되어야 하는 것이다"라고 기술하였다(차갑부, 2014). 이후 유네스코(UNESCO)는 1970년을 '세계교육의 해'로 공포하여 평생교육을 기본 이념으로 삼았으며, 이를 통해 평생교육이 세계의 관심을 끌게 되었다. 이듬해 1973년 유네스코(UNESCO) 한국위원회가 '평생교육 발전 세미나'를 개최하면서 평생교육의 개념이 국내에도 점차 보급되었다.

평생교육에 대한 광의의 개념은 유아부터 노년까지 전 생애에 걸쳐 인간 개인의 성숙과 사회적 성장을 추구하는 교육을 총칭하는 것이며, 협의의 개념은 대한민국의 「평생교육법」 제2조에서 정의하는 바와 같이 정규교육과정을 제외한 성인을 대상으로 하는 교육활동을 의미한다고 할 수 있다.

그동안 대한민국에서 평생교육은 성인교육 및 지역사회 개발에 중추적인 역할을 담당하여 왔다. 구체적으로 교육부는 2002년에 '평생교육진흥기본계획'을 처음 시행한 이후, 총4차례에 걸쳐 5개년 계획을 시행해 성인의 학습기회 확대와 평생교육 기능의 강화를 위해 노력해 왔다(이경아, 2008). 또한 2015년 세계교육포럼에서는 '인천 선언'을 통해 변혁적 교육과 모두를 위한 평생학습기회 진흥이라는 2030년까지의 교육 비전을 제시하였다.

랑그랑이 의도하는 평생교육이라는 용어가 단순히 성인교육을 일생 계속하는 것이라는 의미만은 아니다. 장래의, 각자 평생을 통한 교육의 지도 이념을 나타내는 통합적 용어로, 성인교육을 재편성하고 그것과 동시에 학교교육을 포함해서 교육제도를 재편성하는 것도 포함하고 있다. 그는 평생교육을 학습사회의 근본원리(keystone)로 제시하였던 것이다. 즉, 평생교육의 원리를 통합성의 바탕 위에서 랑그랑은 〈그림 1-1〉과 같이 제시하였다.

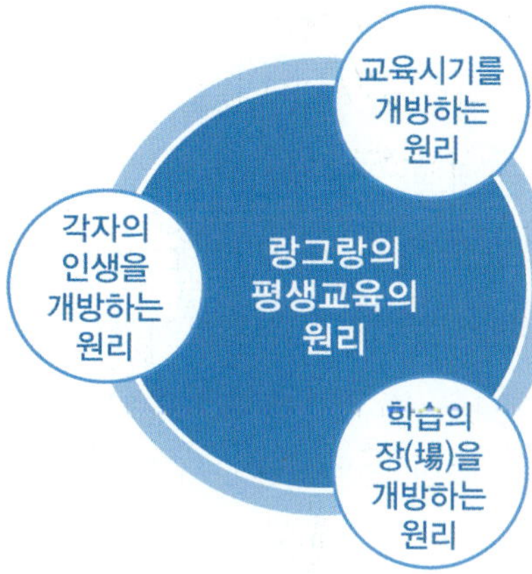

그림 1-1 랑그랑의 평생교육의 원리

첫째, 교육시기를 개방하는 원리이다. 전통적인 교육에서는 청소년을 교육의 대상으로 삼아 학습의 시기를 제한하였다. 그러나 수직적 통합이 가능하게 되면, 각자 일생 동안 적당한 시기에 학습의 기회를 선택할 수 있게 된다. 고도 지식사회의 출현은 학교교육 이후의 교육(Post-initial Education)을 중요하게 여기지 않을 수 없게 되었다.

둘째, 학습의 장(場)을 개방하는 원리이다. 종래의 교육에서 교육의 기회균등은 사실, 학교교육의 기회를 의미하는 것이 많았다. 그러나 성인의 학습의 장(場)은 학교이기보다는 직장, 매스 미디어, 도서관, 가정이다. 학습의 장이 사회생활 전반에 걸쳐져 있는 것이다. 또한 청소년의 경우도 교사가 교실에서 교과서를 사용하고 지도하는 학교만이 학습의 장이 아니다. 친구와 노는 지역사회도, 가사를 돕거나 TV를 보는 가정도 중요한 학습의 장이다. 이러한 지역사회나 가정의 생활경험이 학교에서의 학습을 유효하게 하기도 한다. 결론적으로 청소년, 성인의 학습의 장은 학교에 한정되지 않고 생활 공간 전체가 되는 것이다.

셋째, 각자의 인생을 개방하는 원리이다. 랑그랑은 자기를 형성하고 자기를 교육하고 진보한다는 인간존재의 항구적 내지 보편적인 요구를 수용한 교육이념을 확립하고

자 하였다. 왜냐하면 살아간다는 것은 개인이나 모든 사람에게 있어 항상 도전의 연속을 의미하기 때문이다. 따라서 인간의 발달은 청년기까지만이 아니라 고령기에 이르기까지 평생에 걸친 발달이라는 데 관심을 두어야 한다. 또한 개개인의 생애발달을 가능하게 하는 교육의 시간과 장소가 개방되어야 한다. 이렇게 되면 개인은 타인의 인격을 고려하여 자유로운 의사결정을 행하면서 인생을 개척해 나갈 수 있기 때문이다. 이런 자유로운 의사결정이 가능한 교육은 민주주의를 발달시키고 나아가 평화와 국제이해를 진전시키리라는 것이 랑그랑의 주장이다.

평생교육의 창시자인 랑그랑은 자신의 보고서에 기존의 교육체제의 통합원리로서 평생교육의 이념과 평생교육의 필요성 및 활성화 방안을 제시하였다(UNESCO, 1976). 랑그랑의 보고서에서는 평생교육의 이념을 〈표 1-2〉와 같이 기술하고 있다.

표 1-2 평생교육의 이념

- 인간의 행복을 위해서는 요람에서 무덤에 이르기까지 전 생애를 걸쳐 교육기회를 보장해야 한다.
- 평생교육은 전 생애에 걸쳐 인간발달을 통합한다는 관점에서 다양한 교육의 조합과 통합을 해야 한다.
- 평생교육을 실현하기 위해서는 노동일수의 조정, 교육휴가, 문화휴가 등의 제도적인 장치를 마련해 주어야 한다.
- 초 · 중 · 고 · 대학은 학생들만 교육할 것이 아니라 지역사회 학교 및 지역문화센터로서의 역할을 해야 한다.
- 인간의 행복을 위해서는 교육의 본질적 모습에 충실한 교육 이념을 확보해야 한다.

그리고 랑그랑의 보고서에서는 평생교육이 필요한 이유를 〈표 1-3〉과 같이 9가지를 제시하고 있다.

표 1-3 평생교육의 필요성

- 시대의 변화에 따른 규범이나 관습 개념의 급속한 변화
- 인구의 증가와 평균수명의 연장으로 인한 교육의 양적 확대와 질적 변화
- 과학기술의 진보와 산업 직업 구조의 변화
- 정치적 변동
- 정보매체의 발달과 정보처리능력 필요성의 증대
- 여가의 증대와 활용
- 생활양식과 인간관계의 위기
- 현대인의 정신과 육체의 부조화
- 사회적 관념의 위기를 해결하기 위한 정체감의 형성

따라서 랑그랑이 보고서에서 주장한 평생교육의 관점은 〈표 1-4〉와 같다.

표 1-4 평생교육의 관점

- 현재의 교육체제는 교육을 청소년기에 한정시키고 있는 것에 비해, 평생교육은 전 생애에 걸친 것으로 본다.
- 현재의 교육체제는 지식의 습득에 중심을 둔 추상적인 것인데 비해, 평생교육은 지적, 정의적, 심미적, 직업적, 정치적, 신체적인 면을 모두 다루고 있다.
- 현재의 교육체제는 직업교육과 일반교육, 형식교육과 비형식교육, 학교교육과 학교 외 교육 등 여러 가지 교육활동을 분리하고 있는 데 비해, 평생교육은 인격의 전체적, 유기적인 발달을 고려하여 여러 가지 교육 간의 연결 내지 결합을 시도하고 있다.
- 현재의 교육체제는 지금까지 축적된 지식을 다음 세대에 전달하는 것을 교육의 목적으로 보는 데 비해, 평생교육은 인간을 지속적으로 탐구하며 교육활동을 전개하는 것을 교육의 목적으로 본다.
- 현재의 교육체제는 교육적인 규제 및 외부에서의 강제에 의해 주입식 교육을 하는 데 비해, 평생교육은 개성이나 특성에 따라 자발적, 자주적으로 성장 발달해 가는 것에 중점을 둔다.
- 현재의 교육체제는 교육을 문화유산을 전달하는 수단으로 보고 있는 것에 비해, 평생교육의 관점에서는 교육을 끊임없는 자기발전의 과정으로 본다.
- 현재의 교육체제는 교육을 선별의 도구로 사용하는 데 비해, 평생교육은 인간이 가지고 있는 자질을 일생에 걸쳐 발달단계에 따라 활용하는 것으로 본다.
- 현재의 교육체제는 초등학교, 대학, 기술전문학교 등에 한정하고 있는 데 비해, 평생교육은 교육이라는 것을 친구관계, 가족, 직장, 교회, 정당, 노동조합, 클럽 등 사람들의 실제생활에 관련된 모든 환경이나 상황까지 확대시키는 것으로 한다.

- 현재의 교육체제는 형식적 교육 위주로 진행되지만, 평생교육은 교육의 기회를 선택할 때 부여된 환경 중에서 이용 가능한 매체의 여부, 혹은 개인이나 사회의 능력에 따라서 적용할 수 있다.
- 현재 교육체제의 교육은 교사에 의해 행해지는 것으로 생각하는 데 비해, 평생교육은 때와 상황에 따라 사회 전체가 교육의 기회를 제공하는 것으로 본다.

개인 차원에서도 성인들은 전 생애에 걸쳐 학력 보완, 직업역량 개발, 문화 향유 등을 목적으로 평생학습에 참여하여 왔다(김진화 외, 2010). 끊임없이 배우고자 하는 자기계발 시대에 도입하면서 한국 성인의 평생학습 참여율은 꾸준히 증가했으며, 2020년 평생학습 참여율은 전체 42.1%(비형식 교육이 41.3%, 형식교육 1.6%)로 국민 10명당 4명이 평생학습에 참여한 것으로 나타났다.

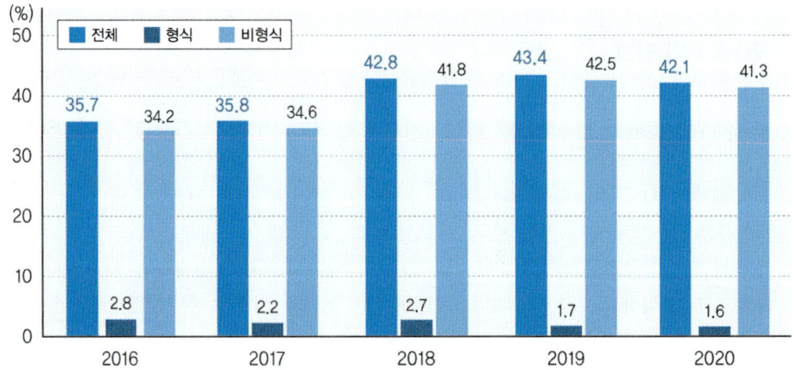

$$\text{평생학습 참여율(\%)} = \frac{\text{형식교육참여자} + \text{비형식교육참여자} - \text{동시참여자}}{\text{한국의 성인 인구}} \times 100$$

그림 1-2 평생학습 참여율

출처: 교육부, 국가평생교육진흥원(2021). 2020 평생교육백서.

3. 평생교육의 영역 및 특성

1) 「평생교육법」에 의한 평생교육기관 유형

평생교육기관은 여러 가지 기준에 따라 유형화할 수 있지만 1999년 제정된 「평생교육법」 제2조 제2항은 평생교육기관의 유형을 크게 세 가지로 구분하고 있다. 첫째, 「평생교육법」에 따라 인가 · 등록 · 신고된 시설 · 법인 또는 단체이다. 둘째, 「학원의 설립 · 운영 및 과외교습에 관한 법률」에 따라 학원 중 학교교과교습학원을 제외하고 평생직업교육을 실시하는 학원이다. 셋째, 그 밖에 다른 법령에 준거하여 평생교육을 주된 목적으로 하는 시설 · 법인 또는 단체이다.

그중 평생교육시설은 다시, (1) 학교 형태 평생교육시설, (2) 사내대학 형태 평생교육시설, (3) 원격대학 형태 평생교육시설, (4) 사업장 부설 평생교육시설, (5) 시민단체 부설 평생교육시설, (6) 학교 부설 평생교육시설, (7) 언론기관 부설 평생교육시설, (8) 지식 · 인력개발사업 평생교육시설, (9) 평생교육을 주목적으로 하는 법인 · 단체의 아홉 가지로 분류할 수 있다. 2019년 「평생교육법」이 개정된 후 교육부에서 발간한 평생교육백서에 기재되어 있는 각 기관의 유형과 시설 유형별 특징을 살펴보면 〈표 1-5, 표 1-6〉과 같다.

표 1-5 「평생교육법」상의 평생교육기관 분류

구분	관계법	기관 구분	유형
「평생교육법」에 의해 인가 · 등록 · 신고된 시설	제31조	학교 형태	교육감 지정 학력인정시설(각종학교, 기술학교 등)
	제32조	사내대학 형태	사내대학
	제33조	원격대학 형태	원격대학 및 원격교육 형태
	제35조	사업장 부설	산업체, 백화점 문화센터 등
	제36조	시민사회단체 부설	법인, 주무관청 등록, 회원 300인 이상 시민단체

구분	관계법	기관 구분	유형
	제30조	학교 부설	대학/전문대 부설 평생교육원 등
	제37조	언론기관 부설	신문, 방송 등의 언론기관
	제38조	지식 · 인력개발사업	산업교육기관, 학교실습기관
	제2조	평생교육을 주목적으로 하는 법인단체	

표 1-6 「평생교육법」상의 평생교육기관의 특징

구분	내용
학교 형태	교육과정 및 시설 · 설비 등이 중학교 또는 고등학교와 유사한 시설로서 경제적 이유 등 개인사정으로 중 · 고등학교에 진학하지 못한 근로청소년, 성인 등을 대상으로 하는 평생교육시설을 말한다. 학력인정 평생교육시설은 교육감에게 등록한 학교 형태 평생교육시설 중 일정 기준 이상의 요건을 갖춘 경우 중 · 고등학교 졸업자와 동등한 학력이 인정되는 시설로 지정된 것을 말한다.
사내대학 형태	시간적 · 경제적 여유가 없어 대학에 가지 못한 근로자들을 위해 학교법인 설립 없이 일정 기간 사내교육을 이수하면 학력 · 학위가 인정되는 평생교육 차원의 고등교육기관으로 교육 경비를 고용주가 부담하여 근로자의 면학욕구를 수용할 수 있고 기업 입장에서는 전문 직무교육과 특화교육 효과를 거둘 수 있도록 한 새로운 평생교육 제도를 말한다.
원격대학 형태	정보통신 기술, 멀티미디어 기술 및 관련 소프트웨어 기술 등을 이용하여 형성된 상호참여 공간을 주 학습장으로 하여 시간과 공간의 제약 없이 주로 비대면 교육을 통하여 전문대 또는 대학 졸업자와 동등한 학력을 인정하고 학위를 주는 평생교육 차원의 고등교육기관을 말한다.
사업장 부설	산업체, 백화점 문화센터 등 일정규모(종사자 100명) 이상의 사업장에서 당해 사업장의 고객을 대상으로 하는 평생교육시설을 말한다.
시민사회단체 부설	법인인 시민사회단체, 법령에 의하여 주무관청에 등록된 시민사회단체, 회원수가 300명 이상인 시민사회단체가 소속 회원 외에 일반 시민을 대상으로 평생교육시설을 부설하는 경우를 말한다.
학교 부설	학교의 인적 · 물적 자원을 지역사회에 개방하고 다양한 평생교육을 실시함으로써 각급 학교의 평생학습장화를 촉진하고 열린 교육 사회의 구현에 기여하기 위한 시설을 말한다. 「평생교육법」에 의거하여 각급 학교의 장은 학생 · 학부모 및 지역주민을 대상으로 교양 증진 또는 직업교육을 위한 평생교육 시설을 설치 · 운영할 수 있다.
언론기관 부설	신문 · 방송 등 언론기관(일간신문 · 주간신문 · 인터넷신문 · 월간잡지를 발행하는 개인 또는 법인, 방송을 하는 법인, 뉴스통신사업을 경영하는 법인)은 언론 매체를 통하여

구분	내용
	평생교육진흥에 기여해야 하는 임무를 부담함과 동시에 일반 국민을 대상으로 교양 증진과 능력 향상을 위한 평생교육 시설을 설치 · 운영하는 것을 말한다.
지식 · 인력개발 사업	지식정보의 제공사업, 교육훈련 및 연구 용역사업, 교육 위탁사업, 교육훈련기관의 경영진단 및 평가사업, 교육자문 및 상담사업, 교수 · 학습 프로그램의 개발 및 공급사업 등을 1년 이상 경영한 실적이 있는 자로서 자본금 또는 자산이 3억원 이상이고 전문 인력을 5명 이상 확보하고 있는 법인을 말한다.
다른 법령에 의한 시설	「학원의 설립 · 운영에 관한 법률」, 「도서관 및 독서진흥법」, 「박물관 및 미술관진흥법」, 「근로자 직업훈련 촉진법」 등에 의한 학원, 직업훈련원, 도서관, 박물관, 문화원 등을 말한다.

2) 평생교육 학습영역의 구분

EU의 성인교육조사(Adult Education Survey: AES)를 바탕으로 KEDI 평생학습실태조사에서는 평생교육의 학습영역을 크게 〈그림 1-3〉과 같이 형식교육, 비형식교육 및 무형식학습으로 구분하고 있다(교육부, 한국교육개발원, 2019).

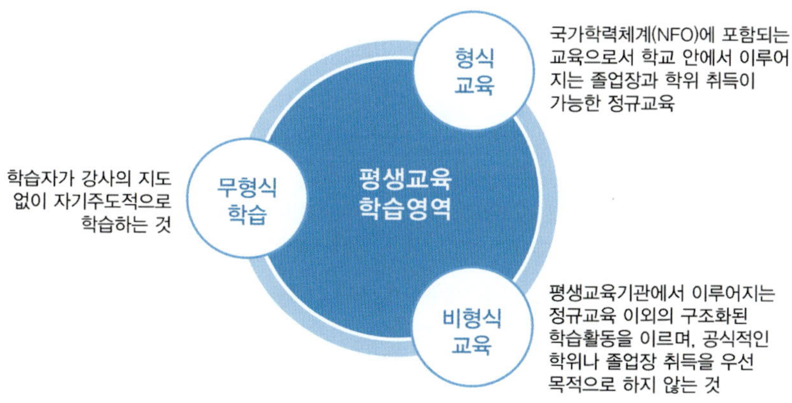

그림 1-3 평생교육 학습영역

첫째, 형식교육이란 국가학력체계(National Framework of Qualification: NFQ)에 포함되는 교육으로서 학교 안에서 이루어지는 졸업장과 학위 취득이 가능한 정규교육과정을 말한다. 초·중·고등학교, 대학 및 대학원, 고등학력보완교육(학점은행제, 독학학위제), 방송통신대학교 등이 이에 해당된다.

둘째, 비형식교육이란 평생교육기관에서 이루어지는 정규교육 이외의 구조화된 학습활동을 의미하며, 공식적인 학위나 졸업장 취득을 우선 목적으로 하지 않는 것을 전제로 한다. 직장에서의 직무연수나 특강, 평생교육원, 평생학습관, 주민자치센터, 백화점 문화센터, 복지회관 프로그램 등이 이에 해당한다. 앞서 언급한 바와 같이 「평생교육법」에서는 교육 활동을 여섯 가지 영역으로 구분하고 있지만 2019년부터 학력보완교육이 형식교육으로 분류되면서 비형식교육 프로그램은 성인문자해득교육, 직업능력향상교육, 인문교양교육, 문화예술교육, 시민참여교육의 다섯 개 영역으로 구분되고 있다. 비형식교육의 각 영역이 포함하는 구체적인 강좌는 〈표 1-7〉과 같다.

표 1-7 비형식교육 프로그램 분류

구분	프로그램
성인기초 및 문자해득교육	• 문해교육(저학력, 비문해대상 한글교실, 한문교실, 어르신컴퓨터, 산수교실 등)
직업능력향상교육	• 외국어 자격증(토익, 토플 등) • 컴퓨터 자격증(컴퓨터 활용능력, 워드프로세서 등) • 자격증인증과정(평생교육사, 공인중개사, 요리기능사, 피부관리사 등) • 취업 및 창업 준비과정(공무원 시험 대비반 등) • 직무능력향상교육과정(직무연수, 경력개발 등)
인문교양교육	• 경제 · 경영강좌(펀드, 재무설계, 부동산 등) • 외국어강좌(생활 외국어 등) • 컴퓨터강좌(정보 인터넷 소양 교육 등) • 종교교육강좌(성경/불경 모임 등) • 인문교양강좌(역사강좌, 철학강좌, 미술사강좌, 문학강좌 등) • 가정생활강좌(요리, 유아 · 아동 · 청소년교육, 꽃꽂이, 예절교육 등) • 건강 및 의료강좌(보건교육, 금연교육, 생활의료교육 등)

구분	프로그램
문화예술 스포츠교육	• 음악강좌(피아노, 플루트, 노래교실, 가야금, 사물놀이 등) • 미술강좌(풍선아트, 사진, 공예, 천연염색 등) • 스포츠강좌(수영, 댄스, 에어로빅, 요가, 배드민턴 등)
시민참여교육	• 지도자과정(마을리더, 주민자치위원 교육 등) • 시민참여교육강좌(시민교육, 인권교육, 평화교육 등) • 환경생태강좌(자연과학, 환경, 생태강좌 등)

출처: 교육부, 한국교육개발원(2019). 2019 한국 성인의 평생학습실태.

셋째, 무형식학습은 학습자가 강사의 지도 없이 자기주도적으로 학습하는 것을 말한다. 무형식학습이 형식·비형식교육과 구분되는 기준은 '교수과정에 의한 학습(taught-learning)'으로, 학습자의 자발적이거나 우연한 활동을 통해 배우게 되는 경험을 포함한다. 가족, 친구 등 타인의 도움이나 조언을 통한 배움, 인쇄매체 혹은 컴퓨터나 인터넷을 활용한 학습 등이 해당된다.

3) 평생교육의 특성

평생교육의 특성을 이해하기 위해서는 평생교육의 기본적 성격과 그 원리를 살펴볼 필요가 있는데, 김문섭 등(2019)이 주장한 여덟 가지의 기본적 평생교육 특성을 살펴보면 다음과 같다.

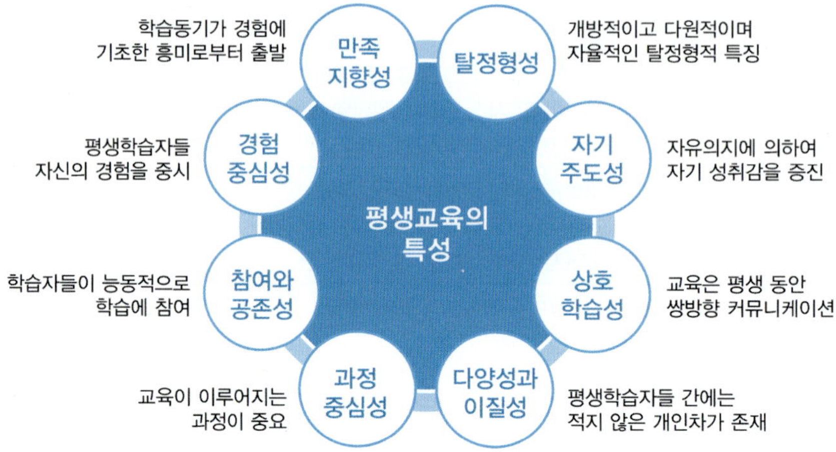

그림 1-4 **평생교육의 특성**

(1) 탈정형성

형식화, 제도화된 교육원리와 다르게 평생교육은 학교교육과 달리 본질적으로 탈정형성을 그 특징으로 한다. 평생교육은 교육의 시기에서부터 교육의 장소, 교육대상, 교육담당자, 교육체제, 교육 프로그램 및 교육과정, 교육방법, 교수·학습 자료 및 교재, 교육평가 방식 등에 걸쳐 획일적이며 경직된, 그리고 폐쇄적이며 정형적인 교육적 요소가 학교교육에 비해 극소화된다. 개방적이고 다원적이며 자율적인 탈정형적 특징을 지닌다.

(2) 자기주도성

평생교육은 자유의지에 의하여 '자기성취감'을 증진시킬 수 있는 활동이다(Brookfield, 1995). 한 평생에 걸쳐 이루어진다는 점에서 타인의 강요나 외부의 기대에 의해 학습하는 것이 아니라 성인학습자들이 자신의 필요와 교육적 욕구에 따라 자율적으로 교육을 선택하고 참여하는 것을 전제로 한다. 미리 정해진 교육과정에 의해 교육받는 것이 아니라 교육의 전 과정, 즉 계획, 실행, 평가의 전 과정에 학습자가 함께 참여하여 자율적이고 자기주도적인 학습을 행하게 되는 특성을 지닌다.

(3) 상호학습성

교육은 평생 동안 쌍방향 커뮤니케이션이다. 성인친화적인 관점에서 학습을 향상시킬 수 있도록 상호학습 분위기가 중요하다. 평생교육은 상호학습(co-learning), 주고받는 학습의 특성을 지닌다. 학습자 상호 간, 교사와 학습자 간의 상호교류와 피드백을 통한 학습이 중요시되는 상호학습의 특성을 지닌다. 교육방식 역시 단순한 강의보다는 시청각매체의 활용, 토론, 세미나, 실습 등의 학습이 보다 효과적이다.

(4) 다양성과 이질성

평생학습자들 간에는 적지 않은 개인 차이가 존재한다. 그래서 평생교육은 학교에서의 학생대상 교육과는 달리 교육대상, 담당자, 목표, 내용, 방법, 교육시기, 교육시간, 교육장소 등이 매우 다양하고 비획일적이며 유동적이라는 특징을 지닌다. 따라서 평생교육의 프로그램은 연령, 시간, 장소에 따라 다양하고 이질적인 뷔페식 교육과정(buffet curriculum) 또는 카페테리아식 교육과정(cafeteria curriculum)의 특성을 지닌다.

(5) 과정 중심성

평생교육은 학교교육에서의 성적 중심 또는 결과 중심 교육과는 달리, 교육이 이루어지는 과정이 중시되며 성과에 있어서도 외재적 성과보다는 내재적 성과, 그리고 학습결과의 외적인 객관적 평가보다는 학습자 자신의 삶의 주도성, 만족감과 성취감이 훨씬 더 중시되는 특징을 지닌다.

(6) 참여와 공존성

학습자들이 능동적으로 학습에 참여하는 것이다. 평생교육에서는 전 과정에서 모든 학습구성원이 함께 참여하는 것이 중요하다. 평생교육에서의 학습자는 마치 빈 컵이나 백지와 같은 객체적인 존재가 아니라 스스로 필요에 따라 앎을 추구해 나가는 주체로서의 학습자이다. 따라서 평생교육에 있어 가르치는 사람과 학습자는 수직적이고 위계적이며 권위에 기초한 주종관계가 아니라 수평적이고 대등한 관계하에 함께 소통, 참여하고 공존하는 특성을 지닌다.

(7) 경험 중심성

평생학습자들은 경험을 중시한다. 평생교육에서는 삶의 과정에서 축적된 삶의 경험이 최대의 학습자원으로 중시되고 그 활용이 강조된다. 평생교육 프로그램은 각 개인 학습자의 경험자원을 최대한 활용하는 경험 중심적 교육내용과 방법으로 구성되는 특성을 지닌다.

(8) 만족 지향성

학습동기가 경험에 기초한 흥미로부터 출발한다. 평생교육은 자발적이고 비의무적인 참여에 의한 자율적 학습이므로 무엇보다도 학습자체가 즐거운 학습이 되어야 하며, 학습자에게 학습을 통한 내적 만족과 즐거움을 줄 수 있어야 한다. 이러한 이유에서 평생교육 프로그램에는 적정의 레크리에이션적 요소가 가미되며 학습자들의 내적 만족감과 지적 욕구충족을 통한 희열이 중시된다.

4. 평생교육의 유사개념

「대한민국 헌법」 제31조는 국민의 교육받을 권리를 제1항으로, 국가의 평생교육진흥 의무를 제5항으로, 학교교육과 평생교육을 포함한 교육제도의 법률주의를 제6항으로 천명하고 있다. 현행 「평생교육법」은 「헌법」 조문에 근거하는데, 「평생교육법」 제1장 제2조에 따르면 평생교육이란 "학교의 정규교육과정을 제외한 학력보완교육, 성인문자 해득교육, 직업능력향상교육, 인문교양교육, 문화예술교육, 시민참여교육 등을 포함하는 모든 형태의 조직적인 교육활동"이라고 정의하고 있다. 우리나라에서는 한때 평생교육을 공간적 개념에서 교육이 가정과 학교가 아닌 사회에서 이루어진다고 하여 사회교육이라 하였다. 그리고 교육대상 측면에서 교육의 수혜자가 주로 성인이기 때문에 성인교육이라고도 하였으며, 시간적 측면에서 보면 학교를 졸업한 후에 계속해서 받는 교육이라고 하여 계속교육 또는 평생 동안 받는 교육이라고 하여 평생교육으로 불린다(권대봉, 2001). 평생교육과 유사하게 사용되고 있는 개념들을 구체적으로 살펴보면 다음과 같다(김문섭 외, 2019).

1) 사회교육

사회교육(social education)이란 한 사회 내에서 이루어지는 모든 형태의 교육 중 학교교육을 제외한 모든 형태의 교육을 뜻하며, 일반적으로 학교 외 교육과 동의어로 사용되고 있다. 이러한 사회교육의 개념은 각 나라의 지역적 특성과 사회 · 문화적 발전수준에 따라 다르게 사용되고 있다. 이런 이유로 사회교육을 하나의 개념으로 정의하기는 매우 어렵다. 우리나라의 경우는 해방 이후 일제가 사용하던 사회교육이라는 용어를 평생교육이라는 용어와 혼용하여 사용하다가 1999년 「평생교육법」이 공포되면서 현재는 평생교육이 사회교육을 포함하는 광의의 용어로 사용되고 있다. 평생교육은 교육의 제도나 체계의 원리에 중점을 두는 이념 지향적 용어라고 한다면, 사회교육은 평생교육의 실현에 있어 중심적 역할을 하는 실천 지향적 용어라고 할 수 있다.

2) 성인교육

성인교육(adult education)은 학교 이외의 사회교육기관에서 이루어지는 성인학습자를 대상으로 하는 교육을 의미하며, 미국을 중심으로 사용되고 있는 용어이다. 초창기 성인교육은 주로 인문교양교육(liberal education)을 지칭하는 것이었으며, 직업영역이나 전문가교육은 그 중심 논의에서 제외되었다. 그러나 현재 성인교육은 기초교육, 보충교육, 직업(기술전문)교육, 건강(복지)교육, 가족생활교육, 시민생활교육, 자기실현교육 등 다양한 영역에 걸쳐 이루어지고 있다.

3) 계속교육

계속교육(Continuing education)이란 일정한 단계의 학교교육을 마친 자가 직업이나 가정, 그리고 사회생활을 영위하다가 사회생활이나 직업생활과 학업을 병행하기 위해 다시 교육의 장으로 돌아오는 것을 의미한다. 의무교육을 마친 연령층이 교육적 욕구를 충족시키기 위해 계속적으로 교육의 기회를 제공받는 것을 의미한다. 이러한 계속교육은 여가를 이용한 문화활동, 레크리에이션 활동 등 성인교육에 근거하고 있다.

4) 비형식교육

비형식교육(nonformal education)이란 쿰즈(Coombs)가 형식교육(formal education)과 비형식교육

으로 분류한 교육형식 중의 하나이다. 비형식교육은 양태 또는 교육의 방식에 따른 구분으로서, 교육의 대상에 대한 규정은 내포되어 있지 않다. 비형식교육은 전일제 정규 학교교육으로 구분되는 형식교육과 우연적 학습 또는 부차적 학습으로 규정되는 무형식교육을 제외한 여타의 교육 형태를 의미하며, 이는 사회교육과 가장 유사한 개념이다. 주로 학교 외부에서 이루어지는 학원, 연수원, 강습소 등의 조직적인 교육 형태이다.

5) 생애교육

생애교육(career education)은 미국에서 시작하여 최근에 발달하기 시작한 교육의 한 개념이다. 생애교육이란 '개인이 생활의 일부로 혹은 생활수단으로서 일을 배우고 일에 종사하기 위하여 준비할 수 있는 경험의 총체' 또는 '개개인 모두가 일을 중심으로 사회의 가치관에 익숙해지고 이러한 가치관이 인격체제에 통합되어, 일이 개인에게 보람있고 만족될 수 있도록 생활화하는 데 도움을 주는 학교와 지역사회 간의 노력의 총체'로 정의된다. 따라서 생애교육이 지향하는 교육목적은 모든 청소년들이 직업을 올바로 선택할 수 있도록 기초를 다지고, 직업상 필요한 기능을 원활히 획득할 수 있도록 하는 데 있다.

6) 평생학습

최근에 평생교육과 평생학습(lifelong learning) 두 용어를 구별하여 쓰는 사람들이 많이 생기고 있다. 유네스코와 같은 국제기구는 이 두 개념을 혼용하기도 하지만, 평생교육이라는 말을 더 쓰는 것으로 보인다. 그럼에도 불구하고 오늘날 평생학습을 더 선호하는 사람들은 성인과 노인과 같은 사람들을 위로부터 위압적으로 지도하는 것은 합당치 않기 때문에 평생학습이 더 타당하다고 생각한다. 더욱이 자유로운 의사에 따라 배우고 싶은 것을 자신에게 적합한 방식으로 배운다는 학습자중심의 사고에서 보면 평생학습과 평생교육은 구별되기도 한다.

7) 지역사회교육

지역사회교육(community education)은 지역사회 전체가 주민들의 교육적 요구를 충족시키기 위해 노력함으로써 주민들의 자아실현을 도우며, 지역사회문제를 적극적으로 해결하여 지역사회를 발전시키기 위한 사회교육활동을 말한다. 지역사회교육은 1960년대에 저개발국가에서 등장한 개념으로서 현재에도 제3세계의 저개발국가에서 많이 사용하는 용어이다. 이와 비슷하게 영국에서 시작된 지역사회학교(community school) 운동이 있다. 이는 학교가 지역사회 주민의 교육적 요구를 충족시켜 주기 위하여 학교의 물적 · 인적 자원을 지역사회 주민에게 제공하는 형태의 교육운동이다.

8) 순환교육

순환교육(recurrent education)은 학습자가 학교와 직업현장인 사회를 왕래하면서 이론과 실천의 조화를 꾀하는 것을 의미한다. 즉, 학교교육을 마친 성인들이 각자 직업생활에 종사하면서 수시로 적절한 시기를 선택하여 계속적인 재교육을 받도록 하는 방식이다. 이러한 교육에는 기업내 교육 또는 사내 연수교육 등의 형태를 통해 실시되는 직업교육 훈련뿐만 아니라, 직업인에게 일정기간 유급휴가를 주어 대학 등과 같은 정규교육기관이나 각종 연구기관 등에 파견하여 학습하게 하는 다양한 형식의 교육 프로그램도 포함된다(차갑부, 1999). 이러한 순환교육은 1973년 경제협력개발기구(OECD)가 평생학습 구현을 위해 학교교육과 직업교육의 생애주기적 순환성을 강조하여 제안한 것으로서 유럽 국가들 사이에서 주로 사용되는 용어였으나, 최근 경제협력개발기구(OECD)는 평생학습(lifelong learning)이라는 개념으로 이를 대체하여 사용하고 있다.

Chapter 02

평생교육의 발달과정

배울내용

1. 외국의 평생교육 역사
2. 한국의 평생교육 역사

학습목표

1. 유네스코의 평생교육 역사를 이해한다.
2. 평생교육에 영향을 미친 유네스코 성인교육 보고서를 파악한다.
3. 유네스코 세계성인교육회의의 주요 쟁점을 파악한다.
4. 한국의 평생교육 연혁을 살펴본다.
5. 한국의 평생학습 도입의 배경을 설명할 수 있다.
6. 사회교육법 제정 이후의 평생교육의 발전을 설명할 수 있다.
7. 평생교육법 제정 이후의 평생교육의 발전을 설명할 수 있다.

한국 평생교육정책의 형성에 가장 큰 영향을 미친 것은 유네스코(UNESCO)와 경제협력개발기구(OECD)라고 할 수 있다. 왜냐하면 한국에서 평생교육의 태동은 이 두 기구의 평생교육 이념에서 시작되었으며, 또한 한국 평생교육정책의 많은 부분이 이들 두 기구의 평생교육보고서에서 영향을 받았기 때문이다.

특히 우리나라는 유네스코의 평생교육정책에 영향을 받아 정책적 측면에서는 민간범위의 평생교육을 지원하는 정부차원에서 국가평생교육진흥원과 시도별로 평생교육진흥원을 세워 평생교육을 정책적으로 지원하고 확산시키고 있다. 또한 정보통신기술의 확대에 따라 원격평생교육원으로 확대되었다. 평생교육의 제도적인 측면에서는 학점은행제를 시행하고 있으며, 평생학습계좌제를 운영하여 열린 학습사회, 평생학습사회를 구현하고 있다.

이처럼 유네스코에서 시작된 평생교육의 개념이 한국에 들어온 지 채 50년도 되지 않은 상태에서, 한국은 전 세계에서 가장 빠르게 평생교육을 확산시켰으며, 다양한 정책과 제도들을 시행하고 있어, 우리나라 국민들은 다양한 평생교육의 혜택을 받고 있다고 해도 과언이 아니다. 그러나 이러한 평생교육의 양적 · 질적 성장에는 몇 가지 문제가 존재하고 있다. 따라서 서구의 평생교육의 역사와 한국의 평생교육 역사를 통해 앞으로의 평생교육 발전방향을 모색해 보고자 한다.

1. 외국의 평생교육 역사

외국의 평생교육 역사를 유네스코 평생교육 역사, 유네스코 성인교육 보고서 및 유네스코 세계성인교육회의로 구분하여 살펴보면 다음과 같다(강은영, 2021).

1) 유네스코의 평생교육 역사

유네스코에서 평생교육이 시작된 것은 유네스코가 설립된 1946년부터 문맹퇴치를 위한 기초교육 및 문해교육을 중심으로 활동을 전개하면서부터이다. 당시만 해도 평생교육이라는 단어가 없었기 때문에 평생교육은 성인교육으로 불리었다. 유네스코에서는 성인교육을 확대하기 위하여 1949년에 덴마크 엘시노어에서 제1차 세계성인교육회의를 개최하였다. 이 회의는 제1차 세계전쟁[1] 이후 국가적인 발전을 위하여 성인교육이 수행해야 할 역할을 강조함으로써 과학교육과 기술교육 및 직업교육에 대해서는 구체적인 기대가 어려웠고, 문해교육의 과제도 직접적으로 다루지 못했지만 성인교육 분야의 세계적인 결속과 국제협력의 기반을 마련하였다는 데 의미가 있다.

1960년 캐나다 몬트리올에서 제2차 세계성인교육회가 개최되었다. 이 시기에는 아직 나라마다 학교제도가 정비되어 있지 않았고, 기초교육을 제대로 받지 못한 사람들이 많았기 때문에 자신의 능력을 발휘할 수 있도록 문해교육을 실시해야 한다고 주장

1) 제1차 세계대전(World War I)은 1914년 7월 28일부터 1918년 11월 11일까지 일어난 유럽을 중심으로 한 세계대전이다. 제2차 세계대전이 발생하기 전까지는 단순히 세계대전(World War) 또는 대전(Great War)이라고 불렸다. 제1차 세계대전으로 병사 900만명 이상이 사망했다. 기술 및 산업의 고도화와 전술적 교착 상태로 인해 사상자 비율이 악화되었다. 제1차 세계대전은 사망자가 가장 많았던 전쟁 중 하나이며, 참전국의 수많은 혁명 등을 포함하여 주요한 정치적 변화가 일어났다. 이 전쟁은 전 세계의 경제를 두 편으로 나누는 거대한 강대국들 동맹끼리의 충돌이다. 한쪽 편은 대영제국, 프랑스, 러시아 제국의 삼국 협상을 기반으로 한 협상국이며, 다른 한편은 독일 제국과 오스트리아-헝가리 제국이 있는 동맹국이다. 이탈리아 왕국은 독일 제국, 오스트리아-헝가리 제국과 함께 삼국 동맹에 가입되어 있었지만 동맹국에 참여하지 않았고 나중에는 협상국으로 참가하며 오스트리아-헝가리 제국을 침공했다. 이러한 동맹은 재조직되었고 더 많은 국가가 전쟁에 참여하도록 압력을 가하면서 확장되었다. 이탈리아 왕국, 일본 제국, 미국이 연합국에 가입했으며 오스만 제국, 불가리아 왕국이 동맹국에 가담했다. 궁극적으로 유럽인 6천만 명을 포함한 군인 7천만 명이 전쟁에 가담하면서 역사적으로 가장 큰 전쟁 중 하나에 동원되었다. 이 전쟁의 근본적인 원인은 신제국주의 때문이었지만, 직접적인 원인은 1914년 6월 28일 사라예보에서 오스트리아-헝가리 제국 왕위 후계자인 프란츠 페르디난트 대공이 세르비아 국민주의자 가브릴로 프린치프에게 암살당한 사건이다. 이 사건으로 인해 오스트리아-헝가리 제국이 세르비아 왕국에게 최후 통첩을 내리면서 7월 위기가 시작되었고, 지난 수십 년에 걸쳐 형성된 국제적 동맹끼리 서로 연결되었다. 수주 이내에 강대국끼리 전쟁이 시작했고 이 분쟁은 전 세계로 퍼져 나갔다(출처: Daum 백과).

하였다. 또한 개발도상국가의 지도자 육성을 위한 국민교육을 실시해야 하였기 때문에 학교제도를 정비하고 비형식교육(nonformal education)의 기회를 늘려야 한다고 주장하였다. 따라서 유네스코의 정책목표로서 평생학습 이념이 강력하게 대두되었다. 그리고 1962년에는 함부르크에 설립된 유네스코의 산하기관인 유네스코 교육기관에서 성인교육국제위원회(International Committee on the Development of Adult Education)를 개최하였다. 또한 1965년 12월 프랑스 파리에서 개최된 성인교육발전국제위원회에서 랑그랑이 발표한 '평생교육(L'education permanente)'이라는 제목의 기조 논문을 유네스코 사무국에 제출하여, 평생교육을 유네스코의 기본교육 사업으로 선정하였다. 유네스코에서는 이것을 기념하기 위하여 1965년을 '국제교육의 해(International Year of Education)'로 정하고, 성인교육을 평생교육(lifelong education)으로 표기하여 국제적 공통용어로 사용하였다. 이후 평생교육에 대한 연구가 활발하게 진행되었고, 평생교육정책들이 본격적으로 만들어지기 시작하였다. 1968년에는 제15차 유네스코 총회를 열고 국제교육의 해를 기념하고, 평생교육의 문제를 주제로 다루었다.

1970년에 교육개발국제위원회(International Commission on the Development of Education)에서 포오르(Faure)는 「존재를 위한 학습(Learning to be)」 보고서를 통해 모든 선진국과 개발도상국가에서는 존재를 위해서 평생교육을 실시해야 한다고 발표하여 평생교육은 새로운 지평을 열게 된다. 그리고 1972년 일본의 동경에서 열린 제3차 세계성인교육회의는 제3세계에서 개최되었다는 점에서부터 큰 의미가 있었으며, 개발도상국의 참여도 증가하였다. 여기에서 평생교육을 영아기에서 노년기까지의 생애에 있어 전체교육을 통합적 의미의 개념으로 정립하였다. 특히 성인교육은 평생교육체제에서 필수 요소임을 강조하였고, 회원국가의 성인교육에 관련된 법규를 제정 및 정비하고 다양한 성인교육 활동을 보급하였다는 데 의의가 있다. 따라서 평생교육의 원리와 개념이 채택되어 세계 각국에 빠른 속도로 보급되었다. 또한 1974년 모스크바에서 평생교육으로서 고등교육의 역할에 대한 심포지엄을 개최하였으며, 1976년 케냐의 나이로비에서 개최된 제19차 유네스코 총회에서 평생교육발전을 위하여 나이로비 권고가 채택되었다.

1983년 평생교육 원리적용에 대한 전문가 국제회의를 프랑스 파리에서 개최하여 전 세계적으로 평생교육에 관한 관심이 증가되었고 개념의 확립이 이루어지게 되었다. 이어서 1985년 프랑스 파리에서 제4차 세계성인교육회의를 개최하였다. 성인교육은 인류가 쌓아 온 지식을 더 많은 사람들에게 전파함으로써 사회적인 통합과 인간의 성장을 이루는 일이기 때문에 세계의 다양한 문제를 이해하고 서로 다른 환경과 특징을 가진 집합체가 서로 이해하고 협조할 수 있도록 하는 국제이해에 대해 강조하고 학습권 선언을 채택하였다.

1990년에는 태국의 좀티엔에서 유네스코 · 유니세프 · 유엔디피가 공동으로 모두를 위한 교육(The Education for All movement) 세계회의를 개최하였다. 모든 이를 위한 교육 운동은 유아, 청소년, 성인에 걸쳐 모든 이들이 양질의 기초 교육을 받을 수 있도록 하는 국제적 사업이다(평생교육진흥원, 2008). 그리고 1997년 독일 함부르크에서 제5차 국제성인교육회의를 개최하였는데, 글로벌시대라는 화두와 함께 학습권의 보장만 해 줄 것이 아니라 누구든지 교육받을 권리인 교육권을 주어야 한다고 주장하였다. 이로 인해 성인학습 구조와 구체적인 평생학습 환경의 필요성이 강조되고 성인교육과 평생교육의 위상과 역할이 확실하게 자리 잡게 되었다.

2000년 세네갈 다카에서 세계교육포럼(World Education Forum)을 개최하였는데, 모든 이가 좋은 교육을 통하여 각자의 꿈을 실현하고, 이를 통하여 국가와 사회의 발전을 이끌어 내기 위하여 세계가 함께 공동의 목표를 실현하기 위해 추진해 온 모두를 위한 교육 운동의 성과를 평가하였다. 그리고 2001년 모든 이를 위한 UN 문해교육 10개년(2003~2012) 계획을 채택하였으며, 2003년 브라질 벨렘에서 제6차 세계성인교육대회에서 "실현 가능한 미래를 위한 삶과 학습: 성인학습의 힘"을 주제로, 전 세계적 경제위기를 이겨 내고 지속가능한 성장을 위하여 각국의 평생교육정책의 방향을 공유하고, 발전을 모색하는 계기를 만들었다. 지금까지 살펴본 평생교육에 관한 유네스코의 주요활동을 요약하면 〈표 2-1〉과 같다.

표 2-1 평생교육에 관한 유네스코의 주요활동

년도	내용
1945년	• 문맹퇴치를 위한 기초교육 및 문해교육을 중심으로 활동을 전개
1949년	• 덴마크 엘시노어에서 제1차 세계성인교육회의 개최 • 성인교육이 수행해야 할 역할 강조 • 성인교육의 세계적인 결속과 국제 협력의 기반을 마련
1960년	• 캐나다 몬트리올에서 제2차 세계성인교육회의 개최 • 문해교육, 국민교육, 학교제도 정비, 비형식교육 확대 • 유네스코의 정책목표로서 평생학습 이념이 강력하게 대두
1962년	• 함부르크에서 성인교육국제위원회 개최
1965년	• 프랑스 파리에서 성인교육발전 국제위원회 개최 • 폴 랑그랑의 평생교육 이념을 유네스코 기본교육 사업으로 선정 • 국제교육의 해(International Year of Education) 지정 • 성인교육을 평생교육(lifelong education)으로 표기하여 국제적 공식용어로 사용
1968년	• 유네스코 총회 개최 • 국제교육의 해 기념 • 평생교육의 문제를 주제로 함
1970년	• 교육개발 국제위원회 개최 • 에드가 포오르는 「존재를 위한 학습(Learning to be)」 보고서 발표
1972년	• 일본의 동경에서 제3차 세계성인교육회의 개최 • 평생교육의 개념 및 원리가 채택되어 세계 각국에 빠른 속도로 전파
1974년	• 모스크바에서 평생교육 분야에서 고등교육 역할에 대한 연구발표회 개최
1976년	• 케냐의 나이로비에서 제19차 유네스코 총회 개최 • 평생교육발전을 위하여 나이로비 권고 채택
1983년	• 프랑스 파리에서 평생교육 원리의 적용에 대한 전문가 국제회의 개최
1985년	• 프랑스 파리에서 제4차 세계성인교육회의 개최 • 성인교육과 국제이해에 대해 강조 • 학습권 선언을 채택
1990년	• 태국의 좀티엔에서 유네스코 · 유니세프 · 유엔디피가 공동으로 모두를 위한 교육 세계회의를 개최
1997년	• 독일 함부르크에서 제5차 국제성인교육회의 개최 • 성인학습 구조와 평생학습 환경의 필요성이 강조되고, 성인교육과 평생교육의 위상 및 역할이 정립

년도	내용
	• 교육권과 학습권 주장
2000년	• 세네갈 다카에서 세계교육포럼(World Education Forum) 개최 • 모두를 위한 교육 운동의 성과를 평가
2001년	• 모든 이를 위한 UN 문해교육 10개년(2003~2012)계획을 채택
2003년	• 브라질 벨렘에서 제6차 세계성인교육대회 개최 • 전 세계적 경제 위기 극복과 지속가능한 성장을 위한 각국 평생학습 정책동향 공유

출처: 강은영(2021). 유네스코 평생교육과 우리나라 평생교육의 비교 연구. 연세대학교 교육대학원 석사학위논문.

유네스코가 평생교육을 국제적으로 보급하는 것은 고도산업사회 진전에 따른 인류 문명사적 차원의 급격한 사회변동에 능동적으로 대처하고, 위기적 세계상황을 해결하기 위한 새로운 교육패러다임으로 평생교육의 시대적 · 사회적 · 교육적 필요성을 널리 인식시키는 한편, 이를 구현하기 위한 정책수립의 기본방향을 제시함으로써 세계 각국의 평생교육체제 수립과 평생학습정책에 많은 영향을 미쳐 왔다(이영호, 2005).

2) 유네스코 성인교육 보고서

유네스코는 전 세계적으로 평생교육의 가이드라인을 제공하고 평생교육의 발전에 기여해 왔다. 이처럼 유네스코의 평생교육의 가이드라인이 세계 평생교육에 영향을 줄 수 있었던 것은 유네스코 보고서에서 전 생애인 유아기부터 노인기까지 평생학습이 필요함을 역설하였기 때문이다. 유네스코 성인교육 보고서들 중에서 랑그랑의 「존재를 위한 학습(Learning to be)」, 포오르의 보고서, 나이로비 총회 성인교육발전 권고안, 젤피(Gelpi)의 「평생교육의 미래(A Future of Lifelong Education)」 등이 대표적이다(강은영, 2021).

(1) 랑그랑의 보고서

랑그랑은 유네스코 평생교육 이념 정립에 핵심 역할을 한 학자로 평생교육의 창시자라고 할 수 있다. 1965년 12월 프랑스 파리에서 성인교육발전 국제위원회가 열렸는데, 여기에서 당시 교육 국장이었던 랑그랑이 발표한 「평생교육(L'education permanente)」이라는 제목의 기조 논문이 국제적 관심을 끌었고 이에 평생교육을 유네스코의 기본교육사업으로 선정하였다.

이것을 기념하기 위하여 1965년을 '국제교육의 해(International Year of Education)'로 지정하였으며, 성인교육을 평생교육(lifelong education)으로 표기하여 국제적 공통용어로 사용하게 되었다. 이후 평생교육에 대한 연구가 활발하게 진행되었으며, 평생교육정책들이 본격적으로 입안되기 시작하였다.

(2) 포오르의 보고서

1972년에 발행된 포오르의 「존재를 위한 학습(Learning to be)」 보고서는 1970년에 열린 교육개발국제위원회(International Commission on the Development of Education)의 결과를 담은 후속 보고서이다. 당시 포오르는 교육개발국제위원회의 위원장으로 재직하면서 교육개발국제위원회에 보고서를 제출하여 세계적인 관심을 받게 되었다.

이 보고서는 총3부로 이루어져 있는데, 구체적으로 1부는 세계교육의 현황(Part One: Findings)으로 20세기에 들어서면서 나타난 현대교육의 문제점을 제시하고 있다. 즉, 교육에 대한 문제로 교육에 대한 수요 팽창, 불균형, 엘리트주의, 폐쇄적 사회 등을 지적하면서 전 세계적으로 교육 민주화와 진보에 대하여 기술하였다. 2부에서는 미래 사회의 과제(Part Two: Futures)로서 기술발전, 미래의 도전, 과제 등을 제시하고 있다. 즉, 현대의 공교육에 계속교육의 관점을 반영하고 있으며, 과학적이고 기술적인 교육체계 구축의 필요성, 민주교육을 통한 민주주의의 현실화, 교육개선을 위한 국가의 협력을 기술하였다. 그리고 보고서의 결론에 해당하는 3부는 학습사회를 향하여(Towards a Learning

Society)라는 주제로 학습사회를 향한 전략과 국가의 공동적 책임에 대해 기술하고 있다.

(3) 나이로비 총회 권고안

나이로비 총회 권고안은 1976년 케냐의 나이로비에서 열린 "제19차 유네스코 총회를 통해 채택된 나이로비 성인교육 발전 권고(Draft Recommendation on the Development of Adult Education)"를 의미한다.

나이로비 총회 권고안은 일본의 동경에서 1972년에 개최된 제3차 세계성인교육회의 최종보고서의 성인교육 발전 권고를 기초로 제작되었다. 제3차 세계성인교육회의는 최초로 아시아에서 개최되었다는 의미도 크지만 개발도상국들이 대거 참여하여 다양한 논의가 있었던 회의라는 점에서 의의가 있다. 특히 제3차 세계성인교육회의에서는 교육에서의 민주화와 사회적 · 경제적 · 문화적 발전 요소로서의 성인교육이 강조되었으며, 통합적인 평생교육체제 속에서 성인교육의 지위에 대한 확립을 강조하였다. 그리고 제3차 세계성인교육회의 이후부터 성인교육을 의미하던 평생교육이 영 · 유아기에서부터 노년기까지를 포함하는 교육을 통합하는 개념으로 정립되면서 성인교육을 평생교육체제 안에서 필수적인 요소로 인정받아 학교교육과 동등한 위치로 인정받게 되었다. 또한 제3차 세계성인교육회에서 채택된 개념은 제18차 유네스코 총회의 심의단계를 거쳐서, 제19차 나이로비 총회에서 심의된 내용을 바탕으로 성인교육의 발전에 관한 권고안을 승인하여 전 세계로 기초 성인교육(Fundamental Adult Education)사업을 전개하는 계기가 되었다.

(4) 젤피의 저서

랑그랑의 후임자로 유네스코 평생교육 책임자로 부임하였던 젤피는 인간 본연의 가치에 중점을 둔 연구자로서 평생교육의 세계적인 실천을 위하여 적극적인 교육개혁을 실현하려고 노력하였다. 젤피는 유네스코 재임 당시 그의 저서 『평생교육의 미래(A

Future of Lifelong Education)』에서 평생교육의 중요성을 역설하였다.

랑그랑은 평생교육에 대하여 급격한 사회변화에 대한 적응이라는 소극적인 개념으로 설명하였지만, 젤피는 억압받고 있는 인간의 현실을 해방시키기 위한 개혁의지에 기초를 두고 있다(권건일, 2006). 또한 젤피는 종속된 제3세계의 대중들과 산업 현장에서 소외된 산업노동자, 이민노동자와 그의 가족들과 문화적 · 언어적인 소수민족과 불평등한 대우를 받는 여성 및 실업자, 퇴직자 등이 불이익을 받고 억압받는 사람들의 요구에 부응하는 것을 교육의 의무라고 주장하였다.

3) 유네스코 세계성인교육회의

세계성인교육회의는 1949년 덴마크 엘시노어(Elsinore)에서 시작되었다. 그리고 60년이 지난 2009년 브라질 벨렘(Belem)에서 6차에 걸친 회의를 진행하였다. 세계성인교육회의에서는 평생교육에 대한 국제적 논의를 확대시켜 나갔으며, 평생교육의 정의와 실천영역을 구체화시켜 나갔다. 그리고 시대의 변화에 따라 유네스코가 지향하는 이념에 일치하도록 평생교육에 대한 의제를 변화하여 제시해 왔다. 6차례에 걸친 세계성인교육회의에서 다루어진 주제와 특징, 권고 사항에 대하여 요약해서 살펴보면 〈표 2-2〉와 같다(강은영, 2021; 이다현, 2014; 이희수 외, 2000).

표 2-2 세계성인교육회의의 내용

회차	참가국	시대적 배경	평가	주제 및 특성
1차 1949년 Elsinore (덴마크)	25개국 총79명 (서유럽과 미국 주도, 공산권 국가 불참)	2차 세계대전 후 전쟁 경험과 사회적 여망, 전후 세계로의 복귀	• 평생교육분야 협력 • 국제협력계기 마련 • 참가국의 편향성 • 성인교양교육 편중	• 민주적인 사회 건설을 위한 시민의 역할 강조 • 자유교육 강조

회차	참가국	시대적 배경	평가	주제 및 특성
2차 1969년 Montreal (캐나다)	51개국 총112명 (공산권 국가, 남미 국제기관, NGO)	탈식민지화, 경제 회복, 개발도상국 산업화, 통문화의 사라짐, 핵전쟁의 위협	• 정책목표로서의 평생교육 이념의 대두 • 성인교육에 대한 기대증폭 • 변화에 대한 교육적 대응	• 변천하는 평생교육 • 성인 문맹퇴치 • 평화와 평생교육 관련성 부각 • 기술교육의 필요성
3차 1972년 Tokyo (일본)	85개국, 42개 국제기구 중 400여 명(개발도상국의 참여 증가)	냉전(미 · 소 양극체제) 학교교육 위기론	• 회원국의 성인교육 관계 법규 제정 · 정비 • 성인교육 보급 • 평생교육 이념 정식 채택 • 사회적 불평등에 대한 교육적 책무 강조 • 학교교육의 한계와 사회교육의 역할 강조	• 통합적 평생교육체제 속에서의 성인교육 지위확립 • 교육의 민주화, 경제 · 사회적 지식과 더불어 문화 발전 요소로서 성인교육 강조 • 사회적 · 경제적 소외계층교육에 대한 관심 • 평생교육의 근본적 문제와 원칙 설정
4차 1985년 Paris (프랑스)	122개국의 회원국, 비회원국, 국제협력기관에서 총841명	경제 상황의 악화, 오일쇼크, 미국의 탈퇴	• 학습권선언 채택 • 학습권에 대한 다양한 국제기구의 참여 촉진	• 성인교육 방향과 발전 방법 모색 • 문해교육 강조 • 논의 과제 ① 1972년 이후 성인교육발달 ② 성인교육 민주화 ③ 성인교육발전을 위한 국제적 · 지역적 협력증진방안
5차 1997년 Hamburg (독일)	130개의 회원국, 비회원국, 국제협력기관, 협회, 비정부 조직 등에서 총1,507명	탈냉전, 글로벌화, 신자유주의	• 교육권과 학습권 • 비정부기관의 참여 확대	• 평생학습 및 발전 천명 • 미래 평생학습 정책 의제 • 21세기 지역변화를 위한 성인학습 • 평생학습 환경과 구조의 필요성 강조 • 성인교육의 위상 정립

회차	참가국	시대적 배경	평가	주제 및 특성
6차 2009년 Belem (브라질)	156개국의 국제 정부 기구, 정부, 시민단체, 교육기관 등의 관계자 1,500명	전 세계적 경제 위기와 지속가능한 발전, 신사회 운동	• 실천적 과제 도출 및 실천성 확보 시도 • 시민사회의 참여확대	• 현대의 문화 · 경제 · 정치 · 사회적 문제해결을 위한 성인학습의 필요성 강조 • 정책, 재정투입, 학습참여, 공평 등의 성인교육권의 필수 요소임을 강조

출처: 이다현(2014). 유네스코 세계성인교육회의에 나타난 성인교육 이념 분석. 공주대학교 교육대학원 석사학위논문.

(1) 제1차 세계성인교육회의

제1차 세계성인교육회의는 덴마크 엘시노어(Elsinore)에서 1949년 6월 19일~ 25일까지 10일간 개최되었으며, 유네스코 회원국 25개국 총79명이 참석하였다. 이 중 68명이 유럽과 북아메리카 지역의 출신이었으며, 아시아에서는 파키스탄, 중국, 태국이 참가하였으며, 아프리카에서는 이집트가 참가하였다.

제1차 세계성인교육회의에서는 '성인교육(Adult Education)'을 주제로 개최되어 전후 부흥을 위해 성인교육이 수행해야 할 역할을 강조하였다. 당시 상황은 2차 세계대전 직후였기 때문에 전쟁으로 입은 피해를 최대한 복구하는 것이 국가들의 목표였다. 따라서 성인교육을 주제로 토론하되 각 나라마다 내부의 사회정의를 구축하고, 국가 간 평화 구축이라는 두 가지를 중심으로 논의하였다.

(2) 제2차 세계성인교육회의

제2차 세계성인교육회의는 1960년 8월 22일~31일까지 10일간 캐나다 몬트리올(Montreal)에서 개최되었다. 총51개국(회원국 47개, 준회원국 2개, 비회원국 2개)에서 112명이 참가하였다. 1차 회의와 달리 2차 회의에서는 거의 2배가 넘는 국가들이 참여하였으며, 특히 동유럽의 공산 국가와 개발도상국이 많이 참석하여, 전 세계가 성인교육에 대한 관심이 높다는 것을 반증하였다. 한국에서는 최초로 당시 유네스코 한국위원회 과학분과위원장이었던 김두훈 씨가 대표로 참석하였다(이희수 외, 2005).

제2차 세계성인교육회의에서는 '변동하는 사회에 있어서의 성인교육'을 주제로 개최되었다. 1960년대는 전후 피해를 복구한 선진국들이 경제적으로 성장하면서, 대량 소비 사회로 진입하였다. 2차 세계대전[2] 이후 독립한 아프리카와 아시아 국가들은 국가의 이익을 개인의 이익보다 절대적으로 우선하려는 움직임과 함께 개발도상국으로 진입하면서 급격한 산업화로 인해 사회 변화도 급하게 일어나던 때였다. 따라서 제2차 세계성인교육회의의 주제인 변동하는 사회에 있어서의 성인교육은 당시 상황에서 꼭 필요한 주제였다.

(3) 제3차 세계성인교육회의

제3차 세계성인교육회의는 1972년에 일본의 동경에서 개최되었다. 총85개국(82개의

2) 제2차 세계대전(Second World War, World War II)은 1939년 9월 1일부터 1945년 9월 2일까지 치러진, 인류 역사상 가장 많은 인명 피해와 재산 피해를 남긴 가장 파괴적인 전쟁이다. 통상적으로 전쟁이 시작된 때는 1939년 9월 1일 새벽 4시 45분 아돌프 히틀러(Hitler)가 다스리는 나치 독일군이 폴란드의 서쪽 국경을 침공하고, 소련군이 1939년 9월 17일 폴란드의 동쪽 국경을 침공한 때로 본다. 그러나 또 다른 편에서는 1937년 7월 7일 일본 제국의 중화민국 침략, 1939년 3월 나치 독일군의 프라하 진주 등을 개전일로 보기도 한다. 1945년 8월 6일과 8월 9일, 일본 제국 히로시마시와 나가사키시에 미국의 원자폭탄 투하 이후 8월 15일 일본 제국이 무조건 항복하면서 사실상 끝이 났으며, 일본 제국이 항복 문서에 서명한 9월 2일에 공식적으로 끝났다. 이 결과로 동아시아에서 일본의 식민지로 남아 있던 지역들이 독립하거나 모국으로 복귀하고, 그 외에도 여러 제국들의 식민지가 독립하게 되었다. 제2차 세계대전의 전사자는 약 2,500만 명이고, 민간인 희생자도 약 3천만 명에 달했다. 2차 대전 발발전, 일본 제국은 1937년 중국 침략 때 난징 등에서 대학살을 감행하여 겁탈과 방화를 일삼으며 수십만 명의 난징 시민을 무자비하게 살해하였고, 전쟁 기간 중 포로 학살 등 여러 전쟁 범죄를 저질렀다. 또한 나치 독일은 '인종 청소'라는 이유로 수백만 명 이상의 유대인과 롬인를 학살하였다. 영국 공군과 미국 육군항공대는 드레스덴 폭격과 뮌헨 공습을 감행하여 각각 20여만 명을 살상하는 등, 전쟁과는 상관없는 민간인들의 피해도 매우 심했다. 전쟁은 크게 서부 전선, 동부 유럽 전선과 태평양 전쟁으로 구분할 수 있다. 이 외에도 아메리카, 오세아니아, 아프리카, 중동, 대서양 해역과 인도양 해역 등에서 벌어진 기타 하위 전선도 2차 대전의 전역에 포함된다(출처: Daum 백과).

회원국, 3개의 비회원국)에서 약 360여 명이 참가하였다. 제3차 세계성인교육회의는 유럽과 미주에서 개최된 것이 아니라 아시아에서 개최되었다는 것은 일본의 영향력이 세계에서 상당히 커졌다는 것을 증명하는 것이었다. 참가국 중에서 52개국의 개발도상국이 참여함으로 인해서 개발도상국에서도 성인교육에 대한 관심이 높다는 것을 알 수 있었다.

제3차 세계성인교육회의의 주제는 '평생교육에서 성인교육의 역할'로 제2차 세계성인교육회의 이후의 성인교육의 과정을 탐색해 보고, 성인교육의 기능을 공유하고, 성인교육의 발전방안을 검토하는 목적으로 진행하였다. 특히 제3차 세계성인교육회의에서는 안건 7항인 경제와 사회발전의 요소로서의 성인교육에서 문해교육에 대한 필요성을 인식하고, 평생교육의 교육이념을 받아들이는 것에 전적으로 동의하였다(UNESCO, 1972).

제3차 성인교육 국제회의에서는 성인교육보다는 평생교육의 교육이념이 정식으로 유네스코에서 채택되었다. 제3차 세계성인교육회의에서는 33개 항목의 건의서가 받아들여졌으며, 이 중에서 눈여겨볼 건의서는 「통합적 평생교육체제」라는 항목이었다.

(4) 제4차 세계성인교육회의

제4차 세계성인교육회의는 프랑스 파리에서 1985년 3월 19~29일까지 11일 동안 개최되었다. 회원국 중 122개국의 대표자 841명이 참가하였으며, 특히 아프리카 민족회의(African National Congress: ANC), 범 아프리카 회의(Pan Africanist Congress: PAC), 그리고 남서아프리카 인민조직(South-West African People's Organization: SWAPO)과 팔레스타인 해방기구(Palestine Liberation Organization: PLO)는 참관인으로 초대받았다(UNESCO, 1985).

제4차 세계성인교육회의의 주제는 성인교육은 그동안 인류가 축적해 놓은 지식과 정보를 모든 사람들에게 전달하여 사회적인 통합과 인간의 성장을 이루는 것이기 때문에 세계의 다양한 문제를 서로 다른 배경과 특징을 가진 집단이 상호 간에 이해하고 협력하는, 국제사회에 대한 이해를 강조하는 '학습권 선언'을 선택하였다.

(5) 제5차 세계성인교육회의

제5차 세계성인교육회의는 독일 함부르크(Hamburg)에서 1997년 7월 14일~18일까지 5일 동안 개최하였으며, 총130개국 1,507명이 참석하였다. 글로벌 시대라는 화두와 함께 학습권의 보장만 해 줄 것이 아니라, 인간이면 누구나 교육받을 권리, 즉 교육권을 보장해 주어야 한다고 주장하였다. 이로 인해 구체적으로 평생학습의 중요성과 평생학습의 필요성을 강조하여 평생교육과 성인교육의 위상 및 역할을 확실하게 정립하는 계기가 되었다.

제5차 세계성인교육회의의 주제는 '성인학습: 21세기를 위한 열쇠(Adult Learning: a key for twenty-first century)'로 하였으며, 학습에 대한 권리와 기쁨과 공유하는 성인학습을 강조하였다.

(6) 제6차 세계성인교육회의

제6차 세계성인교육회의는 브라질 벨렘(Belem)에서 2009년 12월 1일~4일까지 4일 동안 개최되었으며, 총156개국 1,125명이 참석하였다. 제6차 세계성인교육회의는 2008년[3]과 2009년에 걸쳐 6차에 걸친 회의를 진행하였다. 제6차 세계성인교육회의가 열리기 전에 먼저 부다페스트, 멕시코시티, 나이로비, 서울, 튀니스 등에서 사전 회의를 열어 지역 회의에서 나온 건의와 보고서가 종합되었고, 성인학습과 교육에 관한 지구촌 보고서(Global Report on Adult Learning and Education: GRALE) 채택 준비를 위한 기본 자료로 활용

3) 우리나라에서는 2008년 10월 제6차 세계성인교육회의 아태지역 회의를 개최하여 48개 회원국의 교육 분야 정부대표, 관련 학자 및 NGO대표 총250명이 참가하였다. 아태지역 회의에서는 '아시아 태평양지역 발전 가능 평생학습사회 조성: 평생학습의 새로운 과제'를 주제로 지속가능한 평생학습사회조성을 위하여 문해교육의 중요성 인식과 역량개발, 평생교육 보급 확대를 위한 다양한 체제 개발, 평생교육의 역할과 기능에 대한 제고, 평생교육 관련 국가정책의 틀 마련, 평생교육 평가 및 인증제도 구축, 사회적 형평성 구축 방안 등에 대해서 토론하였다. 그리고 평생교육의 주요정책에 대해서 회원국들의 입장과 자신들의 의견을 담은 권고안을 채택하였다. 사전회의에서의 논의는 벨렘 선언문을 도출하는 데 이용되었다. 우리나라에서는 당시 안병만 교육과학기술부장관이 참석하였고, 김신일 전 교육인적자원부장관이 아시아 태평양지역 회의 결과에 대한 보고서를 발표하였다(이희수, 2005).

되었다.

제6차 세계성인교육회의의 '실현 가능한 미래를 위한 삶과 학습: 성인학습의 힘(Living and learning for a viable future: the power of adult learning)'을 주제로 전 세계적 경제위기를 극복하고 지속가능한 성장을 위해 각국의 평생교육정책 동향을 공유하고, 발전방향을 모색하였다(UNESCO, 2009).

2. 한국의 평생교육 역사

우리나라에서 평생교육이 본격적으로 발달하게 시작한 시기는 1980년 이후부터이다. 그동안의 평생교육의 주요 발달과정을 시기별(1980년대, 1990년대, 2000년~2007년, 2008년~현재), 영역별(평생교육법, 교육부 행정조직, 평생교육 전담기구, 평생교육진흥계획, 주요 특징 및 역점 사업)로 구분하여 살펴보면 〈표 2-3〉과 같다(교육부, 국가평생교육진흥원, 2021).

표 2-3 우리나라 평생교육의 시기별 및 영역별 발달과정

영역	1980년대	1990년대	2000년~2007년	2008년~현재
「평생교육법」	• 1980년 「헌법」에 '국가의 평생교육진흥 의무' 명문화 • 1982년 「사회교육법」 제정 공포	• 1990년 「정부조직법」 개편, 교육부 장관에게 평생교육 관련 업무 수행할 의무 명시 • 1990년 「독학에 의한 학위 취득에 관한 법률」 제정	• 2007년 「평생교육법」 전부 개정 ※ 2002년 「인적자원개발기본법」 제정	• 「평생교육법」 일부 개정(2009년~현재) – 2009년 평생학습계좌제 기반 마련 – 2013년 평생교육사 자격제도 운영 일원화 – 2014년 문해교육 개념 확장 · 지원 근거/읍면동평생학습센터 운영 지원 근거 마련 – 2015년 지자체의 학교형태 평생

영역	1980년대	1990년대	2000년~2007년	2008년~현재
		• 1997년 「학점인정 등에 관한 법률」 제정 • 1999년 「사회교육법」에서 「평생교육법」으로 개정		교육시설 보조금 지원근거 마련 – 2016년 문해교육 지원체계 및 문해교육센터 설치 근거/장애인 평생교육 지원 및 국가장애인평생교육 진흥센터 설립 근거 마련 – 2019년 장애인 평생교육 종사자에 대한 인권교육 및 시도평생교육진흥원 장애인대상 평생교육 프로그램 운영 근거 마련
교육부 행정조직	• 문교부 • 1983년 사회직업교육국에서 평생교육 업무 담당 • 1986년 사회국제교육국으로 명칭 변경	• 1996년 평생교육국으로 명칭 변경	• 2001년 교육인적자원부로 개편, 교육부총리제 도입 • 2001년 평생직업교육국으로 명칭 변경 • 2004년 인적자원개발국으로 명칭 변경 • 2005년 평생학습국으로 명칭 변경	• 2008년 교육과학기술부로 개편 • 2013년 교육부로 개편 • 2014년 교육·사회·문화 부총리 신설 • 2008년 평생직업교육국으로 명칭 변경 • 2018년 평생미래교육국으로 명칭 변경
평생교육 전담기구		• 1990년 중앙교육평가원에 학위검정부(독학학위제 업무) 설치 • 1998년 학점은행제 운영 개시(한국교육개발원)	• 2000년 한국교육개발원 내 평생교육센터 설치 • 2000년 16개 시도 지역평생교육정보센터 지정	• 2008년 국가평생교육진흥원 설립 • 2011~2016년 시도 평생교육진흥원 개원(부산, 대전, 충북, 경기, 울산, 제주, 충남, 인천, 광주, 경북, 대구, 강원, 전남, 경남, 서울, 세종, 전북)
평생교육 진흥계획		• 1996년 평생교육종합계획 수립	• 2002~2006년 제1차 평생교육진흥기본계획	• 2008~2012년 제2차 평생교육진흥기본계획 • 2013~2017년 제3차 평생교육진흥기본계획

영역	1980년대	1990년대	2000년~2007년	2008년~현재
			※ 제1, 2차 국가인적자원개발 기본계획 수립 및 시행	• 2018~2022년 제4차 평생교육진흥기본계획
주요 특징 및 역점 사업	• 평생교육진흥을 국가 차원의 의무로 규정 • 평생교육정책 추진의 제도적 기반 마련 • 학력인정평생교육시설 운영 • 대학사회교육원(평생교육원) 설치 • 학교와 연계된 지역사회교육 확대 • 언론사 및 백화점 부설 문화센터 등 민간 평생교육 확대 • 사내대학 설치	• 성인 고등교육 참여 확대 추진(독학학위제, 학점은행제) • 1990년 독학학위제 운영 개시 • 1997년 평생교육백서 발간 시작 • 1998년 학점은행제 운영 개시	• 중앙 및 지역 단위 평생교육지원체제 기반 마련 • 소외계층 대상 평생교육 프로그램 운영 본격화 • 평생학습도시 조성, 평생학습 문화 관련 사업 시작 • 2000년 평생교육사 양성·자격제도 시행 • 2001년 평생학습도시 조성 사업 시작 • 2001년 제1회 전국평생학습축제 개최 • 2004년 제1회 평생학습대상 개최 • 2006년 성인 문해교육 지원 사업 시작	• 광역 및 기초자치단체장에게 평생교육진흥 임무 부여 • 중앙-광역-기초 지역단위 평생교육추진체제 구축 • 대학평생교육활성화 및 평생학습계좌제 추진 • 2008년 대학 중심의 평생학습 활성화 지원 시작 • 2010년 평생학습계좌제 시행 • 2011년 시도평생교육진흥원 운영 지원 시작 • 2012년 제1회 대한민국 평생학습 박람회 개최 • 2014년 국가평생학습포털 '늘배움' 서비스 개통 • 2015년 한국형 온라인 공개강좌(K-MOOC) 개통 • 2016년 국가문해교육센터 설치 • 2018년 평생교육 바우처 지원 사업 시작, 2018년 매치업(Match業) 사업 시작 '검정고시지원센터' 운영 • 2019년 '학교협동조합 중앙지원센터' 운영 • 2020년 '대학 평생교육원 강좌 개설 지원사업' 시작

출처: 교육부, 국가평생교육진흥원(2021). 2020 평생교육백서.

한국의 평생교육 역사를 한국의 평생학습 도입, 「사회교육법」 제정 이후 및 「평생교육법」 제정 이후로 구분하여 살펴보면 다음과 같다(강은영, 2021).

1) 한국의 평생학습 도입

우리나라에서는 유네스코 한국위원회가 1970년 '세계교육의 해'를 맞이하여 랑그랑의 평생교육(L'education Permante)을 번역하여 국내에 배포함으로써 유네스코의 평생교육 개념과 원리가 소개되어 논의되기 시작되었다. 다시 말해 유네스코 한국위원회가 평생교육의 필요성, 평생교육의 의미, 평생교육의 목적, 평생교육의 방법 등을 처음 소개한 것이 오늘에 이르기까지 널리 평생교육이 보급되는 계기가 되었다.

1973년 유네스코 한국위원회의 주최로, '평생교육의 이념과 전략'이라는 주제로 평생교육발전 세미나를 열어 국내에 처음으로 평생교육을 소개하였으며, 1976년에는 한국의 사회교육 운동에 참여했던 인사들에 의하여 한국사회교육협회가 출범하면서 본격적으로 학계 차원에서 유네스코의 평생교육의 이념과 원리에 대하여 논의되기 시작하였다. 그리고 1974년 방송통신고등학교가 서울과 부산에 있는 11개의 공립 고등학교 부설로 설치되었으며, 2019년 전국 16개 시도교육청에서 42개교가 설치되어 운영 중이다. 또한 1977년 한국사회교육협회가 평생교육과 「사회교육법」에 관한 전국 세미나를 개최한 이후, 1978년에는 문교부의 정책연구과제로 평생교육 보고서가 채택되어 활발한 연구가 진행되었다.

우리나라에서 평생교육이 힘을 받게 된 것은 1980년 「헌법」 개정을 할 때(제29조[4] 제5항)에 '평생교육진흥에 관한 조항'을 삽입하여 국가의 평생교육진흥 의무를 강조하게 됨에 따라 평생교육에 대한 국가적인 관심이 크게 증가하면서부터이다.

---

4) 제29조(대한민국헌법: 전문개정 1980.10.27. 헌법 제9호)
① 모든 국민은 능력에 따라 균등하게 교육을 받을 권리를 가진다.
② 모든 국민은 그 보호하는 자녀에게 적어도 초등교육과 법률이 정하는 교육을 받게 할 의무를 진다.
③ 의무교육은 무상으로 한다.
④ 교육의 자주성·전문성 및 정치적 중립성은 법률이 정하는 바에 의하여 보장된다.
⑤ 국가는 평생교육을 진흥하여야 한다.
⑥ 학교교육 및 평생교육을 포함한 교육제도와 그 운영, 교육재정 및 교원의 지위에 관한 기본적인 사항은 법률로 정한다.

1981년에는 교육부의 공익법인인 한국평생교육기구가 발족되면서 본격적으로 학계 차원에서 논의되기 시작하였으며, 평생교육과 관련된 도서를 출간하여 평생교육에 대한 저변확대를 이끌었다. 그리고 1982년 4월에는 한국평생교육기구가 연차대회를 개최하고, 같은 해 12월에는 유네스코가 평생교육발전 2차 세미나를 개최하면서, 이 두 모임에서 발표된 논문이 유네스코 한국위원회와 한국평생교육기구 공저로 「평생교육의 기초와 체제」라는 이름으로 1983년에 발표되었다(박형민, 2004). 한국의 평생교육 도입의 발전과정을 살펴보면 〈표 2-4〉와 같다(강은영, 2021).

표 2-4 한국의 평생교육 도입의 발전과정

년도	내용
1970년	• 유네스코 한국위원회가 랑그랑의 평생교육을 번역하여 배포
1973년	• 유네스코 한국위원회의 주최로 '평생교육의 이념과 전략'이라는 주제로 평생교육발전 세미나 개최 • 국내에 처음으로 평생교육을 소개
1976년	• 한국사회교육협회가 출범
1974년	• 방송통신고등학교 설치
1977년	• 한국사회교육협회 주관으로 평생교육과 「사회교육법」에 관한 세미나 개최
1978년	• 문교정책연구과제로 평생교육관계 보고서가 제출
1980년	• 「헌법」 개정 시(제29조 제5항)에 '평생교육진흥에 관한 조항'을 삽입
1981년	• 교육부의 공익법인인 한국평생교육기구가 발족
1982년	• 한국평생교육기구가 연차대회를 개최 • 유네스코가 평생교육발전 2차 세미나를 개최
1983년	• 유네스코 한국위원회와 한국평생교육기구 공저로 「평생교육의 기초와 체제」 발간

2) 사회교육법 제정 이후

1982년 12월 「사회교육법」(법률 제3648호)이 제정되면서 평생교육의 제도적인 장치가 마련되면서 우리나라 평생교육은 체제를 구축하고 양적으로 팽창하게 되었다. 즉, 「사회교육법」이 시행되면서 학력인정평생교육시설이 운영되기 시작하였고, 대학 부설 사회교육원과 평생교육원이 설치되었으며, 학교와 연계하여 지역사회교육이 확대되었고, 언론사 부설 평생교육원과 백화점 부설 문화센터 등이 생기면서 민간 차원의 평생교육 영역이 확대되었다. 또한 산업체 내에는 사내대학을 설치할 수 있게 되었고, 예전부터 해 오던 야학이나 청소년 학교 250여 개 중에서 18개가 학력인정 사회교육시설로 지정되었다. 사회교육시설로 인정되면서 검정고시에서 9과목 중 4과목이 면제되었다가 1989년부터는 아예 검정고시도 없이 학력을 인정받게 되었다. 이에 따라 학력인정 사회교육시설이 만들어졌다. 이후 2000년에 시행된 「평생교육법」에 의해 명칭이 학력인정 평생교육시설로 변경되었다.

1986년에는 「사회교육법」에 의하여 평생교육 현장에서 근무하게 될 전문요원인 사회교육전문요원을 배출하기 시작하였고, 2000년부터는 평생교육사로 명칭을 변경하여 배출하고 있다.

1990년 4월에는 「독학에 의한 학위취득에 관한 법률」이 제정되었다. 독학 학위제는 고등학교를 졸업한 자가 자기주도학습을 진행하고, 시험에 응시하여 합격하면 교육부장관 명의의 학사학위를 수여하는 제도이다. 독학학위 자격 취득시험은 1990년 중앙교육평가원이 주관하여 처음으로 실시되다가, 1998년에는 시험 업무가 한국방송통신대학교로 이관되었고, 「평생교육법」이 전면 개정됨에 따라, 2008년부터는 국가평생교육진흥원의 주관 아래 시행되어 현재에 이르고 있다. 1995년 5월에는 대통령 자문기구인 교육개혁위원회에서 누구나, 언제, 어디서나 교육을 받을 수 있는 기회를 열어 주기 위하여 평생학습사회 기반조성을 위한 교육개혁방안을 발표하였다. 이로 인해 국민이면 누구나, 언제, 어디서나 교육을 받아 자아실현을 극대화하고 삶의 질을 향상시킬 수 있는 평생교육 이념이 정착되었다. 나아가 교육개혁위원회는 열린 평생학습사회를 조성하기 위하여 학점은행제를 도입하기로 결정하고 「학점인정 등에 관한 법률(제6434호)」 등 관련 법령을 제정하였다. 이로 인해서 학교에서 받은 수업만이 아니라 학교 밖에서 이루어지는 다양한 형태의 학습과 경험을 정규 대학교에서 취득한 학점과 동등하게 인정하고 있다. 현재 학점은행제는 정규 고등교육의 한계를 보완해서 학위를 취득하게 함으로 우리나라의 대표적인 개방형 평생학습제도로 정착되었다. 「사회교육법」의 제정 이후 주요 평생학습 발전을 살펴보면 〈표 2-5〉와 같다(강은영, 2021).

표 2-5 「사회교육법」의 제정 이후 평생학습 발전

년도	내용
1982년	• 「사회교육법(법률 제3648호)」 제정 • 학력 인정 평생교육시설 운영 • 대학 사회교육원(평생교육원) 설치 • 학교와 연계된 지역사회교육 확대 • 언론사 부설 평생교육과 백화점 부설 문화센터 등 민간 평생교육 확대 • 야학, 청소년 학교 중 일부가 학력인정 사회교육시설로 지정
1986년	• 사회교육전문요원을 배출
1990년	• 「독학에 의한 학위취득에 관한 법률」이 제정
1995년	• 대통령자문기구인 교육개혁위원회에서 교육개혁방안을 발표 • 「학점인정 등에 관한 법률(제6434호)」 제정

3) 평생교육법 제정 이후

1999년에는 기존의 「사회교육법」이 평생교육의 진흥을 국가의 의무로 규정한 「헌법」 및 「교육기본법」에 따라 전문을 개정하여 「평생교육법」으로 개정되었다. 이후 한국 평생교육 학계와 평생교육 현장에서는 사회교육이라는 용어보다는 공식적으로 평생교육이라는 용어를 사용하기 시작하였다. 또한 「평생교육법」이 본격적으로 시행되면서 평

생교육학이라는 새로운 학문 영역이 만들어졌으며, 평생교육의 양적 · 질적인 발전을 가져오는 계기가 되었다.

「평생교육법」에 의하여 평생교육을 진흥하기 위하여 2000년에는 한국교육개발원 내에 평생교육센터를 설치하여 평생교육정책과 제도 개발 및 연구를 담당하게 하였고, 산하에는 16개의 시도 지역평생교육정보센터를 지정 · 운영하였다. 시도 지역평생교육정보센터는 주로 시도교육청이나 평생학습관에서 담당하였으며, 시도 내의 평생교육 진흥과 제도를 시행하도록 하였다.

2000년에는 사회교육전문요원을 평생교육사로 개명하고 양성 · 자격제도를 시행하였고, 2001년에는 제1회 전국평생학습 축제를 천안에서 개최를 시작으로 매년 중앙차원에서 전국평생학습 축제를 개최하고, 지역에서는 시 · 군 · 구별로 평생학습축제를 개최하고 있다. 2001년부터 시작된 평생학습도시 사업은 시차원에서는 광명시, 구단위에서는 유성구, 군단위에서는 진안군을 지정하였다. 평생학습도시 사업은 지방자치단체들이 평생교육정책에 참여할 수 있는 기회를 주었고, 평생교육기관 · 단체 간 협력, 지역 내의 평생교육 자원 활용, 평생교육 프로그램 운영을 통하여 지역의 평생교육을 진흥하는 데 결정적인 기여를 하였다. 평생학습도시는 2001년에 처음 지정하기 시작해서 2021년 현재 전국 226개의 기초자치단체 중에서 175개가 평생학습도시로 선정되어 기초자치단체 중 77%가 평생학습도시로서 기초자치단체의 평생교육 활성화에 기여하고 있다. 그리고 2001년 12월에는 국가 인적자원 개발기본 계획을 수립하여 인적자원 개발과 관련된 평생학습 분야에서 구체적인 실행계획이 만들어졌다. 2002년에는 제1차 평생교육진흥기본계획(2002~2006년)을 세워 평생교육을 체계적으로 진흥할 수 있는 토대를 마련하였다(교육부, 국가평생교육진흥원, 2021).

2004년에는 제1회 평생학습대상 시상식을 개최하였다. 평생학습대상 시상식은 생활 속에서 평생학습을 실천하고 있는 평생교육인, 학습동아리, 평생교육 기관의 우수 사례를 발굴하여 시상하는 제도이다. 평생학습대상 시상식은 지속적인 평생학습 활동을 장려하고, 평생학습 문화를 공유하고, 평생학습 풍토를 조성하기 위하여 시행되었다.

제1회 평생학습대상 시상식은 한국교육개발원, 한국평생교육총연합회, 한국교육학회, 대한상공회의소, 중앙일보 등의 민간의 자발적인 참여에 의해 시작되었다(교육부, 국가평생교육진흥원, 2021).

2005년부터는 교육부가 평생학습대상을 주관하면서 평생학습과 관련하여 유일하게 교육부의 시상 사업으로 자리 잡았다. 2013년에는 국무총리상 승격에 따라 '대한민국 평생학습대상'으로 명칭을 변경하고 운영체계 정비를 위한 관련 지침 및 시상 부문을 조정하였으며, 2015년부터는 기관 차원의 우수 사례를 적극적으로 발굴하기 위한 '기관 추천제'를 도입하여 운영하고 있다(교육부, 국가평생교육진흥원, 2021).

2006년에는 기존에 해 오던 성인문해교육 사업을 활성화하기 위하여 지원사업을 시작하였다. 2007년에는 「평생교육법」의 전면 개정에 따라 문해교육과 관련된 조항이 생기면서 문해교육을 통해 초등과 중등 학력을 인정받을 수 있는 제도가 시작되었다. 2006년 8월에는 평생학습결과의 표준화 시범운영사업을 시작으로 평생학습계좌제 모형 개발을 위한 시범 사업이 추진되었고, 2010년 3월부터는 전국 단위 학습과정 평가인정이 실시되고 있다. 평생학습계좌제는 「평생교육법」 제23조[5]에 의하여 국민의 개인적

5) 제23조(학습계좌)

① 교육부장관은 국민의 평생교육을 촉진하고 인적자원의 개발 · 관리를 위하여 학습계좌(국민의 개인적 학습경험을 종합적으로 집중 관리하는 제도를 말한다)를 도입 · 운영할 수 있도록 노력하여야 한다.

② 교육부장관은 제1항의 학습계좌에서 관리할 학습과정을 대통령령으로 정하는 바에 따라 평가인정할 수 있다.

③ 교육부장관은 제2항에 따라 평가인정을 받은 학습과정을 설치 · 운영하는 평생교육기관이 다음 각 호의 어느 하나에 해당하면 그 평가인정을 취소할 수 있다. 다만, 제1호에 해당하는 경우에는 평가인정을 취소하여야 한다.

1. 거짓이나 그 밖의 부정한 방법으로 평가인정을 받은 경우
2. 제2항에 따라 평가인정 받은 내용을 위반하여 학습과정을 운영한 경우
3. 제2항에 따른 평가인정의 기준에 이르지 못하게 된 경우

④ 교육부장관은 제3항제2호 및 제3호에 따라 평가인정을 취소하고자 할 경우에는 대통령령으로 정하는 기간과 절차에 따라 평생교육기관의 장에게 시정을 명하여야 한다.

⑤ 교육부장관은 제4항에 따라 시정명령을 하는 경우에는 평생교육기관의 장에게 시정명령을 받은 사실을 공표할 것을 명할 수 있다.

⑥ 교육부장관 및 지방자치단체의 장은 제16조의2에 따른 평생교육이용권으로 수강한 교육이력을 학습계좌를 통해 관리할 수 있다.

학습경험을 종합적으로 누적 관리하는 제도로서 모든 평생교육진흥사업과 제도를 매개하고 융합할 수 있는 상위적 개념의 제도이다(교육부, 국가평생교육진흥원, 2021).

2007년에는 제2차 평생교육진흥기본계획(2007~2012년)을 세워 평생학습 사회를 실현할 수 있는 토대를 마련하였고, 2008년에는 중앙에 국가평생교육진흥원을 설립하고, 광역시도에는 시도평생교육진흥원 설립 근거가 만들어졌다. 이에 따라 국가평생교육진흥원－시도평생교육진흥원－시 · 군 · 구 평생학습관으로 이어지는 전담기구 체계를 갖추게 되었다. 국가평생교육진흥원은 우리나라 평생교육의 대표 기관으로서 모든 정책과 제도를 만들고 수행하는 역할을 하고 있다. 법적 기반을 바탕으로 2011년 대전평생교육진흥원 개원을 시작으로 부산광역시, 경기도가 개원한 이래 2019년 현재 17개 광역 모두 시도평생교육진흥원을 설립하고 활발하게 운영하고 있다(교육부, 국가평생교육진흥원, 2021). 또한 2008년 평생학습중심대학을 선정하였다. 평생학습중심대학은 대학의 지역 평생교육거점 역할을 수행하면서 지역의 특성을 반영하여 성인학습자의 평생교육 요구에 맞는 교육과정을 개발하여 제공하고, 대학의 평생교육 기능을 활성화하기 위하여 시행되었다(교육부, 국가평생교육진흥원, 2021).

2012년에는 제1회 대한민국 평생학습박람회가 대전광역시에서 처음으로 개최되었다. 대한민국 평생학습박람회는 평생학습에 대한 홍보를 바탕으로 국민들의 평생학습에 대한 인식을 높이고, 평생학습에 대한 참여를 높여 평생학습 문화를 확산하고, 평생학습 우수 사례를 공유하기 위하여 시작되었다(교육부, 국가평생교육진흥원, 2021). 2012년 전국 성인문해교육 시화전을 열고, 2013년에는 대한민국 문해주간 선포식을 거쳐, 2014년에는 대한민국 문해의 달 선포식으로 발전하였다. 문해의 달 선포식은 17개 광역문해교육기관과 전국문해교육단체 등이 공동으로 주관하고 있다(교육부, 국가평생교육진흥원, 2021).

2013년에는 평생학습종합정보시스템인 늘배움의 서비스를 시작하였다. 늘배움은 평

⑦ 교육부장관은 학습계좌의 운영을 위하여 필요한 경우에는 관계 행정기관등의 장에게 필요한 자료의 제공을 요청할 수 있다. 이 경우 자료의 제공을 요청받은 관계 행정기관등의 장은 특별한 사유가 없으면 이에 따라야 한다.

균수명 100세를 대비하기 위하여 국가 평생학습체제 구축이 국정과제로 채택되어 이를 실천하기 위하여 늘배움을 구축하고 운영하는 사업이다. 2014년 12월에는 늘배움 서비스가 모바일 앱 서비스로 제공되기 시작하였으며, 2016년에는 전국 17개에서 운영하던 '시도 다모아 평생교육정보망'과 연계하였다. 2013년 제3차 평생교육진흥기본계획(2013~2017년)을 세워 모든 국민이 행복한 창조 학습사회를 구현할 수 있는 토대를 마련하였다. 2015년부터 한국형 온라인 공개강좌인 K-MOOC(Korean Massive Open Online Course)서비스를 시작하였다. K-MOOC는 대학의 우수 온라인 강좌를 언제, 어디서나, 누구나 무료로 수강할 수 있는 서비스로, MOOC의 국제적 확산과 고등교육 패러다임 변화에 적극적으로 대응하기 위해 시작되었다(교육부, 국가평생교육진흥원, 2021).

2018년에는 제4차 평생교육진흥기본계획(2018~2022년)을 세워 미래 평생교육의 청사진을 제시하였다. 2018년에는 평생교육 바우처 지원사업을 시작하였다. 평생교육바우처 지원사업은 경제적으로 어려워 평생학습의 기회를 제공받지 못하는 소외계층을 대상으로 일정 금액의 교육비를 지원해 주는 사업이다. 평생교육 바우처 지원사업은 학습자 개인의 여건 및 교육 수준에 따라 자신이 원하는 학습을 결정하여 참여할 수 있도록 지원해 주고 있다. 「평생교육법」의 제정 이후 주요 평생학습 발전을 살펴보면 〈표 2-6〉과 같다(강은영, 2021).

표 2-6 「평생교육법」의 제정 이후 평생학습 발전

년도	내용
1999년	• 「사회교육법」을 전문 개정하여 「평생교육법」으로 개정
2000년	• 한국교육개발원 내에 평생교육센터 설치 • 16개의 시도 지역평생교육정보센터를 지정 운영 • 사회교육전문요원을 평생교육사로 개명하여 배출
2001년	• 제1회 전국평생학습 축제를 천안에서 개최 • 평생학습도시 사업으로 시차원에서는 광명시, 구단위에서는 유성구, 군단위에서는 진안군을 지정 • 국가인적자원개발기본계획을 수립하여 인적자원과 연계된 평생학습 관련 실행계획 수립

년도	내용
2002년	• 제1차 평생교육진흥기본계획(2002~2006년) 수립
2004년	• 제1회 평생학습대상 시상식 개최
2006년	• 성인문해교육 지원사업 시작 • 평생학습계좌제 모형개발을 위한 시범 사업 시작
2007년	• 제2차 평생교육진흥기본계획(2007~2012년) 수립
2008년	• 국가평생교육진흥원 설립하고 광역 시도평생교육진흥원 설립 근거를 마련 • 평생학습중심대학 지정 시작
2012년	• 제1회 대한민국 평생학습박람회를 대전광역시에서 개최 • 전국 성인문해교육 시화전 개최
2013년	• 평생학습종합정보시스템인 늘배움 서비스 시작 • 제3차 평생교육진흥기본계획(2013~2017년) 수립
2014년	• 대한민국 문해의 달 선포식
2015년	• 한국형 온라인 공개강좌인 K-MOOC서비스 시작
2018년	• 제4차 평생교육진흥기본계획(2018~2022년) 수립 • 평생교육 바우처 지원사업 시작

Chapter

03 현대사회와 평생교육

배울내용

1. 현대사회의 특징
2. 평생학습사회의 특징

학습목표

1. 제4차 산업혁명 시대의 배경과 특징을 이해한다.
2. 제4차 산업혁명 시대가 미치는 영향을 숙지한다.
3. 저출산 고령사회의 문제점을 파악한다.
4. 불평등과 빈곤으로 인한 양극화의 문제를 파악한다.
5. 무한경쟁의 시대의 문제점을 파악한다.
6. 문화의 균질화와 다문화 시대의 특징을 설명할 수 있다.
7. 지구환경의 위기를 이해한다.
8. 평생학습사회의 특성을 이해하고, 갖추어야 할 역량과 기술들을 숙지한다.

1. 현대사회의 특징

1) 제4차 산업혁명 시대

제4차 산업혁명은 단순히 2016년에 개최된 다보스 세계경제포럼의 일회성 주제에 불과한 것이 아니다. 제4차 산업혁명을 독일은 'Industrie 4.0'으로 사용하다가 이를 줄여서 'I4.0'으로 칭한다. 미국은 '산업 인터넷(Industrial Internet)'으로, 중국과 일본에서는 '제4차 산업혁명' 등으로 사용한다. 세계가 제4차 산업혁명을 각자의 언어로 명칭하여 다루고 있을 정도로 관심을 가지고 있다. 왜냐하면 그만큼 제4차 산업혁명을 통한 변화와 발전은 이 시대 가운데 매우 중요한 부분을 차지하기 때문이다. 이러한 제4차 산업혁명의 이론적인 이해를 위해 지금부터 4차 산업혁명의 역사적 배경과 의의 및 특징에 대해 살펴보고자 한다(이임엘, 2021).

(1) 제4차 산업혁명의 역사적 배경과 의의

제4차 산업혁명을 이해하기 위해서는 먼저 산업혁명에 대해 알 필요성이 있다. 산업혁명이란 사회적, 경제적인 새로운 변화를 말하는 것으로 지금까지 총4차에 걸쳐서 진행되어 왔는데, 이를 도식화하여 정리하면 〈그림 3-1〉과 같다(강철승, 2016).

이러한 4차에 걸쳐 발생한 산업혁명에 대해 세계경제포럼의 창립자인 클라우스 슈밥(Klaus Schwab)은 산업혁명에 대해 다음과 같이 주장하고 있다.

첫째, 제1차 산업혁명은 1760~1840년에 걸쳐 발생한 산업혁명으로 철도 건설과 증기기관의 발명을 시작으로 기계의 생산을 시작하는 기계화시대로, 물과 증기를 사용한다는 특징과 함께 이를 통한 증기기관으로 생산성이 향상된 시기를 말한다.

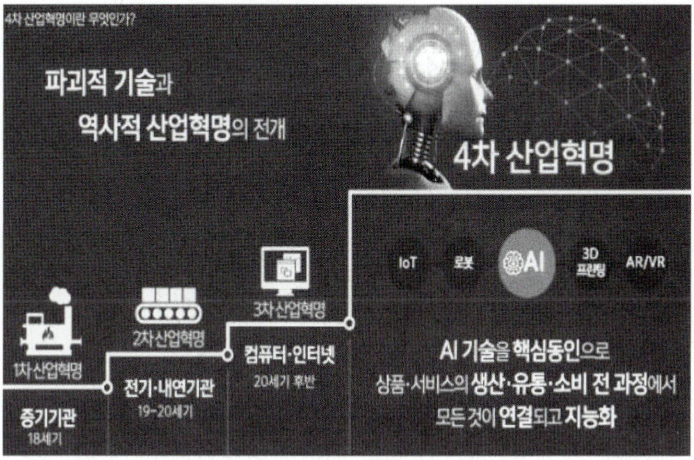

그림 3-1 제4차 산업혁명의 도식화

둘째, 제2차 산업혁명은 19세기 말부터 20세기 초까지 전기와 전화를 통한 발달로 생산 조립라인의 출현으로 대량생산이 가능하게 되었고, 이로 인해 생산성이 발전하는 전기화시대로, 전기를 사용한다는 특징과 함께 전기 에너지 이용을 통한 대량생산 체제를 구축한 시기이다.

셋째, 제3차 산업혁명은 1980년대 말부터 시작해 컴퓨터의 기술과 인터넷의 발전을 통한 SNS 활용 그리고 전자 제품이 아날로그 방식에서 디지털 방식으로 바뀌는 등 경제와 산업구조를 비롯한 여러 방향에서 커다란 변화를 가져온 정보화시대로, 전자와 정보기술을 특징으로 하여 전자와 정보기술을 이용한 자동화 및 디지털화를 통해 발전의 속도가 제2차 산업혁명보다 급속히 빠르게 진행된 시기를 의미한다.

넷째, 제1차 산업혁명부터 제3차 산업혁명을 바탕으로 하여 시작된 것이 제4차 산업혁명이다. 제4차 산업혁명은 21세기의 시작과 함께 출현하였다. 이 시기는 신기술의 발달과 광통신을 통한 변화를 통해 빅데이터, 클라우딩, 3D 프린터, 퀀텀 컴퓨터, 나노, 바이오 기술, 로봇, 인공지능, 드론, 자율주행 등 이전에 없었던 새로운 것들이 등장하기 시작하면서, 특징으로는 디지털, 유비쿼터스, 모바일 인터넷, 인공지능과 기계학습 등을 들 수 있으며 이를 인공지능 융합시대라고 한다. 즉, 디지털, 물리학, 생물학을 특징으로 하여, 제3차 산업혁명을 기반으로 산업 간 경제를 융합하는 기술혁명이 일어나고 있는 시기이다.

다시 말해 제1차 산업혁명부터 제3차 산업혁명에 이르기까지 산업혁명은 기술의 비약적인 발전으로 인하여 이전에 생각지 못했던 큰 변화와 새로운 생활방식을 가져와 새로운 시대를 맞이하게 되었다. 마찬가지로 제4차 산업혁명 역시 새로운 시대를 열어 갈 것이다. 그리고 슈밥의 이야기와 같이 제4차 산업혁명은 이미 시작되었다. 세계경제포럼은 「The Future of Jobs Report」를 통해 미래에 제4차 산업혁명이 도래할 것이라고 밝혔고, 이를 통해 사회 및 경제구조를 포함한 모든 영역에서 커다란 변화와 발전을 가져올 것이라고 전망하였다. 제4차 산업혁명 시대를 살아가고 있는 우리들은 제3차 산업혁명 이후 큰 세월이 지나지 않았음에도 더 빠른 변화와 발전을 가져와 인공지능을 비롯한 최첨단 정보기술이 주도하는 정보화의 시대를 살아가고 있는 것이다.

(2) 제4차 산업혁명의 특징

제4차 산업혁명 시대는 무수히 많은 특징들을 가지고 있다. 그중에서 대표적인 3가지의 특징에 대해 살펴보면 다음과 같다(이임엘, 2021).

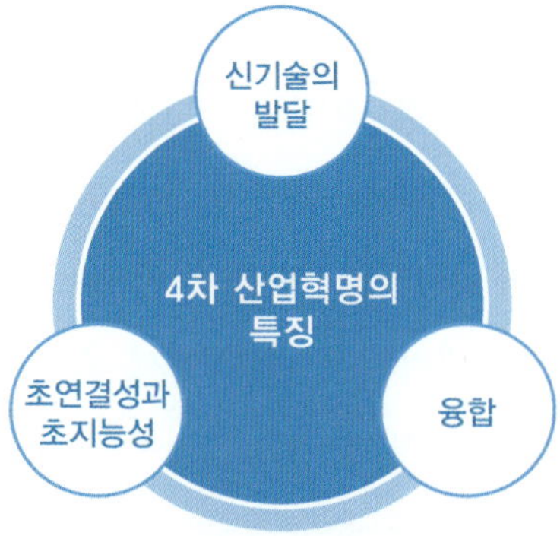

그림 3-2 4차 산업혁명 시대의 특징

첫째, 신기술의 발달이다. 제4차 산업혁명은 빅데이터(Big Data), 클라우드(Cloud), 3D 프린터(3D printer), 퀀텀컴퓨터(Quantum Computer), 나노(Nano), 바이오 기술(Bio Technology), 로봇(Robot), 인공지능(AI), 드론(Drone), 자율주행(Autonomous Driving) 등 신기술의 발달로 인해 삶의 모든 부분에 걸쳐 많은 변화와 발전을 가져 오고 있다(김영식, 2018). 그러한 변화와 발전을 통해 가장 큰 혜택을 받는 집단은 소비자일 것이다. 즉, 빅데이터를 기반으로 한 막대한 정보를 누구나 검색을 통해 찾을 수 있으며, 인공지능(AI)의 발전으로 삶의 많은 부분이 편해졌다. 또한 이전과 같이 금융거래를 위해 장소를 이동하거나, 많은 시간을 쓰지 않아도 된다. 물건을 구입하는 일도, 각종 문화생활을 누리는 일도 마찬가지이다. 대부분 사람들이 가지고 있는 스마트폰을 통해 가능한 시대가 되었다. 이와 같이 신기술의 발달로 인해 삶의 효율성을 높이는 많은 부분들을 거의 무상으로 활용할 수 있게 되었고, 이전에는 경험해 보지 못했던 소비자들이 누리는 많은 혜택들이 생겨나게 되었다. 그리고 그 혜택은 인간 개인에게만 해당되지 않고, 사회 전반에 걸쳐 퍼져 나가고 있다.

둘째, 융합(convergence)이다. 제4차 산업혁명 시대의 융합이란 기존의 서로 다른 각각의 영역에 있는 학문, 기술, 산업 등을 하나로 묶어서 새로운 패러다임과 가치를 만들어 내는 것을 말한다(김진하, 2016). 융합을 통해 서로 다른 산업들이 새로운 패러다임을 만들어 낼 수 있게 된 것이다. 이를 통해 제조업과 서비스업 그리고 하드웨어와 소프트웨어의 벽이 사라짐으로 사회구조적인 문제가 사라지고, 전에는 생각하지 못했던 새로운 것들이 생겨날 수 있게 되었다. 제4차 산업혁명을 통한 신기술의 발달은 융합에 많은 도움을 준다. 새로운 시대에 새로운 패러다임으로 누구나 혁신에 도전할 수 있게 되었고, 이는 신기술의 발달이 기존에 있었던 산업과 연결되어 새로운 산업들이 생겨날 수 있게 되었다. 신기술의 발달과 융합을 통한 새로운 패러다임에 대한 부분을 도식화하면 〈그림 3-3〉과 같다(하원규 외, 2015).

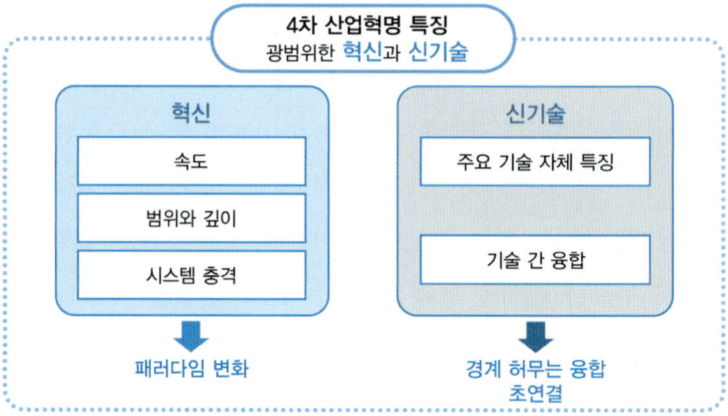

그림 3-3 제4차 산업혁명의 특징

셋째, 초연결성(Hyper Connectivity)과 초지능성(Hyper intelligence)이다. 슈밥은 2016년 세계경제포럼에서 제4차 산업혁명은 초연결성과 초지능성을 지향하는 새로운 산업 패러다임 환경을 알리는 혁신의 용어로 사용하였다. 초연결성이란 사람과 사람이, 사람과 사물이, 사물과 사물 등 객체 간의 연결이 정보통신기술의 발전으로 인해 사물인터넷(IoT)으로 연결되어 빨라진다는 것을 의미한다. 이는 우리사회에서 흔히 볼 수 있는데, 대표적인 예로, 자율주행자동차, 스마트 의류, 스마트 가전기기, 헬스 케어, 스마트 홈, 인공지능 로봇, 3D 프린터 등을 들 수 있다. 초지능화란 인공지능인 AI의 발전으로 인공지능을 가진 사물이 사람의 역할을 대신한다는 것이다. 정보량을 스스로 분석하고 처리하여 컴퓨터와 소프트웨어로 학습하며 사고하도록 지능을 구현하는 것인데, 이를 통해 딥러닝과 빅데이터 기술이 접목되면 대용량의 데이터를 효과적으로 수집하고 분석하면서 관리할 수 있게 되며, 스스로 과거에 수집한 빅데이터를 통한 분석으로 최적화되고 정확한 모델을 만들어 미래에 대한 구체적인 가치까지 창출해 낼 수 있게 되었다.

(3) 제4차 산업혁명 시대가 미치는 영향

제4차 산업혁명 시대가 미치는 영향으로는 국가와 사회, 개인, 미래 세대에게 미치는 영향으로 구분할 수 있다〈그림 3-4〉.

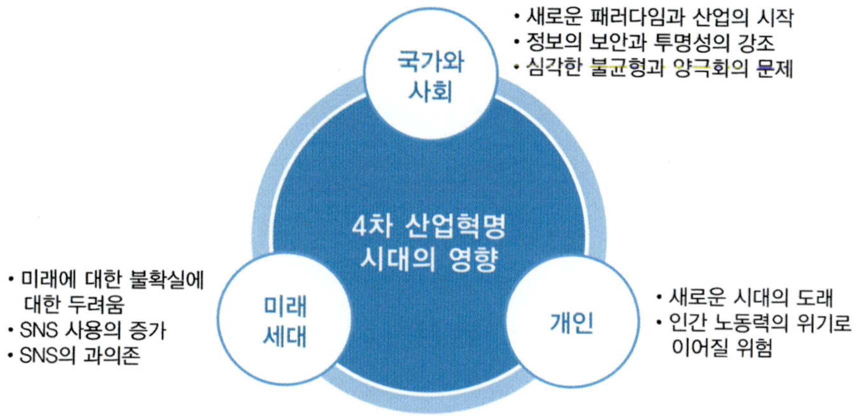

그림 3-4 제4차 산업혁명 시대가 미치는 영향

① 국가와 사회에게 미치는 영향

제4차 산업혁명이 국가와 사회에게 미치는 영향으로는 여러 가지가 있지만 크게 3가지로 구분하여 살펴보면 다음과 같다(이임엘, 2021).

첫째, 새로운 패러다임과 산업의 시작이다. 제4차 산업혁명으로 인해 기존의 서로 완전히 다른 각각의 영역에서 융합을 통해 새로운 패러다임과 가치를 만들게 되었다. 그 대표적인 예로 미국의 여러 기업들을 들 수 있다. 시가 총액 70조원의 택시 기업인 우버(Uber)는 택시가 존재하지 않지만 큰 규모의 새로운 택시 기업이 되었고, 전 세계 기업 순위 9위를 차지하는 페이스북(Facebook)은 글로벌 미디어 기업임에도 미디어 콘텐츠를 제작하지 않으며, 전 세계 호텔업계 1위인 에어비앤비(Airbnb)는 소유하고 있는 호텔이나 부동산이 하나도 없다. 이처럼 기존의 방식으로는 이해가 되지 않는 운영방식이지만 제4차 산업혁명 시대의 융합적인 측면에서 기존에는 전혀 생각하지 못한 새로운 패러다임의 등장으로 가능하게 된 것이다. 이러한 융합은 산업적인 측면을 넘어 우리의 일상생활을 포함한 모든 영역으로 확산되어 국가와 사회에게 영향을 줄 것이다. 왜냐하면 기존에 생각하지 못했던 새로운 패러다임과 융합으로 인해 누구나 창조적으로 살 수 있고, 누구나 기회를 얻을 수 있는 사회적 시스템이 되었기 때문이다. 그렇기에 국가는 여러 기술들을 도입하여 융합할 수 있도록 기회의 장을 열어 주어야 한다. 혁신에 대해서는 규제와 억제보다는 빠르고 지속적으로 논의하여 적용할 수 있는 사회 전반에 걸친 시스템을 구축해야 한다.

둘째, 정보의 보안과 투명성의 강조이다. 제4차 산업혁명의 특징 중 하나인 초연결성이란 사물인터넷(IoT)과 빅데이터(Big Data)의 등장으로 우리가 일상에서 사용하는 모든 사물들이 인터넷에 연결된다는 것을 의미한다. 그로 인해 센서가 장착된 사물이 인터넷에 정보를 전송하거나 혹은 인터넷을 이용하여 로봇이나 산업장비를 제어할 수 있게 되었다. 그래서 4차 산업혁명이 다가온 오늘날 사물 인터넷을 통해 수집된 정보를 토대로 비즈니스 전략을 수립하거나 인터넷을 활용한 장비의 원격제어가 가능해졌다. 또한 초연결시대로 접어든 오늘날 기술의 융합은 신뢰할 수 있는 투명성 있는 데이터의 구축을 가능하게 하고 있다. 각 개인, 기업, 국가 등은 투명하게 공개된 정보들을 통해 평가받기에 부당한 방법이나 허위 정보로 이득을 취할 수 없게 되었다. 그러나 이러한 사물과 인터넷의 연결은 정보 보안의 위협이라는 새로운 문제를 가져오게 되었다. 우리가 사용하는 온 · 오프라인의 기기가 하나의 네트워크로 연결될수록 해킹으로 인한 피해는 더욱 커질 수 있다. 이는 개인뿐만 아니라 기업과 국가 또한 초연결성으로 인한 보안문제를 떠안아야만 한다. 사물인터넷을 담당하는 서버가 공격당하거나 정보 탈취를 당하면 언제든 우리의 개인 정보가 노출될 위협이 있는 것이다.

월패드 해킹 언제든 또 뚫린다!… "필수 설비 수년 간 누락"

■ '월패드' 해킹돼 사생활 유출… "내 집인데도 항상 조심스러워"

"해커들이 한국 17만 가구의 사생활 영상을 유출했다" 지난해 말, 해외의 한 인터넷 사이트에 올라온 글입니다. 편안한 옷차림으로 거실에 앉아 있는 사람들이 보입니다. 여성이 소파에 앉아 식사하는 모습, 전화하거나 TV를 시청하는 모습이 나옵니다. 어떻게 찍혀 유출된 것일까? 방문자 확인을 위해 아파트 거실에 설치된 장비, '월패드'의 카메라를 통해 촬영된 것으로 보입니다. 주로 '지능형 홈네트워크 설비'를 구축한 아파트에서 이러한 해킹이 일어나고 있습니다.

■ '지능형 홈네트워크' 적용한 아파트… 해커의 손쉬운 먹잇감이 된 이유

각 가정의 거실 등에 월패드가 있다면 해당 아파트는 지능형 홈네트워크 설비를 적용한 경우입니다. 지능형 홈네트워크 설비는 2009년 관련 고시가 처음 제정됐습니다. 이때부터 아파트는 건축할 때 선택적으로 '지능형 홈네트워크' 설비를 넣을 수 있었습니다. 이후 관련 산업을 더 육성하기 위해 아예 500세대 이상 신축 아파트의 경우 의무적으로 지능형 홈네트워크를 하게끔 강화됐습니다. 이 고시는 「건축법」에도 그대로 준용됩니다. 주택 단지 내 지능형 정보통신과 가전기기 등을 서로 상호 연동해 주거서비스를 한층 더 편리하고 손쉽게 제어하기 위한 설비가 지능형 홈네트워크입니다. 주로 거실에 있는 월패드를 통해 단지 CCTV나 지하 주차장 상황을 확인할 수 있고 엘리베이터 호출은 물론 도어락 개폐, 가스차단기 제어, 세대 내 통화 등 모든 일을 할 수 있습니다. 이렇게 손쉬운 제어 바탕에는 통신망이 있습니다. 아파트 단지의 망이 집 안에 있는 개인 월패드까지 하나로 이어져 있기 때문에 가능한 것입니다. 해킹 위험을 차단하기 위한 최소한이자 유일한 장치가 바로 홈게이트웨이입니다. 해커 등이 외부에서 단일망을 통해 집 안으로 접근하려 할 경우 집 안에 설치된 홈게이트웨이가 IP 주소를 임의로 바꿔 차단하는 일종의 방어막 역할을 합니다. 지능형 홈네트워크가 해킹 위험에서 안전하게 운용될 수 있도록 하는 유일한 장치기 때문에 관련 고시가 지난 10여 년간 아홉 차례나 개정이 되는 동안 이 홈게이트웨이는 한 번도 필수 설비에서 빠진 적이 없습니다.

출처: 김민아, 신현욱(2022. 04. 22.)

셋째, 심각한 불균형과 양극화의 문제이다. 인류는 지난 제1차 산업혁명부터 제3차 산업혁명까지 총3번의 산업혁명을 통해 많은 변화와 발전을 이루었다. 그리고 그것과 함께 선진국과 후진국의 심각한 불균형과 양극화를 초래했다. 앞에서 제시한 것과 같이 제4차 산업혁명은 이전에 산업혁명들에 비해 모든 영역에서 더 빠른 변화와 발전을 보이고 있다. 그 말은 4차 산업혁명이 이전에 있었던 산업혁명들보다 더 극심한 불균형과 양극화를 초래할 수 있다는 것이다. 이는 선진국과 후진국, 즉 국가와 국가만의 문제가 아니다. 국가와 기업, 기업과 개인, 개인과 개인에 대한 불균형과 양극화도 초래할 것이다. 왜냐하면 제4차 산업혁명은 과학기술의 발전과 정보화로 인한 변화들을 만들어 냈고, 그것을 따라가지 못하는 국가, 기업, 개인이 생길 수밖에 없기 때문이다. 지난 2017년 세계경제포럼에서도 정보기술 발전에 따라 임금격차에 따른 노동시장 분리는 앞으로 더욱 심화할 것이고, 국가와 사회 간에 임금 소득의 불균형이나 양극화가 심화할 것으로 예측하기도 하였다(현대경제연구원, 2017). 심각한 불평등과 양극화의 문제는 사회의 내부 갈등, 분열, 불안 등을 증폭시켜 폭력적인 상황을 만들어 낼 위험이 있고, 전 세계적으로 활동하고 있는 이슬람 테러단체인 IS[1])를 그 대표적인 예시로 들 수 있을 것이다.

② 개인에게 미치는 영향

제4차 산업혁명이 국가와 사회에게 영향을 미치는 요인으로 작용하지만 개인에게도 많은 영향을 미치게 된다. 개인에게 미치는 영향 2가지에 대해 살펴보면 다음과 같다(이임엘, 2021).

첫째, 새로운 시대의 도래이다. 제4차 산업혁명 시대가 다가왔음을 알리는 큰 사건으로 꼽을 수 있는 일은 2016년 3월에 있었던 인고지능(AI) 알파고와 바둑기사 이세돌 9단의 바둑대결을 뽑을 수 있다. 바둑 전문가들은 이세돌 9단이 5:0으로 승리할 것이라

1) 수니파 이슬람 극단주의 무장단체이며, 아부 바르크 알바그다디가 이끄는 조직으로 알카에다 이라크지부에서 출발해 시리아와 이라크 일부 지역을 점령하고 '이슬람국가(Islami State: IS)'를 자처했다. 인질 살해 등 잔혹한 범죄를 저지르고 이러한 장면을 인터넷에 공개해 선전책으로 이용하고 있다. 2017년 7월 이들이 장악했던 지역인 이라크 모술을, 10월 시리아 라카를 미군과 연합군에 함락당했다. 이후 시리아 북부에서 미군과 쿠르드족 민병대를 포함한 연합군과 전면전을 벌여 2019년 3월 마지막 근거지인 시리아의 바구즈를 잃고 지역적 기반을 상실한 상태에서, 2019년 10월 26일 최고지도자인 '칼리프' 아부 바크르 알바그다디가 미군의 공격으로 사망했다. 31일 후계자로 아부 이브라힘 알하셰미 알쿠라이시가 지명되었다(출처: Daum 백과).

고 예상했지만, 결과는 그와 반대로 4:1 알파고의 승리로 끝났다. 이 세기의 대결로 인해 전 세계는 인공지능의 발전과 속도 그리고 제4차 산업혁명에 관심을 갖기 시작하였다. 알파고의 질주는 여기서 끝나지 않았다. 알파고는 이세돌 9단과 경기 1년 뒤 세계 최강이라고 불리는 커제(柯洁 Ke Jie) 9단과 바둑대결을 펼쳤고, 그 대결에서 3연승한 후 은퇴를 선언했다. 더 이상의 대결은 무의미하다고 판단했기 때문이다. 인간이 만든 기계에 인간이 배워야 하는 시대가 도래한 것이다. 제4차 산업혁명은 이전에 생각하지 못했던 것들이 실현되는 시대, 세상이 바뀌는 완전히 새로운 시대이다.

둘째, 인간 노동력의 위기로 이어질 위험이 있다. 한국고용정보연구원은 인공지능의 발달로 인해 고용위협을 받을 이들을 직종별로 예측해 본 결과, 하나의 인공지능 소프트웨어가 적게는 수천에서 많게는 수십만 혹은 수백만까지 일자리를 가져갈 것이라면서, 2025년에는 고용에 대한 위협을 받는 이들의 규모가 대략 1,800만 명에 이를 것으로 예측하였다(박가열 외, 2016). 변화와 발전을 통한 새로운 시대에 새로운 직업, 기술의 등장으로 인해 과도기적 시대를 살아가게 될 것이다. 그리고 인간 노동력의 위기가 찾아올 것이다. 물론 인공지능(AI)이 인간의 모든 것을 대체하거나, 대신할 수 있는 것은 아니다. 어느 부분과 직종에서는 인공지능(AI)이 기능을 하겠지만, 그렇지 않은 부분도 존재할 것이다. 그리고 지금은 없지만 새로운 직업들과 직종이 생겨남에 따라 인간은 새로운 노동의 기회를 발견하게 될 것이다. 하지만 그런 결과론적인 측면이 아니라 과정적인 측면에서 생각해 보면, 기존의 산업 구조에서 새로운 산업 구조로 이행하는 과정에서 도태되는 사람들이 분명 존재하게 될 것이다. 자신의 직업을 잃어버리는 사람도 등장할 것이다. 한 예로, 서비스업 일자리를 대신하고 있는 키오스크를 말할 수 있을 것이다. 키오스크는 무인 정보단말기로 소비자가 원하는 주문 사항을 기계가 받아 넘기는 방식이다. 자영업자 입장에서는 키오스크를 설치함으로 인건비를 줄이고, 정확한 주문을 할 수 있는 등 여러 장점이 있기에 점점 인간을 대신하여 키오스크를 활용하는 가게가 많아지고 있다. 이러한 키오스크 국내 시장 규모는 1999년대에는 100억에 불과했던 것이 2018년에는 3,000억가량으로 증가하였다. 얼마나 키오스크에 대한 관심이 증가했는지 알 수 있는 부분이다. 이와 같이 인공지능(AI)의 발달은 인간의 노동력 위기를 가져오게 할 것이다.

③ 미래 세대에게 미치는 영향

제4차 산업혁명의 변화와 발전에 가장 밀접하게 영향을 받는 것은 미래 세대일 것이다. 미래 세대들은 기존과는 다른 새로운 시대에 발맞춰 새로운 시대에 적응하여 살아가야 한다. 제4차 산업혁명이 미래 세대에게 어떤 영향을 주었는지 3가지에 대해 살펴보면 다음과 같다(이임엘, 2021).

첫째, 미래에 대한 불확실성에 대한 두려움이다. 앞서 살펴본 것처럼 제4차 산업혁명은 많은 변화와 발전을 가져온다. 그러한 변화와 발전의 영향은 새로운 시대에서 새롭게 적응해야 하는 어른뿐 아니라 자라나는 미래 세대들에게도 여러 측면에서 영향을 줄 것이다. 그중 대표적인 것이 미래에 대한 불확실성이다. 앞서 살펴본 것처럼 제4차 산업혁명 시대에는 패러다임의 전환으로 인한 새로운 직업들이 생겨날 것이다. 기존에 생각지 못한 새로운 직업들이 생겨나게 될 것이고 기존에 존재하던 직업들은 대부분 인공지능이 대체하게 될 것이다. 그러한 새로운 시대에 발맞춰 준비한 자들은 문제가 없겠지만, 준비하지 않은 자들에게는 큰 문제가 생길 것이다.

둘째, SNS 사용의 증가이다. 제4차 산업혁명은 새로운 기술의 발달과 발전을 가지고 왔다. 그중 하나가 초연결성의 측면의 발전인 교호 네트워크 서비스(Social Network Service) 또는 교호 네트워크 사이트(Social Network Site)로 불리는 SNS이다. SNS는 사람들 사이의 관계망을 구축해 주는 온라인 서비스로 페이스북, 인스타그램, 카카오톡, 유튜브, 틱톡 등이 해당된다.

셋째, SNS의 과의존이다. 기성 세대들이 미래 세대의 SNS 이용에 대하여 부정적인 인상을 갖게 된 원인은 미래 세대들이 주로 SNS에 지나치게 의존하는 현상들이 자주 나타나기 때문이다. 이를 통계적으로 볼 수 있는 것이 과학기술정보통신부와 한국지능정보사회진흥원의 조사이다. 조사에 따르면 연도별 스마트폰 과의존 위험군 현황이

2016년에는 17.8%, 2017년에는 18.6%, 2018년에는 19.1%, 2019년에는 20%, 2020년에는 23.3%로 2016년에 비해서 5.5% 증가한 것으로 나타났다.

2) 저출산 고령사회

인구변천에 관한 세계적인 문제는 1960년을 전후로 발생한 인구의 빠른 증가이다. 조선 말까지 한국의 인구는 높은 사망률과 높은 출생률로 안정되어 있었다. 그러나 1920년 이후 과학과 의학의 발전은 사망률을 낮추었고 인구는 급격히 증가했다. 특히 한국전쟁을 전후로 미루어졌던 결혼의 성사로 '베이비 붐(baby boom)' 현상이 일어나 출생률은 더욱 증가했다. 한국전쟁 당시 먹을 것이 부족했던 시절 전통적인 남아선호사상 때문에 여아보다는 남아에게 먹을 것을 더 챙겨 주고, 장남에 대한 차별이 강했기 때문에 남녀 구성비는 많은 차이가 있었으며 여아의 사망률 또한 높았다.

그리고 정부의 가족계획 사업도 인구 변천의 한 요소로 작용하였다. 1950년대까지만 해도 가족계획운동은 '각자 알아서 알맞은 수의 자녀를 낳자'였으나 가족계획협회가 창립되면서부터 산아제한은 시작되었다. 1962년에는 '덮어놓고 낳다 보면 거지꼴을 못 면한다'는 슬로건이 등장했고, 1966년에는 '3 · 3 · 35운동'이라고 해서 3명을 3살 터울로 35세 이전에 낳자는 운동이 전개됐다. 이것은 점차 출산 감소를 나타내는 데 큰 역할을 했다. 1970년대에는 '아들 딸 구별 말고 둘만 낳아 잘 기르자'라는 표어로, 1980년대에는 '하나씩 낳아도 삼천리는 초만원', 1982년에는 '둘도 많다. 하나 낳고 알뜰살뜰'이라는 캠페인 아래 피임기구 사용의 확대로 산아제한에 대한 사회적 인식이 확산되었다. 그러다가 2004년에는 '아빠! 하나는 싫어요, 엄마! 저도 동생을 갖고 싶어요'(보건복지가족부, 2008)로 출산을 장려하는 내용으로 전환하게 되었다.

출산억제정책	1960년대	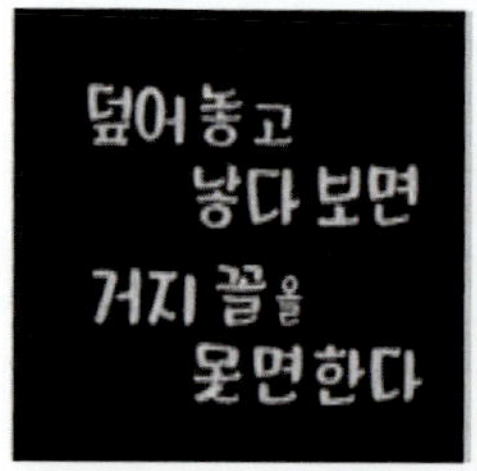	
	1970년대		
	1980년대		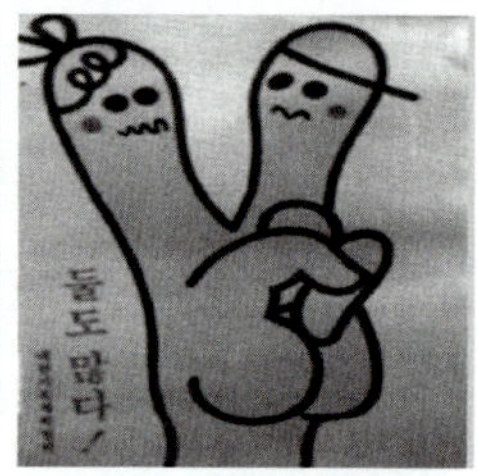
출산장려정책	1990년대		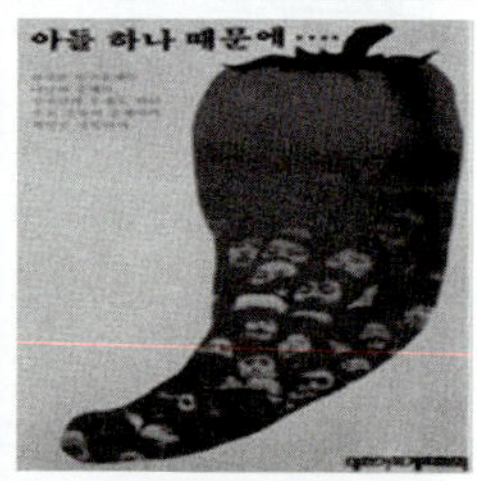
	2000년대		

그림 3-5 인구정책의 변천과정

이와 같은 국가 정책에도 불구하고 2021년 발표에 따르면, 우리나라의 출산율은 0.84명으로 OECD 국가 중에서 최하위로 나타났다〈그림 3-6〉. 이러한 사회 · 문화적 변동은 현재 저출산과 고령사회라는 현대사회의 가장 중요한 쟁점이 되었다.

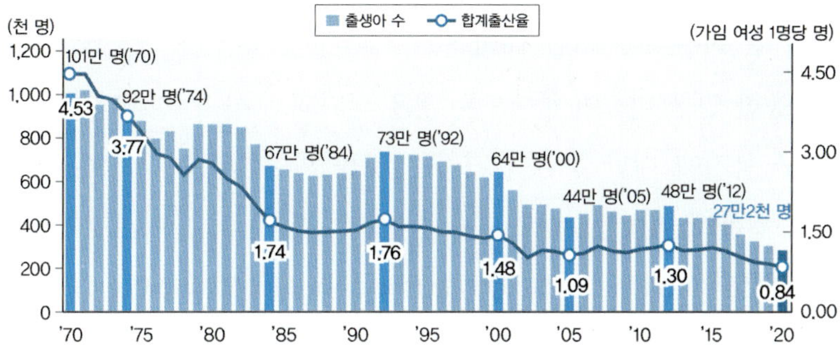

그림 3-6 **출산율과 인구비율 피라미드**

우리나라의 출생아 수와 합계출산율은 점차 줄어들고 있지만, 반대로 기대수명은 증가할 것으로 예상되고 있다〈그림 3-7〉. 2065년에는 여자는 91.6살, 남자는 88.4살로 최근에는 증가 추세가 크게 둔화되고 있지만, 전반적으로 평균수명이 길어지는 것을 볼 수 있다. 따라서 고령화는 더 심해질 것으로 판단된다.

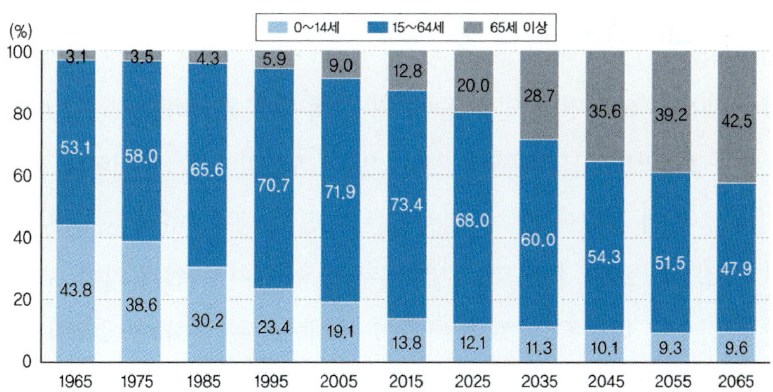

그림 3-7 **연령계층별 인구구성비**

출처: 통계청(2017). 인구로 보는 대한민국.

앞에서 살펴본 〈그림 3-6〉과 〈그림 3-7〉을 통해서 연간 출생아 수는 줄어드는 반면, 평균 기대수명이 길어지면서 고령화 문제가 심해질 것을 유추해 볼 수 있다. 실제로 전체 인구 중 연령별 비중이 어떻게 달라지는지 연령계층별 인구구성비 자료를 보면, 그 차이를 쉽게 확인할 수 있는데, 2015년 대비 2065년 고령인구 비중은 4배 정도 증가하고 유소년인구 비중도 2015년 대비 59% 수준으로 감소할 것으로 예측된다〈그림 3-7〉. 생산 가능한 인구 비중이 줄어드는 것은 국가의 생산력, 경제력이 낮아지고 유소년과 고령인구 복지에 대한 부담이 커지는 것을 의미한다.

우리나라는 일본에 이어 세계에서 두 번째로 노인이 많은 나라이다. 2020년 현재 우리나라는 노인인구비율이 19.6% 정도(고령사회)인데, 2050년에는 38%로 높아질 것으로 예상되고 있다. 한국은 이미 인구 고령화 현상을 경험하고 있는데, 저출산과 결혼률의 감소가 그 원인이다. 산업화, 도시화 정책은 저출산율과 저사망률로 노인인구의 증가 등 인구변천으로 가족구성원에도 변화를 가져왔다. 다시 말해 인구변천은 사회, 경제, 정치적인 상황들과 연결되어 소가족, 핵가족, 해외 이민 등 가족구성 체계에도 변화를 가져왔다.

3) 불평등과 빈곤으로 인한 양극화 시대

지구상에 존재하는 60억명의 인구 중에 거의 절반에 해당하는 인구(26억명 정도)는 생계를 위해 하루에 2달러도 안되는 돈을 벌고 있고, 5분의 1은 1달러에도 미치지 못하는 돈을 벌고 있다. 세계 전반에 걸쳐, 세계화는 여전히 생활수준을 높이지 못하고 있다. 지금까지의 지표들을 보면, 앞으로도 생활수준을 높이기는 쉽지 않아 보인다. 세계 자본주의는 일반적으로 다수를 위한 장기적인 사회이익을 위한 것이라기보다는 오히려 소수에게 이익이 되는 단기간의 이윤을 지향하는 경향이 강하기 때문이다.

오늘날 한국사회는 불평등과 경제 양극화로 인한 총체적 위기를 맞이하고 있다. 신자유주의 세계화라는 격랑에 휘말린 한국사회는 심각한 경제 양극화와 이로 인한 사회적 갈등이 심화되어 가고 있다(장윤재, 2016). 특히 심각한 저출산, 고령화로 인해 인구구조가 변화하면서 양극화의 문제는 더욱 심해질 것으로 우려되고 있다. 이와 같은 한국사회의 급속한 양극화는 정치 갈등을 유발하며 사회통합의 걸림돌로 작용하고 있다. 무엇보다 양극화로 인한 경제문제는 자살, 실업, 청소년 문제, 범죄, 이혼, 계급 재생산 등의 여러 사회문제에 영향을 끼칠 수 있고 정치적으로는 민주주의의 사회적인 기반을 약화시킬 수 있으므로 심각한 문제라고 할 수 있다. 세계화를 단지 경제적인 현상으로만 이해할 수 없는 것은, 세계화가 한 국가의 경제, 사회, 문화, 정치 등의 거의 모든 영역에 영향을 주고 있기 때문이다.

4) 무한경쟁의 심화 시대

경쟁이라는 단어는 어의적으로 '함께 추구한다'라는 뜻을 내포하고 있다. 경쟁의 논리가 기술적인 진보와 생산성의 향상을 가져오는 데 큰 기여를 했다는 것은 인정할 수밖에 없는 사실이다. 인간의 욕구 수준을 지속적으로 높여 감으로써 새로운 창조와 진보를 가능하게 한 것이다. 정치적인 측면에서도 그러한데, 경쟁 심리는 민주주의 발전에 있어 핵심적인 동인이었다. 정치적 의지를 관철시키고자 하는 이익집단이나 정당 간의 경쟁을 통하여 민주주의가 뿌리내릴 수 있었다.

그러나 나라마다 사회와 경제의 상호의존적 측면과 불평등한 권력구조가 강화될수록 경쟁의 파급효과는 더욱 확산되어, 특정 분야에 국한되지 않고 전 분야에 걸쳐 경쟁 관계가 형성되었다. 이 같은 추세가 심화되며 경쟁을 통한 범세계적 패권 지배의 가능성이 더욱 커지고 있다. 시너지 효과를 위해 '함께 추구한다'라는 의미의 경쟁 개념이 '승자가 모든 것을 지배한다'라는 개념으로 변질된 것이다.

이처럼 경쟁자본주의가 지배 이데올로기로 부상하게 될 때, 시장 규제완화와 자유화 추세 속에서 개별 민족국가의 정부는 더 이상 금융·산업 분야의 역동성을 통제하지 못하게 된다. 또한 금융·산업 분야에서 독점구조가 점차 확산되는 추세를 보이며, 노동보호법이나 사회보장제도가 와해된다. 빈익빈 부익부가 심화되고 절대 빈곤층이 갈수록 증가할 것이며, 환경보호를 위한 정부 간 규제가 연기되거나 무효화가 될 수 있다.

5) 문화의 균질화와 다문화 시대

세계화의 진전에 따라 문화의 중요성이 더욱 커지고 있다. 근로시간이 단축되면서 근로자의 여가시간이 증가하고 자아실현에 대한 개인적 욕구와 문화 활동에 대한 요구가 확대되면서, 문화는 개인적 삶의 부차적인 영역이 아닌 중심적인 영역이 되어 가고 있다. 즉, 문화생활의 영위가 개인적 삶의 질(quality of life)을 결정하는 핵심적인 요소가 되고 있다고 할 수 있다.

한국사회의 다문화성은 어느 다문화사회와 마찬가지로 인종적, 문화적, 종교적 다양성을 가진 외국인의 국내 유입으로 본격화되었다. 한국 내의 미군주둔으로 인한 미국인의 유입과 한국 경제가 발전함에 따라 외국인 투자자들의 국내 방문과 거주가 늘어나고 영어교육의 과열로 인한 영어 원어민의 국내 유입이 가속화되는 등 외국인의 증가가 이루어지고 있었다. 1990년대 중반부터 결혼 이민의 증가로 인해 다문화 가구 혹은 가족에 대한 관심이 점차 높아지기 시작하였다〈그림 3-8〉.

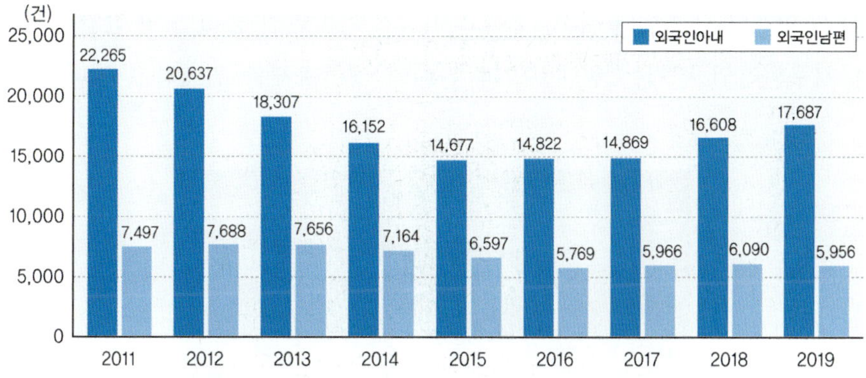

그림 3-8 **성별에 따른 연도별 국제결혼 현황(2011~2019)**

출처: 통계청(2020). 인구동태통계연보.

오늘날 한국사회는 다양한 분야에서 '세계 속의 한국'을 지향하면서 많은 노력들을 기울이고 있다. 그러나 동시에 이주민의 형태로 현재 우리 안에 들어와 있는 다양한 세계들에 대해서도 주의 깊게 살펴볼 필요성이 있다. 그리고 이러한 다문화 상황에서 사회의 구성원들에게 새롭게 요구되는 과제가 무엇인지 고민하고 대안을 모색하며, '단일민족으로서의 우리'만이 아닌 '세계시민으로서의 우리'로 살아가기 위해 관련 주체들의 내부적 사회통합에 대한 노력도 이루어져야 한다. 그런 의미에서, 사회의 통합과 안정을 유지하면서도 내부의 다양성을 인정하고 상생의 관계로 발전하기 위한 다문화 교육의 필요성은 자연스러운 일이다.

6) 지구환경의 위기 시대

세계화는 경제를 비롯하여 정치, 사회, 문화 등 모든 영역에서 다양한 행위주체 간에 상호의존성이 심화되고 있는 가운데, 그에 따라 더불어 풀어야 할 공통의 문제도 점점 더 많아지고 있다. 가장 절박한 문제가 바로 환경문제인데, 지구 온난화, 오존층의 파괴, 생태계 파괴와 생물종의 감소, 그리고 이상기후의 만연 등 고도의 산업화 과정에서 생겨난 지구환경의 위기는 현대문명과 인류의 생존자체를 위협하고 있다.

그림 3-9 플라스틱과 바다거북

출처: http://blog.daum.net/newslife/12783978

이처럼 '환경적으로 건전하고 지속가능한 발전'이 세계화 시대에 있어 전 세계적 과제가 되고 있다. 이러한 과제의 달성을 위해서는 각국의 생산시스템을 포함한 전반적인 경제시스템과 각 개인의 소비양식이 효과적으로 에너지를 소비하면서 환경 친화적으로 전환되어야 한다. 더불어 지식정보 문명의 성과를 환경문제의 해결에 있어 폭넓게 이용하는 것이 중요하다. 예를 들어, 공해를 유발하지 않는 깨끗한 기술과 녹색환경산업의 중요성을 부각하며 각국은 이를 위한 장려를 위해 전력을 기울이는 것이다. 이러한 노력들이 이루어지기 위해서는 환경문제에 대한 경각심도 필요하지만, 더 근본적으로는 자신이 살아가고 있는 터전에서 어떻게 평화롭게 관계할 것인가에 대한 질문과 고민이 함께 이루어져야 할 것이다.

2. 평생학습사회의 특징

사회와 과학기술이 급격하게 발달하는 오늘날은 전통적인 학교교육만으로는 적응하기가 어렵게 되었다. 다시 말해 교육은 정규 학교교육과 학교교육 이후에도 끊임없이 비형식적, 무형식적 교육이 필요하게 되었다.

전통적으로는 교육이라는 용어를 많이 사용하였다. 교육이라는 표현은 가르치는 사람 중심의 표현으로서 흔히 공급자중심 혹은 교수자중심 교육이라는 의미로 이해되어 왔다. 그러나 오늘날은 고객, 수요자, 학습자중심의 학습이란 말이 더 많이 사용되고 있다. 특히 성인의 경우는 연령 면에서뿐만 아니라 스스로 공부할 수 있는 자기주도적 학습이 가능하기 때문에 교육이란 표현보다는 학습이란 표현이 더 적절할 것이다. 물론 교육자, 고용주, 사회는 주로 생산기술 개발에 초점을 두고 빠른 변화와 고도의 기술사회에서 생활하는 구성원들에게 정보를 제공하고 있다. 이런 점에서 본다면 교육이란 표현과 학습이란 표현은 모두 필요한 것이다.

학습사회란 평생교육이 추구하는 이상적인 사회로 다양한 삶의 질 가운데 인간의 풍요로운 정신세계로서의 삶의 질을 향상시키는 데 그 목적이 있다. 여기서 학습이란 정보와 지식 창출의 핵심적 요소이며, 끊임없이 새로운 정보와 지식을 생산에 투입함으로 재생산을 이루고 있는 21세기의 사회에서 인간의 삶에 있어 필수 불가결의 관계에 놓여 있다.

〈표 3-1〉은 의사결정에서부터 교사의 역할 및 요구되는 학습형태 등 20세기 공교육의 틀과 평생학습의 상이함을 보여 주고 있다. 따라서 미래의 학교는 평생학습의 실현이라는 관점에서 재현될 필요가 있다. 교육과 평생학습 관계를 살펴보면 〈표 3-1〉과 같다.

표 3-1 교육과 훈련에서 평생학습으로의 전이

구분	20세기 교육과 훈련	21세기 평생학습	변화를 위한 행동강령
1	20세기 대중교육과 훈련프로그램에 근거한 교육문제의 의사결정	연령과 능력, 성향을 고려한 시민의 개별적인 학습요구, 수요와 스타일에 근거한 의사결정	학습장애를 발굴하고 해체함/모든 이를 위한 전 사회적이고 전 생애적인 학습전략구축
2	학습요구와 학습내용의 결정권이 교사에게 있음	수요자로서의 학습자에게 결정권 부여	학습자세력화 전략 강화, 교육공급자들에게 평생학습강좌를 개설하도록 교육시킴
3	일 기반, 고용과 단기적 목적을 위한 교육과 훈련	삶 기반, 고용가능성과 장기적 삶의 목적과 합치되는 교육	모든 사람들의 학습요구를 강화, 경력, 직업, 여가, 가족, 지역, 흥미 등을 고려
4	교사는 정보와 지식을 공급하는 유일한 제공자	학습자원은 다양하게 발굴될 수 있으며 교사는 그러한 학습의 매니저	지역에서의 가용한 재능, 기술, 전문성, 재정, 지식을 발견함. 가용한 자원들을 수시로 교육에 활용
5	강좌는 주로 교육조직의 목적과 의도에 따라 결정·제공됨	학습자가 필요한 방식, 장소, 형식에 따라 결정되는 학습	찾아가는 교육서비스, 가정, 학교, 직장, 대중장소, 운동장, 교회 등으로 방문
6	전면적인 교육자원이 미약하고 문제가 발생될 때에만 주로 대처방안이 강구됨	정교하고 지속적인 교육자원이 모든 학습자에게 제공됨. 문제가 발생하기 전에 처치가 이뤄짐	초기에서부터 다양한 교육자원 제공, 학습상담가, 지역멘토, 심리학자 등이 문제를 예견하고 학습자를 지원
7	성공과 실패를 가름하기 위해 평가시험이 이용됨	개별적인 학습기회를 극대화하고 후행학습을 촉진하기 위해 평가시험이 이용됨	평가체제의 혁신을 도모함. 학습자의 단계와 필요에 따라 적절한 시기에 평가체제 활용
8	지식과 정보 기반	이해, 기술, 가치 중심	능력기반, 가치기반, 교육 과정 개발
9	학습은 고통스러운 일이며 그것을 통해 지혜를 얻음	학습은 즐겁고 스스로 참여하는 일이며 지혜를 발견함	학습을 주기적으로 독려하고 적극적인 시민의식이 한 부분으로 고취함
10	연령대에 따라 교육 프로그램이 분절되어 있음	학습은 기본적으로 평생에 걸친 일이며 다양한 연령대 간의 수직, 수평적 연결	지역전체를 하나의 학습 공동체로 묶고 그 안에 모든 연령대층을 참여시킴

구분	20세기 교육과 훈련	21세기 평생학습	변화를 위한 행동강령
11	반응적: 조직의 교육복지에 따라 수동적 반응	적극적: 모든 시민의 학습습관을 촉진시킴	적극적인 학습방법 촉진, 교육공학적 기술들을 적절히 활용
12	현재의 학습요구와 환경에 기반을 둠	미래학습의 필요와 환경을 아울러 준비함	사고방식의 획기적 변화, 평생학습 문화 강조

출처: 박소화 외(2006). 미래사회의 학습형태에 관한 연구. 교육연구논총, 27(1).

이 외에도 시장에서의 숙련된 노동력의 필요성이 강조되면서 인도주의적 관점의 평생교육은 경제적 측면의 평생학습을 선호하는 결과를 가져왔다. 따라서 1990년대 초에 교육이라는 용어는 학습이라는 용어로 대체되었다. 1996년 경제협력개발기구(OECD)의 모두를 위한 학습(Learning for All)이라는 보고서는 이러한 변화를 더 촉진시켰다. 즉, 평생학습은 개인의 삶을 풍요하게 하고 경제적 성장을 가져오고 사회통합을 가져옴으로 중요하다.

알세부(Alshebou, 2010)도 평생학습은 개인의 경제적 이익이나 인적 자본 발달에 도움이 된다고 주장하였다. 즉, 평생학습은 개인의 경제적 측면에서도 도움이 되고, 지식, 전문적 기술, 작업능력 등을 예측할 수 있는 좋은 요인으로 간주될 수 있다고 하였다.

평생학습과 관련하여 2005년 세계은행(World Bank)이 견지하고 있는 가장 기본적인 입장은 평생학습이야말로 그 사회가 요구하는 기술과 역량을 갖춘 인력을 양성할 수 있는 정책을 수립할 수 있게 하는 데 가장 중요한 개념이라는 것이다. 특히 평생학습은 사치품이 아니라 필수품이라는 발언에서 볼 수 있듯이, 세계은행은 평생학습이야말로 선진국뿐 아니라 개발도상국들이 직면하고 있는 노동력의 기술 및 역량개발과 관련된 도전 사항을 극복하게 하는 정책수립의 가장 적절한 프레임워크이기 때문이다.

학습사회란 국민 각자가 자아실현, 생활향상 또는 직업적 지식 · 기술의 획득 등을 목적으로 생애에 걸쳐 자주적 · 주체적으로 학습을 계속할 수 있는 사회를 말한다(한숭희, 2004). 개인단위로 이루어지는 학습을 개인학습(individual learning), 조직이나 집단에서 일어나는 체계적인 학습을 조직학습(organizational learning), 집단전체의 최우선의 가치를 학습에 두고 그 촉진을 도모하는 집단을 학습조직(learning organization) 또는 학습공동체(learning community), 그 범위를 넘어 도시 전체가 학습 촉진을 위해 계획되고 관리되는 곳을 학습도시(learning city)라고 할 수 있다. 사회전체가 인간의 평생학습의 촉진을 최우선의 목표로 움직여 간다면 그것을 평생학습사회(lifelong learning society)라고 할 수 있다. 평생학습에서 주된 체제적 특징을 다음과 같이 다섯 가지로 제시하고 있다.

첫째, 형식적 과정뿐만 아니라 모든 학습이 인정되어야 한다. 학습결과를 전환하는 체제가 도입되고 있으나 비형식적 학습의 인정 등에서 아직 미흡하다. 성인을 포함한 학습자에게 정보를 제공하고 안내하는 체제의 정비는 여전히 어려운 과제이다.

둘째, 평생학습은 청소년과 성인 모두에게 탄탄한 기초 기술을 요구하며, 이는 특히 정규교육이 미흡한 사람에게 필요하다. 동기화가 중심적 위치에 놓여져야 한다. 이는 내용 숙달과 함께 학습 의욕을 강조하는 방향으로 교육과정과 교수법의 근본적인 변화를 요구한다.

셋째, 학습에 대한 접근의 형평성은 생애주기적 시각을 필요로 하며, 취학전 아동 및 성인과 같이 학습이 제대로 제공되지 못하는 집단에 우선순위를 두어야 한다. 또한 다양한 학습 필요를 배려할 수 있는 학습방법, 교육과정 및 장(settings) 등 기회의 질도 똑같이 중요하다.

넷째, 국가는 생애주기적 필요에 따라 재원을 산정하고 이를 효과적으로 배정하여야 한다. 추가적인 공공재원과 함께 민간재원을 끌어들일 수 있는 새로운 유인책이 필요하다.

마지막으로, 평생학습의 영역은 단일 부처를 넘어서는 것이며, 정책 조정에는 많은 관련 집단이 참여하여야 한다. 이상의 고찰을 토대로 평생학습은 다음과 같은 특징을 지니고 있다고 할 수 있다.

첫째, 평생학습은 요람에서 무덤까지 모든 생활형태를 총괄하는 일생을 통한 학습에 관련되어 있다.

둘째, 학습은 광범한 영역을 포괄하고 있다. 즉, 모든 학습유형을 포함하는 것으로서

형식적 · 비형식적 교육뿐만 아니라 자기주도적 학습을 포함한다.

셋째, 고도의 기술사회에서 국가조직 및 지역사회는 평생학습 기술 및 가치의 발달에 달려 있다.

넷째, 평생학습은 모든 수준에서 인간의 잠재력을 계발하는 데 있으며, 교육의 초점은 모든 학습자의 요구를 만족하게 하는 것이다. 학습은 자신의 학습방법과 요구에 따라 학습할 도구를 학습자에게 부여하는 것이지 가르치거나 훈련시키는 것만은 아니다. 평생학습사회에서 개인이 살아가는 데 필요한 주요 기술과 능력을 보면 〈표 3-2〉와 같다.

표 3-2 평생학습사회에서 개인의 생존을 위한 핵심 기술과 능력

핵심 기술과 능력	내용
자기경영기술	• 개인적 잠재력 충족 • 개인적 기술과 자신감 개발 • 실질적인 목표설정 및 성취 • 유지시각과 유머감각
지식관리와 해석	• 정보기술도구 기법사용 • 정보의 수집, 축적, 분석, 종합
새로운 지식을 실제에 적용하기	• 이론과 실제의 연결 • 지식을 행동으로 전환
학습을 위한 학습	• 새로운 지식과 새로운 정보에 대한 개방성 • 지식원천의 확인과 사용 • 학습을 개인적 목표와 연관 지우기
의문, 추리 및 비판적 사고	• 좋고 나쁜 것 구별하기 • 끊임없이 절차, 과정, 상황에 대한 개선의욕 • 현상유지에 만족하지 않기
경영 및 의사소통기술	• 공식적 · 비공식적 상황에서 자신을 명백하게 표현하기 • 타인을 설득하기 • 타인에게 귀 기울이기 • 타인에 대한 도움 주기

핵심 기술과 능력	내용
사고기술과 창의성	• 문제해결을 위한 창의성과 상상력 발휘하기 • 상황예측 및 미래비전 개발
적응력, 유연성 및 다재다능	• 자신감을 갖고 변화에 대처하기 • 새로운 상황과 과제에의 적응 • 개인적 방향을 변화시킬 준비
팀워크	• 정보와 지식의 공유 • 정보와 지식의 수용 • 목표설정에의 참여 • 공동목표 달성
평생학습	• 개인적 기술과 능력의 끊임없는 개발 • 학습습관 갖기

출처: Longworth(2003). Lifelong learning in action. London and New York: Routledge Falmer.
가영희 외(2008). 평생교육학개론. 청목출판사.

PART 2

평생교육행정 및 경영

Chapter

04 평생교육정책

배울내용

1. 평생교육정책
2. 한국의 평생학습의 정책
3. 영역별 평생교육정책

학습목표

1. 평생교육정책의 개념을 이해한다.
2. 평생교육정책의 준거가치와 변인 및 환경을 파악한다.
3. 평생교육정책의 결정과정과 집행과정을 숙지한다.
4. 제4차 평생교육진흥기본계획과 추진과제를 설명할 수 있다.
5. 국내 평생교육정책의 특성을 알아보고 추후 발전방향을 모색해 본다.
6. 현재 진행되고 있는 학력보완교육과 성인문해교육을 숙지한다.
7. 현재 진행되고 있는 직업능력향상교육, 인문교양교육 및 문화예술교육을 숙지한다.
8. 현재 진행되고 있는 시민참여교육을 숙지한다.

1. 평생교육정책

1) 평생교육정책의 개념

정책의 통상적인 의미는 집단적, 국가적 차원에서의 기본방침을 일컫는다(최은수, 2012). 학자들은 정책의 개념에 대해 다양한 견해들을 제시하였는데, 이 중 가장 포괄적인 정의는 "정책이란 정부가 하기로 선택하였거나 하지 않기로 선택한 모든 것"이라는 것이다(Dye, 1984). 그러나 이와 같은 정의는 너무 단순하여 공공정책을 개념화하는 수단을 제공하지 못한다는 비판을 받고 있다(노화준, 2012). 따라서 "정책이란 한 행위자나 여러 세트의 행위자들이 어떤 한 문제나 관심사를 해결하기 위하여 따르는 목적지향적인 행동 노선"이라는 좀 더 일반적인 정의가 제시되기도 한다(Anderson, 1990). 또한 정책을 문제해결적 관점에서 "정책문제를 해결하기 위하여 정부가 달성하여야 할 목표와 그것의 실현을 위한 행동방안에 대한 지침"이라고 정의하기도 하며(남궁근, 2008), "정책이란 어떤 특정상황에서 정부가 어떠한 사회를 어떻게 만들어 가겠다고 하는 정부개입의 목적들과 행동들(actions)에 대한 상호관련된 일련의 의사결정"으로 정의하기도 한다(노화준, 2012).

이런 의미에서 평생교육정책이란 국가나 권력에 의하여 지지되는 평생교육 이념 또는 이를 구현하는 국가적 활동의 기본방침이나 지도 원리를 의미한다. 여기서 평생교육이념이라고 함은 평생교육의 본질과 기본 목표에 관한 이상, 교육과 국가, 사회의 관련성에 관한 기본 개념을 의미하며, 그로부터 파생되는 평생교육 운영의 기본원리 등을 모두 포함하는 개념으로 정의할 수 있다(김영아, 2004).

2) 평생교육정책의 준거가치

정책에서 준거가치란 "정책을 이끌고 나아갈 방향 제시와 함께 정책의 개발과 결정단계, 집행단계 그리고 사후에 그 결과를 평가하는 단계에서 어느 것이 바람직하고 당초에 의도한 대로 이루어졌는지를 평가할 기준"으로 작용하는 것이다(최은수, 2012).

교육정책이 정합성(coherence)을 가질 수 있게 하는 준거가치의 역할은, 첫째, 정책이 추구하는 목표를 정당화하게 된다. 둘째, 제도적 원칙과 절차와의 부합성을 검토하게 된다. 셋째, 정책관여 집단 간의 가치갈등을 검토하게 된다. 넷째, 정책목표와 수단 간의 적합성을 검토하게 된다. 즉, 평생교육정책에서 준거가치는 정책의 목적, 방향을 제시하고, 정책 실행의 방법과 수단을 선택하여 적용하며, 그 과정을 평가하는 기준으로서 매우 중요한 요인이라고 할 수 있다(이종재 외, 2015).

이와 같이 평생교육정책에 적용되는 준거가치는 윤리성, 정의, 자유성, 효율성, 평등성, 공정성의 여섯 가지로 구분될 수 있는데(최은수, 2012), 이들 준거가치의 개념을 살펴보면 〈표 4-1〉과 같다(주명현, 2021).

표 4-1 평생교육정책에 적용되는 준거가치

구분	내용
윤리성	윤리성(ethics)은 평생교육정책이 특정집단의 이익을 대표해서는 안되며 정책의 보편성을 추구해야 한다는 것을 의미한다. 즉, 교육정책에 도덕적 가치와 도덕적 원리를 내포하고 있어야 한다는 것이다.
정의	정의(justice)에 입각하지 않은 정책은 사회구성원에게 받아들여지지 않을 뿐 아니라 소멸되기 쉽다. 따라서 평생교육정책에서 그 목적이나 형성 및 집행을 포함한 제반 정책과정에서 정의가 실현되어야 하는 것을 말한다.
자유성	자유성(liberty)은 개인이나 기관이 자율적으로 결정을 내릴 수 있는 자기규율과 자기통제의 폭을 의미한다. 교육은 본질적으로 개인적 차원에서 자율과 자유 속에서의 자기실현과 창의적인 활동을 추구한다는 것이다.
효율성	효율성(efficiency)은 교육정책을 실현하여 목표를 달성하는 과정에서 소요되는 비용을 최소화하는 경제적 원리가 적용되는 가치이다. 효율적인 정책이란 정책에서는 성과가 산출되거나 산출될 준비가 되어 있는 경우이다.

구분	내용
평등성	평등성(equality)은 교육정책에서 교육기회의 균등성 개념과 결부된다. 즉, 교육기회는 학습자의 부모의 사회 · 경제적 환경, 계층 등으로부터 영향을 받아서는 안되며 세대 간의 교육 격차도 전승되어서는 안 된다는 것을 의미한다. 또한 학습자에게 필요한 최소한의 교육재원 소요 비용이 보장되어야 한다.
공정성	공정성(equity)은 일반적으로 어떠한 재화나 용역 혹은 부담을 배분함에 있어서의 공평해야 한다는 것을 의미한다. 이는 동일한 종류의 사람에게는 동등한 대우(수평적 공정성)를, 능력이나 특성이 다른 사람에게는 다른 대우(수직적 공정성)를 해 주어야 함을 의미한다.

3) 평생교육정책의 변인

우리나라 교육정책에 영향을 미치는 정책행위자는 정치, 경제, 사회 · 문화적인 환경, 정책결정자, 국회와 정당, 이익집단, 신문, 방송, 연구소 및 학자 그리고 국민 등이 있다. 이 정책변인들은 모두 정책결정과정에 참여하는 단위로 볼 수 있으며, 이 단위 간의 상호작용, 곧 권력관계를 기초로 하여 교육정책을 형성하게 된다〈그림 4-1〉.

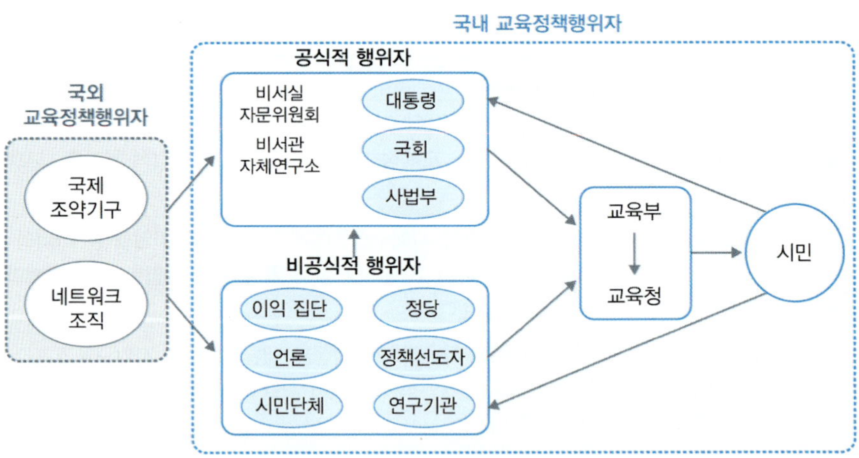

그림 4-1 한국교육정책 형성과정 모형

출처: 김윤태(1994). 교육행정경영신론. 배영사.

이 모형에서 교육문제가 정책결정자에게 도달하기까지의 과정에 다양하게 참여하는 정책행위자의 역할과 외부 교육환경에 대해 살펴보면, 신문과 방송은 국민 정책여론을 형성하고 국민의 여론을 직접 수집하여 정부나 일반 국민에게 전달하는 역할을 수행한다. 국회와 정당도 정책 개발 및 평가에 필요한 정보를 수집하여 정책을 직접 입안하거나 정책결정자에게 전달하는 역할을 수행한다. 이익집단은 자신들의 권익을 위하여 정책적 요구사항을 직·간접적으로 알리는 역할을 수행하고, 연구소와 학자는 정책결정에 필요한 지식과 정보를 제공할 책임을 가진다. 이러한 정책행위자의 역동적인 역할수행을 통해 정책문제는 정책결정자인 교육부 장관에게 전달된다(김윤태, 1994).

4) 평생교육정책의 환경

정책환경과 정책은 서로 영향을 주고받는다. 독립변수로서의 정책은 환경에 영향을 미쳐 변화를 가져오지만, 정책환경 역시 독립변수인 정책에 영향을 미쳐서 정책의 변화를 가져오게 되는 것이다(노화준, 2012). 구체적으로 교육정책 환경은 다음의 세 가지 측면에서 정책과정에 영향을 미친다. 첫째, 교육정책환경은 일련의 가치체계로서 교육정책의 형성, 집행, 평가 과정에서 영향을 미친다. 둘째, 교육정책환경은 교육정책에 자원을 제공해 준다는 점에서 정책에 영향을 미친다. 셋째, 교육정책환경은 사회·문화적 분위기 혹은 사회적 기풍으로서 교육정책의 수행에 중대한 영향을 미친다.

또한 정책의 집행관계에서는 집행을 구조화하는 법률과 아울러 비법률적 변수들도 많은 영향을 미친다. 비법률적 변수로서 중요한 영향을 미치는 요인들로는 사회·경제적 조건들과 테크놀로지(technology), 대중의 지지, 정책지지 집단(constituency group)의 태도와 자원 등이 있으며, 이들은 중요한 정책환경 변수들이다. 이처럼 정책환경은 정책과정 전반을 통해 각 단계별 정책산출에 영향을 미치며, 이를 구체적으로 살펴보면 〈그림 4-2〉와 같다(노화준, 2012).

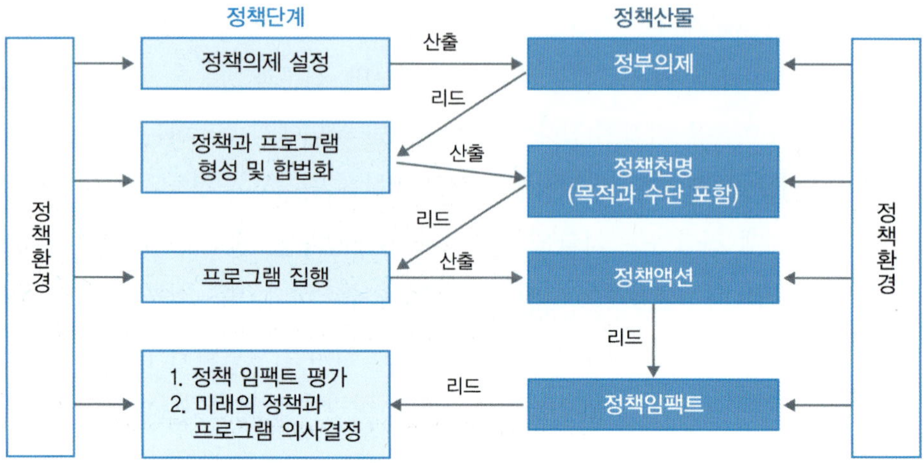

그림 4-2 단계별 정책 산출에 대한 정책환경의 영향

출처: 노화준(2012). 정책학원론. 박영사.

5) 평생교육정책의 결정과정

정책결정(policy making, policy formulation)이란 정부 혹은 정치체제가 그 목표를 달성하기 위하여 둘 이상의 대안 중에서 하나를 의도적으로 선택하는 행위 및 과정을 말한다. 즉, 정책결정의 개념은 사회적 문제를 공적으로 해결하는 일반적 방향의 결정으로 정의될 수 있으며(Caiden, 1971), 어떤 문제해결 또는 목표달성을 위해서 여러 개의 대안 중에서 하나를 선택하는 과정으로 설명되기도 한다. 또한 정책결정은 해결하고자 하는 문제나 달성하고자 하는 목표를 가장 잘 구현해 줄 수 있는 정책대안을 선택하는 동태적인 과정으로 정의할 수 있다(최은수, 2012).

정책결정에 있어 무엇보다 중요한 요인은 정책결정을 합리적으로 하는 것이다. 이러한 합리적 정책결정의 과정은 〈그림 4-3〉과 같이 다섯 단계로 나누어 볼 수 있다.

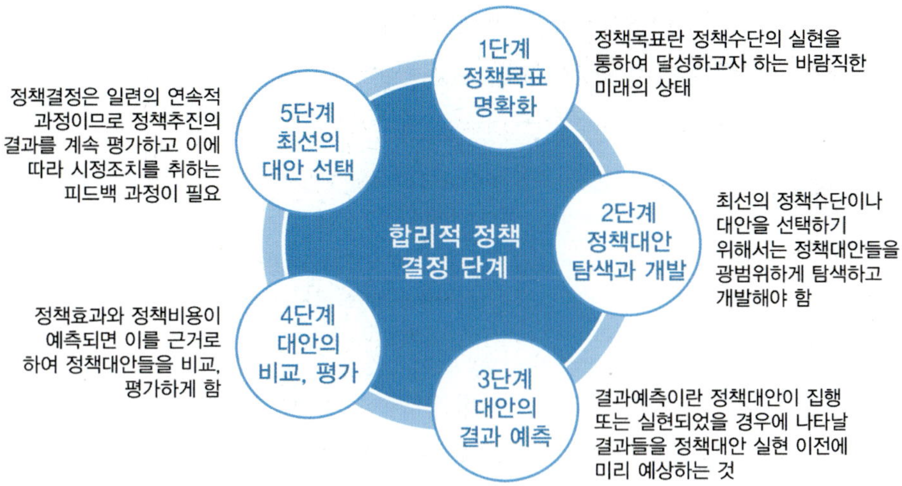

그림 4-3 **합리적 정책결정의 단계**

이러한 정책결정과정을 설명하는 이론적 모형으로는 합리모형, 만족모형, 점증모형, 혼합주사모형, 쓰레기통모형 등 다양한 모형이 있다. 이들 모형의 특징을 살펴보면 〈표 4-2〉와 같다(주명현, 2021).

표 4-2 **정책결정모형**

구분	특징
합리모형	합리모형(rational model)은 정책의 결정에서 인간은 이성과 합리성에 따라 결정하고 행동한다는 이론이다. 따라서 합리모형은 정책결정문제를 해결함으로써 정책목적을 극대화시킬 수 있도록 정보를 수집하고 활용하는 특정한 정책결정모형을 일컫는다.
만족모형	만족모형(satisficing model)은 모든 대안의 탐색과 결과 예측을 위한 인간의 능력이 제한적이므로 현실적인 정책결정과정에서 정책결정자는 최적의 대안을 찾으려고 하는 것이 아니라 만족할 만한 정도의 대안을 찾으면 더 이상의 대안탐색을 중지하고 그 대안을 의사 대안으로 선택한다고 주장하는 이론이다.
점증모형	점증모형(incremental model)은 현재의 정책에서 소폭적인 변화만을 가감한 것을 정책대안으로 하여 정책을 결정하는 방법을 말한다.

구분	특징
혼합주사모형	혼합주사모형(mixed scanning model)은 합리적 접근방법과 점증적 접근방법을 절충한 접근방법이다. 즉, 근본적 결정은 큰 줄기에 해당하는 부분에 대한 결정으로 대안 고려에서 대안의 결과 평가에서 중요한 것만 덩어리 형태로 고려하는 합리모형 방식을 적용하고, 그 근본적 결정의 테두리 안에서 세부적인 결정을 할 때는 점증적 방식을 적용하여 조금씩 변화된 대안을 마련해야 한다고 주장한다.
쓰레기통모형	쓰레기통모형(garbage can model)은 조직화된 무정부 상태에서 이루어지는 의사결정을 설명하는 모형이다. 즉, 쓰레기통 모형은 마치 쓰레기통 속에 있는 쓰레기(문제, 해결책, 참여자, 참여자의 자원)들이 혼합되고 그것이 처리되는 과정에 따라 산출물들이 결정되듯이 정책과정도 참여자가 누구이며 그들이 어떤 해결책을 가지고 있으며 문제와 그 해결책이 어떤 맥락 속에서 결합되느냐에 따라 정책결정의 결과가 달라진다고 본다.

이종재 등(2015)은 우리나라에서의 교육정책 결정과정을 〈그림 4-4〉와 같이 제시하였다. 즉, 교육정책 결정과정은 교육문제 형성기, 교육정책 의제기, 교육정책 채택기의 세 단계로 구분하였다. 구체적으로 교육정책 형성기는 교육문제 발생 후 사회적으로 쟁점화된 문제들 중에서 특정 문제를 정부가 검토하는 단계이다. 교육정책 의제기에서는 일부 채택된 정책문제가 교육 관련 주체들 사이에서 의제화되는 것이다. 그리고 교육정책이 의제화되면 교육정책의 문제를 해결하기 위해 목표를 설정하고 정책대안을 마련하게 되는데, 이 단계를 교육정책 채택기라고 한다.

그림 4-4 교육정책 결정의 단계

출처: 이종재, 이차영, 김용, 송경오(2015). 교육정책론. 학지사.

우리나라에서의 평생교육정책 결정과정 역시 위에서 제시한 단계별 과정을 거쳐 진행된다. 즉, 평생교육과 관련한 사회적인 이슈들 중 특정 문제를 정부가 검토하여 채택하며, 채택된 정책문제는 관련 주체들 사이에서 의제화된다. 일단 정책이 의제화되면 문제를 해결하기 위해 정부는 평생교육정책 목표를 설정하고 정책대안을 마련하게 된다.

6) 평생교육정책의 집행

정책집행은 정부부처 및 민간부문의 개인과 집단이 정책결정에 의해 설정된 목표를 달성하기 위한 행동 활동으로 정의된다(Van Horn, 1979). 성공적인 정책집행을 위해서는 정책현장의 상황을 제대로 반영하여 정책대상 집단이 정책의 내용을 실제적으로 수용하는 것이 필요하다.

또한 정책집행은 예정된 기한을 크게 초과하지 않고 설정된 목표를 큰 논란 없이 달성한 경우를 성공적인 정책집행으로 정의하기도 하는데, 여기서 성공의 판단기준은 목표달성과 원활성 그리고 소요기일 등이 제시된다. 이 밖에도 성공적 정책집행의 판단기준은 정책목표 달성도, 정책지지 및 관련 집단의 만족도, 능률성, 체제유지, 정책수혜집단의 요구 대응성의 요인들이 제시되고 있다. 평생교육정책 집행과정은 하향적, 상향적 그리고 통합적 접근방법으로 구분할 수 있다(주명현, 2021).

다시 말해 하향적 접근방법은 정책결정자의 능력이나 영향력 및 이를 기반으로 한 계층제적 통제를 정책집행 성공의 영향요인으로 중요시하고 있는 반면, 상향적 접근방법은 집행문제의 근원에 있는 일선관료의 지식과 전문성 등 문제해결능력을 강조하고, 상황 적응적 집행이라고 한다(한형교, 2014). 최은수(2012)는 정책집행에 대한 하향식 설계접근법과 상향적 설계접근법을 〈표 4-3〉과 같이 제시하고 있다.

표 4-3 하향적 설계 접근법과 상향적 설계 접근법의 비교

구분	하향적 설계 접근법	상향적 설계 접근법
논리적 근거	• 정책 결정자로부터 시작: 정책 결정자가 정책 설계과정과 집행에 영향을 미친다. • 정책 집행과정에서 조직 단위는 실제적으로 위계관계를 가진다. 정책의 출발점에 가까이 있을수록 권위와 영향력이 크다. 문제해결 능력은 명확한 권위와 통제 라인의 형성에 달려 있다. • 중앙통제의 집중화 경향과 정책 결정자의 용이한 조치(예산 배정, 공식적 구조 조직, 규정, 행정적 통제) 등을 통한 문제해결이 강조된다. • 정책 성공 요인은 집행의 충실성 또는 정책 성과에 있다.	• 문제의 근원에 가까울수록 문제해결에 영향력이 크다. • 복잡한 행정기관 구조 속에서의 문제해결 능력은 관료적 통제에 달린 것이 아니라 문제와 가장 가까이 있는 민간과 접촉하는 일선행정직의 극대화된 재량권에 있다. • 권한위임, 통제의 분산, 하부기관에 대한 재량권 보장 등이 성공적인 집행요인이다.
약점	• 정책 결정자가 정책집행에 영향을 미치는 조직의 정치적 및 기술적 과정을 통제할 수 있다는 맹목적인 가정을 제시한다. • 정책 결정자는 정책집행에 대하여 모종의 직접적이고도 결정적인 통제를 행사한다. • 정책 설계과정에서의 정책 집행자의 참여가 제한된다. • 현실은 정책 결정자의 의향이나 목적과 다른 상황이 벌어지는 것이 다반사다. • 중앙집권적 정책 집행으로 인해 문제의식과 문제 해결력, 그리고 정책 수용성이 저하된다.	• 정책 집행과정이 행정 부서 간에 통일을 기하기 어렵고, 성공적인 정책집행에 많은 시간이 소요된다. • 정책목표가 불명확해 수정이 잦다. • 정책과정상에 비효율성이 초래될 가능성이 높다.
강점	• 명확한 정책 방향 설정, 명확한 행정기관에의 책임 부여, 상세한 성과기술로 정책 효과성을 높이는 데 기여한다. • 목표가 명확하여 수정이 적다.	• 다차원적인 정책 집행자의 참여가 가능하다. • 문제해결능력이 강하다.
공통점	정책 결정자가 정책 집행과정이나 정책 결정의 결과에 지대한 관심을 가진다.	

그리고 정책집행과정에 관한 통합모형의 접근은 각각의 접근방법에서 제시한 변수들을 통합함으로써 집행과정의 다양한 측면을 설명하고자 한다. 통합 방법은 하향적

접근방법에 의해 정책 목표를 분명하게 설정하고, 목표 달성에 필요한 수단의 강구와 각 집행 단계에서의 실적 평가가 가능한 기준을 제시한다(Elmore, 1985). 그리고 상향적 접근 방법에 의해 일선 집행 관료 및 대상 집단의 바람직한 형태, 그러한 행동을 유도할 수 있는 조직 운용 절차를 발견하고, 그러한 발견 과정을 조직 계층에 따라 상향적이고 지속적으로 정책결정 계층에서 최고 집행 가능성이 높은 정책 수단을 선택하게 하여, 하향적 설계 접근방법과 상향식 설계 접근방법의 통합을 모색하는 것이다(최은수, 2012).

2. 한국의 평생학습의 정책

1) 평생교육진흥기본계획

우리나라에서도 그동안 국제기구들과 국가들의 발전과 보조를 맞추기 위해서는 평생학습진흥을 위한 종합계획을 수립해야 한다는 필요성이 제기되었다. 이러한 차원에서 교육부에서는 21세기 지식기반 사회가 요구하는 평생교육진흥기본계획을 수립하게 되었다. 2002년에는 제1차 평생교육진흥기본계획(2002~2006년)을 세워 평생교육을 체계적으로 진흥할 수 있는 토대를 마련하였다. 2007년에는 제2차 평생교육진흥기본계획(2007~2012년)을 세워 평생학습 사회를 실현할 수 있는 토대를 마련하였다. 2013년에는 제3차 평생교육진흥기본계획(2013~2017년)을 세워 모든 국민이 행복한 창조학습사회를 구현할 수 있는 토대를 마련하였다. 그리고 2018년에는 제4차 평생교육진흥기본계획(2018~2022년)을 세워 미래 평생교육의 청사진을 제시하고 있다.

(1) 제1차 평생교육진흥기본계획(2002~2006년)

지식기반 사회에서는 사회의 급속한 변화에 따라 새로운 사회에 적응하기 위하여 지식·기술을 수동적으로 배워야 하는 것이 아니라 학습자가 가지고 있는 자기주도적 학습능력으로 능동적으로 학습이 이루어져야 한다. 따라서 지식기반 사회에서의 평생학습은 학교교육의 연장이 아니라 학습자가 원하는 프로그램을 선택해서, 내재된 창조성을 살리고, 문제해결력을 키워야 한다. 평생학습의 능동적인 참여는 학습자의 자아를 실현하는 학습의 즐거움의 원천이 될 수 있다. 따라서 평생교육진흥기본계획을 수립하여 학습자들이 능동적으로 평생학습에 참여할 수 있는 기회를 제공하고, 평생학습에 대한 동기유발을 해 주어야 한다.

다시 말해 평생학습은 개인적 차원에서의 자아실현의 기회를 주고, 경제적 차원에서의 경쟁력을 높일 수 있으며, 사회적 차원에서의 통합을 증진하기 위하여 체계적인 평생교육진흥기본계획이 필요하게 되었다. 이를 위해서 제1차 평생교육진흥기본계획의 비전을, 배우는 즐거움, 인정받는 학습사회 실현, 나누는 기쁨 등으로 설정하고, 그에 따라 이념과 추진전략을 설정하였다.

(2) 제2차 평생교육진흥기본계획(2007~2012년)

제2차 평생교육진흥기본계획은 제1차 평생교육진흥기본계획의 성과를 발전시키고 한계를 극복하기 위하여 수립되었다. 또한 당시 「평생교육법」의 전면 개정에 따라 '평생교육진흥원'을 설립하여 지원 추진 체제를 개편하고 각종 관련 제도를 도입하고 운영하는 정책적인 방안이 필요하였으며, 「인적자원개발기본법」, 「자격기본법」 등 평생교육 유관 법령상의 기본계획 등과 연계해야 할 필요로 인해 제2차 평생교육진흥기본계획의 수립은 시급한 일이었다.

제2차 평생교육진흥기본계획 수립에는 국제사회의 요구에 따라 국가 경쟁력을 높이기 위하여 평생학습의 중요성을 강조하고, 저출산과 고령화 현상에 대비하기 위하여

'학습, 고용, 복지, 문화' 등을 연계하고, 교육을 받지 못하는 소외계층에 대하여 공적 지원 시스템을 마련하기로 하였다. 이에 따라 제2차 평생교육진흥기본계획의 비전은 배우는 즐거움, 함께 살아가는 평생학습사회 구현, 일구어 가는 내일로 설정하고 평생학습정책을 실행하였다.

(3) 제3차 평생교육진흥기본계획(2013~2017년)

국내총생산(GDP)을 중요시하는 시대에서 국민행복지수가 국가 수준을 결정하는 시대로 변화함에 따라 국민의 행복은 개인의 문제가 아니라 정부와 지역사회가 함께 노력해야 하는 목표가 되었다. 우리나라는 국제적인 지위와 경제적인 수준에 비해 국민행복지수는 낮은 수준이어서 평생학습을 통해서 국민들의 행복지수를 높여야 했다. 그리고 수명연장에 따른 고령자가 증가함에 따라 인생의 후반기를 행복하게 보내기 위한 노인의 취미생활, 여가를 선용할 수 있는 노년층 평생교육 프로그램의 확충이 필요했다. 이러한 요구를 수용하여 제3차 평생교육진흥기본계획을 수립하게 되었다.

제3차 평생교육진흥기본계획의 비전은 100세 시대 창조적인 평생학습을 통한 국민행복 실현으로 설정하여 평생학습정책을 수행하였다.

(4) 제4차 평생교육진흥기본계획(2018~2022년)

4차 산업혁명으로 인공지능(AI)이 발달하여 인간을 대체할 수 있는 일자리의 수준과 범위가 비약적으로 발전하게 된다. 따라서 단순 반복업무 중심의 일자리가 대규모로 소멸될 것으로 예측되기 때문에 앞으로는 창의적이고 융합적인 분야의 새로운 일자리를 창출하는 것이 필요한 실정이다. 또한 저출산과 고령화 문제가 심각해지고 있어 성인 인구가 지속적으로 증가하고, 성인 인구 중에서도 고령자의 비중이 점차 확대되면서 고령자들도 일자리를 갖기를 희망하고 있어, 고령자를 위한 직업교육 관련 평생학습 프로그램이 필요하였다. 그리고 IT 기술의 발달에 따라 온라인 중심 또는 온라인과 오프라인이 서로 융합된 교육모델이 성장할 것으로 예측됨에 따라 이러한 시대적인 요구를 반영하여 제4차 평생교육진흥기본계획을 수립하였다.

제4차 평생교육진흥기본계획의 비전은 개인과 지역사회가 함께 성장하는 지속적으로 가능한 평생학습 사회의 실현으로 설정하였다. 제4차 평생교육진흥기본계획의 비전을 실현하기 위하여 〈그림 4-5〉와 같이 세웠다(교육부, 2018).

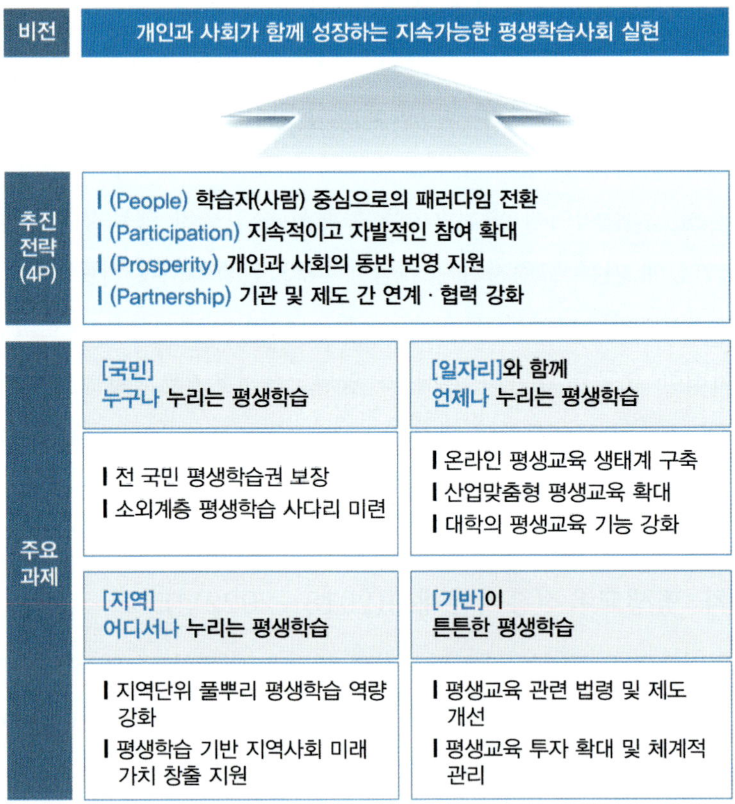

그림 4-5 제4차 평생교육진흥기본계획

출처: 교육부(2018). 제4차 평생교육진흥기본계획. 교육부.

제4차 평생교육진흥기본계획의 비전을 실현하기 위하여 〈표 4-4〉와 같은 추진과제를 설정하였다(교육부, 2018).

표 4-4 제4차 평생교육진흥기본계획 추진 과제

<table>
<tr><th>대과제</th><th>중과제</th><th>소과제</th><th>세부내용</th></tr>
<tr><td rowspan="4">1. 누구나 누리는 평생학습</td><td rowspan="2">전 국민의 평생학습권 보장</td><td>재직자와 성인의 자발적인 평생학습 지원</td><td>• 성인의 학습능력 진단 개발과 활용
• 인생의 전환기 진로설계와 컨설팅 지원
• 평생학습 이력관리와 이력인정 제도 개선
• 유급학습휴가제의 확대</td></tr>
<tr><td>학습자 여건에 맞는 맞춤형 학습 지원</td><td>• 고졸 취업후진학자 경력개발 지원
• 다문화 가족의 학습을 지원
• 고령자를 위한 맞춤형 학습지원
• 경력단절 여성을 위한 재도약 지원</td></tr>
<tr><td rowspan="2">소외계층의 평생학습 사다리 마련</td><td>문해와 학력보완 기회의 확대</td><td>• 학습자의 특성을 감안하여 방송통신중 · 고 교육의 질을 개선
• 희망하는 모든 학습자에 문해교육 지원
• 방통대를 활용하여 성인학습자의 역량 강화 지원</td></tr>
<tr><td>소외계층의 실질적 학습기회 확대</td><td>• 장애인을 위한 평생교육 추진체계 구축
• 평생교육 바우처 제공으로 교육비 부담 경감
• 장애인을 위한 맞춤형 평생교육 제공</td></tr>
<tr><td rowspan="6">2. 일자리와 함께하는 평생학습</td><td rowspan="2">온라인을 이용한 평생교육 생태계 구축</td><td>4차 산업혁명을 대비한 K-MOOC 운영</td><td>• 직업교육을 위한 MOOC의 구축
• 4차 산업혁명과 연계해 K-MOOC 개발 및 제공</td></tr>
<tr><td>맞춤형 교육을 위한 온라인 생태계 구축</td><td>• 교육콘텐츠 오픈마켓 구축 및 활성화
• 개인 맞춤형 교육을 위한 지능형 교수학습 플랫폼 구축</td></tr>
<tr><td rowspan="2">산업별 맞춤형 평생교육의 확대</td><td>매치업(Match業) 시범운영 및 현장안착</td><td>• 매치업 프로그램을 운영
• 직업교육의 혁신적인 모델로 안착 지원</td></tr>
<tr><td colspan="2">직업교육 기본계획 수립 및 민관연계 추진체계 마련</td></tr>
<tr><td rowspan="2">대학 평생교육의 기능 강화</td><td>고등교육 기관의 성인 친화적 교육 강화</td><td>• 대학의 성인을 위한 평생교육 프로그램 제공
• 유연한 학사운영을 통한 성인에게 친화적 대학 운영
• 학점은행제를 통하여 양질의 산업 프로그램 제공</td></tr>
<tr><td>전문대학을 직업교육 허브육성</td><td>• 전문대학의 평생직업교육 변화
• 전문대학의 평생교육 기능의 강화
• 대학본부의 평생직업교육 관련 기능 강화</td></tr>
</table>

<table>
<tr><th>대과제</th><th>중과제</th><th>소과제</th><th>세부내용</th></tr>
<tr><td rowspan="4">3.
지역
어디서나
누리는
평생학습</td><td rowspan="2">지역 단위
풀뿌리
평생학습
역량 강화</td><td>지역 단위 평생교육 활성화</td><td>• 평생학습도시 평가를 통하여 특성화 지원
• 읍·면·동의 평생학습센터를 확대하여 주민의 접근성 향상</td></tr>
<tr><td>지역의 자생적인 평생교육 강화</td><td>• 지역 평생학습의 핵심기관으로 평생학습기관으로 성장
• 평생교육사의 전문성 향상 지원</td></tr>
<tr><td rowspan="2">평생학습
기반의
지역사회
미래가치
창출 지원</td><td>지역 단위의 시민 능력 강화 지원</td><td>• 지역대학과 연계하여 시민능력 강화
• 인문화된 평생학습도시 구축
• 수요자 맞춤 인문강좌 개설
• 안전·환경 평생교육 확대</td></tr>
<tr><td>지역사회의 자발적 평생교육 실현</td><td>• 자발적 학습모임을 지원
• 우수학습 모임 성장 지원</td></tr>
<tr><td rowspan="5">4.
기반이
튼튼한
평생학습</td><td rowspan="3">평생교육
관련 법규와
제도 개선</td><td>평생교육 관련 법규 정비</td><td>• 평생교육과 관련된 법령을 정비
• 평생교육 관련 통계의 질과 효용성을 높임</td></tr>
<tr><td>평생교육정책 추진의 내실화</td><td>• 평생교육진흥위원회의 운영 방안 개선
• 국가와 시도 평생교육진흥원의 연계 협력과 운영 내실화</td></tr>
<tr><td>국제 협력 확대 및 외국어 교육 확대</td><td>• 국제기구와의 평생교육 관련하여 협력 확대
• 한국 평생교육의 세계 평생교육에 기여
• 특수한 외국어 평생교육 활성화</td></tr>
<tr><td rowspan="2">평생교육
재원 투자 및
체계적 관리</td><td colspan="2">국가 차원의 평생교육에 대한 지원과 투자 확대</td></tr>
<tr><td colspan="2">중앙과 지방정부의 평생교육에 대한 투자 관리 시스템 구축</td></tr>
</table>

2) 국내 평생교육정책의 특성

한국의 평생교육정책은 크게 두 가지 방향으로 전개되고 있는데, 하나는 지방자치단체를 중심으로 한 '평생학습도시' 사업이고, 다른 하나는 대학을 중심으로 한 '평생학습중심대학' 사업이다. 평생학습도시는 지역주민의 삶의 질 향상과 지역의 경쟁력 강화를, 평생학습중심대학은 대학을 학생과 성인의 학습공동체로 전환하는 평생학습체제로의 개편을 목표로 한다. 특히 고령사회로 접어들면서 증가된 성인 인구 자체가 교육 수준의 향상과 다양한 학습욕구의 특성을 나타내고 있다. 이러한 시대 변화 및 고등교육에 대한 성인학습자의 학습욕구 충족을 위해 최근 대학의 평생교육체제 개편을 통해 고등교육의 기회를 확대하고 있다. 현행 대학의 평생교육체제 개편은 인구구조의 급격한 변화와 산업구조 및 직업세계 변화 추이에 대응하는 대학 평생교육정책의 일환으로 볼 수 있다(안관수, 황재연, 2019).

국내 평생교육정책의 특성을 평생학습계좌제 도입, 바우처 제도 시행, K-MOOC 운영, 대학의 평생교육 활성화 지원사업 추진 및 고령사회의 가속화에 적극대응으로 구분하여 살펴보면 다음과 같다(호세화, 2021).

(1) 평생학습계좌제 도입

'평생교육중심대학' 사업과 더불어 '평생학습계좌제'가 평생교육 분야의 주요 국정과제로 선정되면서 학습계좌제에 대한 관심이 높아지고 있다. 「평생교육법」 제23조에는 학습계좌제를 "국민의 개인적 학습경험을 종합적으로 집중관리하는 제도"라고 명시하고 있다. 이는 학교에서의 형식학습뿐만 아니라 학교 밖에서 이루어지는 비형식학습 경험까지 포괄하여 관리하는 평생교육 제도이다. 이를 위한 평생학습 인정체제의 구축 방향은 다음과 같다.

첫째, 프로그램 평가인정을 통한 학점이나 자격을 부여하는 것이다. 프로그램 평가인정은 정해진 기준과 체계에 의해 사전에 프로그램을 평가하여 인정해 줌으로써 해당 프로그램을 성공적으로 이수할 경우 일정한 학점이나 자격을 인정해 주는 것이다. 둘째, 학습자 개별 학습경험의 평가를 통한 경력인정이다. 프로그램에 대한 사전의 평가인정 대신에 시험이나 포트폴리오 평가 등의 학습자 개별 평가를 통해 경력을 인정해 주는 방법이다. 셋째, 학력인정과 학력 비인정의 구분과 연계이다. 프로그램의 사전 평가인정 유무를 기준으로 학력인정 트랙과 학력 비인정 트랙으로 구분할 수 있다.

학력인정 트랙은 현 학점은행제와 같이 기관의 프로그램에 대해 사전 평가인정을 하고, 인정받은 프로그램을 이수한 경우에 일정 학점 또는 자격을 인정해 준다. 학력 비인정 트랙은 학습자가 원할 경우 학습한 프로그램을 사후에 평가하여 일정 기준에 따라 일정 학점 또는 자격을 인정해 주는 방식이다. 사후 평가인정은 학점은행제가 학력 중심이라는 한계를 극복하고 다양한 비형식 · 무형식 학습을 인정함으로써 학점은행제를 보완하고자 하는 '평생학습계좌제'의 취지와 목적에도 부합한다고 볼 수 있다(최상덕, 2008).

(2) 바우처(Voucher) 제도 시행

바우처(Voucher) 제도는 저소득층 등 경제적 취약층이 보육, 교육, 훈련, 문화, 주택, 의료, 식료품 지원 등의 서비스를 받을 수 있도록 정부가 지급하는 이용권이다. 공공서비스의 각 분야에서 시행되는 바우처 제도는 정부가 직접적인 서비스를 제공하는 것이 아닌 간접적인 지원을 통해 민간이 운영하는 방식으로 이루어진다. 바우처를 통한 학습권의 종류는 지급 형태나 수혜 대상에 따라 쿠폰 지급 방식, 보조금 지급 방식, 지원금 반환이 가능한 전표 등의 유형이 있다.

2018년 7월부터 시행된 한국의 '평생교육 바우처 지원사업'은 취약계층의 평생학습 기회를 확대한 수요자중심의 평생교육정책으로, 성인의 평생교육 참여율을 높이고 사회 양극화 현상을 완화하는 데 기여한다. 이러한 국민의 평생학습 참여율은 민간 평생교육 활성화를 도모하고, 한국 평생교육 서비스 체계가 수요자 중심의 방향으로 변화하는 데 기여하고 있다.

(3) K-MOOC 운영

교육부는 MOOC(Massjve Open Online Course)의 보급과 고등교육 패러다임 변화에 적극 대응하기 위해 2015년 10월부터 전 국민에게 인터넷을 통해 대학 우수 강좌를 제공(한국

형 온라인 공개강좌: K-MOOC, Korean Massive Open Online Course)하고 있다(교육부, 국가평생교육진흥원, 2017).

K-MOOC 과정은 대학의 교수법을 혁신하고 고등교육 기회의 균형을 이룰 수 있을 뿐 아니라 고령화 시대 평생학습의 토대가 돼 개방적인 고등교육 시스템을 구축하는 데 기여하고 있다. 현대사회는 디지털경제의 급속한 발전으로 일자리가 변화함에 따라 모든 국민들의 평생학습은 선택이 아닌 필수가 되었다. 즉, 2022년까지 54%의 근로자가 재교육과 심화교육이 필요하며, 2040년까지 21세 이상 성인의 평생학습시간이 3배로 늘어날 것으로 예상되고 있다.

K-MOOC는 전국평생교육진흥원 홈페이지를 통해 운영되고 있는데, K-MOOC의 주요 업무는 참여 대학 선정, 선정 대학과의 협약 체결, 비용 지불, 대학이 개발한 강좌 네트워크 플랫폼 탑재, 대중 홍보, 국내·외 유관 기관과의 협력체제 구축, 대학 콘텐츠 개발 참여 등이다. 선정된 대학은 강좌당 5,000만원의 강의 개발비 및 운영비를 지원받는다. 2015년 한국형 온라인 공개강좌(K-MOOC) 기본계획 수립 이후 27개 강의를 시작으로 2020년 999개 강좌로 증가하였다.

(4) 대학의 평생교육 활성화 지원사업 추진

100세 시대를 맞이하여 성인학습자를 위해 대학체제를 전환하고 있다. 성인학습자가 대학에 재진입할 수 있는 기회를 늘리고, 각종 후진학 지원 체제를 확립하였으며 교육부는 다음과 같이 대학 평생교육 지원사업을 추진하고 있다.

첫째, 대학을 중심으로 한 평생교육 활성화 지원사업을 추진하였다. 2008~2011년 비학위 과정 위주의 평생교육 프로그램을 집중적으로 추진해 대학 평생교육 기능을 강화하는 데 주력했으며, 2012년부터는 학위과정을 중심으로 평생교육 활성화 지원 프로그램을 추진하였다. 둘째, 2016년 대학내 평생교육원 지원사업을 시행하였다. 대학내에서 성인학습자를 위한 전문학위과정과 전문조직을 신설함으로써 성인학습자가 지속해서 진학과 학습을 진행할 수 있도록 기회를 제공하고 있다. 그리고 일과 학업의 병행을 원하는 재직자를 확보하여 성인학습자가 양질의 대학교육 학습 기회를 받을 수 있도록 하고 있다. 셋째, 2017년 대학평생교육 제도 지원사업을 수행하였다. 평생교육 활성화와 교육사업 효율성 확보를 위해 이 둘을 통합하여 지원사업을 개정, 홍보하였다. 개정된 대학 평생교육 제도 지원사업은 대학에 자율권을 보장하여 운영권을 제공했지만, 여기에는 학위과정이 포함되어야 하며, 정원 외 모집 전형을 마련해야 한다.

또한 일반적인 학제에서 벗어나 성인학습자를 위한 특별 학제 설계를 통한 지원 체제, 성인 친화형 학제 등을 도입했다. 성인 친화형 학제란 야간, 주말, 인터넷 등을 통한 다양한 수업 방식을 집중 이수, 유연 이수 등을 통해 진행되는 방식으로 성인의 평생교육 참여율을 크게 높였다. 고등교육 시스템 내에서 성인을 위한 공식적인 전문 지원 체계가 수립되어 고등교육과 평생교육체계 간의 연계가 보장되었다.

그리고 교육부는 성인학습자가 4차 산업혁명 사회에서 높은 수준의 대학교육을 받을 수 있도록 성인학습자의 특성을 고려해 대학 중심의 평생교육 제도를 혁신하고 특화된 교육과정을 개발하였다. 첫째, 대학 특성과 사회적 요구에 따라 성인 전문 학위과정을 자율적으로 개설하도록 지원하였다(2018년 12개 대학, 총 113억 원). 둘째, 성인학습자에게 알맞은 유망직업 역량을 개발하였다. 예를 들어, 컴퓨터 보안 전문가, 컨설팅 전문가 등 과정을 설계해 65세 이상 고령자를 위하는 과정을 개설하였다. 셋째, 학점은행제 등 다양한 학위 시범 모델을 도입하여 평생교육 운영 패러다임을 다양화하였다. 넷째, 전문대학을 평생 직업교육의 중심으로 육성하여 중등, 고등 직업교육 간의 연결을 제도적으로 규정하였다. 고령화 시대의 도래는 대학의 역할을 변화시켰다. 대학은 특정인만을 위한 교육을 제공한다는 꼬리표를 벗어나 일반인에게 개방된 평생학습 기구로 나아가고 있다. 한국의 대학 평생교육체제는 성인교육을 효율적으로 하기 위한 좋은 시도가 되고 있다.

(5) 고령사회의 가속화에 적극 대응

교육정책은 인구변화에 크게 영향을 받고 있으며, 인구 통계학적 구조의 변화는 각 국가와 지역이 직면하고 있는 현상이다〈그림 3-7 참조〉. 이는 다양한 영향을 미치고 많은 요인을 수반하여 경제발전, 사회보장, 교육정책 등 다양한 사회활동의 변화와 재편성을 초래할 것으로 예상되고 있다.

4차 산업혁명에서 평생교육의 역할과 혁신이 무엇보다 중요하다. 따라서 중요한 것은 과학기술뿐 아니라 무엇보다 사람에 대한 관심, 즉 기술을 통해 감성적 학습을 촉진하는 것이다. 한국은 2026년 고령사회에서 초고령사회(Aged Society)에 진입할 예정이다. 고령사회의 도래는 인간의 평균수명 연장, 경제활동인구의 감소, 노인학습 의욕의 증가, 가정구조의 변화 등으로 시작되었다. 이에 따라 고령자 교육은 불가결하고 급변하는 4차 산업혁명 사회에서 노인들도 평등한 평생교육을 받아야 한다(박복선, 2013).

3. 영역별 평생교육정책

현재 우리나라에서 시행되고 있는 영역별 평생교육정책을 교육부와 국가평생교육진흥원(2021)의 연구를 중심으로 살펴보면 다음과 같다.

1) 학력보완교육

(1) 초중등학력인정제

학력인정 평생교육시설은 1945년 해방 후, 학령기 학생을 정규학교에 수용할 수 있는 인프라가 조성되어 있지 못한 상태에서 해방 후 천막학교, 야학, (고등)공민학교 등 여러 형태의 시설로 운영되었다. 이는 1946년 미군정이 공민학교 설치 요령을 제정하여 공민학교를 설치한 것에 기원한다. 특히 1950년 한국전쟁으로 인하여 생겨난 전쟁고아를 이들 시설에서 수용하면서 급격히 늘어났다. 초창기 공민학교는 초등학교뿐만 아니라 다양한 공간에서 운영되어 초등학교 수보다 많았다. 공민학교는 소년과, 성년과, 보수과가 있었으며, 보수과는 1948년 고등공민학교 규정에 의해 고등공민학교로 개편되었다. 1949년 제정된 「교육법」에 의하여 공민학교와 고등공민학교도 학교의 유형으로 포함되었다. 또한 산업체 근로 청소년을 위하여 1977년 대통령령에 의거 산업체 부설 중·고등학교와 특별학급이 설치되었다. 이와 같이 다양한 형태로 존재하던 학교보완 교육시설은 1982년 「사회교육법」 제정으로 사회교육 시설 설치 근거를 마련한 이래 2000년 「평생교육법」 발효로 평생교육시설로 명칭을 변경하였다. 2007년 개정 「평생교육법」에서 평생교육의 6대 영역으로 "학력보완교육, 성인기초문자해득교육"을 명시하여 학력인정 평생교육시설의 법적 근거를 명확히 하였다.

평생교육시설은 학력인정 평생교육시설과 학력미인정 평생교육시설로 구분할 수 있는데, 학력인정 평생교육시설으로는 학교 형태 평생교육시설과 사내대학·원격대학 형태 평생교육시설이 있다.

학교 형태 평생교육시설 중 일정 기준 이상의 요건을 갖춘 평생교육시설은 고등학교 졸업 이하의 학력이 인정되는 평생교육시설로 지정될 수 있다(「평생교육법」 제31조 제2항). 이 중에서 사내대학·원격대학 형태 평생교육시설은 고등교육 수준의 학력(대학 학력)을 인정하는 기관이며, 학력인정 학교 형태 평생교육시설은 초·중등교육 수준의 학력을 인정하는 기관이다.

표 4-5 연도별 학교 형태 평생교육시설 현황 (단위: 개, 명)

구분		2011년	2012년	2013년	2014년	2015년	2016년	2017년	2018년	2019년	2020년
기관수	초등	6	6	5	5	5	3	3	3	3	3
	중	27	26	24	12	12	5	5	5	5	5
	고등	54	51	50	37	37	28	27	27	25	22
	통합	-	-	-	9	9	16	17	17	16	17
소계		87	83	79	63	63	52	52	52	49	48
학생수	초등	2,260	2,022	1,927	1,871	1,874	1,640	1,639	1,318	996	717
	중	7,667	6,993	6,586	2,324	2,402	1,386	1,344	1,417	1,569	1,505
	고등	31,844	27,928	25,888	17,200	15,735	12,759	11,713	10,395	8,698	7,135
	통합	-	-	-	9,253	8,572	10,353	11,380	11,112	10,823	10,634
소계		41,771	36,943	34,401	30,648	28,583	26,138	26,076	24,240	22,086	19,991

출처: 교육部, 한국교육개발원(2011~2020). 연도별 평생교육통계자료집. 2014년 조사부터 통합과정 추가.
교육부, 국가평생교육진흥원(2021). 2020 평생교육백서.

2020년 9월 1일 현재 학력인정 평생교육시설은 초등학교 3개교, 중학교 5개교, 고등학교 22개교, 통합과정(초, 중학교 · 중, 고등학교) 17개교 등 전체 48개교가 전국에 설치되어 있다. 학력인정평생교육시설의 학생 수는 초등학교 717명, 중학교 1,505명, 고등학교 7,135명, 통합 10,634명 등 총19,991명이 재학하고 있는 것으로 나타났다.

(2) 방송통신중 · 고등학교

방송통신중 · 고등학교(방송중 · 고)는 방송 · 정보통신을 통한 수업을 중심으로 운영되는 정규 학교의 한 유형으로, 성인학습자와 사회 · 경제적 이유로 교육기회를 보장받지 못했던 교육 소외계층에게 중학교 또는 고등학교 학력을 취득할 수 있는 기회를 제공하기 위하여 설치되었다. 이는 「초 · 중등교육법」 제43조의 2(방송통신중학교) 및 동법 시행령 제75조의 2(방송통신중학교의 설치 · 운영)와 「초 · 중등교육법」 제51조(방송통신고등학교) 및 동법 시행령 제94조(방송통신고등학교의 설치)에 근거를 두고 공립 중 · 고등학교의 부설 형태로 설치 · 운영되고 있다. 방송중 · 고의 설치, 교육과정 · 방법, 수업연한과 입학자격 및 학력 인정 등에 관한 세부적인 사항은 「방송통신중학교 및 방송통신고등학교 설치기준령」 및 동령 시행규칙으로 정하도록 하고 있다.

특히 「방송통신중학교 및 방송통신고등학교 설치기준령」 제10조(방송 · 정보통신을 통한 수업 등의 위탁)는 방송중 · 고의 핵심적인 특징인 방송 · 정보통신을 통한 수업 운영과 학교 외 학습경험의 심의 및 이수인정평가를 교육연구기관에 위탁할 수 있도록 하고 있는데, 이에 따라 한국교육개발원이 방송중 · 고의 교육과정 운영을 비롯한 학사운영 전반에 관한 사항을 16개 시도교육청(세종특별자치시 제외)으로부터 위탁받아 지원하고 있다.

표 4-6 방송중 운영 현황(2013~2020년) (단위: 개, 명)

연도	2013년	2014년	2015년	2016년	2017년	2018년	2019년	2020년
설치 시도 수	2	5	8	13	13	16	16	16
학교 수	2	6	12	20	20	23	24	24
편성 학급 수	5	30	81	123	154	174	186	198
학생 수	160	826	2,074	3,241	3,970	4,476	4,726	4,865
교원 수[1]	14	88	198	345	442	528	561	588

주1) 방송중의 전담 교원이 아니라, 방송중을 부설하고 있는 학교 또는 협력학교에 소속된 교원이 겸직하고 있음.
출처: 한국교육개발원(2020). 2020학년도 1학기 전국 방송통신중학교 현황.
교육부, 국가평생교육진흥원(2021). 2020 평생교육백서.

방송중은 2013년 광주와 대구 지역에 각 1개교가 최초로 설치된 이후 지속적으로 확대되어 왔으며, 2019년에 충남에서 1개교가 추가로 개교함으로써 2020년 기준 전국 16개 시도교육청에 총24개교가 운영 중이다. 방송중의 총재학생은 2020년 4월 기준 4,865명이다. 2020년 기준 방송중 재학생의 남녀 비율은 남자 590명(12.1%), 여자 4,275명(33.7%)으로 여학생의 비율이 높은 편이다(한국교육개발원, 2020). 또한 연령별 분포는 60대가 2,879명(59.2%)으로 가장 많으며, 50대 1,195명(24.6%), 70대 674명(13.8%), 40대 55명(1.1%) 등의 순으로 나타났다. 50대 이상 학생이 4,772명으로 전체 학생 중 차지하는 비율이

98.1%로 매우 높다. 이는 방송중이 개교 초기인 점을 고려하여 연장자에게 입학의 우선권을 주기 때문에 두드러지게 나타나는 현상이다.

표 4-7 방송고 학생 연령별 분포(2013~2020년)

(단위: 명, %)

구분		2013년	2014년	2015년	2016년	2017년	2018년	2019년	2020년
연령별	10대	2,520 (18.9)	2,654 (21.9)	2,332 (20.4)	2,076 (18.9)	1,790 (17.3)	1,583 (16.0)	1,353 (13.7)	1,243 (12.5)
	20대	2,472 (18.6)	2,101 (17.3)	1,865 (16.3)	1,669 (15.2)	1,364 (13.1)	1,142 (11.6)	793 (8.0)	642 (6.5)
	30대	1,396 (10.5)	1,189 (9.8)	1,229 (10.7)	1,142 (10.4)	1,089 (10.5)	912 (9.2)	732 (7.4)	616 (6.2)
	40대	2,521 (18.9)	2,074 (17.1)	1,865 (16.3)	1,728 (15.7)	1,598 (15.4)	1,291 (13.1)	991 (10.0)	857 (8.7)
	50대	3,422 (25.7)	3,045 (25.1)	3,029 (26.5)	3,040 (27.6)	2,989 (28.8)	2,799 (28.3)	2,991 (30.3)	2,881 (29.1)
	60대	915 (6.9)	975 (8.0)	1,021 (8.9)	1,182 (10.7)	1,372 (13.2)	1,751 (17.7)	2,474 (25.1)	2,999 (30.3)
	70대 이상	74 (0.6)	98 (0.8)	101 (0.9)	159 (1.5)	176 (1.7)	403 (4.1)	535 (5.4)	664 (6.7)
계		13,320 (100.0)	12,136 (100.0)	11,442 (100.0)	10,996 (100.0)	10,378 (100.0)	9,881 (100.0)	9,869 (100.0)	9,902 (100.0)

출처: 한국교육개발원(2020). 2020학년도 1학기 전국 방송통신고등학교 현황.
교육부, 국가평생교육진흥원(2021). 2020 평생교육백서.

방송통신고등학교(방송고)는 1974년 서울과 부산의 11개 공립 고등학교 부설로 설치된 이후 2020년 현재까지 전국 16개 시도교육청(세종특별자치시 제외)에 42개교[1]가 운영 중이며, 2020년 4월 기준 총재학생은 9,902명이다. 2020년 기준 방송고 학생의 남녀 비율은

1) 방송고 지역별 설치 현황: 서울특별시 5개교, 부산광역시 2개교, 대구광역시 1개교, 인천광역시 2개교, 광주광역시 2개교, 대전광역시 2개교, 울산광역시 1개교, 경기도 5개교, 강원도 7개교, 충청북도 2개교, 충청남도 2개교, 전라북도 2개교, 전라남도 2개교, 경상북도 4개교, 경상남도 2개교, 제주특별자치도 1개교

남자 2,717명(27.4%), 여자 7,185명(72.6%)으로 여학생의 비율이 높은 편이다(한국교육개발원, 2020). 또한 〈표 4-7〉의 연령별 분포를 보면, 60대 학생이 2,999명(30.3%)으로 가장 큰 비중을 차지하고 있다. 이어서 50대 2,881명(29.1%), 10대 1,243명(12.5%), 40대 857명(8.7%), 70대 이상 664명(6.7%), 20대 642명(6.5%), 30대 616명(6.2%) 순으로 나타났다. 방송중과 달리 방송고는 10대 학생 수의 비율이 적지 않은 것을 알 수 있다. 또한 방송고 학생 수의 감소 추세에도 50대 이상의 학생 수는 유지 또는 증가하고 있는데, 이는 방송중을 졸업한 고령의 학습자들이 방송고에 입학하는 비율이 높기 때문이다.

(3) 독학학위제

독학학위제는 독학자(獨學者)에게 학사학위 취득의 기회를 줌으로써 평생교육의 이념을 구현하고 개인의 자아실현과 국가 · 사회의 발전에 이바지하는 것을 목적으로 하는 대안적 개방형 고등교육 제도이다. 1980년대 후반, 대학 진학을 원하지만 대학에 진학하지 못하는 성인들에게 대학 졸업자격을 부여받도록 하기 위한 획기적인 방안의 하나로 1990년 4월 「독학에 의한 학위취득에 관한 법률」이 제정되었다. 독학학위제는 고등학교 졸업자격을 갖춘 자가 자학자습을 통해서 학습을 진행하고 1~4 과정의 시험에 응시하여 합격하면 교육부 장관 명의의 학사학위를 수여하는 제도이다.

독학학위 취득시험은 1990년 중앙교육평가원 주관하에 처음으로 실시된 이후, 1998년 관련 업무가 한국방송통신대학교로 이관되었고, 「평생교육법」 전면 개정에 따라 2008년부터 국가평생교육진흥원의 주관 아래 시행되고 있다. 이 제도는 고등교육의 기회를 갖지 못하거나 학교를 중도에 탈락하는 등 사회적, 경제적으로 교육받기 어려운 환경에 처한 사람들에게 최소한의 비용으로 대안적인 고등교육의 기회를 보장하고, 시공간의 제약 없이 자기주도적 학습결과에 대하여 시험을 통해 검정받을 수 있도록 함으로써 열린 평생학습사회 구현에 기여하고 있다.

표 4-8 최근 5년간 독학학위제 과정별 시험 실시 현황

(단위: 명)

과정 / 연도	교양과정 인정시험 (1과정)			전공기초과정 인정시험 (2과정)			전공심화과정 인정시험 (3과정)			학위취득 종합시험 (4과정)		
	지원자	응시자	합격자	지원자	응시자	합격자	지원자	응시자	합격자	지원자	응시자	합격자
2016년	11,313	7,874	5,071	9,456	6,659	4,254	4,389	3,097	1,960	3,539	2,645	974
2017년	11,538	8,308	5,755	9,655	7,105	5,602	4,587	3,202	1,989	3,208	2,401	887
2018년	10,658	7,545	5,246	10,112	7,448	5,476	4,726	3,314	1,961	2,869	2,146	976
2019년	11,695	8,489	6,511	11,796	8,846	6,529	5,495	3,836	2,376	2,711	2,025	834
2020년	13,883	8,770	7,189	10,427	7,903	6,209	5,724	4,017	2,676	2,452	1,848	729
계	59,087	40,986	29,772	51,446	37,961	28,070	24,921	17,466	10,962	14,779	11,065	4,400

주) 1~3과정 합격자는 1과목 이상 합격자 수이며, 4과정 합격자는 학위취득자 수임.
출처: 국가평생교육진흥원(2020). 내부 자료.
교육부, 국가평생교육진흥원(2021). 2020 평생교육백서.

독학학위제 시험 지원자는 2008년 국가평생교육진흥원 개원 이후, 학점은행제와의 연계 시행 등을 통하여 2008년 18,412명에서 2012년 38,476명으로 4년에 걸쳐 2배 이상 급격하게 증가하였다. 그러나 2013년 이후 지속적으로 감소 추세를 보이다가, 2015년 9월 「독학에 의한 학위취득에 관한 법률 시행령」의 개정을 통해, 기존의 응시자격[2])을 고등학교 이상의 졸업학력이 있는 자는 누구나 1~3과정을 자유롭게 응시할 수 있도록 완화하여 시행(2016년 4월)함에 따라 지원자가 다시 증가하였다. 2020년에는 2019년 대비 2.5%가 증가한 32,486명의 학습자가 시험에 지원하였다.

(4) 학점은행제

학점은행제는 학교에서뿐만 아니라 학교 밖에서 이루어지는 개개인의 다양한 형태의 학습과 자격을 학점으로 인정받을 수 있도록 하고, 학점이 누적되어 일정 기준을

2) 1단계 시험인 교양과정 인정시험은 대학교 1학년에, 전공기초과정 인정시험은 대학교 2학년에, 전공심화과정 인정시험은 대학교 3학년에 상응하는 것으로 보고 단계별로 해당 과정을 이수하였거나 소정의 학점을 취득한 경우에 다음 단계의 시험에 응시할 수 있는 자격을 부여하였음.

충족하면 전문대학 또는 대학과 동등한 학위 취득이 가능하게 하여 궁극적으로 열린 학습사회, 평생학습사회를 구현하는 것을 목적으로 하는 제도이다.

1995년 5월 대통령 직속 교육개혁위원회는 열린 평생학습사회를 조성하는 새로운 교육체제에 대한 비전을 제시하면서 학점은행제를 제안하였고, 그 후속 조치로 「학점인정 등에 관한 법률」(제6434호) 등 관련 법령을 제정하였다. 이에 따라 현재 학점은행제를 토대로 학교뿐만 아니라 학교 밖 다양한 형태의 학습과 경험을 객관적인 기준에 비추어 정규 대학(교)에서 취득한 학점과 동등하게 인정하고 있다. 이처럼 학점은행제는 정규 고등교육의 한계를 다양한 측면에서 보완하고 있는 우리나라의 대표적인 개방형 평생학습제도이다.

학점은행제는 1997년 한국교육개발원을 위탁기관으로 하여 1998년 3월부터 실행되었고, 2007년 「평생교육법」이 전면 개정됨에 따라 2008년부터 국가평생교육진흥원에서 위탁받아 운영하고 있다.

학점은행제는 국민의 평생학습권 보장 및 학습경험의 다양화와 함께 고등교육을 수혜받지 못한 집단에게 고등교육 학력 취득 기회를 제공할 수 있는 대안적 방안이라는 점에서 의미가 있다. 또한 교육 부문 간 균형발전을 위하여 정규 학교교육 밖에서 이수한 결과를 제도적으로 인정하고, 교육력 극대화를 위하여 학교 밖 교육과 학교교육 간의 연계를 강화하고 있다.

표 4-9 최근 5년간 학점은행제 등록 학습자 수 (단위: 명)

연도	상반기			하반기			계
	1분기	2분기	소계	3분기	4분기	소계	
2016년	20,883	49,682	70,565	21,932	24,163	46,095	116,660
2017년	22,628	45,254	67,882	23,338	24,222	47,560	115,442
2018년	25,082	42,725	67,807	23,663	26,848	50,511	118,318
2019년	28,976	48,513	77,489	36,900	35,975	72,875	150,364
2020년	41,199	48,173	89,372	38,715	37,241	75,956	165,328

출처: 교육부, 국가평생교육진흥원(2021). 2020 평생교육백서.

학점은행제 학습자는 분기별로 최초 학점인정 신청 시 관련 서류 제출을 통해 인적사항·학력 및 학점인정사항 등을 등록하고 학습자 번호(학번)를 부여받게 된다. 2020년에는 약 16만여 명의 학습자가 학점은행제를 활용하기 위해 등록하였고, 최근 5년간(2016~2020년) 등록 학습자는 연평균 약 13만명으로 지속적인 증가 추세를 보이고 있다. 2020년까지 학점은행제로 등록한 누적 학습자 수는 약 185만명으로 학점은행제는 1998년 제도가 도입된 이래, 20여 년 만에 매우 괄목할 만한 양적 성장을 이루었다.

2) 성인문해교육

문해능력은 읽기, 쓰기, 셈하기에서 나아가 인간의 존엄성과 직결된 역량으로 한 개인이 사회 구성원으로 참여하기 위한 기본적인 전제이다. 2017년 국가평생교육진흥원에서 실시한 성인문해능력 조사에 따르면, 18세 이상 성인 중 일상생활에 필요한 기본적인 읽기, 쓰기, 셈하기가 불가능한 비문해 인구는 약 311만 명으로, 이는 전체 성인의 약 7.2%에 해당한다(국가평생교육진흥원, 2017). 또한 20세 이상 성인 중 의무교육에 해당하는 중학 학력 미만의 저학력 인구는 약 517만 명으로 전체 성인의 13.1%가 문해교육 대상자라고 할 수 있다(통계청, 2015).

따라서 교육부와 국가평생교육진흥원은 2006년부터 문해능력 향상을 통한 국민 삶의 질 제고를 목표로 성인문해교육 지원사업을 추진하고 있다. 성인문해교육 지원사업은 문해 학습자의 교육기회 확대를 위한 '성인문해교육 프로그램 지원', 저학력 학습자가 교육과정 이수를 통해 초등·중학 학력을 인정받는 '성인학습자 학력인정체제', 문해교육 인식확산 및 참여 촉진을 위한 '성인문해교육 활성화 사업', 합리적이고 체계적인 문해교육 정책 수립을 위한 '성인문해교육 조사·연구'를 추진하고 있다.

(1) 성인문해교육 프로그램 지원

성인문해교육 지원사업은 공모 사업 형태로 추진하며, 시도 단위 맞춤형 문해교육 지원체제 구축을 위한 광역 문해교육 지원, 기초자치단체, 야학 및 비영리 민간단체 등을 지원하는 문해교육 프로그램 지원, 수요자 맞춤형 생활문해교육 프로그램 발굴을 위한 특성화 프로그램 지원, 문해교사가 기관 접근이 어려운 개인 학습자를 찾아가는 가정방문형 문해교실 지원으로 구분된다.

광역 문해교육 지원은 2016년 2월 「평생교육법」 일부 개정으로 시도문해교육센터 설립 근거가 마련됨에 따라, 지역 맞춤형 문해교육 활성화를 위해 국가-광역이 공동으로 대한민국 문해의 달을 운영하고, 교원연수 및 보수교육, 지역 문해교육 활성화를 위한 사업을 기획 · 운영한다. 광역 문해교육 지원은 2016년 14개 광역자치단체의 참여로 시작하였으며, 2020년에는 16개의 광역자치단체가 참여하였다. 시도문해교육센터는 2016년 12월 경기도문해교육센터를 시작으로 2020년 12월 기준, 총13개 지역에 설립되었다.

표 4-10 2020년 성인문해교육 교육 수준별 프로그램 및 학습자 (단위: 개, 명, %)

구분	초등 1단계	초등 2단계	초등 3단계	중학 단계	계
프로그램	940	409	295	113	1,757
	(53.5)	(23.3)	(16.8)	(6.4)	(100.0)
학습자	11,525	5,312	4,047	1,726	22,610
	(51.0)	(23.5)	(17.9)	(7.6)	(100.0)

출처: 교육부, 국가평생교육진흥원(2021). 2020 평생교육백서.

성인문해교육 지원사업 프로그램은 초등 1단계(초등 1~2학년 수준), 초등 2단계(초등 3~4학년 수준), 초등 3단계(초등 5~6학년 수준), 중학 단계(중학 1~3학년 수준)로 구분된다. 2020년에는 총1,757개 프로그램 중 초등 1단계가 940개로 전체의 53.5%를 차지하여 가장 많았으며, 초등 2단계(409개, 23.3%), 초등 3단계(295개, 16.8%) 순으로 나타났다.

표 4-11 2020년 성인문해교육 참여 대상자별 프로그램 및 학습자 (단위: 개, 명, %)

구분	내국인	외국인 및 다문화	장애 성인	대상자 혼합	계
프로그램	1,553	27	61	116	1,757
	(88.4)	(1.5)	(3.5)	(6.6)	(100.0)
학습자	19,468	319	505	2,318	22,610
	(86.1)	(1.4)	(2.2)	(10.3)	(100.0)

출처: 교육부, 국가평생교육진흥원(2021). 2020 평생교육백서.

대상자별로 살펴보면, 내국인 대상 프로그램이 1,553개로 전체의 88.4%를 차지하여 가장 많았으며, 대상자 혼합 프로그램이 6.6%를 차지하였다. 학습자는 내국인이 19,468명으로 전체 학습자의 86.1%를 차지하고 있는 것으로 나타났다.

표 4-12 2020년 성인문해교육 성별·연령별 참여 학습자 (단위: 명, %)

연령	남성	여성	계
20대	60 (0.3)	138 (0.6)	198 (0.9)
30대	86 (0.4)	262 (1.2)	348 (1.5)
40대	98 (0.4)	251 (1.1)	349 (1.5)
50대	147 (0.7)	963 (4.3)	1,110 (4.9)
60대	210 (0.9)	4,889 (21.6)	5,099 (22.6)
70대	292 (1.3)	10,191 (45.1)	10,483 (46.4)
80대 이상	145 (0.6)	4,862 (21.5)	5,007 (22.1)
기타[1]	3 (0.0)	13 (0.1)	16 (0.1)
계	1,041 (4.6)	21,569 (95.4)	22,610 (100.0)

주1) 기타: 외국인(10대) 등 포함.
출처: 교육부, 국가평생교육진흥원(2021). 2020 평생교육백서.

2020년 성인문해교육 지원사업 프로그램에 참여한 학습자를 성별로 살펴보면, 여성이 21,569명으로 전체의 95.4%를 차지하여 참여 비율이 남성에 비해 월등히 높은 것으로 나타났다. 연령별로는 70대가 46.4%(10,483명)로 가장 많았으며, 60대(5,099명, 22.6%), 80대 이상(5,007명, 22.1%) 순으로 나타났다.

(2) 성인학습자 학력인정체제

2007년 12월,「평생교육법」전부 개정에 따라 문해교육 관련 조항이 마련되면서 문해교육 프로그램을 통해 의무교육에 해당하는 초등 · 중학 학력을 인정받을 수 있는 제도가 마련되었다.「평생교육법」제40조에 의거한 '성인학습자 학력인정체제'는 18세 이상의 성인학습자가 시도교육청이 설치하거나 지정한 문해교육 프로그램을 이수하고, 학력 충족 여부 심사를 거쳐 초등 · 중학 학력을 인정받는 제도이다. 성인문해교육 지원사업은 전국 17개 시도교육청과 연계하여, 성인학습자 학력인정체제가 안정적인 정책적 토대 위에서 운영될 수 있도록 지원하고 있다.

표 4-13 2011~2020년 문해교육 프로그램을 통한 누적 학력인정자 수 (단위: 명)

구분	서울	부산	대구	인천	광주	대전	울산	세종	경기	강원	충북	충남	전북	전남	경북	경남	제주	계
초등	4,725	964	862	233	505	416	234	19	2,581	207	98	1,157	415	1,123	283	621	68	14,511
중학	878	–	480	–	214	241	–	–	613	–	–	45	–	51	21	–	24	2,567
계	5,603	964	1,342	233	719	657	234	19	3,194	207	98	1,202	415	1,174	304	621	92	17,078

출처: 교육부, 국가평생교육진흥원(2021). 2020 평생교육백서.

학력인정 문해교육 프로그램을 통해 2011년부터 2020년까지 전국에서 17,078명의 학습자가 초등 · 중학 학력을 인정받았다. 초등과정 학력인정자는 현재까지 총14,511명이며, 서울 지역의 학력 인정자가 4,725명으로 전체 초등 인정자의 32.6%를 차지한다. 중학과정 학력인정자는 누적 2,567명이며, 역시 서울 지역의 학력인정자가 878명으로 전체 중학 인정자의 34.2%를 차지하고 있다.

(3) 성인문해교육 활성화 사업

성인문해교육 활성화 사업은 문해 학습자의 교육 참여 촉진과 문해교육에 대한 사회적 인식 확산을 위해 실시하고 있다. 최소한의 학습 여건 조성을 위해 성인문해교과서를 무상 보급하고, 교육기관이 없는 소외지역 학습자를 위한 EBS 성인문해교육방송을 제작 · 방영하고 있다. 아울러 문해 학습자의 기초 생활역량 향상을 지원하기 위해 생활문해교육 교과서를 개발하는 등 다양한 사업을 추진하고 있다.

3) 직업능력향상교육

(1) 직업능력개발훈련

우리나라 직업능력개발제도는 1967년 「직업훈련법」의 제정을 시작으로 1974년에 일정 규모 이상의 사업주에게 매년 일정 비율의 인원을 의무적으로 양성하도록 하는 사업내 직업훈련의무제를 규정한 「직업훈련에 관한 특별조치법」을 그 출발로 본다(고용노동부, 2020). 1976년에는 이 두 법령을 통합하여 사업주가 직접 훈련을 실시하거나 직업훈련분담금을 납부하도록 하는 「직업훈련기본법」을 제정함으로써 직업능력개발제도의 기본 틀을 갖추었다. 이 법은 1997년에는 「근로자직업훈련촉진법」, 2004년에는 「근로자직업능력개발법」으로 개정되면서 현재에 이르고 있다(고용노동부, 2020a).

이러한 제도적 기반에서 직업능력개발제도의 목표는 1970년대에는 산업현장에서 필요로 하는 인력 양성, 즉 '공공 훈련기관을 통한 기능공 양성'으로부터 시작하여 1990년대에는 '근로자의 생애단 계별 직업능력 향상'으로 발전하였다. 제도의 변천에 따라 명칭도 직업훈련, 근로자직업능력개발, 평생직업능력개발로 변화하였다(교육부, 국가평생교육진흥원, 2020).

초기에 이루어진 정부 주도의 공급자중심 직업훈련은 2008년 이후 직업능력개발계좌제 도입을 통해 수요자 중심의 시장 친화적인 직업능력개발체제로 변화하였다(고용노동부, 2013). 2010년부터는 미래사회에 대비한 인력 양성 기반을 확충하는 데 중점을 두고 있으며, 2013년 이후로는 2002년부터 시작한 국가직무능력표준(National Competency Standards: NCS)과 NCS 학습모듈의 개발 및 활용 확대, 일학습병행의 도입을 통한 청년 고용률 제고를 위한 노력을 기울이고 있다.

표 4-14 직업능력개발훈련 참여기관 현황

(단위: 개소)

연도	계	공공훈련기관					민간훈련기관			
		소계	한국 폴리텍 대학	한국 기술 교육 대학교	한국 장애인 공단	관계 부처 등[1]	소계	지정 직업훈련 시설 (훈련법인 포함)	사업주 단체 등 시설	기타
2014	8,304	82	34	1	5	42	8,222	852	2,830	4,540
2015	7,812	82	34	1	5	42	7,730	813	3,277	3,640
2016	6,885	85	37	1	5	42	6,800	789	3,123	2,888
2017	7,673	85	37	1	5	42	7,588	761	3,438	3,389
2018	7,313	85	37	1	5	42	7,228	748	3,450	3,030
2019	6,718	85	37	1	5	42	6,633	730	2,924	2,979

주1) 2018년 12월 기준 관계 부처 현황: 법무부(35), 환경부(1), 서울특별시(4), 경기도(1), 부산광역시(1).
출처: 교육부, 국가평생교육진흥원(2021). 2020 평생교육백서.

직업능력개발 훈련기관은 공공훈련기관과 민간훈련기관으로 구분된다. 2019년 기준 공공훈련기관은 한국폴리텍대학(37개소), 한국기술교육대학교(1개소), 한국장애인공단(5개소), 관계 부처 등(42개소)으로 2016년 이후 동일한 85개소이다. 민간훈련기관은 사업주단체, 평생교육시설, 고용노동부 지정시설, 고용노동부 훈련법인 등 6,633개소로 2018년의 7,228개소, 2017년의 7,588개소보다 감소하였다(고용노동부, 2020).

(2) 산업맞춤 단기직무능력인증과정 매치업(Match業)

인공지능, 빅데이터, 사물인터넷 등 4차 산업혁명 기술의 확산으로 기술혁신 속도는 가속화되고, 지식의 생명주기는 더욱 짧아지면서 급격한 사회 변화가 이루어졌다. 이러한 사회 변화에 따라 산업현장 중심의 기술 및 지식의 수요가 증가하고 있으며, 해외 주요 국가에서는 현장의 수요에 부응하여 단기에 직무 지식 및 능력을 함양하기 위한 온라인 중심의 교육이 확대되고 있다. 이처럼 학습자들이 자율적으로 자신의 직무 역량을 개발하고, 학습의 결과를 경력에 활용할 수 있도록 하는 교육방식을 국내에서도 적극적으로 도입해야 한다는 견해가 제기되어 왔다.

이에 교육부는 변화하는 교육환경에 대응하고 산업과 교육의 부조화를 해소할 수 있는 교육방식 도입을 검토하였으며, 4차 산업혁명 분야의 새로운 신기술을 단기간에 습득할 수 있는 새로운 교육 정책을 수립하였다. 2017년에 새롭게 추진된 한국형 나노디그리(Nanodegree) 사업인 매치업(Match業)이 바로 그것이다.

비전	4차 산업혁명 시대에 대비하는 인재 양성		
목표	교육과정 다양화 및 학습자 확대		
주요과제	① 매치업 운영 분야 확대 및 교육과정 다양화	② 매치업 교육과정 활성화 및 내실화	③ 매치업 활용도 및 인지도 제고
	• 대표기업 및 교육기관 참여 확대 • 교육과정 개발 및 인증평가 운영	• 교육과정 운영 활성화 및 학습자 확대 • 교육과정 지속적 환류 체계 구축	• 매치업 활용을 위한 산업체 협업체계 구축 • 매치업 정보 공유 확대를 통한 인식 제고

그림 4-6 매치업 사업 개요

출처: 교육부(2020). 2020년 매치업(Match業) 운영 기본계획.
교육부, 국가평생교육진흥원(2021). 2020 평생교육백서.

매치업은 신산업 분야의 기업수요를 반영한 온라인 교육과정을 개발 · 운영하는 사업으로서, 학습자는 이를 해당 분야의 직무능력향상의 기회로 활용할 수 있고, 매치업 이수증과 직무능력 인증서를 기업의 교육훈련 시간으로 인정받을 수 있으며 취업 등에도 활용할 수 있게 되었다.

매치업은 2017년 7월, 국정과제인 '고등교육의 질 제고 및 평생 · 직업교육 혁신'의 일환으로 산업맞춤형 단기 직무능력 인증과정으로 추진되었고 4차 산업 분야를 우선으로 한 분야별 '한국형 나노디그리(Nanodegree)' 모델의 개발 · 운영을 통해 국가의 직업교육 책임 강화 및 성인평생학습 활성화의 실현을 목표로 하였다. 이러한 목표를 실현하기 위해 국가평생교육진흥원을 주관기관으로 선정한 후 사업 명칭을 공모하여 정식 명칭으로 '산업맞춤 단기직무능력인증과정 매치업(Match業)'을 확정하였다.

2018년 인공지능, 빅데이터, 스마트물류 3개 분야를 시작으로, 2019년 스마트팜, 신에너지자동차, 블록체인 3개 분야가 추가되어 2020년 총24개의 교육과정이 개발 · 운영되고 있으며, 2020년 추가로 스마트시티, 지능형자동차가 선정되어 교육과정 개발 중이다. 2021년 이후에는 총8개 분야 32개 교육과정으로 운영될 예정이다. 매치업은 우수 기관의 참여와 운영 분야의 확대로 누적 학습자가 지속적으로 상승하고 있으며, 활용 기업 수 역시 증가 추세를 보이고 있다.

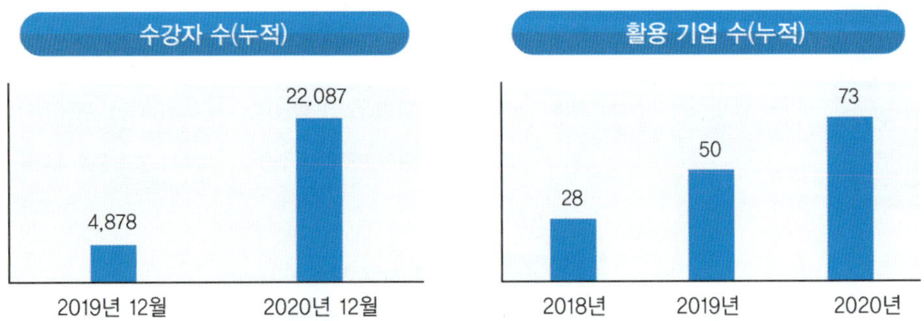

그림 4-7 **매치업 수강자 및 활용 기업 수(누적)**

출처: 국가평생교육진흥원(2020). 2020년 매치업(Match業) 사업 내부 자료.
교육부, 국가평생교육진흥원(2021). 2020 평생교육백서.

4) 인문교양교육 · 문화예술교육

인문교양교육과 문화예술교육은 「평생교육법」 제2조 평생교육의 정의에서 규정하는 평생교육의 영역이다. 이 두 영역은 평생교육이 지향하는 기본 이념 중 하나인 인간다운 삶을 영위할 수 있게 하고, 삶의 질을 향상시키는 데 반드시 필요한 학습 영역이라는 점에서 특히 의미를 가진다(김진화 외, 2009). 평생교육 차원에서는 평생학습계좌제, 늘배움 포털 운영 등에서 볼 수 있듯이 평생교육 제도와 사업 운영 현황 및 성과 분석에서 인문교양교육과 문화예술교육을 주요 영역으로 포함하고 있다. 제4차 평생교육진흥기본계획에서도 지역 시민이 갖추어야 할 역량 중 하나로 인문역량의 중요성을 인식하고 인문특화 평생학습도시 육성, 수요자 맞춤형 인문강좌를 주요 과제로 제시하였다(교육부, 2018).

전 국민을 대상으로 한 인문교양교육 및 문화예술교육 지원은 특히 인문학 및 문화예술 관련 정책에서 중요한 정책으로 다루어지고 있다. 인문교양교육의 경우, 2000년대 이후부터 평생교육 차원에서 인문 아카데미, 소외계층을 위한 인문학 교육, 기업지원 또는 지자체 지원 인문강좌 등의 형태로 등장하기 시작했으며, 2010년 이후 정부주도의 인문학 대중화사업 등을 통하여 본격적으로 확산되었다(양은아 외, 2018). 2016년 제정된 「인문학 및 인문정신문화의 진흥에 관한 법률」과 이에 근거한 「인문학 및 인문정신문화 진흥기본계획」에 따라 정부는 다양한 인문교양교육 사업을 수행하고 있다.

문화예술교육은 「문화기본법」, 「문화예술교육지원법」에서 명시하는 모든 국민의 문화적 접근 기회를 보장하고자 수립된 문화예술교육 정책을 바탕으로 특정 계층, 특정 영역을 넘어선 전 생애 평생학습 관점에서 정책이 수립되고 있다. 특히 2010년 「문화예술교육발전방안」을 통하여 '국민의 평생 문화예술교육 환경 구축'이 제안됨에 따라 과거 학교 및 취약계층 등에 한정되었던 문화예술교육정책이 전 국민을 대상으로 한 교육으로 전환되었다. 이후 「문화예술교육 5개년 종합계획」 등을 통하여 평생학습 맥락에서 시민의 문화적 권리를 강조하고 있다(양은아, 2019).

표 4-15 2020년 인문교양교육 · 문화예술교육 프로그램 학습자 수 (단위: 명, %)

구분	전체 비형식교육 참여 학습자 수(A)	인문교양		문화예술	
		프로그램 참여자 수(B)	전체 비형식교육 참여자 수 대비 비율(B/A)	프로그램 참여자 수(C)	전체 비형식교육 참여자 수 대비 비율(C/A)
전체	24,397,282	5,059,198	20.7	2,870,709	11.8
초중등 부설	824	293	35.6	276	33.5
대학(원) 부설	817,357	77,965	9.5	270,292	33.1
원격형태	20,117,127	4,203,068	20.9	527,920	2.6
사업장 부설	1,203,977	95,604	7.9	1,076,373	89.4
시민사회단체 부설	200,491	61,435	30.6	91,146	45.5
언론기관 부설	295,938	46,941	15.9	157,346	53.2
지식 · 인력개발형태	595,274	151,070	25.4	153,751	25.8
시도평생교육진흥원	46,792	23,325	49.8	14,006	29.9
평생학습관	1,119,502	399,497	35.7	579,599	51.8

출처: 교육부, 한국교육개발원(2020). 평생교육통계자료집.
교육부, 국가평생교육진흥원(2021). 2020 평생교육백서.

학습자 수를 살펴보면, 인문교양 프로그램에 참여한 학습자가 5,059,198명, 문화예술 프로그램에 참여한 학습자가 2,870,709명으로 프로그램 전체 참여 학습자 수 24,397,282명 중 20.7%가 인문교양 프로그램에 참여한 학습자이며, 11.8%가 문화예술 프로그램에 참여한 학습자인 것으로 나타났다. 기관 유형별 학습자 수를 보았을 때, 인문교양교육 학습자의 경우 원격 형태 평생교육시설을 통하여 프로그램을 수강한 학습자가 4,203,068명으로 가장 많은 수를 차지하였다. 문화예술교육의 경우, 사업장 부설 평생교육시설의 학습자가 1,076,373명으로 가장 많은 수를 차지하였다.

5) 시민참여교육

시민참여교육은 시민성 함양 방식에 따라 〈표 4-16〉과 같이 크게 세 가지로 분류할 수 있다. 첫째, 정당, 선거관리위원회, 지자체, 시민단체 그리고 평생교육기관 등이 지역 주민들을 대상으로 시민성 함양 프로그램을 직접 운영하는 경우이다. 이 프로그램에서는 민주주의, 선거, 대화와 타협, 소수자의 인권, 환경, 평화 등의 주제를 주로 다룬다. 둘째, 지역 주민의 사회참여 활동이 일차적 목표이나, 이와 더불어 시민성을 자연스럽게 학습하는 경우이다. 지역 주민들은 학습동아리나 시민사회단체 혹은 봉사활동 등에 참여하면서, 주민자치나 마을 만들기, 협동조합운동이나 지역개발 반대운동 등에 참여하면서, 혹은 그 밖의 다양한 집회나 시위 등에 참여하면서 시민성을 무형식적으로 함양한다. 셋째, 학습자들이 어떤 교육 프로그램을 이수하면서 그 연장선상에서 시민성을 학습하는 경우도 있다. 문해교육, 인문교양교육, 문화예술교육, 직업능력개발, 종교교육 등의 성과로서 시민성 함양이 이루어진다. 이를 표로 나타내면 다음과 같다.

표 4-16 시민참여교육의 유형

구분	시민성 함양 방식	사례
범주 1	시민성 함양을 일차적 목표로 삼는 교육 프로그램	헌법교육, 인권교육, 환경교육 등
범주 2	사회참여 활동의 결과로서 시민성을 함양하기	동아리, 시민사회단체, 집회 및 시위, 마을공동체 만들기 등에 참여
범주 3	다른 교육활동의 연장선상에서 시민성을 함양하기	문해교육, 종교교육, 인문학강좌 등

시민성 함양을 위한 체계적인 시민참여교육은 다양한 기관 및 단체에서 진행되었다. 전체적인 현황은 알 수 없지만, 한국교육개발원이 「평생교육법」에 따라 등록한 7개 평생교육시설을 조사한 결과는 〈표 4-17〉과 같다.

표 4-17 평생교육시설별 전체 프로그램 대비 '시민참여교육' 프로그램 증감 현황

구분	연도	계	대학 부설	원격형태	사업장 부설	시민사회 단체 부설	언론기관 부설	지식인력 개발형태	평생 학습관
프로그램 수(개)	2016	122 (161,731)	23 (28,884)	4 (60,917)	2 (35,069)	18 (3,535)	6 (3,931)	10 (8,749)	59 (20,646)
	2018	246 (163,413)	36 (25,971)	– (64,223)	2 (34,360)	41 (3,251)	7 (4,260)	12 (7,975)	148 (23,373)
	2020	237 (226,022)	31 (27,622)	3 (106,037)	5 (33,877)	56 (3,990)	5 (6,814)	23 (10,712)	114 (36,970)
학습자 수(명)	2016	13,735 (11,335,227)	1,361 (902,600)	197 (7,304,497)	1,335 (1,206,895)	1,694 (156,000)	398 (151,101)	378 (664,509)	8,372 (949,625)
	2018	24,975 (16,329,145)	3,404 (839,631)	– (12,492,784)	990 (1,127,759)	6,837 (103,611)	215 (178,454)	883 (629,184)	12,646 (957,722)
	2020	45,923 (24,440,252)	1,958 (817,357)	20,048 (20,117,127)	1,948 (1,203,977)	3,267 (200,491)	180 (295,938)	3,906 (595,274)	14,616 (1,210,088)

주) ( )는 전체 프로그램 수, 학습자 수.
출처: 한국교육개발원(2020). 교육통계서비스(매년 5월 1일 기준).
교육부, 국가평생교육진흥원(2021). 2020 평생교육백서.

2020년 5월 1일 현재 전국적으로 237개 시민참여교육 프로그램에 459,235명이 참가하였다. 2016년 조사 결과(122개 프로그램, 13,735명 참석)에 비하면 프로그램 수는 2배 정도, 학습자 수는 3배 이상으로 크게 증가하였다. 구체적으로는 시민사회단체 부설 평생교육시설과 공공의 평생학습관 프로그램이 크게 늘었다. 2020년에는 코로나 19의 영향으로 원격형태의 평생교육 프로그램과 학습자 수가 전반적으로 크게 늘었고 시민참여교육 학습자 수도 2만여 명이나 되었다. 하지만 시민참여교육은 전체 226,022개의 평생교육 프로그램의 0.10%, 전체 24,440,252명 학습자의 0.19%로서 아직도 매우 적은 편이다.

Chapter

05 평생교육제도

배울내용

1. 평생교육제도
2. 평생교육사

학습목표

1. 헌법에서 규정하고 있는 평생교육에 대해 이해한다.
2. 교육기본법에서 규정하고 있는 평생교육에 대해 이해한다.
3. 평생교육법의 변천과정을 이해한다.
4. 평생교육법, 평생교육법의 시행령 및 평생교육법 시행규칙의 구성 및 내용을 숙지한다.
5. 평생교육사의 자격 등급 및 자격 요건을 파악한다.
6. 평생교육사의 현황을 파악한다.
7. 평생교육사의 전문성에 관한 이론을 이해한다.
8. 평생교육사의 직무와 역할 및 역량을 통해 앞으로 갖추어야 할 지식과 태도를 모색해 본다.

1. 평생교육제도

1) 헌법

「헌법」은 국가의 근본적인 조직과 작용을 규정하는 기본법으로서 국민이 되는 요건과 기본적인 권리, 국가의 통치조직 및 작용 등 국가의 기본적인 것들을 규정하고 있는 위계상 우리나라의 최상위 법으로, 법의 법이라고 불리고 있다. 이러한 「헌법」에는 교육과 관련하여서도 국가가 교육에 대해 담당해야 할 의무와 국민이 교육에 대해 누려야 할 권리에 대해 명백히 하고 있는데, 평생교육과 관련하여 「헌법」에 명시된 것은 「헌법」이 1948년 7월 17일에 제정된 이후 8차에 걸쳐 개정된 1980년 10월 27일에 이르러서야 이루어진 것이다.

제5공화국의 기초가 되었던 이 당시의 「헌법」에는 그동안 국민의 기본권의 하나였던 교육권에 더하여 평생교육권리가 추가된 것으로 당시의 「헌법」 제29조 제5항에 "국가는 평생교육을 진흥하여야 한다"라고 명시하고, 이어서 제6항에서는 "학교교육 및 평생교육을 포함한 교육제도와 그 운영, 교육재정 및 교원의 지위에 관한 기본적인 사항은 법률로 정한다"라고 명시하여 학교교육 및 평생교육을 포함한 교육제도 법률주의를 규정하고 있다.

제6공화국에 이르러 1981년 10월 29일에 개정된 「헌법」에서는 평생교육 관련 조항이 제31조로 이동되어 평생교육에 대한 국가의 의무와 국민의 권리가 그대로 계승되었다. 현행 「헌법」 제31조에서는 국민의 권리이자 국가의 의무로서 교육에 관해 직접적으로 명시하고 있는데, 내용으로는 교육에 대해 국민이 마땅히 받을 의무로서 그리고 부모와 국가가 일정한 수준의 교육에 대해 마땅히 교육할 책무로 규정하고 있다. 또한 평생교육진흥을 국가의 의무로 규정하여 국민의 학습권을 평생 동안 보장해야 함을 명시함으로써 평생교육에 대한 국가의 책임규정을 두고 있다. 따라서 국가는 「헌법」 정신에 맞는 평생교육 관련 법적 제도를 체계적으로 마련하고 종합적인 지원체제를 조직하여 국민 평생교육을 진흥시켜야 할 당면과제를 지니고 있는 것이다.

표 5-1 「헌법」 제31조

① 모든 국민은 능력에 따라 균등하게 교육을 받을 권리를 가진다.
② 모든 국민은 그 보호하는 자녀에게 적어도 초등교육과 법률이 정하는 교육을 받게 할 의무를 진다.
③ 의무교육은 무상으로 한다.
④ 교육의 자주성 · 전문성 · 정치적 중립성 및 대학의 자율성은 법률이 정하는 바에 의하여 보장된다.
⑤ 국가는 평생교육을 진흥하여야 한다.
⑥ 학교교육 및 평생교육을 포함한 교육제도와 그 운영, 교육재정 및 교원의 지위에 관한 기본적인 사항은 법률로 정한다.

2) 교육기본법

「교육기본법」은 「헌법」에서 규정하고 있는 모든 국민의 교육받을 권리를 보장하고 이를 수행하기 위해서 학교교육 및 평생교육을 포함한 교육제도와 그 운영에 관한 기본적인 방향을 설정하고 국가를 포함한 모든 교육당사자의 권리와 의무를 규정하고 있는 교육에 관한 기본법이다. 「교육기본법」은 「헌법」에서 명시하고 있는 기본 정신과 이념을 바탕으로 법률주의의 원칙에 근거하여 국민교육의 기본사항과 국가가 실시하는 모든 교육에 관한 법령의 근본을 밝히는 법률로서 우리나라 교육의 기본적인 틀을 규정하고 있다.

현행 「교육기본법」은 1997년 12월 13일에 제정된 것으로 당시 문민정부의 대통령 직속기관으로 1994년 설치된 교육개혁위원회가 다가오는 21세기에 대비하기 위해 우리 교육체제의 새로운 틀을 마련하고자 하는 개혁작업의 일환으로 1995년 5월 31일 교육개혁방안에서 「교육기본법」의 제정과 관련된 초안이 이루어진 것이다. 이어 1996년 2월에 이르러 교육개혁위원회는 기존의 「교육법」을 「교육기본법」, 「초 · 중등교육법」, 「고등교육법」으로 분리하여 제정하고, 「사회교육법」의 체제를 대폭 개편하는 내용을 골자로 하는 신교육체제 수립을 위한 교육 관계법령 체제 개편안을 제시하였다.

당시 「교육법」은 1949년 12월 31일 제정 · 공포된 이후 38회에 걸친 개정으로 체계와 내용의 일관성이 부족하고 현재의 교육여건에 부응하지 못하는 등의 문제점이 있으며, 그동안 지속적으로 추진해 온 교육개혁을 법제적으로 뒷받침하는 차원에서 「교육법」을 「교육기본법」, 「초 · 중등교육법」, 「고등교육법」 등 3개 법률로 구분하여 새롭게 제정하는 일환으로 제안된 것으로서, 「교육기본법」은 자유민주주의 교육체제를 지향하는 「헌법」 정신을 구현하여 학교교육과 사회교육을 포괄하는 교육에 관한 기본적인 사항을 규정하여 모든 교육 관계법의 기본법으로 제정하고자 하는 것이었다.

이러한 노력의 결과로 1997년 12월에 「교육기본법」, 「초 · 중등교육법」 그리고 「고등교육법」이 제정 · 공포되었으며, 「평생교육법」은 2년이 지난 1999년 8월에 「사회교육법」을 전면 개정하여 제정 · 공포하였다.

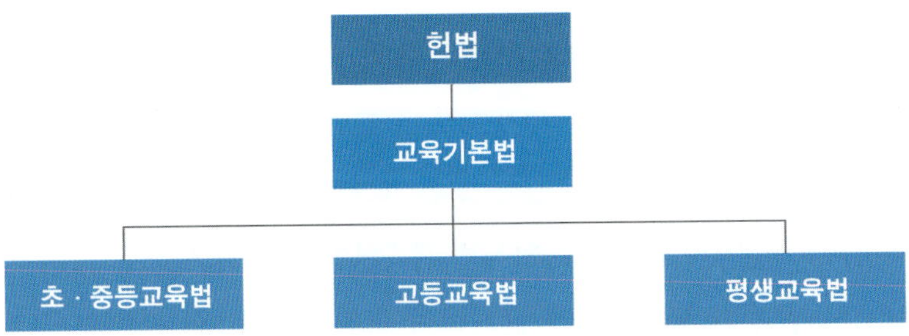

그림 5-1 교육에 관한 법규의 구조

현행 교육에 관한 법규의 구조는 〈그림 5-1〉과 같이, 「교육기본법」을 상위법으로 하고 그 아래 「초 · 중등교육법」, 「고등교육법」, 「평생교육법」을 두는 3법 체제를 이루고 있다. 이러한 구조는 법적으로는 학교교육과 평생교육을 대등한 위치에 둔다는 것을 의미한다. 특히 「교육법」에서 「교육기본법」으로의 변경 주요 내용은 〈표 5-2〉와 같다.

표 5-2 「교육기본법」의 변경 주요 내용

- 모든 국민은 평생에 걸쳐 학습하고 능력과 적성에 따라 교육을 받을 권리가 있음을 정한다(법 제3조).
- 학교운영의 자율성은 존중되며, 교직원 · 학생 · 학부모 및 지역주민 등은 법령이 정하는 바에 의하여 학교운영에 참여할 수 있도록 한다(법 제5조 제2항).
- 평생교육을 위한 모든 형태의 사회교육은 장려되며, 사회교육의 이수는 법령이 정하는 바에 의하여 그에 상응하는 학교교육의 이수로 인정될 수 있도록 한다(법 제10조).
- 부모 등 보호자는 자녀 또는 아동을 교육할 권리와 책임이 있으며, 자녀 또는 아동의 교육에 관하여 학교에 의견을 제시할 수 있도록 한다(법 제13조).
- 학교 및 사회교육시설을 설립 · 경영하는 자는 교육을 위한 시설 및 교원 등을 확보하도록 하며, 학교의 장은 법령이 정하는 바에 의하여 학습자를 선정 · 교육할 수 있도록 한다(법 제16조).
- 국가는 국민의 학습성과 등이 공정하게 평가되어 통용될 수 있도록 학력평가 및 능력인증제도를 수립 · 실시하도록 한다(법 제26조 제1항).

「교육기본법」에서의 평생교육에 관한 규정은 학습권, 학교의 평생교육의무, 사회교육 실시, 사회교육시설의 설립 및 경영 등을 다루고 있어 평생교육의 중요성이 어느 때보다 강조된 것임을 알 수 있다. 다시 말해 현행 「교육기본법」은 기존의 「교육법」이 학교교육 위주로 규정되어 있었던 것에 비해, 사회교육에 관한 규정을 보완하여 그동안의 사회교육이 학교교육의 하위 개념에서 벗어나 평생교육의 정신 아래 학교교육과 사회교육이 상호보완적 관계를 가지게 함으로써 교육에 관한 실체적인 기본법이 되도록 하였다.

3) 평생교육법

우리나라는 1999년 8월 「사회교육법」을 기초로 「평생교육법」을 제정해 통과시켰고, 2000년 3월 1일부터 시행되어 세계에서 세 번째로 「평생교육법」을 제정하였다. 이는 평생교육 인프라와 기본제도를 제공했으며, 평생교육정책을 체계화하여 확립하였다는 데 의의가 있다. 2007년 한국 정부는 사회의 급격한 변화와 평생교육 발전을 위해 개혁의 필요성을 느껴 「평생교육법」을 전면 개정하였으며, 2008년 2월 15일 시행하였다. 이후 10년 동안 「평생교육법」을 여러 차례 개정해 2019년까지 총9차례 개정했으며, 2019년에는 전면적인 개정이 시행되었다. 따라서 우리나라의 평생교육정책 체계는 〈표 5-3〉과 측면에서 더욱 정교해지고 있다고 할 수 있다.

표 5-3 평생교육정책 체계

- 평생교육의 영역과 범위를 명확히 하였다. 학교 정규 교육과정 이외의 학력보완교육, 성인문해교육, 직업능력향상교육, 인문학적소양교육, 문화미술교육, 시민참여교육 등 다양한 형태의 조직화된 교육 활동이 평생교육 범위에 포함되었다.
- 둘째, 성인문해교육을 법률에 통합하여 국가평생교육진흥원 산하에 국가 문해교육원과 전문기관을 설치하였다. 이는 문해교육을 강화하고 국가와 지방자치단체 간의 추진체계를 통합 구축하는 것을 목표로 한다.
- 장애학생을 위한 학습보장제도가 새로 도입되었다. 2016년 「평생교육법」 개정안에 장애인의 평생학습에 관한 내용을 추가하고, 「특수교육법」상 장애인 평생교육시설과 커리큘럼에 관한 내용을 「평생교육법」에 추가해 장애인 평생교육시설 평생교육사를 배치하도록 하였다.
- 평생교육의 건전한 추진체계를 구축하였다. 국가평생교육진흥원을 증설하고, 평생교육진흥위원회를 구성하였다. 한국의 평생교육의 수직적 추진체제는 행정구역별로 '중앙 · 시', '도 · 시', '도 · 군', '구 · 읍 · 면 · 동' 4개 계층으로 중앙에서 지방으로의 평생교육 활성화에 대한 구체적인 의무를 강화하고 각급 정부의 책임과 권한을 명확히 하고 있다. 수평적 추진체제는 각급 행정단위, 심의협의기구, 전담추진 기구를 거치는 3단계의 추진틀을 갖추고 있다. 이는 평생교육 계획을 효과적으로 개발, 심의, 실천할 수 있게 한다. 수직과 수평적 체계를 통해 정부는 상향식 평생교육 추진체계와 협의 채널을 건전하게 구축할 수 있었다.

우리나라의 평생교육은 1982년에 국가의 의무로서 규정하는 「헌법」과 「교육기본법」에 의해 「평생교육법」의 전신인 「사회교육법」이 제정되었다. 1999년에는 「사회교육법」이 「평생교육법」으로 개정되면서 국가차원에서 평생교육진흥이 이루어졌다. 「헌법」 제31조에 따르면, 1항은 모든 국민은 능력에 따라 균등하게 교육을 받을 권리를 가지며, 5항은 국가는 평생교육을 진흥하여야 하며, 6항은 학교교육 및 평생교육을 포함한 교육제도와 그 운영, 교육재정 및 교원의 지위에 관한 기본적인 사항은 법률로 정한다는 것으로 평생교육을 촉진하고 있다. 2007년 개정된 「교육기본법」에서는 제3조(학습권)에서 모든 국민은 평생에 걸쳐 학습하고 능력과 적성에 따라 교육을 받을 권리를 가지는 것임을 알 수 있다. 제4조 1항은 모든 국민은 성별, 종교, 신념, 인종, 사회적 신분, 경제적 지위 또는 신체적 조건 등을 이유로 교육에서 차별을 받지 아니하는 것으로 명시되어 있어 모든 국민이 자신이 가지고 있는 조건으로 인해 교육에서 차별을 받지 않고 교육의 기회를 가질 수 있도록 하였다. 2021년 일부 개정된 「교육기본법」 제10조(평생교육), 제11조(학교 등의 설립), 제12조(학습자), 제16조(학교 등의 설립자 · 경영자), 제17조(국가 및 지방자치단체), 제21조(직업교육), 제29조 제2항 등에 명시되어 있어 이러한 법적 기반으로 모든 국민의 교육권이 보장되어 있음을 알 수 있다.

「평생교육법」에서 평생교육 제2조(정의)는 학교의 정규 교육과정을 제외한 학력보완교육, 성인문자해득교육, 직업능력향상교육, 인문교양교육, 문화예술교육, 시민참여교육 등을 포함하는 모든 형태의 조직적인 교육활동을 말하는 것으로 규정하고 있다. 또한 국가차원의 평생교육 활성화를 위해 「평생교육법」이 2021년 일부 신설 및 개정되었다.

2021년 신설 및 개정된 「평생교육법」은 '모든 국민이 소외되지 않고 평생교육을 지원받을 수 있도록 법령상 근거'를 마련하였다. 구체적으로 2021년 일부 개정된 「평생교육법」은 제1조(목적), 제2조(정의) 4항 · 5항, 제5조(국가 및 지방자치단체의 의무) 1항 · 5항, 제9조(평생교육진흥기본계획의 수립) 3항, 제9조의 2(평생교육사업에 대한 조사 · 분석 등), 제15조(평생학습도시), 제15조의 2(장애인 평생학습도시), 제16조(경비보조 및 지원), 제16조의 2(평생교육이용권의 발급 등), 제16조의 3(평생교육이용권의 사용 등), 제18조(평생교육 통계조사 등), 제18조의 2(평생교육 종합정보시스템의 구축 · 운영 등) 등이다〈표 5-4〉.

표 5-4 2021년 신설 및 개정된 「평생교육법」 조항

조항	내용
제1조(목적)	이 법은 「헌법」과 「교육기본법」에 규정된 평생교육의 진흥에 대한 국가 및 지방자치단체의 책임과 평생교육제도와 그 운영에 관한 기본적인 사항을 정하고, 모든 국민이 평생에 걸쳐 학습하고 교육받을 수 있는 권리를 보장함으로써 모든 국민의 삶의 질 향상 및 행복추구에 이바지함을 목적으로 한다.〈개정 2021. 6. 8.〉
제2조(정의)	4. "평생교육사업"이란 국가 및 지방자치단체가 국민과 주민의 평생교육을 위하여 예산 또는 기금으로 조직적인 교육활동을 직·간접적으로 지원하는 사업을 말한다. 5. "평생교육이용권"이란 평생교육 프로그램을 이용할 수 있도록 금액이 기재(전자적 또는 자기적 방법에 따른 기록을 포함한다)된 증표를 말한다.〈개정 2014. 1. 28., 2021. 6. 8.〉
제5조(국가 및 지방자치단체의 임무)	① 국가 및 지방자치단체는 모든 국민에게 평생교육 기회가 부여될 수 있도록 평생교육진흥정책과 평생교육사업을 수립·추진하여야 한다.〈개정 2021. 6. 8.〉 ⑤ 국가 및 지방자치단체는 모든 국민이 여건과 수요에 적합한 평생교육을 선택하고 참여할 수 있도록 관련 정보를 제공하고 상담 등 지원 활동을 하여야 한다.〈신설 2021. 6. 8.〉
제9조(평생교육진흥기본계획의 수립)	③ 교육부장관은 기본계획을 관계 중앙행정기관의 장, 특별시장·광역시장·특별자치시장·도지사·특별자치도지사(이하 "시·도지사"라 한다), 시·도교육감 및 시장·군수·자치구의 구청장에게 통보하여야 한다.〈개정 2008. 2. 29., 2013. 3. 23., 2021. 6. 8.〉
제9조의2(평생교육사업에 대한 조사·분석 등)	① 교육부장관은 매년 국가 및 지방자치단체에서 추진하는 평생교육사업에 대한 조사·분석(이하 "분석 등"이라 한다)을 하여야 한다. ② 교육부장관은 평생교육사업의 분석 등을 하기 위하여 관계 중앙행정기관, 지방자치단체, 관련 교육·훈련기관 및 평생교육사업에 참여하는 법인이나 단체에 필요한 자료의 제출을 요구할 수 있다. 이 경우 자료 제출을 요구받은 기관·법인 또는 단체는 특별한 사유가 없으면 이에 따라야 한다. ③ 교육부장관은 제1항에 따른 분석 등의 결과를 관계 중앙행정기관의 장과 지방자치단체의 장에게 통보하고, 제10조의 평생교육진흥위원회에 제출하여야 한다.[본조신설 2021. 6. 8.]
제15조(평생학습도시)	① 국가는 지역사회의 평생교육 활성화를 위하여 특별자치시, 시(「제주특별자치도 설치 및 국제자유도시 조성을 위한 특별법」 제10조 제2항에 따른 행정시를 포함한다. 이하 이 조 및 제15조의 2에서 같다)·군 및 자치구를 대상으로 평생학습도시를 지정 및 지원할 수 있다.〈개정 2021. 6. 8.〉
제15조의2(장애인 평생학습도시)	① 국가는 장애인의 평생교육 활성화를 위하여 특별자치시, 시·군 및 자치구를 대상으로 장애인 평생학습도시를 지정 및 지원할 수 있다.

조항	내용
	② 제1항에 따른 장애인 평생학습도시 간의 연계 · 협력 및 정보교류의 증진을 위하여 전국장애인평생학습도시협의회를 둘 수 있다. ③ 제2항에 따른 전국장애인평생학습도시협의회의 구성 · 운영에 필요한 사항은 대통령령으로 정한다. ④ 제1항에 따른 장애인 평생학습도시의 지정 및 지원에 필요한 사항은 교육부장관이 정한다. ⑤ 국가는 장애인 평생학습도시의 활성화를 위하여 관계 중앙행정기관 및 유관기관 등이 참여하는 협의체를 구성 · 운영할 수 있으며, 협의체의 구성 및 운영에 필요한 사항은 대통령령으로 정한다.[본조신설 2021. 6. 8.]
제16조(경비보조 및 지원)	① 국가 및 지방자치단체는 이 법과 다른 법령으로 정하는 바에 따라 다음 각 호의 어느 하나에 해당하는 평생교육진흥사업을 실시 또는 지원할 수 있다.〈개정 2021. 6. 8.〉 4. 제16조의 2에 따른 평생교육이용권의 발급 등 국민의 평생교육의 참여에 따른 비용의 지원 5. 그 밖에 국민의 평생교육 참여를 촉진하기 위하여 수행하는 사업 등
제16조의 2(평생교육이용권의 발급 등)	① 국가 및 지방자치단체는 모든 국민에게 평생교육의 기회를 제공할 수 있도록 신청을 받아 평생교육이용권을 발급할 수 있다. ② 교육부장관은 평생교육 소외계층에게 우선적으로 평생교육이용권을 발급할 수 있도록 대통령령으로 신청자의 요건을 정할 수 있다. ③ 국가 및 지방자치단체는 평생교육이용권의 수급자 선정 및 수급자격 유지에 관한 사항을 확인하기 위하여 가족관계 증명 · 국세 및 지방세 등에 관한 자료 등 대통령령으로 정하는 자료의 제공을 당사자의 동의를 받아 관계 중앙행정기관의 장 또는 지방자치단체의 장에게 요청할 수 있다. 이 경우 요청을 받은 자는 특별한 사유가 없으면 이에 따라야 한다. ④ 국가 및 지방자치단체는 제3항에 따른 자료의 확인을 위하여 「사회보장기본법」 제37조에 따른 사회보장정보시스템을 연계하여 사용할 수 있다. ⑤ 지방자치단체는 평생교육이용권의 발급, 정보시스템의 구축 · 운영 등 평생교육이용권 업무의 효율적 수행을 위하여 대통령령으로 정하는 바에 따라 전담기관을 지정할 수 있다. ⑥ 그 밖에 평생교육이용권 발급에 필요한 사항은 대통령령으로 정한다.[본조신설 2021. 6. 8.]
제16조의 3(평생교육이용권의 사용 등)	① 평생교육이용권을 발급받은 사람(이하 이 조에서 "이용자"라 한다)은 평생교육 프로그램을 제공하는 자에게 평생교육이용권을 제시하고 평생교육을 제공받을 수 있다. ② 제1항에 따라 평생교육이용권을 제시받은 자는 정당한 사유 없이 평생교육 프로

조항	내용
	그램의 제공을 거부할 수 없다. ③ 누구든지 평생교육이용권을 판매 · 대여하거나 부정한 방법으로 사용하여서는 아니 된다. ④ 국가 및 지방자치단체는 이용자가 평생교육이용권을 판매 · 대여하거나 부정한 방법으로 사용한 경우에는 그 평생교육이용권을 회수하거나 평생교육이용권 기재금액에 상당하는 금액의 전부 또는 일부를 환수할 수 있다. ⑤ 그 밖에 평생교육이용권의 사용, 회수 및 환수 등에 필요한 사항은 대통령령으로 정한다.[본조신설 2021. 6. 8.]
제18조(평생교육 통계조사 등)	③ 교육부장관은 평생교육 통계조사의 정확성 제고 및 조사업무 경감을 위하여 관련 자료를 보유한 중앙행정기관의 장, 지방자치단체의 장 및 「공공기관의 운영에 관한 법률」에 따른 공공기관의 장 등 관계 기관의 장(이하 "관계 행정기관 등의 장"이라 한다)에게 자료 간 연계를 요청할 수 있다. 이 경우 자료 간 연계를 요청받은 관계 행정기관 등의 장은 특별한 사유가 없으면 이에 따라야 한다. 〈신설 2021. 6. 8.〉 ④ 교육부장관은 평생교육 통계조사에 의하여 수집된 자료를 이용하고자 하는 자에게 이를 제공할 수 있다. 이 경우 특정의 개인이나 법인 또는 단체를 식별할 수 없는 형태로 자료를 제공하여야 한다.〈신설 2021. 6. 8.〉 ⑤ 교육부장관은 평생교육 통계조사 등의 업무를 위하여 대통령령으로 정하는 바에 따라 국가평생교육통계센터를 지정하여 그 업무를 위탁할 수 있다. 이 경우 교육부장관은 위탁받은 업무 수행에 필요한 경비를 지원할 수 있다.〈신설 2021. 6. 8.〉
제18조의 2(평생교육 종합정보시스템의 구축 · 운영 등)	① 교육부장관은 평생교육 관련 정보를 체계적 · 효율적으로 관리하고 국민의 평생교육 참여 확대를 위하여 평생교육 종합정보시스템을 구축 · 운영할 수 있다. ② 교육부장관은 평생교육 종합정보시스템의 구축 · 운영을 위하여 필요한 경우에는 관계 행정기관 등의 장에게 필요한 자료의 제공을 요청할 수 있다. 이 경우 자료의 제공을 요청받은 관계 행정기관 등의 장은 특별한 사유가 없으면 이에 따라야 한다. ③ 제1항 및 제2항에 따른 정보의 범위와 내용, 평생교육종합정보시스템의 구축 · 운영에 필요한 사항은 대통령령으로 정한다.[본조신설 2021. 6. 8.]

출처: 국가법령정보센터(http://www.law.go.kr).

「평생교육법」의 최초 유형은 1982년 공포된 「사회교육진흥법(The Social Education Promotion Law)」으로, 제정 초기에는 평생교육 수행에 있어 정부의 중요한 책임을 지적한 바 있다. 1996년 정부는 「사회교육진흥법」을 개정하였으며 새로운 법령에는 성인교육, 사회교육, 직업교육, 사교육의 내용이 포함되었으며, 평생교육기관 설치, 전문 평생교육사 양성 등의 문제를 다루었다. 1999년 「사회교육진흥법」은 「평생교육법」으로 명칭을 변경하여 2000부터 정식 시행되었다. 이후 2007년 중요한 개정을 거쳐 평생교육 관련 내용을 주로 반영하였으며, 「평생교육법」의 개정은 〈표 5-5〉 같은 의미를 가지고 있다.

표 5-5 「평생교육법」 개정의 의미

- 평생교육의 범위를 재정의 하였다. 평생교육의 범주에 정규 학교과정이 포함되어야 한다는 점을 분명히 했으며, 학교교육 이외의 교육 형태는 성인교육, 직업교육, 사교육, 시민교육, 문화예술교육, 인문소양교육 등 조직적이고 체계적인 교육이 법의 적용 범위 안에서 이루어져야 한다는 것을 분명하게 하였다.
- 평생교육진흥을 위한 지원 내용을 추가하였다. 입법을 통해 평생교육의 지원체제를 구축하고 실무자에게 구체적인 업무를 수행하도록 함으로써 평생교육 관리제도와 재정지원제도를 마련해 관련 교육업무를 구체적으로 구현하였다.
- 평생교육 전문 종사자에 대한 규정을 보완하였다. 우선 평생교육사를 육성할 수 있는 기구를 확대하였다. 이전에 평생교육사는 고등교육기관에서만 육성할 수 있었으나 현재는 학점은행제를 통해서도 평생교육사를 육성할 수 있게 되었다. 또한 관련 규정을 세분화하여 평생교육사의 수업 설정, 배치 기준, 직부 인정 및 연수에 관한 사항을 명시하였다. 이는 평생교육사의 양성 경로와 인사제도에 관하여 전문성과 안전성을 보장한 것이라고 할 수 있다.

「평생교육법」의 원활한 시행과 관련 평생교육정책은 우리나라 평생교육 발전의 방향을 명확히 하였으며, 정책목표를 명확하게 정립하게 되었다. 이는 단순하게 경제발전이나 정치적 안정을 추구하는 단계를 넘어서 종합적인 특징을 보이며, 평생교육체계 구축을 통해 국민의 발전을 추구하여 국가 경쟁력을 높이는 것이 평생교육정책의 최종적인 목표라고 할 수 있다.

4) 평생교육법의 시행령과 시행규칙

현행 「평생교육법」은 8장 46조와 부칙으로, 「평생교육법 시행령」은 6장 78조와 부칙으로, 그리고 「평생교육법 시행규칙」은 25조와 부칙으로 구성되어 있다. 「평생교육법」

은 평생교육진흥기본계획, 평생교육전담 · 지원기구, 평생교육사, 평생교육기관 및 시설, 평생학습 지원제도를 규정하고 있다.

「평생교육법 시행령」은 평생교육진흥위원회의 구성 및 운영, 평생교육전담기구의 출연금 요구, 지급, 평생학습 지원제도의 운영방법, 학력인정 평생교육시설의 지정 또는 인가 절차, 평생교육시설의 설치 및 등록(변경) 절차, 변경신고, 평생교육사 자격요건, 등급, 배치기준, 그리고 문해교육 프로그램에 대한 지정 및 지원 관련 절차 등을 규정하고 있다. 「평생교육법 시행규칙」은 평생교육 실무행정과 관련한 구체적인 구성 및 절차 등에 관하여 규정하고 있다. 국가법령정보센터에서의 「평생교육법」, 「평생교육법 시행령」, 「평생교육법 시행규칙」으로 이루어진 3단 비교를 살펴보면 〈표 5-6〉과 같다.

표 5-6 평생교육법, 시행령, 시행규칙의 구성 및 주요 내용

구분	「평생교육법」	「평생교육법 시행령」	「평생교육법 시행규칙」
구성	8장 46조, 부칙	6장 78조, 부칙	25조, 부칙
	총칙 평생교육진흥기본계획 등 국가평생교육진흥원 등 평생교육사 평생교육기관 문해교육 평생교육결과의 관리 · 인정	총칙 평생교육진흥기본계획 등 국가평생교육진흥원 등 평생교육사 평생교육기관 문자해득교육	평생교육실무조정위원회 평생교육자격증 교부 평생교육시설 등록(변경) 문해교육이수자 학력인정
주요 내용	평생교육전담 · 지원기구 운영 • 국가평생교육진흥원 • 국가장애인평생교육진흥센터 • 시도평생교육진흥원 • 시군구 평생학습관 • 읍면동평생학습센터	• 출연금 요구, 지급, 관리 • 결산서 제출 등 • 전담기구 및 평생학습 지원제도의 운영방법 등	• 평생교육실무조정위원회
	학력 · 학위취득 기회확대 • 초중고 학력인정시설 • 전문대학 학력인정시설 • 사내대학 및 원격대학형태	• 시설의 지정 또는 인가 기준 및 절차 • 폐쇄인가 또는 신고절차	• 문해교육이수자 학력 인정 절차

구분	「평생교육법」	「평생교육법 시행령」	「평생교육법 시행규칙」
	다양한 평생교육기관 운영 • 학교(학교부설)의 평생교육 • 원격형태 평생교육시설 • 사업장부설 평생교육시설 • 시민단체부설 평생교육시설 • 언론기관부설 평생교육시설 • 지식·인력개발 평생교육시설	• 시설의 설치 신고·등록 • 시설의 변경신고	• 평생교육시설의 등록·변경 신고 절차
	다양한 평생학습지원제도 • 유급 또는 무급학습휴가제 • 전문인력정보은행제 • 평생학습계좌제 • 평생교육사 • 문해교육프로그램 지원 • 국가문해교육센터 및 시·도문해교육센터	• 평생교육사 자격요건, 등급, 배치 기준 등 • 학습계좌제 운영, 평가인정 • 문해교육 프로그램 설치 운영, 지정 및 지원 기준 • 국가문해교육센터 및 시·도문해교육 센터 수행 업무 명시	• 전문인력정보은행 운영 • 학습계좌제 운영 • 평생교육사자격증 교부 • 문해교육이수자의 학력인정 또는 학습과정인정절차

출처: 국가평생교육진흥원(2021). 2020 평생교육백서.

2. 평생교육사

1) 평생교육사의 자격

1982년 「사회교육법」이 제정되면서 사회교육전문요원이 양성된 이후 2020년까지 총 14만 4천여 명의 평생교육사가 양성되었다. 평생교육사 자격제도는 두 번의 「평생교육법」 개정을 통해 개편되었다. 먼저 1999년 「사회교육법」이 「평생교육법」으로 전부 개정되면서 자격의 명칭이 사회교육전문요원에서 평생교육사로 변경되었고, 기존 1·2등급 자격체계가 1·2·3등급 자격체계로 개편되었다.

2007년에 「평생교육법」이 다시 전부 개정되면서 양성과정이 개편되었다. 양성과정의 이수 학점이 2학점에서 3학점으로 증가하였고, 평생교육실습이 비학점에서 학점화되며, 실습시간 또한 120시간에서 160시간으로 늘었으며, 평생교육사 1급 자격은 승급과정을 통해서만 취득할 수 있도록 개편되었다. 2013년에는 「평생교육법」 일부가 개정되면서 개별 양성기관에서 발급되었던 평생교육사 자격증이 국가평생교육진흥원으로 일원화되어 교육부로부터 업무를 위탁받은 국가평생교육진흥원에서 현재까지 자격증을 교부 · 재교부하고 있다.

평생교육사 자격 등급은 1 · 2 · 3급으로 구분되며, 평생교육사 이수 과정을 통해 자격을 취득할 수 있다. 이수 과정은 「평생교육법 시행령」 제18조에 〈그림 5-2〉와 같이 승급과정과 양성과정으로 구분된다. 양성과정은 (전문)대학, 대학원, 학점은행기관 등 평생교육사 양성기관에서 운영하는 관련 과목을 일정 학점 이상 이수하여 2급 또는 3급 자격을 취득하는 과정이고, 승급과정은 일정 자격 요건을 갖춘 평생교육사 자격증 소지자가 상위 급수(1급 · 2급)로 승급하기 위해 이수하는 과정이다.

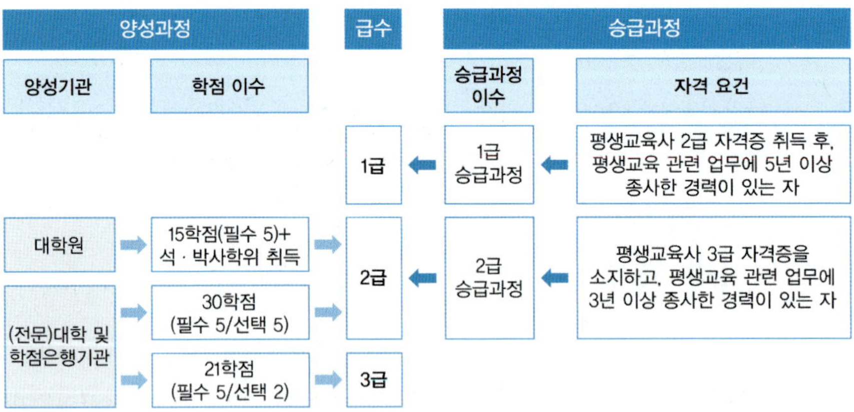

그림 5-2 평생교육사 이수 과정

출처: 국가평생교육진흥원(2021). 2020 평생교육백서.

평생교육사의 등급별 자격 요건은 「평생교육법 시행령」 제16조에서 규정하고 있으며, 평생교육사의 등급별 자격 요건은 〈표 5-7〉과 같다.

표 5-7 평생교육사의 등급별 자격 요건

등급	자격 요건
평생교육사 1급	평생교육사 2급 자격증을 취득한 후, 교육부장관이 정하는 평생교육과 관련된 업무에 5년 이상 종사한 경력이 있는 자로서 진흥원이 운영하는 평생교육사 1급 승급과정을 이수한 자
평생교육사 2급	1. 「고등교육법」 제29조 및 제30조에 따른 대학원에서 교육부령으로 정하는 평생교육과 관련된 과목 중 필수과목을 15학점 이상 이수하고 석사 또는 박사학위를 취득한 자. 다만, 「고등교육법」 제2조에 따른 학교(이하 "대학"이라 한다)에서 필수과목을 이수한 경우에는 선택과목으로 필수과목 학점을 대체할 수 있다. 2. 대학 또는 이와 같은 수준 이상의 학력을 인정할 수 있는 기관, 「학점인정 등에 관한 법률」에 따라 평가인정을 받은 학습과정을 운영하는 교육훈련기관에서 관련과목을 30학점 이상 이수하고 학위를 취득한 자 3. 대학을 졸업한 자 또는 이와 같은 수준 이상의 학력이 있다고 인정되는 자로서 다음 각 목의 어느 하나에 해당하는 기관에서 관련과목을 30학점 이상 이수한 자 가. 대학 또는 이와 같은 수준 이상의 학력을 인정할 수 있는 기관 나. 법 제25조제1항에 따른 평생교육사 양성기관(이하 "지정양성기관"이라 한다.) 다. 학점은행기관 4. 평생교육사 3급 자격증을 보유하고 관련업무에 3년 이상 종사한 경력이 있는 자로서 진흥원이나 지정양성기관이 운영하는 평생교육사 2급 승급과정을 이수한 자
평생교육사 3급	1. 대학 또는 이와 같은 수준 이상의 학력을 인정할 수 있는 기관, 학점은행기관에서 관련과목을 21학점 이상 이수하고 학위를 취득한 자 2. 대학을 졸업한 자 또는 이와 같은 수준 이상의 학력이 있다고 인정되는 자로서 다음 각 목의 어느 하나에 해당하는 기관에서 관련과목을 21학점 이상 이수한 자 가. 대학 또는 이와 같은 수준 이상의 학력을 인정할 수 있는 기관 나. 지정양성기관 다. 학점은행기관 3. 관련업무에 2년 이상 종사한 경력이 있는 자로서 진흥원이나 지정양성기관이 운영하는 평생교육사 3급 양성과정을 이수한 자 4. 관련업무에 1년 이상 종사한 경력이 있는 공무원 및 「초 · 중등교육법」 제2조제1호부터 제5호까지의 학교 또는 학력인정 평생교육시설의 교원으로서 진흥원이나 지정양성기관이 운영하는 평생교육사 3급 양성과정을 이수한 자

출처: 「평생교육법 시행령」 제16조 2항 별표1의 2.

평생교육사 1급은 2급 취득 후, 평생교육 관련 업무를 5년 이상 수행한 경력이 있는 자로서 국가평생교육진흥원에서 운영하는 평생교육사 1급 승급과정을 이수해야 취득할 수 있다.

2급은 대학원에서 필수과목을 15학점 이상 이수하거나 대학 및 학점은행기관 등에서 관련 과목을 30학점 이상 이수하고 학위를 취득한 자, 그리고 평생교육사 3급 취득 후 3년 이상 관련 경력이 있는 자로 평생교육사 2급 승급과정을 이수한 자 등이 취득할 수 있다. 3급은 대학 또는 학점은행기관 등에서 관련 과목을 21학점 이상 이수하고 학위를 취득한 자 등이 취득할 수 있다.

2) 평생교육사 현황

평생교육사 양성 현황을 살펴보면, 2000년 이후 그 수가 꾸준히 증가하여 2015년에 8,404명으로 가장 많은 평생교육사가 양성되었다. 최근 3년간 양성 현황을 보면 2018년 6,788명, 2019년 6,671명, 2020년 6,741명이 양성되었다. 2020년 12월을 기준으로 양성된 평생교육사의 수는 총143,808명이다. 평생교육사 자격 등급별 양성 현황을 보면 1급이 전체의 0.6%인 894명, 2급이 94.1%인 135,270명, 3급이 5.5%인 7,644명으로 양성된 평생교육사 대부분이 2급 자격을 소지하고 있다. 연도별 평생교육사 양성(자격증 발급) 현황은 〈표 5-8〉, 년도별 평생교육사 자격증 발급 현황은 〈그림 5-3〉과 같다.

표 5-8 연도별 평생교육사 양성(자격증 발급) 현황 (단위: 명)

연도	1급	2급	3급	총 계	비고
1986~1999년	0	21,007	2,008	23,015	(구)사회교육전문요원
2000년	22	1,548	344	1,914	평생교육사
2001년	25	2,878	513	3,416	
2002년	38	2,957	636	3,631	
2003년	31	2,982	601	3,614	

연도	1급	2급	3급	총 계	비고
2004년	32	2,776	551	3,359	
2005년	26	3,734	490	4,250	
2006년	33	3,735	143	3,911	
2007년	16	4,566	316	4,898	
2008년	33	5,448	273	5,754	
2009년	57	5,447	260	5,764	
2010년	55	6,697	383	7,135	
2011년	30	6,808	221	7,059	
2012년	70	7,900	183	8,153	
2013년	58	7,633	156	7,847	
2014년	42	7,791	113	7,946	
2015년	44	8,278	82	8,404	
2016년	38	6,923	81	7,042	
2017년	43	6,386	67	6,496	
2018년	87	6,618	83	6,788	
2019년	76	6,532	63	6,671	
2020년	38	6,626	77	6,741	
총계	894	135,270	7,644	143,808	

출처: 교육부, 한국교육개발원(2013). 2013년 평생교육통계자료집, 국가평생교육진흥원 내부 자료(2020).

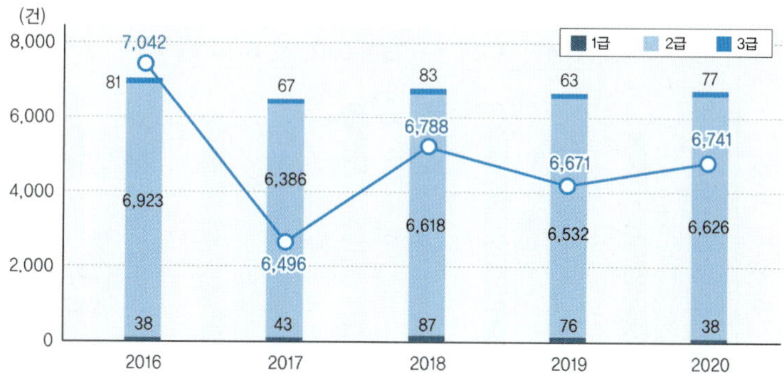

그림 5-3 평생교육사 자격증 발급 현황

출처: 국가평생교육진흥원(2021). 2020 평생교육백서.

평생교육사 자격증 발급 현황을 살펴보면, 2020년 6,741건(2급 6,626건, 3급 77건, 1급 38건)으로 나타났다. 기관 유형별 평생교육사 양성기관 현황은 〈그림 5-4〉와 같다.

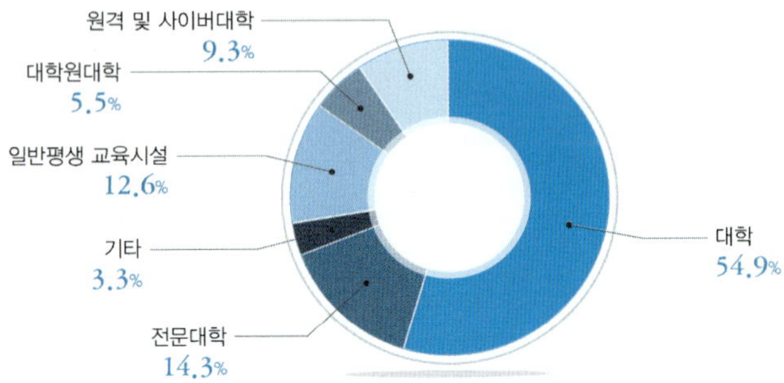

그림 5-4 기관유형별 평생교육사 양성기관 현황

출처: 국가평생교육진흥원(2021). 2020 평생교육백서.

기관유형별 평생교육사 양성기관 현황을 살펴보면, 대학이 54.9%로 가장 많았으며, 전문대학 14.3%, 일반평생 교육시설 12.6%, 원격 및 사이버대학 9.3%, 대학원대학 5.5% 순으로 나타났다. 연도별 비형식 평생교육기관 평생교육사 배치 현황은 〈그림 5-5〉와 같다.

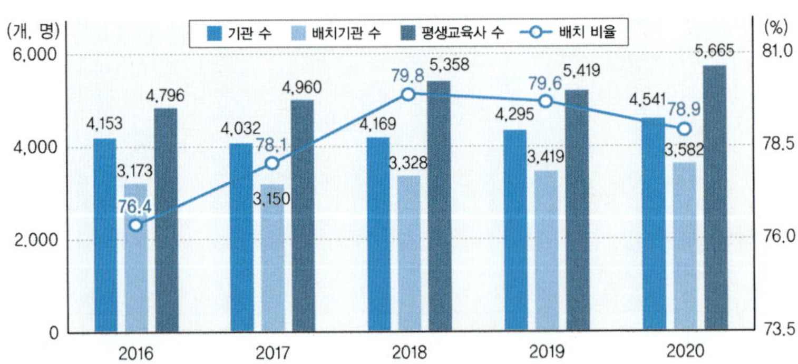

그림 5-5 연도별 비형식 평생교육기관 평생교육사 배치 현황

출처: 국가평생교육진흥원(2021). 2020 평생교육백서.

연도별 비형식 평생교육기관 평생교육사 배치 현황을 살펴보면, 2020년 평생교육사 수는 5,665명이었으며, 기관 수는 4,541개에 배치기관 수는 3,582명으로 78.9%가 배치되어 있는 것으로 나타났다. 평생교육기관 유형별 평생교육사 배치 현황은 〈그림 5-6〉과 같다.

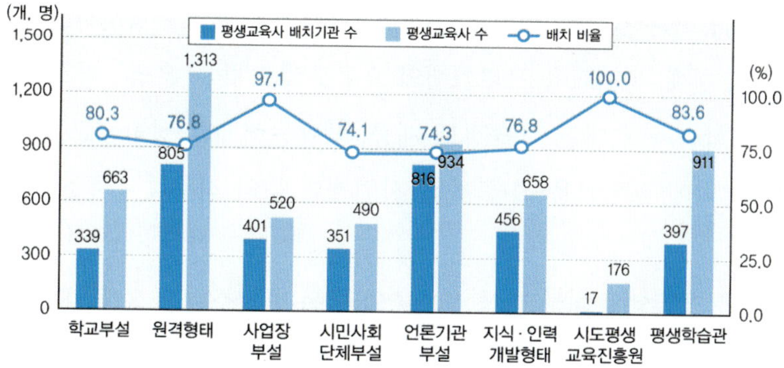

그림 5-6 **평생교육기관 유형별 평생교육사 배치 현황**

출처: 국가평생교육진흥원(2021). 2020 평생교육백서.

평생교육기관 유형별 평생교육사 배치 현황을 살펴보면, 시도평생교육진흥원의 경우 100%를 배치하고 있는 것으로 나타났으며, 사업장 부설 97.1%, 평생학습관 83.6%, 학교 부설 80.3%를 배치하고 있는 것으로 나타났다.

3) 평생교육사의 전문성

평생교육사(平生敎育師, lifelong educator)는 1999년 새롭게 생겨난 평생교육 전문가이다. 북미지역의 학자인 로스웰과 쿡슨(Rothwell & Cookson, 1997)에 의해 'lifelong educator'라는 다양한 평생교육 실천가를 포괄하는 용어로 사용되기 시작하였다(김진화, 2011). 한국에서는 과거 사회교육 전문요원제에서 「평생교육법」에 따라 '평생교육사'로 변경되어 양성되고 있다.

우리나라 「평생교육법」 제24조 제2항에서 '평생교육사는 평생교육의 기획 · 진행 · 분석 · 평가 및 교수업무를 수행한다'로 그 역할을 규정하고 있으며, 아울러 동법 시행령 제17조(직무범위)에서도 '법 제24조 제4항에 따라 평생교육사는 평생교육 진흥을 위하여 다음 각호에 해당하는 직무를 수행한다'라고 밝히고 그 직무를 명시하고 있다. 평생교육사의 직무는, 첫째, 평생교육 프로그램의 요구분석 · 개발 · 운영 · 평가 · 컨설팅을 수행하고, 둘째, 학습자에 대한 학습정보 제공, 생애능력개발 상담 · 교수 직무를 수행하며, 셋째, 그 밖에 평생교육 진흥 관련 사업계획 등의 직무를 수행한다고 명시하고 있다.

평생교육사의 전문성에 대한 관심은 기존의 아동과 청소년 교육에 대한 차별화 과정에서부터 주목받기 시작하였다. 평생교육사의 전문성은 전문직 사회학(sociology of professions)의 연구 영역으로 구조이론(the structure approach), 과정이론(the process approach), 권력이론(the power approach), 사회적 과제이론(the social assignment approach), 전문직 체계이론(the system of professions approach)으로 설명된다.

평생교육사의 직업적 전문성을 탐색하기 위한 이론적 근거로 김진화(2003)는 과정이론, 사회적 과제이론, 특성이론을 제시하였다. 그 특성을 살펴보면, 첫째, 과정이론은 직업이 탄생하여 일정한 시간이 경과하면서 사회적으로 그 필요성과 가치를 인정받아 전문직화 되어 가는 과정을 탐구하는 이론이다. 새로운 직업이 출현과 동시에 전문직으로 인정받기는 쉽지 않다. 해당 직업이 사회적으로 필요하고 직무수행에 전문적인 지식과 기술들이 요청되고, 장기간의 교육과 훈련을 거쳐 일정한 자격요건이 충족될 때, 전문성을 인정받게 된다. 평생교육사도 뜻있는 사람들이 참여하는 정도에서 시작하여 사회적 운동으로 전개되었다. 1999년 「평생교육법」 개정 이후 국가의 전문자격제도가 도입됨으로써 현재는 많은 평생교육사가 양성되고 배치되어 활동하고 있다.

둘째, 사회적 과제이론은 해당 직종이 사회적으로 유용한 기능을 발휘하며, 어느 정도 인정받고 있는가에 의해 전문성을 판단한다. 평생교육사가 어떠한 기능을 수행하고 있으며, 전문성을 인정받고 있느냐에 대한 해답을 제시함으로써 평생교육사의 전문성을 판단한다. 세계의 여러 나라는 평생학습 사회 건설을 시대적 과제로 설정하고 여러 정책을 개발·시행하고 있다(김신일, 2020). 이러한 평생교육정책들 속에 평생교육사는 국가 제도를 기반으로 양성되고 배치되어 전문가로서 능력을 인정받고 있다.

셋째, 특성이론은 전문직과 비전문직을 구분하는 특성으로 직무수행의 난해성, 자율성, 윤리적 책임성에 따른 전문직의 특성을 해석한다. 즉, 평생교육사의 전문직 특성은 남달리 어려운 일인지, 직무수행에 있어서 평생교육사가 자율성을 누리는지, 평생교육사가 엄격한 윤리적 의무와 책무를 가지는지에 따라 구분할 수 있다.

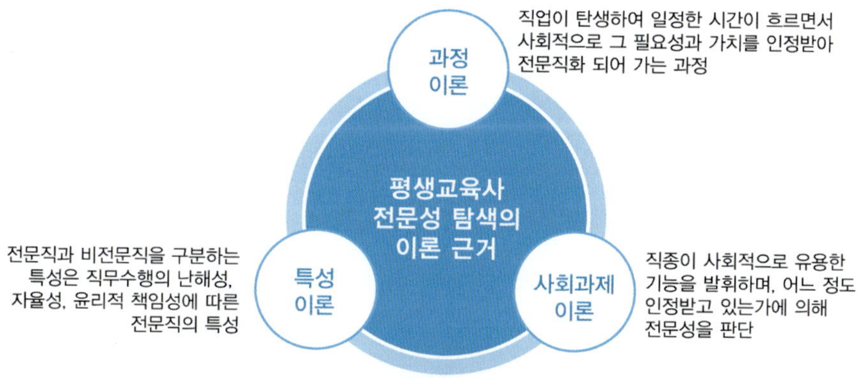

그림 5-7 평생교육사 전문성 탐색의 이론적 근거

특성이론에 비추어 볼 때, 평생교육사는 전 생애적 발달단계에 놓인 많은 사람에게 일정한 영향력을 행사하는 중요한 책임을 맡은 직업인으로서 실천행위 자체가 매우 어려운 전문적인 지식과 독특한 기술들을 필요로 한다. 또한 평생교육사는 다양한 부류와 특성을 보이는 학습자를 대상으로 학습을 상담하고 자문해 주는 컨설턴트이고, 학습자들의 다양한 교육적 요구를 진단하고 분석하는 연구자이다. 평생교육기관이나 단체를 관리하고 운영하는 관리자이며, 프로그램을 계획하고 구성하는 설계자이다.

최근 4차 산업혁명 시대와 COVID-19와 같은 시대적 환경은 평생교육의 운영체계와 운영방식에 크나큰 변화를 가져왔다. 급변하는 사회환경에 따라 복잡하고 다양한 직무를 수행하는 평생교육사에게 요구되는 전문성도 복잡하고 다양하게 변화되고 있다. 따라서 평생교육사는 본연의 역할과 시대 맥락 및 사회의 변화에 따른 다양하고 복합적인 과제를 수행해야 하고, 과제에 대한 자율성과 윤리적 책임을 지고 평생교육을 이끄는 전문가라 할 수 있다.

4) 평생교육사의 직무와 역할

평생교육사가 해야 할 직무는 〈그림 5-8〉과 같이 매우 다양하다고 할 수 있다. 구체적으로 잠재적 학습자를 발굴하는 상담과 코칭, 교수자로서 교수활동, 교육 기획 및 개발, 평생교육기관 경영과 관련된 운영, 지역의 평생교육을 기획 · 조직하고 학습자와 지역을 연계하여 학습공동체 멘토 및 지역학습 멘토 등의 직무를 수행하고 있다.

그림 5-8 평생교육사의 직무

출처: 국가평생교육진흥원(2021). 2020 평생교육백서.

이러한 직무와 관련된 평생교육사의 역할에 있어 크랜턴(Cranton, 1992)은 평생교육사의 역할을 타인주도적 관계, 자기주도적 관계, 상호주도적 관계로 제시하고 있다〈표 5-9〉. 이러한 관점의 변화는 우리사회에서 평생교육의 정책과 사업이 점차 확대되고 있고, 평생교육사의 역할이 더욱 다양한 관계 중심으로 접근해야 함을 제시하고 있다(김미정, 2021).

표 5-9 다양한 관계에서 평생교육사의 역할

관계	역할	특성
타인주도적 관계	전문가	• 전문가로서 자신이 갖고 있는 정보와 기술 전수
	계획자	• 프로그램 개발 • 교육과정에 필요한 자료수집, 선택, 기획, 평가 등
	교수자	• 학습경험 전체 총괄, 학습경험 결정, 학습과정 구성 • 피드백과 가이드 제공, 학습내용 설명, 과제부여, 평가
자기주도적 관계	조력자	• 학습자에 대한 조력과 지원, 학습자의 요구에 반응
	자원 인사	• 학습과정을 위한 자원 제공 • 학습자에 대한 영향력은 조력자보다 감소
	관리자	• 기록저장, 평가, 조정 • 학습자와 교구물의 상호작용 관리
상호주도적 관계	모델	• 학습자의 행동과 가치에 대한 모델 역할
	멘토	• 조언, 지도, 지원 • 학습자와 방향을 논의하고 수행
	협력 학습자	• 학습자와 계획 • 학습자의 책임과 권리 부여
	개혁자	• 문제제기, 도전, 의식 고양, 전환 • 사회변화와 개인의 자각 증대
	반성적 실천가	• 실천에 대한 검토와 문제제기 • 철학과 이론 개발
	연구자	• 학습자와 교수자를 체계적으로 관찰 • 관찰결과에 따른 가설 설정, 이론 개발

평생교육시설이나 기관이 다양화되고 평생교육기관이 아닌 기관에서 근무하는 평생교육사가 많으며, 평생교육 자체의 변화가 큰 현장의 실태를 고려할 때, 기존의 역할이나 직무보다 다양한 활용 가능성을 가진 역량으로 자연스럽게 관심이 증가하고 있다(김경희, 2009; 현영섭, 2010). 역량은 형식학습기회를 통해 습득한 이론적 지식을 바탕으로 현장에서 다양한 활동과 실천을 경험하고, 현장의 독특한 상황에서 자신의 기존 지식을 비판적으로 검토하여 재구성함으로써 상황에 대처하는 방법을 배우며, 이러한 지속적인 과정을 통해 축적되는 총체적인 학습 활동의 결과물이라 할 수 있다(Schön, 1983). 평생교육사가 갖추어야 할 전문적 역량은 〈표 5-10〉과 같다(김미정, 2021).

표 5-10 평생교육사의 전문적 역량

<table>
<tr><th colspan="3">구분</th><th>내용</th></tr>
<tr><td rowspan="5">가시적 능력</td><td rowspan="3">지식</td><td>대상적 지식</td><td>발달 · 심리 · 가정 · 사회 · 문화 및 학습요구 진단 능력</td></tr>
<tr><td>내용적 지식</td><td>사회 교육적 전문지식, 학습목표, 주제 구성, 학습평가 능력</td></tr>
<tr><td>방법적 지식</td><td>자원 및 전략 구상, 기획, 개발 능력</td></tr>
<tr><td rowspan="2">기술</td><td>도구적 기술</td><td>운영, 평가기술</td></tr>
<tr><td>수단적 기술</td><td>협동 능력, 자기주도학습 능력, 대인관계기술, 학습 분위기 조성, 문제해결, 정치력</td></tr>
<tr><td rowspan="3">잠재적 능력</td><td colspan="2">가치</td><td>변화 촉진, 사회교육프로그램의 가치 판단, 현장에 대한 관심, 실용적 태도</td></tr>
<tr><td colspan="2">태도</td><td>융통성, 성실성, 자신감, 협동심, 이해력, 열정, 몰입, 인성, 헌신, 자비심</td></tr>
<tr><td colspan="2">개인적 특질</td><td>건강, 집단적 사고, 낙관적 기질, 민감성, 자기확신감, 유머, 통찰력, 창의성, 적응력, 개방성</td></tr>
</table>

Chapter

06 평생교육행정 및 조직

배울내용

1. 평생교육 추진체계
2. 평생교육 행정기관
3. 평생교육 행정 및 조직

학습목표

1. 평생교육 추진체계 구축 · 운영을 이해한다.
2. 평생교육의 전담기구의 유형과 각 기능을 숙지한다.
3. 평생교육기관의 정의와 성격을 설명할 수 있다.
4. 평생교육기관의 유형들을 구분할 수 있다.
5. 조직과 행정조직의 개념과 특징을 파악한다.
6. 조직개편의 개념과 목적 및 과정을 파악한다.
7. 평생교육의 조직을 설명할 수 있다.

1. 평생교육 추진체계

1) 평생교육 추진체계 구축 · 운영

한국의 평생교육 추진체계 구축 · 운영은 「평생교육법령」에 정해진 바에 따라 이루어지고 있다. 법령에 기초한 평생교육 추진체계는 행정기구, 전담기구, 심의 · 협의기구로 구분된다〈그림 6-1〉. 그리고 행정기구는 국가 및 지방자치단체로, 교육부, 시도 광역자치단체, 시군구 기초자치단체, 시도교육청, 지역교육청 등이 포함된다

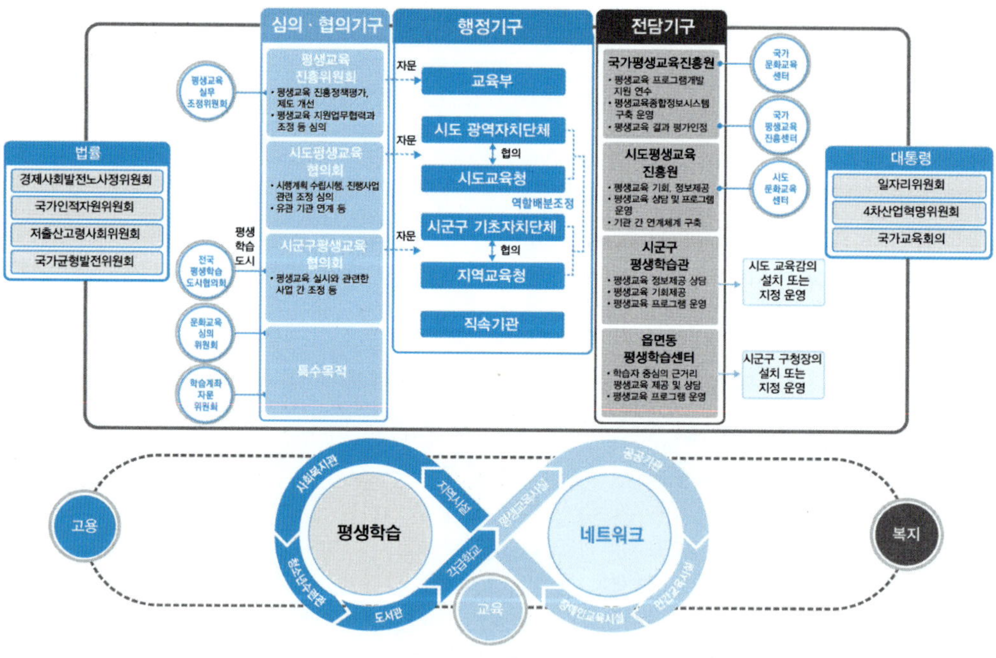

그림 6-1 평생교육 추진도

출처: 이희수 외(2017). 제4차 평생교육진흥 기본계획 수립을 위한 연구.

행정기구인 국가 및 지방자치단체는 「평생교육법」 제5조에 따라 4가지의 법적 임무를 부여받고 있다. 첫째, 모든 국민에게 평생교육 기회가 부여될 수 있도록 평생교육진흥 정책을 수립하고 추진하는 임무, 둘째, 장애인이 평생교육의 기회를 부여받을 수 있도록 장애인 평생교육에 대한 정책을 수립하고 시행하는 임무, 셋째, 장애인 평생교육을 체계적이고 지속적으로 실시하기 위하여 유기적인 협조체제를 구축하는 임무, 넷째, 소관 단체 · 시설 · 사업장 등의 설치자에 대하여 평생교육 실시를 권장하는 임무이다.

이처럼 국가 및 지방자치단체는 평생교육 행정기구로서 네 가지 임무를 수행해야 하고, 이를 위해 조직, 예산, 대외 관계 등을 구축 · 활용한다. 다만 국가 및 지방자치단체는 평생교육 업무만을 수행하는 기구가 아니므로 행정기구의 평생교육진흥 임무를 전문적으로 수행하기 위한 전담기구가 필요하다. 이처럼 행정기구가 평생교육진흥을 위한 임무를 부여받고 있으나 임무의 전문적 수행을 위해 행정기구별로 전담기구를 설치하고 행 · 재정적 지원을 전담기구에 제공하여 평생교육 임무를 수행한다. 즉, 「평생교육법」에 따라 국가는 국가평생교육진흥원, 국가장애인평생교육진흥센터, 시도자치단체는 시도평생교육진흥원, 시군구자치단체나 시도교육감은 시군구 평생학습관, 시군구자치단체는 읍면동 평생학습센터를 전담기구로 설치할 수 있다.

전담기구는 평생교육 전문성에 기초하여 국가와 지방자치단체의 평생교육진흥 임무를 수행하기 위한 업무를 수행한다. 심의 · 협의기구는 행정기구가 평생교육진흥 정책과 계획을 심의하고 자문하기 위해 운영되는 기구이다. 그리고 「평생교육법」에 따라 국가는 평생교육진흥위원회를 설치하고, 정책 심의를 요청한다. 시도자치단체도 「평생교육법」에 따라 시도평생교육협의회를 설치하고 조례에 따라 구성 및 운영에 필요한 사항을 정한다. 시군구자치단체 역시 「평생교육법」에 따라 시 · 군 · 자치구평생교육협의회를 설치하고, 조례에 따라 구성 및 운영에 필요한 사항을 정한다.

이 외에 각종 법령에 의해서 운영되는 각종 위원회 및 연구기관 등이 평생교육 추진체계에 포함된다. 예를 들어, 국가교육회의, 한국교육개발원, 한국직업능력개발원 등은 국가교육자문 또는 연구 기구로서 평생교육진흥과 관련된 정책 자문 및 연구 등의 역할을 수행한다.

2) 평생교육의 전담기구

(1) 국가평생교육진흥원

국가평생교육진흥원은 「평생교육법」 제19조 제1항에 따라 평생교육진흥 업무를 지원하기 위해 국가에 의해서 2008년에 설립되었다. 국가평생교육진흥원의 업무는 「평생교육법」 제19조 제4항에 따라 평생교육진흥을 위한 지원 및 조사, 평생교육진흥위원회가 심의하는 기본계획 수립의 지원, 평생교육 프로그램 개발의 지원, 평생교육사를 포함한 평생교육 종사자의 양성 및 연수, 평생교육기관 간 연계체제의 구축, 시도평생교육진흥원 지원, 평생교육 종합시스템 구축 및 운영, 학점 또는 학력인정에 관한 사항, 학습계좌의 통합 관리 및 운영, 문해교육의 관리 및 운영, 법령에 따라 위탁받은 업무 등으로 구체화되어 있다.

국가평생교육진흥원은 2020년 현재 5본부 1센터 1실의 조직체계를 운영하고 있다. 5본부는 국가 평생교육진흥지원 업무에 따라 편제되었다. 기획경영혁신본부는 기획조정실부터 정보화전략실까지 국가평생교육진흥원의 관리, 재무, 인사, 대외홍보 등의 경영업무를 담당한다. 그리고 평생 · 직업교육정책본부, 학점 · 학력인증본부, 미래전략사업본부, 국민학습참여진흥본부는 주요 평생교육 정책 및 사업 업무를 지원 · 실시하기 위해 17개의 센터 및 실을 운영하고 있다. 또한 교육부 위탁사업 추진을 위하여 평생 · 직업교육정책본부 내 학교협동조합 중앙지원센터와 국민학습참여진흥본부 내 검정고시지원센터를 두고 원활한 업무 수행을 추진하고 있다. 특히 2019년 말 '대학평생교육원 강좌 개설 지원사업' 운영기관 지정에 따라 평생 · 직업교육정책본부 내 '대학인적자원지원센터'를 신설하였다.

국가평생교육진흥원의 주요 사업은 「평생교육법」에 따른 국가의 평생교육진흥 업무 지원 및 관련 기능이다. 이를 위해 국가평생교육진흥원은 구체적인 사업을 18개로 명시하고 있다. 구체적으로 국가평생교육진흥원의 주요 사업은, ① 지역 평생교육 활성화, ② 매치업(Match業) 프로그램, ③ 평생교육 바우처 지원, ④ 대학의 평생교육체제 지원, ⑤ 평생교육사 자격제도 운영, ⑥ 국가평생학습포털 늘배움, ⑦ 평생학습계좌제, ⑧ 학점은행제, ⑨ 독학학위제, ⑩ 한국형 온라인 공개강좌(K-MOOC), ⑪ 성인문해교육 지원, ⑫ 검정고시 프로그램 운영 지원, ⑬ 학부모 자녀교육 역량 강화, ⑭ 다문화교육 활성화 지원, ⑮ 장애대학생 교육활동 지원, ⑯ 학교협동조합 중앙지원센터, ⑰ 장애대학생 원격수업 지원, ⑱ 대학 평생교육원 강좌 개설 지원이다.

(2) 시도평생교육진흥원

광역자치단체의 평생교육진흥 업무를 지원하기 위한 전담기구는 시도평생교육진흥원이다. 「평생교육법」 제20조에 따라 시도지사는 시도평생교육진흥원을 설치하거나 지정·운영할 수 있다. 또한 「평생교육법」 제20조 제2항에 따라 시도평생교육진흥원은 행정기구의 평생교육 임무 수행을 지원하기 위해 평생교육 기회 및 정보의 제공, 평생교육 상담, 평생교육프로그램 운영, 장애인 대상 평생교육 프로그램 운영, 평생교육기관 간 연계체제 구축 등의 업무를 수행한다. 2020년 현재 17개 광역시도는 모두 시도평생교육진흥원을 설치·운영하고 있다.

(3) 시군구평생학습관

시군구기초자치단체 및 지역교육청은 평생교육진흥 임무 수행을 위해 전담기구인 평생학습관과 평생학습센터를 운영할 수 있다. 「평생교육법」 제21조에 따라 시군구 지방자치단체장은 평생학습관을 설치하거나 재정 지원을 통해 평생교육진흥을 위한 사업을 실시할 수 있다. 또한 시도교육감도 평생학습관을 설치할 수 있다.

「평생교육법」 제21조 제1항과 제2항에 따르면, 평생학습관의 설립 목적은 주민을 대상으로 평생교육 프로그램을 운영하고 평생교육 기회를 제공하는 것이다. 구체적으로 「평생교육법」 제21조 제3항은 평생학습관의 사업을 평생교육 프로그램의 개발 · 운영, 장애인 대상 평생교육 프로그램의 개발 · 운영, 평생교육 상담, 평생교육 종사자에 대한 교육 · 훈련, 평생교육 관련 정보의 수집 · 제공, 읍면동평생학습센터에 대한 운영 지원 및 관리, 그 밖에 평생교육 진흥을 위하여 필요하다고 인정되는 사업으로 규정한다.

2020년 현재 전국의 평생학습관은 총 495개이다. 이 중 시도교육감에 의해 설치 · 지정된 평생학습관은 336개, 지방자치정부에 의해서 설치된 평생학습관은 159개이다. 설립 주체별로는 국가 및 지자체가 415개, 법인이 55개, 개인이 12개, 기타가 13개이다. 시도지방자치단체별로는 경기 90개, 서울 79개로 경기와 서울 지역의 평생학습관이 다른 광역시도에 비해 2~3배 많고, 다음으로 경북 38개, 경남 32개, 강원 32개, 전남 30개, 부산 30개 등의 순이다.

(4) 읍면동평생학습센터

평생학습관과 함께 시군구 지방자치단체는 「평생교육법」 제21조 3의 제1항에 따라 읍면동평생학습센터를 설치하거나 지정할 수 있다. 읍면동평생학습센터의 설치 목적은 읍면동별로 주민을 대상으로 하여 평생교육 프로그램을 운영하고 상담을 제공하는 것이다. 그 외의 읍면동평생학습센터 설치 및 지정 그리고 운영에 대한 사항은 지방자치단체의 조례로 정한다. 읍면동평생학습센터에 대한 전국 현황 통계는 집계되지 않고 있다. 각 지방자치단체별로 평생학습센터를 소개하거나 지역별 통계를 제공하는데, 대부분 읍면동주민자치센터, 도서관, 박물관, 복지관, 문화센터 등의 지역기관이 읍면동평생학습센터로 지정되어 운영된다. 지방자치단체의 부서나 주요 평생교육관이 읍면동평생학습센터를 위한 거점센터로 운영되기도 한다.

2. 평생교육 행정기관

1) 평생교육기관의 정의와 성격

평생교육기관은 평생교육을 목적으로 설립된 법인 또는 단체로서 평생교육의 프로그램이나 사업을 수행하는 법인이나 단체를 말한다. 「평생교육법」(법률 제18195호 일부개정 2021. 06. 08.) 제2조 제2항에는 평생교육기관의 정의를 다음과 같이 제시하고 있다. 평생교육기관은 「평생교육법」에 따라 인가 · 등록 · 신고된 시설 · 법인 또는 단체나 학교교과교습학원을 제외한 평생직업교육을 실시하는 학원을 제외한 평생직업교육을 실시하는 학원이 포함된다. 평생교육기관은 학생들을 대상으로 하는 학교교육기관과는 그 성격에서 차이를 가지며, 그 특징은 평생교육의 특징과도 유사하다(김문섭 외, 2019; 최은수, 배석영, 2008).

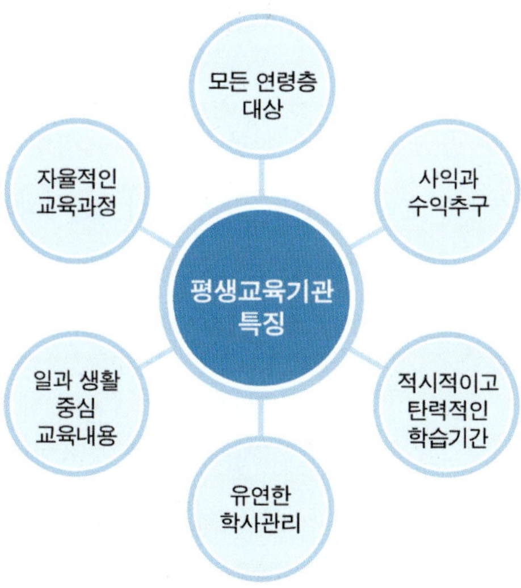

그림 6-2 평생교육기관의 특징

출처: 김문섭 외(2019). 평생교육론. 양성원.

첫째, 학교교육기관은 적령기 학생들에 국한되지만, 평생교육은 모든 연령층에 개방되어 있다.

둘째, 학교교육기관은 법이 정한 교육과정과 교과서에 따라 그 편성운영의 제약이 많지만, 평생교육기관의 교육과정과 내용, 방법, 시간 등은 비교적 자유롭게 편성 운영된다.

셋째, 학교교육기관은 배우는 내용이 실생활과 밀접하게 연관되어 있지 않은 이론과 원리를 강조하지만, 평생교육은 학습자의 일과 생활과 밀접하게 관련이 있는 내용을 중심으로 다룬다.

넷째, 학교교육기관은 이수기간이 고정되고, 비교적 장기간 학습해야 하지만, 평생교육은 적시성과 유연성이 강해 학습자의 필요에 따라 그 기간을 유연하게 조정할 수 있다.

다섯째, 학교교육기관은 학사관리나 학습과정 및 수업료 등이 법과 행정지침에 따라 결정되지만, 평생교육기관은 학습자가 프로그램의 등록이나 탈퇴 등을 결정할 수 있고, 학사관리의 탄력적 운영이 가능하며, 학습내용과 방법의 선정 및 수강료 책정 등도 비교적 자유롭다.

여섯째, 학교교육기관은 공공성과 공익성을 실현하는 경향이 높지만, 평생교육기관은 사익과 영리성을 추구하는 경향이 높다. 물론 국가 및 지방자치단체에 의해 운영되는 평생교육은 공공성과 공익성을 추구하지만, 많은 평생교육기관이 법인과 단체에 의해 운영되고 있다는 점에서는 사익과 수익을 강조한다고 볼 수 있다.

2) 평생교육기관의 유형

평생교육기관은 평생교육을 목적으로 설립된 법인 또는 기타 단체라고 할 수 있다. 여기서 법인에는 공익법인, 비영리법인, 특수법인 등이, 단체에는 정부단체와 각종 시민 · 민간단체(NGO: Non-Government Organization) 등이 포함된다(권인탁, 임영희, 2011). 또한 다른 법령에 의한 평생교육기관은 「학원의 설립운영 및 과외교습에 관한 법률」에 의한 학원, 「도서관 및 독서진흥법」에 의한 도서관, 「박물관 및 미술관 진흥법」에 의한 박물관, 「미술관, 근로자 직업훈련촉진법」에 의한 직업훈련원 등이 있다.

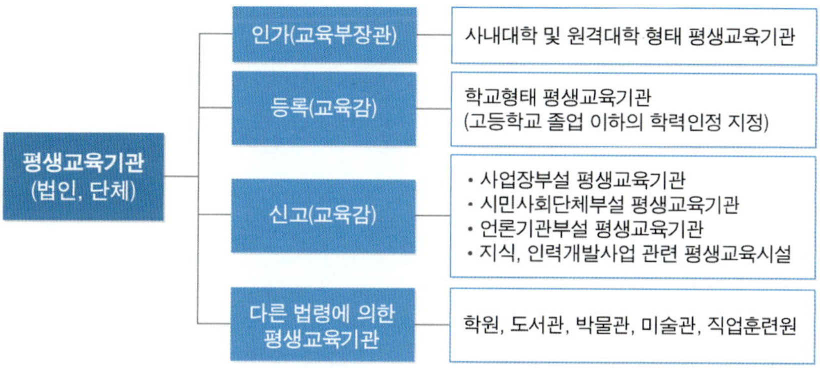

그림 6-3 평생교육기관 분류

출처: 김문섭 외(2019). 평생교육론. 양성원.

「평생교육법」에 따른 평생교육기관 유형에 대한 법령의 근거와 특징을 살펴보면 다음과 같다(권인탁, 임영희, 2011; 김문섭 외, 2019; 평생교육법 제29~38조).

(1) 각급학교

「평생교육법」 제29조에 따르면 각급학교는 평생교육을 실시할 수 있다. 「초 · 중등교육법」 및 「고등교육법」에 따른 각급학교의 장은 평생교육을 실시함에 있어서 평생교육의 이념에 따라 교육과정과 방법을 수요자 관점으로 개발 · 시행하도록 하며, 학교를 중심으로 공동체 및 지역문화 개발에 노력하여야 한다. 각급 학교의 장은 해당 학교의 교육여건을 고려하여 학생 · 학부모와 지역 주민의 요구에 부합하는 평생교육을 직접 실시하거나 지방자치단체 또는 민간에 위탁하여 실시할 수 있다. 다만 영리를 목적으로 하는 법인 및 단체는 제외한다. 제2항에 따른 학교의 평생교육을 실시하기 위하여 각급학교의 교실 · 도서관 · 체육관, 그 밖의 시설을 활용하여야 한다. 제2항 및 제3항에 따라 학교의 장이 학교를 개방할 경우 개방시간 동안의 해당시설의 관리 · 운영에 필요한 사항은 해당 지방자치단체의 조례로 정한다.

(2) 학교 부설 평생교육기관

학교 부설 평생교육기관은 학교의 인적 · 물적 자원을 지역사회에 개방하고 다양한 평생교육을 실시함으로써 각급학교의 평생교육을 촉진하고 열린 교육사회의 구현에 기여하기 위한 시설을 말한다. 「평생교육법」 제30조에 따르면, 각급 학교의 장은 학생 · 학부모와 지역 주민을 대상으로 교양의 증진 또는 직업교육을 위한 평생교육시설을 설치 · 운영할 수 있다. 평생교육시설을 설치하는 경우 각급 학교의 장은 관할청에 보고하여야 한다. 대학의 장은 대학생 또는 대학생 외의 자를 대상으로 자격취득을 위한 직업교육과정 등 다양한 평생교육과정을 운영할 수 있다. 각급 학교의 시설은 다양한 평생교육을 실시하기에 편리한 형태의 구조와 설비를 갖추어야 한다.

(3) 학교 형태의 평생교육기관

학교 형태의 평생교육기관은 교육과정 및 시설 · 설비 등이 중학교 또는 고등학교와 유사한 시설이다. 경제적 이유 등 개인 사정으로 중 · 고등학교 또는 대학에 진학하지 못한 근로청소년, 성인 등을 대상으로 하는 평생교육시설로, 중학교, 고등학교, 전문대학의 졸업자와 동등한 학력 및 학위가 인정된다. 「평생교육법」 제31조는 학교 형태의 평생교육시설을 규정하고 있다. 우선, 학교형태의 평생교육시설을 설치 · 운영하고자 하는 자는 대통령령으로 정하는 시설 · 설비를 갖추어 교육감에게 등록하여야 한다. 교육감은 제1항에 따른 학교 형태의 평생교육시설 중 일정 기준 이상의 요건을 갖춘 평생교육시설에 대하여는 이를 고등학교 졸업 이하의 학력이 인정되는 시설로 지정할 수 있다. 그리고 학교교육을 담당하는 교원을 둘 수 있으며, 교원의 복무 · 국내연수와 재교육에 관하여는 국 · 공립학교의 교원에 관한 규정을 준용한다. 또한 「초 · 중등교육법」 제54조 제4항에 따라 전공과를 설치 · 운영하는 고등기술학교는 교육부장관의 인가를 받아 전문대학졸업자와 동등한 학력 · 학위가 인정되는 평생교육시설로 전환 · 운영할 수 있다.

(4) 사내 대학 형태의 평생교육기관

사내 대학 형태의 평생교육기관은 시간적 · 경제적 여유가 없어 대학에 가지 못한 근로자를 위해 학교법인을 설립하지 않고, 일정 기간 동안 사내교육을 이수하면 학력 · 학위가 인정되는 평생교육 차원의 고등교육기관이다. 교육경비를 고용주가 부담하여 근로자의 면학 욕구를 수용할 수 있고 기업 입장에서는 전문 직무교육과 특화교육 효과를 거둘 수 있다. 대표적인 사내 대학의 예로는, 삼성전자의 사내 대학, 제일기획의 디자인 대학 등이 있다. 「평생교육법」 제32조는 사내 대학 형태의 평생교육시설을 규정하고 있다. 대통령령으로 정하는 규모 이상의 사업장(공동으로 참여하는 사업장도 포함한다)의 경영자는 해당 사업장에 고용된 종업원, 해당 사업장에서 일하는 다른 업체의 종업원, 해당 사업장과 하도급 관계에 있는 업체 또는 부품 · 재료 공급 등을 통하여 해당 사업장과 협력관계에 있는 업체의 종업원을 대상으로 교육부장관의 인가를 받아 전문대학 또는 대학졸업자와 동등한 학력 · 학위가 인정되는 평생교육시설을 설치 · 운영할 수 있다.

(5) 원격대학 형태의 평생교육기관

원격대학 형태의 평생교육기관은 정보통신매체를 이용하여 특정 또는 불특정 다수인에게 원격교육을 실시하거나 다양한 정보를 제공하는 시설이다. 원격대학 형태의 평생교육시설은 정보통신기술, 멀티미디어 기술 및 관련 소프트웨어 기술 등을 이용하여 형성된 사이버 공간을 주 학습장으로 하고 시간과 공간의 제약 없이 주로 비대면 교육을 통하여 전문대 또는 대학 졸업자와 동등한 학력을 인정하고 학위를 주는 평생교육 차원의 고등교육기관을 말한다. 「평생교육법」 제33조는 원격대학 형태의 평생교육기관을 규정하고 있다. 전문대학 또는 대학졸업자와 동등한 학력 · 학위가 인정되는 원격대학 형태의 평생교육시설을 설치하고자 하는 경우에는 대통령령으로 정하는 바에 따라 교육부장관의 인가를 받아야 한다.

(6) 사업장 부설 평생교육기관

사업장 부설 평생교육시설은 사업체, 백화점 문화센터 등 일정 규모(종사자 200명) 이상의 사업장에서 당해 사업장의 고객을 대상으로 하는 평생교육시설이다. 이는 「평생교육법」 제35조에 규정되어 있으며, 사업장 부설 평생교육시설을 설치하고자 하는 자는 대통령령으로 정하는 바에 따라 교육감에게 신고하여야 한다.

(7) 시민사회단체 부설 평생교육기관

시민사회단체 부설 평생교육기관은 법인인 시민사회단체, 법령에 의하여 주무관청에 등록된 시민사회단체, 회원 수가 300명 이상인 시민사회단체가 소속 회원 외에 일반 시민을 대상으로 평생교육기관을 부설하는 경우이다. 이는 「평생교육법」 제36조에 규정되어 있다. 이 규정에 의하면, 시민사회단체는 전문인력(평생교육 프로그램 운영을 전담하는 인력을 말한다)을 5명 이상 확보하고 있는 법인인 시민사회단체, 법령에 따라 주무관청에 등록된 시민사회단체, 회원이 300명 이상인 시민사회단체를 말한다. 이들 시민사회단체는 상호 유기적인 협조체제를 구축하고 공공시설 및 민간시설 등 유휴시설을 활용하여 해당 시민사회단체의 목적에 부합하는 평생교육과정을 운영할 수 있으며, 시민사회단체 부설 평생교육시설을 설치하고자 하는 자는 대통령령으로 정하는 바에 따라 교육감에게 신고하여야 한다.

(8) 언론기관 부설 평생교육시설

언론기관 부설 평생교육시설은 신문 · 방송 등 언론기관을 경영하는 자는 해당 언론 매체를 통하여 다양한 평생교육 프로그램을 방영하는 등 국민의 평생교육진흥에 기여하며, 일반 국민을 대상으로 교양의 증진과 능력 향상을 위한 평생교육시설을 설치 · 운영할 수 있는 경우를 말한다. 언론기관 부설 평생교육시설을 설치할 수 있는 법인으로 일간신문 · 주간신문 · 인터넷신문 및 월간잡지를 발행하는 자, 방송을 하는 법인, 뉴스통신사업을 경영하는 법인 등으로 규정하고 있다(「평생교육법 시행령」 제66조). 또한 「평생교육법」 제37조에 따라 언론기관 부설 평생교육시설을 설치하고자 하는 자는 대통령령으로 정하는 바에 따라 교육감에게 신고하여야 한다.

(9) 지식 · 인력개발 관련 평생교육시설

지식 · 인력개발 관련 평생교육시설은 지식정보의 제공사업, 교육 · 훈련 및 연구용역 사업, 교육위탁사업, 교육훈련기관의 경영 진단 및 평가사업, 교육자문 및 상담사업, 교수 · 학습 프로그램 개발 및 공급사업을 경영하는 곳으로, 자본금 또는 자산이 3억원 이상이고 전문인력을 5명 이상 확보하고 있는 법인을 말한다(「평생교육법 시행령」 제67조). 「평생교육법」 제38조에 따르면, 지식 · 인력개발사업과 관련하여 평생교육시설을 설치하고자 하는 자는 대통령령으로 정하는 바에 따라 교육감에게 신고하여야 한다. 이를 폐쇄하고자 하는 경우에는 그 사실을 교육감에게 통보하여야 한다.

(10) 다른 법령에 의한 평생교육기관

다른 법령에 의한 평생교육기관은 우선, 「학원의 설립운영 및 과외교습에 관한 법률」에 의거한 학원을 들 수 있다. 학원은 사인이 대통령령이 정하는 수 이상의 학습자에게 30일 이상의 교습과정에 따라 지식 · 기술 · 예능을 교습하거나, 30일 이상 학습장소로 제공되는 시설을 말한다. 둘째, 「근로자직업훈련촉진법」에 의거한 직업훈련원을 들 수 있다. 이것은 근로자의 직업능력개발을 위한 훈련 등을 통하여 근로자가 직업능력을 최대한 개발 · 발휘함으로써 근로자의 고용 증진 및 지위 향상과 기업의 생산성 향상을 도모하고 경제 · 사회발전에 이바지함을 목적으로 하는 직업능력 개발 훈련시설을 말한다. 셋째, 「도서관 및 독서진흥법」에 의거한 도서관을 들 수 있다. 도서관은 도서관 자료를 수집 · 정리 · 분석 · 보존 · 축적하여 공중 또는 특정인의 이용에 제공함으로써 정보 이용 · 조사 · 연구 · 학습 · 교양 등 문화발전 및 평생교육에 이바지하는 시설을 말한다. 이 밖에도 「박물관 및 미술관진흥법」에 의거한 박물관과 미술관, 「지방문화원 진흥법」에 의한 지방문화원 등을 들 수 있다.

3. 평생교육 행정 및 조직

1) 조직의 개념

행정조직 개념을 이해하기 위해서는 먼저 조직의 개념을 살펴볼 필요가 있다. 일반적으로 조직의 정의는 조직이론의 변화 흐름에 따라 그 내용도 변화되어 왔다. 이러한 변화의 대표적인 예를 살펴보면, 〈표 6-1〉과 같다.

표 6-1 조직의 개념

구분	내용
Weber (1947)	고전이론의 대표적인 견해인 웨버(Weber, 1947)는 조직을 특정한 목적을 달성하기 위하여 구성원 간에 상호작용하는 인간들의 협동집단으로 본다.
Barnard (1938)	웨버(1947)가 조직의 공식적 구조에 역점을 둔 것과 달리, 버나드(Barnard, 1938)는 조직 구성원에 초점을 두고, 조직을 공동 목표달성을 위해 노력할 의욕을 가진 두 사람 이상의 힘 또는 활동이 의식적으로 조정되는 체제로 본다.

구분	내용
Selznick (1949)	셀즈닉(Selznick, 1949)은 조직이란 하나의 적응적인 사회적 구조로서 인간의 힘을 특정한 목표에 지향하게 하는 기술적 도구이고, 조직구성원과는 별개의 생명을 지닌 존재로서 공식적 목표와 합리적으로 배열된 구조 및 환경의 영향을 받는 사회적 단위이며, 조직의 공식구조 속에서 비공식적 구조가 생각나고 이는 공식적 배열을 제약하는 것으로 본다.

이와 같은 조직은 정부기관을 뜻하는 공조직과 개인 또는 사적 단체에 의해 소유되고 운영되는 회사 혹은 비영리기관을 의미하는 사조직으로 구분될 수 있는데, 레이니 등(Rainey et al., 1976)은 공조직과 사조직의 차이점을 다음 세 가지 범주에 따라 제시하고 있다.

첫째, 내부구조와 과정이다. 공조직의 목표는 다양하고 복잡하며 모호한 특성을 가지므로 그 성과와 평가가 쉽지 않다. 그에 비하여 사조직의 목표는 비교적 단순하고 명확하여 목표달성도를 평가하기가 용이하다. 둘째, 환경적 요인이다. 시장에 대한 노출정도가 낮은 공조직은 비용을 절감하거나 능률성을 높이려는 노력을 기울이지 않으며, 사조직에 비해 공식적인 제약을 많이 받고 법적 규정에 의존하려는 경향이 강하다. 셋째, 조직과 환경 간의 관계이다. 공조직의 활동은 독점성과 강제성을 가지며 민간조직보다 결정의 영향이 넓고 상징적 의미가 크다. 따라서 행정 관료들의 행동은 일반인들의 감시와 주목을 받게 되며, 관료들에게는 보다 책임성이 강하고 정직할 것이 요구된다.

2) 행정조직의 개념과 특성

민간조직과 대비되는 개념으로 제시되는 공조직은 곧 행정조직의 개념으로 볼 수 있다. 행정조직(administrative organization)이란 행정목적을 달성하기 위하여 형성된 조직이며, 행정권이 그 기능을 수행하기 위하여 편성한 조직을 의미한다. 즉, 행정조직은 일정한 행정목표를 달성하기 위한 국가와 지방자치단체 및 공공단체의 행정기관으로 조직 및 권한에 관한 체계로 정의된다(여영, 2010).

오늘날 행정국가에서는 대규모의 행정조직들이 조직화되어 수많은 정책의 결정을 집행하고 있으며, 이는 국민들의 삶에 지속적으로 영향을 미치고 있다. 이들의 역할은 사회질서나 사회제도의 유지와 같은 전통적 기능뿐 아니라 사회변동을 촉진하고 정책결정을 수행하는 적극적 기능을 포함한다(최항순, 2010).

행정조직의 적극적 기능은 다음의 네 가지 정책분류를 통해 설명될 수 있다(Lowi, 1972). 첫째, 규칙이나 규범을 만들고 강화하는 규제정책(regulatory policies)이다. 둘째, 정부가 전체 국민을 대상으로 필요한 재화와 용역을 제공하는 분배정책(distributive policies)이다. 셋째, 사회계층 간의 부의 불평등상태를 완화시키려는 정책인 재분배정책(redistributive policies)이다. 넷째, 정부기관의 신설 및 변경, 선거구의 조정 등 행정수요에 부응하여 정부기구를 적절하게 변화시켜 나가는 구성정책(constituent policies)이다.

또한 행정조직의 특성은 다음의 다섯 가지로 구분할 수 있다(주명현, 2021). 첫째, 행정조직은 사조직에 비해 그 존립이 영속적인 경우가 많다. 둘째, 행정조직은 독점적이며 자기의 고유한 업무 분야 또는 영역이 보장되어 있다. 셋째, 행정조직을 구성하는 행정관료들은 사기업 종사자들에 비해 더욱 안정된 신분보장을 받고 있다. 넷째, 행정조직은 기업조직에 비해 다른 조직 또는 개인들로부터 간섭을 많이 받는다. 마지막으로 행정조직은 사기업과 달리 법적 권한과 강제력을 배경으로 하고 있다.

그리고 행정조직을 구성하는 하위요소들은 다음과 같다(여영, 2010). 첫째, 행정조직구조이다. 둘째, 행정공무원이다. 셋째, 행정조직목표이다. 넷째, 행정업무기술과 이들을 이어 주는 행정조직관리이다. 마지막으로 이들을 둘러싼 행정조직환경이 있다. 이들 하위구성 요소는 상호 영향을 주고받으며, 전체적인 조직 활동과 임무달성에도 영향을 미치게 된다.

3) 조직개편의 개념과 목적

조직개편(governmental reorganization)이란 행정기관의 구조와 기능에 의식적인 변화를 가하는 것을 뜻한다(박천오, 2011). 이러한 조직개편은 구조적 조직개편과 기능적 조직개편으로 구분된다(이윤경, 문명재, 2011). 구체적으로 구조적 조직개편은 조직의 신설, 개명, 통폐합, 지위 격상, 강화 및 축소 등을 포함하는 개편을 의미한다. 반면 기능적 조직개편은 기존의 조직구조는 변화시키지 않고 새로운 기능과 권한을 추가하거나 혹은 기능을 축소하거나 타 조직으로 이관하는 것을 말한다.

이와 같은 조직개편을 단행하는 목적은 학자별로 다양하게 제시된다(박천오, 2011; Sistare, 2004). 구체적으로 조직개편의 목적은 우선 조직이 일을 더 잘하도록 하기 위한 것, 상징적 차원의 부처 신설과 같은 사회적 문제제기, 권력증진, 중복기능 축소를 통한 재정절약 등으로 볼 수 있다. 또한 조직개편의 목적은 행정과 조직의 효율성 제고, 정책추진의 효과성 제고, 행정수반의 통제력 강화, 정책 우선순위의 재조정, 전략적 편의의 정치적 효과실현 등의 다섯 가지로 제시되기도 한다.

따라서 조직개편의 목적은 다음의 세 가지 관점으로 구분될 수 있다. 첫째, 효율성, 효과성을 높이도록 환경과 조직 간의 상황적합성에 근거한 환경의존적 또는 구조상황적 접근이다. 둘째, 조직을 구성하고 운영하는 것이 이해 당사자들의 타협을 통한 산물이라는 관점에서 정치적 의도와 상징적 목적을 강조한다. 셋째, 선진제도의 모방을 통해 조직을 개선할 수 있다는 입장으로 메이어와 로완(Meyer & Rowan, 1977)의 제도화 이론에 근거한 접근이다(박대식, 2008).

4) 조직개편의 과정

조직개편을 하나의 정책과정 또는 정치적 과정이라는 전제하에 조직개편의 과정을 거시적 환경, 제도적 맥락, 행위자의 세 수준으로 나눌 수 있다(하태수, 2014; Bardach, 1976).

여기에서 나타난 각 수준의 개념을 간략히 살펴보면 다음과 같다.

거시적 환경은 정부 개편의 수요를 제공하는 맥락으로 여겨진다. 거시적 환경은 역사적 환경과 국제적 환경으로 구분된다. 역사적 환경은 각 정권에게 새로운 정책수요를 창출시키며, 이에 따라 정책 우선순위가 변하게 되고 그 정책들을 추진하게 되는 정부조직도 개편된다. 또한 국제적 환경 역시 각 정권에게 새로운 정책 수요를 제공하며, 이와 같은 변화수요에 따라 정책을 추진하는 정부 조직들의 개편이 시행된다(하태수, 2014).

제도적 맥락에서는 국회의 법률 제·개정 절차 및 제도, 국회와 대통령의 관계와 관련된 제도, 거부점의 상이한 분포를 고려할 필요가 있다. 우리나라에서 정부 조직개편의 현실적 형태는 「정부조직법」의 개정이다. 또한 법률은 국회 과정의 산출물이므로 정부의 조직개편 과정을 분석하기 위해서는 국회의 법률 제·개정 절차를 뜻하는 공식적 제도뿐 아니라 국회 본회의 및 상임위에서 적용되고 있는 관행과 같은 비공식적 제도도 포함되어야 한다. 공식적인 법률안 통과 절차는 해당 상임위(소위 포함), 법사위(소위 포함), 본회의 순으로 진행되며, 법률안은 재적의원 과반수 출석에 과반수 찬성으로 통과된다. 국회에서 통과된 법률안은 대통령의 서명을 받아 공포되어야 효력이 발생되는데 대통령은 이때 거부권을 행사할 수 있다. 한편 거부점이란 법률안이 법률로 제정되기 위해서 반드시 통과해야 하는 일련의 절차에서 각 단계를 의미하며(Birchfield & Crepaz, 1998), 거부점 및 거부권자의 분포는 각국의 「헌법」 및 통치체제, 그리고 레짐 유형에 따라 차이가 있다.

마지막으로 정부의 조직개편 과정은 행위자들 간 정치적 협상에 영향을 받는다. 이는 행위자들의 제한된 합리성 때문이며, 행위자들이 사회 및 정치구조에서 처한 위치는 행위자들 자신의 생각에 지대한 영향을 미친다(Moe, 1989). 결국 동일한 쟁점에 대해 상이한 아이디어와 대안들을 가진 행위자들은 정치적 협상을 통해 최종적인 해법을 도출하고자 한다. 즉, 정부의 조직개편 과정을 분석하기 위해서는 이 과정에 참여한 행위자들을 파악해야 하며, 이들에게 영향을 미친 거시적 환경을 분석해야 하고, 행위자들 사이의 정치적 상호작용에 미치는 제도적 맥락을 파악해야 한다. 그리고 이들 과정에서 일어난 행위자들의 정치적 협상을 분석해야 하는 것이다.

5) 평생교육의 조직

평생교육조직은 관료제적 성격과 전문가 조직의 성격을 동시에 지닌 이중구조를 지닌 조직이라고 할 수 있다. 우선 평생교육조직이 관료제적 성격은 다음과 같다. 웨버(Weber)는 관료제가 효율성과 능률, 합리화를 극대화하기 위한 것으로 보고, 관료제가 대규모 조직을 능률적으로 움직일 수 있는 조직 모형으로 보았다. 그는 관료제의 특성을 권위의 위계 구조, 규칙과 규정, 사적인 감정 배제, 분업화 및 전문화, 경력 지향성으로 제시하였다. 관료제의 순기능과 역기능은 〈표 6-2〉와 같다.

표 6-2 관료제의 순기능과 역기능

관료제의 특징	순기능	역기능
권위의 위계 구조	일사불란한 조직 운영	의사소통의 저해
규칙과 규정	지속성과 통일성, 질서와 안정	경직성 및 주객 전도
사적 감정 배제	합리성	사기 저하
분업화 및 전문화	전문성과 효율성	권태감과 고립감
경력 지향성	유인체계의 확립	조직 내 경쟁, 연공서열과 업적주의 간의 갈등

출처: Hoy & Miskel(2013). Educational administration: Theory, research and practice(9th ed.). New York: McGraw-Hill.

이와 같이 평생교육조직은 평생교육과 관련된 교육과 훈련을 통해 평생교육사 자격증을 소지한 담당자가 평생교육업무를 담당하고 있고, 권위의 위계(책임자와 담당자 등)가 설정되어 있으며, 관련 직무가 분담되어 있고, 정해진 규정과 규칙에 따라 운영된다는 점에서 관료제적 성격을 가지고 있다고 할 수 있다(김문섭 외, 2019).

또한 평생교육조직은 관료제적 측면과 함께, 전문가 조직으로서의 특성도 지니고 있다. 왜냐하면 평생교육조직은 평생교육을 운영하는 조직이며, 평생교육이라는 전문적 활동을 수행하기 위해 양성된 평생교육사가 프로그램을 운영하는 조직이기 때문이다. 다시 말해 평생교육조직은 평생교육사의 전문성을 바탕으로 평생교육 참여자에 대한 교육활동이 이루어지는 조직이기 때문에 전문가 조직이라고 할 수 있다(김규태, 2012).

전문가 조직 측면을 지닌 평생교육조직의 특징을 살펴보면, 우선 평생교육 담당자는 평생교육에 대한 교수 실천에 대한 지식, 내용지식, 교육과정 실행지식 등에 정통(精通)해야 한다. 둘째, 평생교육 프로그램을 운영함에 있어서 전문적 지식에 따라 교육내용과 방법 및 평가방법을 결정할 수 있는 자유재량권을 행사할 수 있다. 셋째, 평생교육조직은 평생교육 관련 협의회에 소속되어 있으며, 이들 조직의 통제와 조언을 받는다는 것이다(김문섭 외, 2019).

Chapter

07 평생교육경영 및 리더십

배울내용

1. 평생교육경영
2. 평생교육과 리더십
3. 평생교육 교수자

학습목표

1. 평생교육경영의 의미를 이해한다.
2. 평생교육기관 경영의 환경변화를 통해 평생교육경영의 필요성을 설명할 수 있다.
3. 평생교육경영의 원리 및 과정을 숙지한다.
4. 최고 경영자의 리더십의 필요성과 리더십의 유형을 파악한다.
5. 평생교육 교수자의 개념 및 역할을 파악한다.
6. 평생교육 교수자의 감정소진을 파악하고 대처방안을 모색해 본다.
7. 평생교육 교수자의 직무몰입을 파악하고 향상 방안을 모색해 본다.
8. 평생교육 교수자의 이직의도를 파악하고 대처방안을 모색해 본다.

1. 평생교육경영

1) 평생교육경영의 정의

교육경영은 교육기관에서 이루어지는 교육과정, 교수학습 및 생활지도 등 교육활동을 효과적이고 효율적으로 지원하기 위한 활동으로 정의된다(김규태 외, 2016). 교육경영의 정의를 적용하면 평생교육경영은 평생교육기관에서 이루어지는 교육활동을 위한 효과적이고 효율적인 지원 활동이라고 할 수 있는데, 이 개념 속에는 다음과 같은 세 가지 의미를 내포하고 있다. 첫째, 평생교육경영은 평생교육 프로그램이 효과적이고 효율적으로 이루어질 수 있도록 인적 · 물적 · 재정적 조건 마련과 운영 방법을 강구하는 활동이다. 둘째, 평생교육경영은 한정된 자원을 효율적으로 사용하여 공동의 목표를 효과적으로 달성할 수 있도록 계획, 집행 및 평가하는 활동이다. 셋째, 교육목표를 달성할 수 있도록 교육구성원 간에 이루어지는 협동적 활동이다.

따라서 평생교육경영은 평생교육목표를 효과적으로 달성하기 위해 인적 · 물적 · 재정적 조건과 운영 방법을 계획, 집행, 평가하고, 평생교육기관의 구성원의 협동적 행위를 촉진하는 활동이라고 할 수 있다(김진숙 외, 2018).

2) 평생교육기관 경영의 환경변화

지난 10여 년에 걸쳐 한국의 평생학습시스템의 메커니즘은 매우 복잡해졌다고 할 수 있다. 이러한 배경에는 1990년대 말 아시아 외환위기를 비롯한 경제적 국제화 등 국내 · 외 정치 · 경제적 변화가 그 원인으로 작용하였다. 이로 인해 노동시장이 유연해지면서 평생직장에서 평생직업으로 고용문화가 바뀌고, 이로 인해 평생학습에 대한 관심이 더욱 커지게 되었다. 즉, 평생교육의 중요성이 더욱 강조되면서 교육과 훈련에 대한 개인의 책임이 증가하게 되었다. 그 결과 개인들은 각자의 필요에 따라 평생학습에 적극적으로 참여하게 되었고, 이로 인해 평생교육에 대한 수요는 증가하게 된 것이다(강경애, 2019).

이와 같은 상황 속에서, 국가경쟁력 확보하기 위해, 인적자원을 효과적으로 개발하기 위한 교육의 역할이 중요해지면서 국가적인 차원에서 평생교육이 더욱 중요하게 되었다. 따라서 정부는 1999년 「평생교육법」이 개정한 이래 지속적으로 국가차원에서 평생교육 인프라를 구축하고, 각종 평생교육기관의 적극적인 시설 및 프로그램 관리를 강조하여 왔다. 더불어 지방자치단체, 시(市), 구(區)뿐만 아니라, 학교, 일반기업, 백화점, 언론사, 시민, 종교 단체 등 다양한 주체가 각자의 목적을 가지고 평생학습 시장에 진입하게 되었다.

이러한 평생교육 시장에서 수요와 공급의 변화로 인해 평생교육기관의 경영 관점에서 새로운 변화가 크게 두 가지로 나타나게 되었는데, 첫째, 평생교육기관 간의 심화된 경쟁의 결과로, 평생교육기관의 교육 내실화와 경영에 대한 관심과 중요성이 증가하게 되었다. 이로 인해 영리기관이든 비영리기관이든 평생교육에 대한 경제개념과 경제논리가 확산하게 되면서, 기존의 평생교육기관의 역할을 침해할 위험에 놓이게 되었다. 따라서 평생교육기관의 교육이념과 가치를 효과적으로 실현하기 위한 전략이 무엇보다 필요하게 되었다.

둘째, 학습 선택 혹은 결정권과 관련된 힘의 이동이다. 평생교육기관의 증가는 기관 간의 경쟁을 심화시켰고, 더불어 TV, 인터넷 매체 등에 의한 원격교육은 교육과 학습방식에서도 큰 변화를 가져왔으며 결과적으로 학습자 선택의 폭을 넓혀 주게 되었다. 그 결과 고객으로서 학습자들의 요구에 맞는 교육 콘텐츠를 개발하고 서비스를 제공함으로써 평생교육기관의 경쟁력을 확보해야만 하는 상황에 놓이게 되면서 학습자의 요구를 충족시키지 못하는 경우 프로그램 등록생 수가 줄어들고, 결과적으로 그 특정 프로그램은 폐강되는 경우가 많아지게 되었다. 즉, 과거 공급자인 교육기관에 주어졌던 주도권이 이제는 교육의 수요자인 학습자에게로 넘어가게 되었다(강경애, 2019).

평생교육기관의 경영 관점의 변화를 요약하면, 수요와 공급의 변화로 인해 경쟁이 심하게 되고 공급자(평생교육기관)중심에서 수요자(학습자)중심 접근으로 변화되면서 평생교육기관은 학습자의 요구를 적극적으로 반영하면서도, 교육기관의 이념과 가치(사회적 역할)를 고려해야 하는 딜레마에 빠지게 되었다. 따라서 이러한 상황 모두를 효과적으로 실현하기 위한 전략이 필요하게 되었고, 결과적으로 평생교육에 경제적 관점의 마케팅이라는 경영전략 개념을 불러오게 하는 계기가 되었다(권두승, 최운실, 2009; 남정걸, 2007).

3) 평생교육경영의 원리 및 과정

평생교육은 국가 및 지방자치단체 또는 개인 및 법인이 설립한 평생교육기관을 통해 이루어지고 있으며, 그 운영원리는 〈표 7-1〉과 같이 법치행정의 원리, 기회균등의 원리, 자주성 존중의 원리, 타당성 원리, 민주성 원리, 능률성의 원리, 적응성의 원리 및 안정의 원리가 적용된다.

표 7-1 평생교육경영의 원리

구분	내용
법치행정의 원리	평생교육은 법에 의하여 법이 정하는 범위 안에서 이루어져야 한다는 원리
기회균등의 원리	평생교육은 모든 사람에게 균등한 기회를 제공하여 개인의 능력을 최대한 발휘할 수 있도록 해야 한다는 원리
자주성 존중의 원리	평생교육기관의 관리 운영에 관하여 필요한 기준을 자주적으로 설정 집행하며, 조직 발전에 필요한 제반 정책을 독자적으로 결정할 수 있다는 원리
타당성 원리	평생교육의 목표달성을 위해 부합되는 교육 및 운영 계획을 수립 실시해야 한다는 원리
민주성 원리	평생교육에 관한 중요한 정책을 수립하고 집행하는 데 있어서 다양한 교육 관련 집단들의 참여와 의사결정을 보장해야 한다는 원리

구분	내용
능률성의 원리	경제성 또는 효율성의 원리로서 평생교육활동에 있어서 최소한의 노력과 경비를 투입하고 최대한의 효과를 얻고자 하는 원리
적응성의 원리	평생교육 활동이 사회 변화를 고려하여 교육 환경과 전략 및 수단을 유연하게 조정해 나가야 한다는 원리
안정성의 원리	일단 결정된 평생교육정책을 일정 기간 시행함으로써 행정 시책의 일관성을 유지할 필요가 있다는 원리

그리고 평생교육경영의 과정은 평생교육기관의 목표달성을 위해 수행하는 경영 또는 부서 업무 수행 경로라고 할 수 있다. 평생교육 경영자는 효과적인 업무수행을 위하여 경영과정에 대한 이해와 적절한 적용이 필요하다. 평생교육경영의 과정은 주로 계획, 조직, 명령, 조정, 통제 과정을 통해 이루어진다.

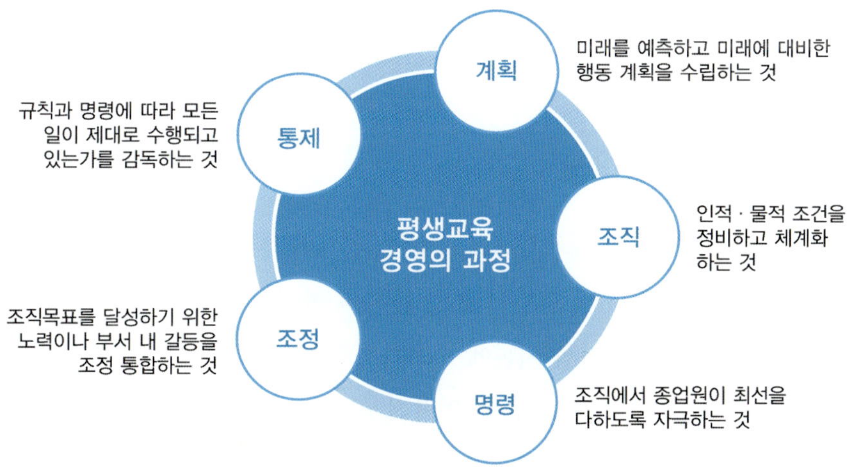

그림 7-1 평생교육경영의 과정

2. 평생교육과 리더십

리더십은 지난 수십 년간 행정학, 군사학, 심리학, 경영학, 조직행동 분야에서 주요하게 다루어 온 개념 중의 하나이다. 왜냐하면 학계와 실천현장 모두에서 리더십은 조직의 경쟁열위를 해결할 수 있는 해결책이자 지속적인 경제성장을 촉진하기 위해 꼭 필요한 요인으로 주목받고 있기 때문이다. 일반적으로 평생교육의 경영에 있어 공동목표를 효과적으로 달성하기 위해 조직구성원 및 하부 구조 간 적절한 상호작용이 매우 중요한 것으로 알려져 있다. 이러한 효과적 경영관리의 일환으로 구성원에게 직접적인 영향력을 미치는 관리자의 리더십이 주목받는 이유이기도 하다. 최근 국내 평생교육 현장에서도 평생교육 시장의 규모 확대와 개방을 포함하는 환경 변화에 적절히 대응하기 위하여 평생교육기관장의 리더십이 강조되고 있다(현영섭, 권대봉, 2007).

1) 최고 경영자의 리더십

평생교육에서의 리더십은 대체적으로 일반적 영역의 리더십보다 더 포괄적이다. 평생교육 경영자는 성인교육 조직의 구성원인 동시에 여러 구성원들의 직무 수행을 책임지는 사람이며, 일반적인 리더십 이론에 기초하면서도 성인교육적 특성을 바탕으로 조직을 운영해야 한다. 이를 위해 기존의 일반적 리더십 패러다임과는 차별화된 새로운 리더십이 개발되어 제시되어야 할 필요성이 있다.

최고 경영자의 리더십은 조직내 각 기능을 통합하고 계획을 수립하며, 활동을 최종적으로 지시할 뿐만 아니라, 각각의 부서와 조직 기능들이 자신의 역할과 기능에 대한 책임감을 갖고 목표를 달성하려는 태도와 동기부여에 영향을 미친다. 따라서 조직원의 태도와 반응 또한 최고 경영자의 리더십 행동유형에 따라 달라진다고 할 수 있다.

데이븐포트와 클라르(Davenport & Klahr, 1998)는 최고 경영자의 지원이 인적자원개발 및 지식경영에 중요한 성공요인임을 주장하면서 지원형태로 세 가지를 제시하였다. 지원형태로는, 첫째, 최고 경영자가 지식관리와 조직학습 등 인적자원 개발 활동이 기업의 성공을 위해 꼭 필요하다는 메시지를 보내거나, 둘째, 이를 뒷받침하는 기반구조 확보에 필요한 자금과 기타 재원을 제공해 주는 것, 셋째, 조직에 어떤 지식유형이 필요한지를 정의하는 것 등이다.

따라서 최근 평생교육 최고 경영자에게 필요한 다양한 리더십, 즉 변혁적 리더십[1]과 거래적 리더십[2]을 강조하고 있다. 본 장에서는 레빈(Lewin)의 리더십 유형에 대해 구체적으로 살펴보고자 한다.

---

1) 변혁적 리더십은 구성원의 요구 수준을 높여 주고, 개인, 집단의 목표를 변화시키고자 하는 리더십이다. 변혁적 리더십의 핵심은 리더가 구성원을 몰입시키고 기대를 초월하는 성과를 달성하도록 동기를 부여하는 데 있다. 이를 위해 목표달성을 위한 성과의 중요성과 가치에 대한 인식수준을 제고하고 집단의 이익과 목적을 위해 개인의 사적 이익을 초월해야 하며, 상위욕구를 중시하도록 제시하고 있다. 변혁적 리더십은 카리스마적인 네 가지 요소, 즉 이상적 영향력(구성원으로 하여금 리더의 가치관과 비전을 자신들의 가치관과 동일시하여 리더와 강한 유대관계를 이루도록 하는 것), 개별적 배려(리더가 조직구성원 개개인에게 세심한 관심을 기울이고 그들의 욕구를 파악하며, 이에 따라 차별적으로 지원 및 격려하며 개발시키는 것, 지적 자극(업무수행과 관련한 문제점뿐만 아니라 구성원 스스로의 가치관, 믿음, 기대 그리고 리더의 신념, 가치관에 대해 끊임없이 의문을 갖도록 하는 것), 영감적 동기부여(높은 기대를 전달하고 노력을 집중시키기 위하여 상징을 이용하며 중요한 목표를 단순하게 표현하는 것)의 네 가지로 요소로 구분하고 있다.

2) 거래적 리더십은 구성원의 노력에 대한 대가로 보상을 제공하는 교환 과정에서 이루어지는 리더십이다. 거래적 리더십은 조건적 보상과 예외에 의한 관리 등의 두 가지 요소들로 구성되어 있다. 조건적 보상은 리더가 칭찬이나 보상, 인센티브를 활용하여 노동에 대한 대가를 제공하기로 하고, 업무수행의 성과가 높으면 보상이 커지고 공적을 인정해 주는 일련의 과정을 의미한다. 조건적 보상으로 성과에 의한 임금인상, 승진, 추천 등을 포함할 수 있다. 예외에 의한 관리는 과업 실패 또는 기준으로부터 이탈 시 리더가 개입하는 것을 말한다. 이러한 개입은 성과가 기준 이하로 떨어졌을 때 주로 이루어지며 부정적 강화가 동반된다. 부정적 강화로는 임금 삭감, 리더의 지지 약화, 해고 등이 포함된다.

2) 레빈의 리더십 유형

표 7-2 리더십 유형 파악하기

다음의 내용은 귀하의 회사 최고 경영자의 리더십 유형에 관한 질문입니다. 문항을 읽어 보시고 해당되는 곳에 표시해 주시기 바랍니다.

구분	내용	전혀 그렇지 않다	그렇지 않다	그저 그렇다	그렇다	매우 그렇다
전체형	1. 우리 기관의 최고 경영자는 의사결정과 관련하여 최종 결정을 주로 본인 혼자서 한다.	①	②	③	④	⑤
	2. 우리 기관의 최고 경영자는 타인의 제안사항에 대하여 대체로 받아들이지 않는다.	①	②	③	④	⑤
민주형	3. 우리 기관의 최고 경영자는 의사결정과정에서 임직원의 생각과 제안을 존중하고 이를 수용하는 편이다.	①	②	③	④	⑤
	4. 우리 기관의 최고 경영자는 회사내 문제가 발생 시 문제해결을 위해 임직원의 제안에 귀를 기울인다.	①	②	③	④	⑤
	5. 우리 기관의 최고 경영자는 중대한 결정에 임직원 다수의 동의가 필요하다고 생각하는 편이다.	①	②	③	④	⑤
	6. 우리 기관의 최고 경영자는 임직원에 권한위임을 하는 편이다.	①	②	③	④	⑤
자유방임형	7. 우리 기관의 최고 경영자는 업무 수행 시 임직원에게 일에 대해 구체적으로 지시하지 않고 스스로 알아서 하게끔 한다.	①	②	③	④	⑤
	8. 우리 기관의 최고 경영자는 업무는 조직원이 본인보다 더 잘 알고 있다고 믿고 거의 참견하지 않는다.	①	②	③	④	⑤

출처: 최용범(2008). 기업의 조직전략과 최고 경영자의 리더십이 전략적 인적자원개발 업무수행에 미치는 영향. 숭실대학교 대학원 박사학위논문.

표 7-3 리더십 유형 점수 기록하기

구분	점수산출	평균점수
전체형	총 획득점수(　　　)/2	
민주형	총 획득점수(　　　)/4	
자유방임형	총 획득점수(　　　)/2	

리더십 유형에 관한 연구는 지금까지 많은 학자에 의해 연구되어 그 결과가 제시되어 왔다. 가장 일반적이고 보편적으로 구분되는 여러 리더십 중 대표적인 유형은 레빈의 전제형, 민주형, 자유방임형 리더십의 세 가지 유형 구분법이다. 연구의 결과 세 리더십 유형은 각기 다른 행동결과를 나타내고 있는데, 이들 유형을 특징을 요약하여 살펴보면 〈표 7-4〉와 같다(최용범, 2008).

표 7-4 레빈의 세 가지 리더십 유형

유형	전제형 리더십	민주형 리더십	자유방임형 리더십
결정	방침은 집단 외부자인 성인인 리더에 의해 결정되고 구성원에게 강요된다.	방침은 필요시 리더의 도움을 받아 집단 토의에 의해 결정된다.	집단이나 학생들이 좋은 대로 자유롭게 결정하게 하고 리더는 통제하지 않는다.
목표	리더에 의해 구성원의 활동이 그때그때 지시되고 구성원은 앞일에 대하여 잘 모른다.	목표는 지시된 여러 가지 중에서 집단이 선택한다.	활동이 있을 때만 알려 줄 뿐 일에 대해 왈가왈부하지 않는다.
리더의 참여	리더가 해야 할 일이나 같이 일할 자 등을 정하고 불평을 하지 못하게 한다.	일의 분담을 리더가 암시만 하고 효과적인 방법은 구성원들이 결정한다.	리더는 전혀 참여하지 않는다.
리더의 위치	리더의 개인적, 감정적으로 칭찬이나 비판을 한다. 그 외는 집단에서 분리되어 있다.	실제적인 일은 하지 않고 객관적으로 비평하고 리더는 한 구성원으로 활동한다.	어떤 종류의 비판도 하지 않고 일에 대하여 강요하려고도 하지 않는다.

전제형 리더십은 업무 중심적이다. 전제형 리더십이 보여 주는 가장 큰 특징은 주어진 업무의 완성을 중시한다는 것이다. 이 유형의 리더는 설명과 토의보다는 명령에 더 많은 시간을 할애한다. 또한 자신이 그룹의 리더임을 구성원에게 강조한다. 전제형 리더십의 장점은 업무가 신속히 처리되며, 명령 통일을 하기 쉽고, 집단이 안정되지 않은 초기에 효과적이며, 위급한 상황에 효과적이다. 단점은 구성원의 사기 저하로 인해 자발적인 협력을 기대하기 어렵고, 행동 의욕과 열의가 낮으며, 명령에 의한 기계적

행동에 불만족이 있을 수 있고, 리더 자신도 피곤하며, 의사소통의 결핍으로 구성원 간에 갈등이 조성될 수 있다는 것이다.

민주형 리더십은 가장 일반적인 리더십 유형으로서, 공정하고 합리적인 의사결정을 위해 구성원과 함께 업무에 참여하는 것이다. 구성원들은 각자 자신의 의견을 제시할 수 있으며 의사결정 또한 이러한 과정을 통해 이루어진다. 전형적인 민주형 리더십의 형태는 구성원이 둘러앉아 의견을 나눈 후 투표를 통해 의사결정을 하는 것이다. 민주형 리더십의 장점은 구성원들이 집단 활동과 목표에 대하여 최대한의 적극성을 가지며 욕구가 만족되고, 일체감과 연대감이 만들어지고, 의사소통이 촉진되며, 리더 자신의 권위와 능력을 구성원들로부터 인정받을 수 있다는 점이다. 단점은 인원이 많을 경우 지도가 어렵고, 의사결정에 시간이 많이 걸리며, 위급 시 신속한 대처가 어렵고, 인정되지 않는 집단에는 불리하다는 것이다.

자유방임형 리더십은 가장 좋지 않은 경우로서 업무보다 더 사람 중심적이다. 의사결정에 있어 구성원 스스로 의사결정을 하도록 참견을 하지 않으며, 구성원 스스로 잘못된 일을 하고 있다는 것을 깨닫게 하는데, 그 과정에서 잘못된 것을 말해 주지 않는다. 자유방임형 리더십의 장점은 고도의 지적 능력과 지혜를 갖춘 집단에 적절하다는 것이며, 전문화, 세분화 등 조직의 특수성으로 지나친 간섭보다 자기 의사에 일임하는 집단에 좋다는 것이다. 단점은 구성원들이 자유행동을 당연한 권리로 착각한다는 것이며, 당연한 지시에도 불만을 품을 수 있고, 집단 규율의 일관성을 유지하기가 힘들며, 갈등이 생길 수 있고, 지도자의 역할이 소극적이어서 집단내에 불만이 야기될 수 있고, 능률이 저하된다는 것이다.

3. 평생교육 교수자

1) 평생교육 교수자의 개념 및 역할

우리나라의 평생교육은 다양한 장소와 대상으로 운영되고 있으며, 평생교육에 종사하는 사람에 대한 용어도 사회교육 전문지도자, 성인교육 지도자, 사회교육자, 성인교육자, 평생교육사, 평생교육 교・강사, 평생교육강사, 평생교육자, 평생교육 교수자 등과 같이 매우 다양하게 사용되고 있다.

이에 대해 전도근과 최운실(2005)은 교육기회가 초・중・고등학교에 제한되었던 과거에는 가르치는 사람은 교사로 한정되어 불리었지만, 사회의 변화로 평생교육 시대인 지금은 가르치는 사람의 장소나 분야에 따라서 교수, 교사, 강사, 코치, 멘토, 튜터, 컨설팅으로 불리고 있다고 하였다.

교수자는 성인학습자들의 학습활동에서 직접 가르치거나 학습자들의 활동을 지원, 원조 혹은 촉진하는 역할을 수행하는 자를 의미하는 평생교육 강사, 평생교육 교수자 등으로, 교수 이외의 자는 강의실에서 직접 강의를 하지는 않지만, 성인학습 활동을 조직하고 학습과정이 원활하게 진행될 수 있도록 하는 측면의 일을 담당하는 자로 평생교육사, 평생교육 담당자 등으로 분류하였다. 또한 평생교육 교수자의 개념을 '평생교육'의 개인적 및 사회적 삶을 계속적으로 향상하기 위하여 평생에 걸쳐 연장 실시되는 모든 형태의 형식적, 비형식적 학습활동이란 의미와 학생들에게 지식이나 기예 등을 가르친다는 의미의 '교수자'를 합하였다고 보는 견해도 있다(김선용, 2008).

이와 같은 평생교육 교수자는 단순히 가르치는 역할만을 수행하는 것이 아니라 학습자들의 학습동기를 고무시키고, 학습활동을 안내하는 역할, 즉 학습 안내자, 촉진자로서의 역할을 수행해야 한다고 하였다(양흥권, 2016). 일반적으로 평생교육 교수자는 역할은 내용전문가, 학습관리자 및 공동학습자의 역할을 수행해야 한다고 주장한다. 구체적으로 내용전문가란 당연히 평생교육 프로그램을 교육하는 자로 가르치는 내용 전문성을 갖추어야 할 필요가 있다. 그리고 학습관리자는 교수·학습의 전반적 과정을 관리하고, 학습자들의 학습을 총체적으로 관리하는 역할을 의미한다(박경연, 2017). 마지막으로 공동학습자란 단순히 가르치는 역할만을 수행하는 것이 아니라 본인 자신도 모르는 것을 적극적으로 학습하며 공동학습자의 역할을 수행하는 것이 필요하다고 정의하고 있다(양흥권, 2016).

이러한 평생교육 교수자에게 영향을 미칠 수 있는 요인으로 매우 다양하지만 여기서는 평생교육 교수자의 감정소진, 직무몰입 및 이직의도에 대해 자세하게 살펴보고자 한다(민경화, 2021).

2) 평생교육 교수자에게 영향을 미치는 요인

(1) 감정소진

표 7-5 감정소진 파악하기

다음은 감정소진에 대한 질문입니다. 각 문항의 해당란에 ✔표 해 주십시오.

구분	내용	전혀 그렇지 않다	그렇지 않다	그저 그렇다	그렇다	매우 그렇다
감정고갈	1. 나는 일 때문에 정신적으로 지쳐 있다고 느낀다.	①	②	③	④	⑤
	2. 나는 하루의 일과가 끝날 때면 녹초가 된다.	①	②	③	④	⑤
	3. 나는 아침에 일어나서 오늘도 일을 나가야 한다는 생각을 하면 기운이 빠진다.	①	②	③	④	⑤
	4. 나는 고객의 감정을 쉽게 이해할 수 없다.	①	②	③	④	⑤
	5. 내가 고객을 비인격적으로 대하고 있다고 느꼈다.	①	②	③	④	⑤
	6. 사람들과 하루종일 일을 하는 것은 정말 힘든 일이다.	①	②	③	④	⑤
	7. 나는 고객의 문제를 매우 효과적으로 다루지 못한다.	①	②	③	④	⑤
	8. 나는 일 때문에 완전히 기진맥진한 상태에 있다고 느낀다.	①	②	③	④	⑤

	9. 직업을 통해 내가 다른 사람들의 삶에 긍정적인 영향을 주고 있다고 느끼지 않는다.	①	②	③	④	⑤
비인간화	10. 평생교육 교사를 선택한 후로, 나는 사람들에게 점점 더 무감각해졌다.	①	②	③	④	⑤
	11. 직업으로 인해 내가 감정적으로 무뎌질까 봐 걱정이다.	①	②	③	④	⑤
	12. 내가 비활동적이라고 느낀다.	①	②	③	④	⑤
	13. 나는 내 직업으로 인해 짜증스러움을 느낀다.	①	②	③	④	⑤
성취감 감소	14. 나는 열심히 일하고 있다고 느낀다.	⑤	④	③	②	①
	15. 나는 고객에게 편안한 분위기를 쉽게 조성할 수 있다.	⑤	④	③	②	①
	16. 고객과 친밀하게 일하고 나면 매우 흐뭇해진다.	⑤	④	③	②	①
	17. 나는 내 직업을 통해 가치 있는 많은 일들을 성취해 왔다.	⑤	④	③	②	①
	18. 일을 할 때 나는 감정적인 문제들을 침착하게 다룬다.	⑤	④	③	②	①

표 7-6 감정소진 점수 기록하기

구분	점수산출	평균점수
감정고갈	총 획득점수( )/9	
비인간화	총 획득점수( )/4	
성취감 감소	총 획득점수( )/5	

① 감정소진의 개념

감정소진(Emotional exhaustion)은 감정노동으로 드러나는 대표적인 현상으로 사람을 상대하는 서비스 산업 조직에서 나타나는 직업성 스트레스 반응에 대한 관심으로 연구가 시작되었다(공지은, 2019). 매슬라크(Maslach, 1976)은 감정소진을 스트레스 유발요인에 장기간 노출되어 신체적, 정신적으로 기력이 고갈된 상태가 되어 직무능력이 저하하고, 특정 대상에 대해서 무관심 또는 비인격화된 행동을 보이게 될 뿐만 아니라, 개인적 성취감이 결여되는 현상으로 정의하고 있다. 또한 펄먼과 하트먼(Perlman & Hartman, 1982)은 감정소진을 실패하거나 지쳐 기운이 빠진 상태, 창의력 상실, 직무애착 상실, 고객, 동료,

조직으로부터 소원함, 고객과 자신에 대한 적절하지 않은 태도, 신체적 · 감정적으로 불편한 증후의 결합이라고 주장하고 있다.

이처럼 감정소진은 어떤 과도한 요구로 인해 생기는 심리적 증상을 이르는 개념으로 업무수행 시 업무 환경적인 요인으로 일에 대한 가치감을 상실하게 되고, 이러한 감정적인 소진은 직무에 대한 스트레스로 인해 발생한다. 따라서 감정소진이란 종사원의 태도와 행동이 부정적인 방법으로 변하는 점진적인 과정이라고 볼 수 있다(Cherniss, 1980). 즉, 감정소진은 대인관계의 중요성을 강조하는 조직에서 부정적인 감정표현을 억제해야 하는 서비스 제공자가 대상자의 감정적인 요구에 적절한 관리와 대응을 원활하게 수행할 수 없는 상태를 의미한다(조윤득 외, 2010).

② 감정소진의 요인

소진은 영어로 '번아웃(burnout)'이라 하며 신체적, 정신적 힘이 고갈되어 탈진한 상태를 뜻한다(한국심리학회, 2014). 심리학에서 말하는 소진은 과도한 학업 또는 업무에 지쳐서 자기혐오에 빠지거나 무기력증, 비관 등의 증상이 나타나는 극단적인 스트레스 상태를 의미한다. 소진상태는 일반적인 스트레스를 해소하는 방법으로 해결되지 않는다. 매슬라크(1976)는 소진을 직무와 관련되는 스트레스에 대한 반응이라고 정의하며 함께 일하는 사람들에 대한 관심의 상실이라고 주장한다.

매슬라크와 잭슨(Maslach & Jackson, 1981)은 대인 서비스 전문직종사를 대상으로 심리적 소진을 측정하는 척도인 MBI(Maslach Burnout Inventory)를 개발하였다〈표 7-5〉. 이는 소진을 측정하는 도구로 가장 많이 사용되고 있으며, MBI의 하위요소는 정서적 소모감(emotional exaustion), 비인간화(depersonalization), 개인적 성취감 감소(personal accomplishment)로 구성되어 있다.

첫째, 정서적 고갈이란 더 이상 스스로의 힘으로 일에 집중할 수 없고 심리적 · 신체적으로 과도하게 부담감을 느끼며 이로 인하여 개인이 고통받는 상태를 말하며, 소진은 스스로 자신의 직무를 완수하지 못할 것 같은 두려움으로 타인보다 훨씬 더 나은 성과를 창출하지만 자신도 성과에 만족하지 못하면서 결과에 대한 기대감이 높아짐으로 인하여 자신을 고통받게 만드는 것이다. 연구 결과, 정서적 고갈이 높은 개인의 경우에 이직의도가 높고 직무만족이 낮은 것으로 나타났다(진미형, 2005). 그리고 자신의 성취감을 위해 성과창출에 열정과 최선을 다했던 사람에게서 정서적 고갈이 나타나기도 하는데 목표달성 이후의 무기력함을 경험하는 것을 말한다(민성옥, 2020).

둘째, 비인간화는 다른 사람에게 부정적으로 반응을 보이는 것을 말하는데, 이성을 상실하거나 냉소적 감정으로 타인의 문제를 자신에게 반영하여 자신에게도 부정적인 태도를 보이게 되며, 특히 비인간화는 시간이 지남에 따라 강화될 가능성이 높아진다고 지적하고 있으며, 비인간화된 평생교육 교사는 회원과 동료와의 문제 발생 시 원만하고 합의적인 해결을 위해 노력하기보다는 공식적인 절차와 방법으로 해결하려고 하며 자기중심적인 관료처럼 행동하기도 한다는 것을 밝혀냈다(민성옥, 2020).

셋째, 개인적 성취감의 감소는 스스로 자신을 비관적으로 평가하면서 자신을 불행하다고 생각하고 이로 인해 직업의 성취에도 불만을 느끼며 우울해하거나 사기가 저하되어 행동을 번복하거나 무능력하게 대처하는 등의 행동으로 나타난다(민성욱, 2020). 이와 관련하여 교사의 불안에 미치는 하위요인에 대한 연구에서 정서적 고갈과 개인적 성취결여가 높을수록 불안도 높다고 보고하였다(김민지, 2018). 따라서 교사의 감정소진은 교사 개인의 감정변화로 인한 영향으로 볼 수 있다. 즉, 스스로 자아존중감이 낮다고 인식하고 있는 교사들은 작은 실수에도 힘들어하며 자신을 열등감에 가두고 부적응한 생활을 하면서 심리적 소진상태를 유지하려 한다고 지적하였다(김정미, 2017).

(2) 직무몰입

표 7-7 직무몰입 파악하기

다음은 직무몰입에 관한 질문입니다. 각 문항의 해당란에 ✔표 해 주십시오.

구분	내용	전혀 그렇지 않다	그렇지 않다	그저 그렇다	그렇다	매우 그렇다
직무애착 및 중요성	1. 개인적 목표들이 대부분 직무와 관련되어 있다.	①	②	③	④	⑤
	2. 내 시간의 대부분을 나의 직무에 할애하고 있다.	①	②	③	④	⑤
	3. 내 인생에서 일어난 가장 중요한 일들은 내 직무와 관련되어 있다.	①	②	③	④	⑤
	4. 나의 직무는 내 인생에서 중요하다고 생각한다.	①	②	③	④	⑤
	5. 나의 직무는 나의 능력을 활용할 수 있는 기회라고 생각한다.	①	②	③	④	⑤
	6. 나의 직무 속에서 즐거움과 행복을 느낀다.	①	②	③	④	⑤
	7. 여가시간보다 일을 할 때가 더 재미있다.	①	②	③	④	⑤
	8. 나의 직무에 매우 몰두하고 있으며, 대부분의 관심사도 직무이다.	①	②	③	④	⑤
	9. 나의 직무는 나와 떼려야 뗄 수 없는 관계이다.	①	②	③	④	⑤
	10. 나의 직무에 싫증을 느낀다.	⑤	④	③	②	①
직무책임감	11. 내가 한 일에 대해서는 기꺼이 책임을 진다.	①	②	③	④	⑤
	12. 공동업무에서 동료들의 일도 떠맡을 수 있다.	①	②	③	④	⑤
	13. 나의 일처리는 동료나 학생의 요구를 해결하는 데 도움이 된다.	①	②	③	④	⑤
	14. 동료나 학생들이 무엇을 원하는지 잘 알고자 하며, 그들을 만족시키려고 노력한다.	①	②	③	④	⑤

출처: 민경화(2021). 평생교육 교수자의 교수활동에서 감정소진이 직무몰입과 이직의도에 미치는 영향관계 연구. 백석대학교 기독교전문대학원 박사학위논문.

표 7-8 조직몰입 점수 기록하기

구분	점수산출	평균점수
직무애착 및 중요성	총 획득점수(　　　)/10	
직무책임감	총 획득점수(　　　)/4	

① 직무몰입의 개념

인적자원의 중요성이 강조되면서, 조직에서는 구성원들이 자신의 직무에 대한 주도성과 적극성을 갖느냐 하는 것은 조직의 한 구성원으로서 중요한 의미가 있다. 직무몰입(job involvement)은 이를 설명하기 위한 중요한 하나의 개념이다(안지선, 2011). 즉, 직무몰입이란 개인이 자신의 일을 심리적으로 동일시하거나, 일의 중요성을 심리적으로 자신과 동일시할 만큼 강하게 느끼는 정도이다(Lodahl & Kejner, 1965). 직무몰입의 연구는 알포트(Allport, 1945)의 자아관여로부터 시작되었으며, 정의를 '내면 속 지위추구에 관한 동기를 찾으려고 몰두한 상태'라고 정의하였고, 이후 두빈(Dubin, 1956, 1958)은 직무몰입에 대해 '개인의 욕구충족을 위해 직무가 주요 공급원이 되는지에 인식 정도'로 정의하고 있다.

따라서 직무몰입은 직무에 열중하거나 가치가 있는 중요한 일에 자신의 기분이나 감정상태가 심각하게 영향을 받는 경우를 의미하며, 직무몰입도가 큰 사람은 직무의 성공 정도에 따라 극단적인 만족감을 느끼거나 불만족을 경험하게 된다(이문희, 2011). 그러나 몰입도가 낮은 사람은 유사한 직무 상의 경험이라 할지라도 더욱 낮은 정도의 만족과 불만족을 경험하게 된다(정영송, 2000).

② 직무몰입의 요인

직무몰입은 직무의 태도로써 조직에 대한 몰입과는 분명하게 구분되는데 개인이 직무에 몰두하는 것과 직무에 대한 개인의 심리적 일체감을 직무몰입이라고 하며, 직무몰입의 특징은 안정적이라는 것이다(강신형, 2019). 직무몰입은 상황적 특성에 의해서 영향을 받기는 하지만 개인의 주관적인 심리에 의해 영향을 많이 받기 때문에 직무 만족처럼 쉽사리 변하지 않는다는 특징을 지닌다(강신형, 2019; 이용엽, 2012).

직무몰입(job commitment)은 한 개인이 자기 일에 심리적으로 일체감을 느끼거나 또는 자신의 전체 이미지 속에서 작업의 중요성에 심리적인 일체감을 느끼는 정도이다(Lodahl & Kejner, 1965). 직무몰입은 개인적 요인, 상황적 요인 그리고 개인적 요인과 상황적 요인의 상호작용에 의해 결정된다는 관점 등 연구자들에 따라 다양하게 구분하고 있다.

이러한 직무몰입에서 조직특성, 직무특성, 개인특성 등으로 인해 발생하는 직무스트레스는 직무소진의 부정적인 영향으로 이직의도를 높이는 계기가 되고 있다. 이를 전략적으로 예방하여 직무소진을 해소하고 직무만족도를 높인다면 직무에 대한 몰입도가 높아지고 이직의도를 해소할 수 있다.

(3) 이직의도

표 7-9 이직의도 파악하기

다음은 이직의도에 관한 질문입니다. 각 문항의 해당란에 ✔표 해 주십시오.

내용	전혀 그렇지 않다	그렇지 않다	그저 그렇다	그렇다	매우 그렇다
1. 나는 새로운 일을 하고 싶다.	①	②	③	④	⑤
2. 나는 가끔 이 직업을 그만두고 싶다는 생각을 하곤 한다.	①	②	③	④	⑤
3. 나는 기회가 된다면 이 회사를 떠나고 싶다.	①	②	③	④	⑤
4. 나는 기회가 된다면 동종업체로 옮기고 싶다.	①	②	③	④	⑤
5. 만일 다시 회사를 선택한다면 우리 회사를 선택하지 않을 것이다.	①	②	③	④	⑤

표 7-10 이직의도 점수 기록하기

구분	점수산출	평균점수
이직의도	총 획득점수( )/5	

① 이직의도의 개념

이직은 조직으로부터 금전적 보상을 받는 조직원이 조직에서 자신의 자격을 마무리 짓고 떠나는 것을 말한다(Mobley et al., 1978). 이직은 자발적 이직(Voluntary Turnover)과 비자발적 이직(Involuntary Turnover)으로 구분된다. 자발적 이직은 조직원이 의사에 따라 고용 관계를 종결짓는 것을 의미하며 비자발적 이직은 해고, 고용조정, 정년퇴직, 사망 등 조직원의 의사와 상관없이 이루어지는 이직을 의미한다. 이직률 감소를 위해 좀 더 관심을 두어야 하는 것은 자발적 이직이다(김원경, 1984). 자발적 이직은 조직원 개인이 이직을 통해 더욱 나은 조건의 직장으로 이동하게 하거나 또는 자신이 원하는 직종에서 더욱 능력을 발휘할 기회를 제공하여 자신의 경력개발 및 자기발전의 기회를 제공한다(박상수, 2012).

그러나 현실에서 대부분의 종사자는 과도한 직무스트레스로 현재 직장에 만족하지 못하여 업무에 몰입하지 못해 이직의도를 갖게 된다(김양신, 2013).

이직의도란 행동으로 나타난 결과가 아니라 장차 행동으로 나타날 수 있는 가능성을 의미한다(조효재, 2015). 라울러(Lawler, 2001)는 이직의도를 직무만족에 대한 반응으로 현 직장에서 다른 직장으로 옮기려는 의도로 정의하였고(조효재, 2015), 아이버슨(Iverson, 1992)은 조직구성원이 조직을 자발적으로 떠나려는 것으로 조직을 떠나거나 옮기려는 행위, 다른 직장 탐색, 이직을 생각하는 행위 등을 모두 포함하는 개념이라고 하였으며, 이직의도가 있다고 해서 모두 이직하는 것은 아니지만 이직의도가 이직으로 이어질 개연성이 높기 때문에 이직을 예측하는 데 있어서 중요한 관찰 변인이 될 수 있다(박춘신, 2012).

② 이직의도의 요인

이직의도는 조직구성원 자신들에게 주어진 업무에 대한 성취감과 사기를 저하하고, 결과적으로는 조직발전에 부정적 결과를 가져다주는 요인이지만 이직의도는 조직의 효과성에 영향을 미치는 부정적 요인을 줄이기 위한 주요 예측 도구로 활용될 수 있다는 측면에서 중요하다(김병한, 2017).

코튼과 터틀(Cotton & Tuttle, 1986)은 이직의 원인변수를 크게 직무 관련 요인, 개인특성 요인, 외부환경 요인으로 나누고 있다(조효재, 2015; Cotton & Tuttle, 1986). 직무 관련 요인으로는 임금, 업무성과, 직무만족도, 직무명확성, 직무반복성, 직무 자체에 대한 만족도, 감독자에 대한 만족도, 동료에 대한 만족도, 승진 기회에 대한 만족도, 조직충성도 등이 있다(조효재, 2015). 개인특성 요인은 나이, 근속연수, 성별, 건강, 교육, 결혼, 부양가족 수, 적성 및 능력, 기대감에 대한 만족도가 있고 외부환경 요인은 고용에 대한 의지, 실업률, 취업가능성률, 노동조합의 유무 등이 있다(방병문, 2013).

PART 3

평생교육방법과 교수체제설계

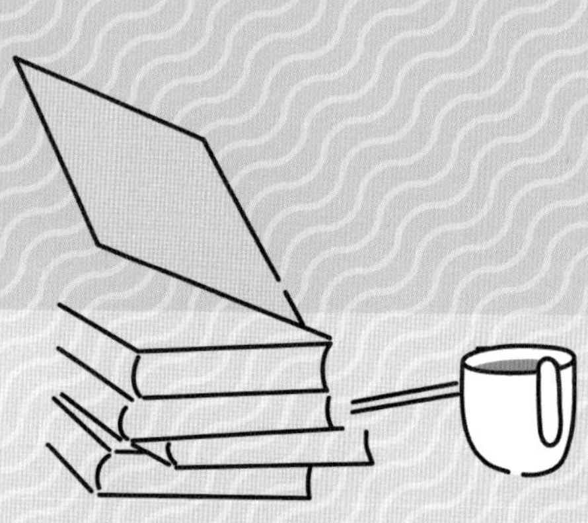

Chapter

08 평생교육방법 및 평가

배울내용

1. 평생교육 교수자의 개념과 역할
2. 교수역량의 개념과 구성요소
3. 효과적인 교수 · 학습방법
4. 평생교육 평가

학습목표

1. 평생교육 교수자의 개념을 이해한다.
2. 평생교육 교수자의 역할을 설명할 수 있다.
3. 교수역량의 개념과 구성요소를 이해하고 평생교육 교수자가 갖추어야 할 역량을 숙지한다.
4. 효과적인 교수 · 학습방법들을 숙지한다.
5. 학습성과에 대한 이해를 바탕으로 성인학습자의 학습평가 방안을 모색해 본다.

1. 평생교육 교수자의 개념과 역할

1) 평생교육 교수자의 개념

평생학습에 참여하는 성인학습자의 양적인 증가 추세에 못지않게 평생교육 교·강사의 수도 증가함에 따라 평생교육의 질적 제고를 위해서는 성인학습자의 학습활동에 중요한 역할을 담당하는 평생교육기관 교·강사의 개념과 역할을 인식할 필요성이 증가하고 있다. 왜냐하면 평생교육 교·강사는 성인학습자의 성과에 영향을 미치고 그 효과가 매우 크기 때문이다(김윤아, 2019). 이러한 평생교육에 참여하는 교·강사를 지칭하는 용어는 교수 또는 교사, 강사 그리고 촉진자와 코치 또는 멘토, 튜터, 컨설턴트 등 시대의 흐름과 학자들에 따라 다르게 지칭되었고, 또한 평생교육 강사, 평생교육 교수자, 성인교육자, 평생교육자, 사회교육자, 사회교육 전문요원, 성인교육 지도자, 평생교육 담당자, 성인교육 담당자 등 다양한 용어로 지칭되고 있다(박명신, 2014; 최세이, 2021; 최운실 외, 2005).

서양에서는 계속교육 담당자(continuing educator), 평생교육자(lifelong educator), 성인교육 담당자(adult education practitioner), 성인교육자(adult educator), 성인교육강사(adult education lecturer) 등 다양한 용어가 사용되고 있다(전영기, 2017). 이렇듯 평생교육에 참여하는 교·강사의 명칭이 다양한 이유는 광범위한 평생교육기관의 형태와 교육 영역, 교육법령 등의 변천에 따라 다양하게 지칭되기 때문이다(나항진 외, 2011).

평생교육 교수자에 대한 명칭이 다양하듯, 평생교육 교수자에 대한 개념도 연구자의 관점에 따라 다양하게 정의된다. 평생교육 교수자는 성인학습자들이 더욱 발전하고 성장할 수 있도록 교육활동을 지원하고 제공해 주는 자로, 해당 분야의 주제에 대해 가르치는 교수자이다. 이러한 평생교육 교수자는 다양한 영역에서 성인학습자들이 전문적, 사회적인 영역에서 발전하고 성장할 수 있도록 교육활동을 지원하고 제공하는 전문적인 교수자이다. 또한 평생교육 교수자는 해당 분야의 전문지식 및 교수 능력을 바탕으로 학습을 촉진하고 동기를 부여하며, 상담과 학습의 변화를 촉진하는 멘토로서 프로그램을 기획, 관리, 운영하며, 학습자의 학습활동을 지속적으로 지원 및 촉진하는 평생교육 전문가이다(김미정, 안영식, 2017; 정주영, 2012).

종합해 보면, 평생교육 교수자는 학습자에 대한 이해와 교수능력을 바탕으로 교수활동을 수행하는 자로 성인학습자가 발전하고 성장할 수 있도록 다양한 영역에서 학습활동을 지원하고 제공하는 전문가이며, 다양한 평생교육기관에서 해당 분야의 전문성을 바탕으로 성인학습자의 학습활동에 관여하는 자로 성인학습자의 성장을 지원하고 촉진하는 전문가라고 할 수 있다(유수란 외, 2018).

따라서 평생교육 교수자는 다양한 평생교육 프로그램 영역에서 학습자에 대한 이해와 전문성을 바탕으로 교수능력을 가지고 성인학습자의 학습활동 전반을 지원하는 촉진자로 정의할 수 있다.

2) 평생교육 교수자의 역할

평생교육기관의 교수자들의 역할은 일차적으로 교육자로서보다는 콘텐츠 전문가로 경력이 시작되고 있어 성인들을 대상으로 수업활동을 하는 교수자들은 수업을 비판적으로 반추해야 할 필요가 높다(기영화, 2003; Cranton, 1992; Pratt, Arseneau & Collins, 2001). 평생교육 교수자는 지식을 전달하는 능력뿐 아니라 해당 분야에 대한 전문가로서 정보와 개념, 관점을 학습자에게 효과적으로 전달하여 학습을 촉진하고 지적 희열과 가치를 전달하는 역할이 필요하다. 또한 학습자들에게 적합한 교육방법이 무엇인지를 올바로 파악하는 것이 중요하다(김종표, 이복희, 2013). 이에 국내외의 다양한 학자들이 제시한 평생교육 교수자의 역할을 살펴보면 다음과 같다(최세이, 2021).

학습의 관리자로서 교수자의 역할을 제시한 로저스(Rogers, 1996)는 교수자는 학습을 통해 학습집단의 변화를 주도하고, 촉진하는 사람이며, 조직의 리더로서의 역할과 기획자로서의 역할을 수행한다고 하였다(손성화, 2021). 성인학습의 특성을 고려하여 성인교육자의 역할을 분류하여 제시한 크랜턴(1992)은 학습유형에 따라 성인교육자의 역할이 요구된다고 하였다. 타자주도적인 학습형태에 따라 전문가, 계획자, 교수자의 역할이 요구되며, 자기주도형 학습형태에 따라서는 촉진자, 자원인사, 학습관리자, 모델의 역할이 요구된다. 또한 상호변혁형의 학습형태에 따라 멘토, 공동학습자, 개혁자, 성찰적 실천자, 연구자의 역할이 요구된다고 하였다(권두승 외, 2016). 이멜(Imel, 1999)은 평생교육 관련 문헌 분석을 통해 평생교육자는 교사, 교수자, 조성자, 촉진자, 자문가, 중개자, 변화 촉진자, 멘토의 역할을 담당한다고 제시하였다(정주영, 2012).

평생교육 강사의 역할과 직무에 관한 선행연구 분석을 통해 김영화 등(2007)은 평생교육 강사는 전문지식과 성인학습자에 대한 이해, 그리고 프로그램 개발과 교재·교구 개발 및 활용, 교수능력, 학습자 평가와 학습상담의 역할을 구분하여 제시하였다. 평생교육에서 교수자의 역할은 학습자와 상호작용을 촉진하는 촉진자의 역할, 진단자의 역할, 멘토의 역할과 함께 사회적으로 영향을 미치는 개혁자의 역할까지 확장되었다(박보경, 2009). 이러한 성인학습자를 대상으로 하는 교수자는 교육목표의 효율적인 달성뿐만 아니라 감동, 감화까지 이끌어 내는 역할을 담당한다(김진한, 2010). 또한 평생교육 분야의 전문성과 다양한 교수방법을 통해 평생학습자를 길러 내는 역할을 수행한다(김미정 외, 2017).

이렇듯 국내·외 연구자들이 제시한 평생교육 교수자에게 요구되는 역할은 연구자의 관점에 따라 단순 강사의 역할에서부터 전문성을 갖춘 교수자의 역할까지 다양하게 제시하고 있음을 알 수 있다. 평생교육 교수자는 정규교육처럼 정해진 대상에 따라 교육내용을 진행하는 것이 아니라, 다양한 특성을 가진 성인학습자를 대상으로 효과적이고, 효율적으로 학습이 이루어질 수 있도록 역할을 담당한다. 이에 다양한 평생교육기관에서 성인학습자의 학습활동에 관여하는 평생교육 교수자는 성인학습자의 이해를 바탕으로 학습자의 성장을 지원하고 촉진하는 역할이 요구된다.

종합하면 평생교육 교수자는 성인학습자의 학습의 효율성과 효과성을 높이기 위해 성인학습자에 대한 이해와 전문성을 바탕으로 교육에 대한 기획자의 역할, 진행자의 역할, 관리자의 역할, 지원 및 촉진자의 역할을 수행한다고 할 수 있다(최세이, 2021).

2. 교수역량의 개념과 구성요소

효과적인 교수학습 과정은 무엇보다 교수자의 교수역량에 의해 좌우된다. 교수역량에 대한 일반적인 정의는 교수자가 교수 행위를 위해 갖추고 있는 지식, 기술, 태도 등 교수학습 상황에서 나타나는 능력들의 총체라고 볼 수 있다. 이러한 교수역량(teaching competency)은 교수자의 가르침이 일어나는 곳에서 형성되는 복잡한 활동과 관련이 있으며, 시대적 흐름과 사회 환경변화, 교육목적 및 목표에 따라 학자마다 다양하게 정의된다(강경희, 박선희, 2017; 노정진, 2018; 손성화, 2021; 이현영 외, 2012).

잘 가르치기 위한 교수자의 교수에 대한 지식 및 기술은 교육공학 영역뿐 아니라 교육이 이루어지는 모든 영역에서 관심을 두는 부분이다. 특히 평생교육 교수자의 교수역량은 평생교육의 질과 직결되는 문제이며, 평생교육의 성공과 발전을 담보하는 중요하고 필수적인 요건이라 할 수 있다(박경희 외, 2016). 따라서 학습수준과 프로그램 내용에 따라 요구가 다양한 성인학습자의 효과적인 학습을 위해서는 교수자의 특별한 교수역량이 요구된다(김미영 외, 2016).

평생교육은 누구나 배울 수 있고 누구나 가르칠 수 있다는 이념이 전제되어 있지만, 교수능력이 없는 강사들로 인하여 교육 효과의 저하와 학습자들에게 피해를 주는 일이 많아지고 있다. 이에 김영화 등(2007)은 평생교육 강사의 전문성을 높이기 위해 평생교육 강사의 직무분석을 통해, 6개의 평생교육 강사 직무영역을 〈표 8-1〉과 같이 설정하고 있다. 이와 같은 평생교육 강사의 직무영역을 강사가 실행할 때 전문성과 수업의 질이 향상된다고 주장하였다.

표 8-1 평생교육 강사 직무영역

- 다양한 성인학습자의 특성을 이해하고 학습목표와 내용을 효과적으로 설정할 수 있도록 학습자의 요구를 파악하는 성인학습자 특성 이해 영역이다.
- 프로그램개발 영역으로 설정된 학습목표와 내용을 바탕으로 프로그램을 설계하고 학습지도안을 작성하는 영역이다.
- 수업에 활용되는 교수매체를 선정하여 제작하고, 관리하는 교재 · 교구 개발 및 활용 영역이다.
- 교수영역으로 학습자의 특성을 고려하여 교수학습방법을 선정하고 원활한 수업을 진행하는 능력인 교육환경 구성 영역이다. 이러한 교수활동을 통해 평생교육 강사는 학습자를 학습에 참여시키고 촉진할 수 있어야 한다.
- 학습효과를 측정하기 위한 평가를 실시하여 수업에 반영할 수 있는 학습자 평가 영역이다.
- 지속적인 학습활동을 위한 학습안내 및 학습동아리를 조직하는 데 도움을 주고 학습자를 관리하는 학습상담 영역이다.

정주영(2012)도 평생교육 직무분석을 통해 4개의 평생교육 교수자의 교수역량을 구분하여 제시하였는데, 구체적인 내용은 〈그림 8-1〉과 같다.

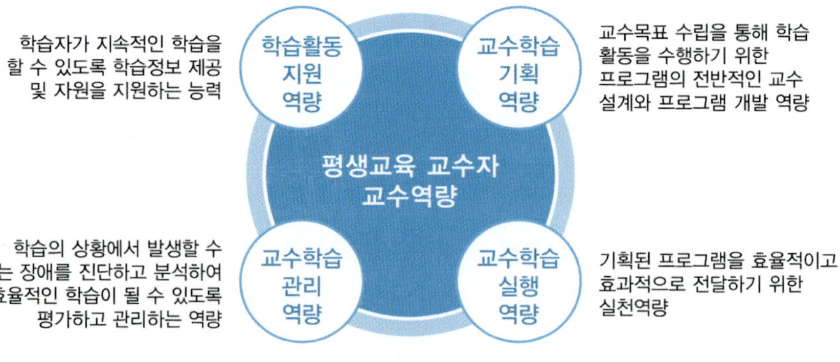

그림 8-1 평생교육 교수자의 교수역량

첫째, 교수학습 기획역량으로 교수목표 수립을 통해 학습활동을 수행하기 위한 프로그램의 전반적인 교수설계와 프로그램 개발 역량이다. 둘째, 교수학습 실행역량으로 기획된 프로그램을 효율적이고 효과적으로 전달하기 위한 실천역량이다. 셋째, 교수학습 관리역량으로 학습의 상황에서 발생할 수 있는 장애를 진단하고 분석하여 효율적인 학습이 될 수 있도록 평가하고 관리하는 역량이다. 넷째, 학습활동 지원역량으로 학습자가 지속적인 학습을 할 수 있도록 학습정보 제공 및 자원을 지원하는 능력이다. 정주영(2012)은 이와 같은 분석을 통해 평생교육 현장에서 전문성을 바탕으로 학습자의 학습활동을 효과적이고 효율적으로 지원하고 촉진하는 능력을 교수역량이라고 정의하였다.

평생교육 교수역량을 시계열적으로 분류하여 제시한 박경희와 한상훈(2016)은 평생교육 강사의 핵심 교수역량 분석을 통해 교수역량을 〈그림 8-2〉와 같이 제시하였다.

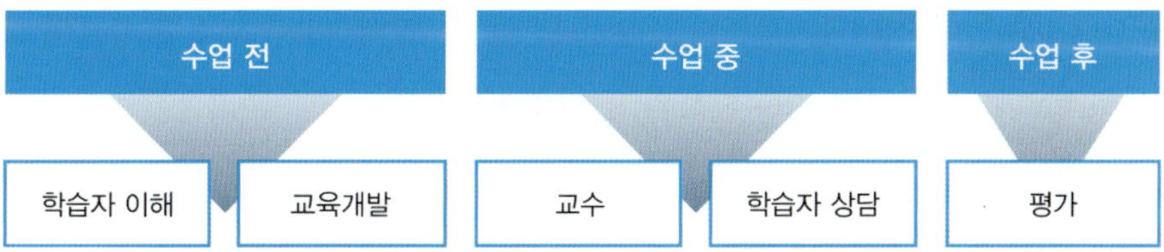

그림 8-2 평생교육 강사의 핵심 교수역량 분류

〈그림 8-2〉와 같이, 교수역량을 수업 전, 수업 중, 수업 후로 분류하여 핵심역량과 기본역량을 도출하였는데, 핵심역량의 하위요소에는 학습자 이해와 교육개발, 교수와 학습자 상담 및 평가역량이 포함되며, 기본역량의 하위요소에는 평생교육 강사의 인성과 태도를 포함하여 제시하였다. 구체적으로 평생교육 강사의 핵심 교수역량으로 수업 전에 요구되는 역량은 학습자 이해와 교육개발 역량이고, 수업 중에 요구되는 교수역량은 교수와 학습자 상담역량이다. 마지막 수업 후에 요구되는 교수역량은 평가역량이다. 이러한 5개의 각 핵심역량은 실제 평생교육 현장에서 학습자 요구 및 상황에 따라

순환적으로 요구되거나, 수업이 시작될 때 교차될 수 있다고 주장하였다.

이와 같은 맥락으로 김미영 등(2016)도 평생교육 분야에서 활동하는 성인교육자의 역량을 수업 전, 수업 중, 수업 후로 분류하여 핵심역량과 기본 공통역량을 도출하였는데, 수업 전에 요구되는 역량으로는 교수설계, 전문성 향상 역량요인이며, 수업 중에 요구되는 역량은 교수학습 진행과 교수가 포함된 역량으로 교수자의 학습 촉진자의 역할이 요구된다고 하였고, 수업 후에 요구되는 역량으로는 내용 요약 및 학습목표의 달성 정도를 확인하는 역량이라고 주장하였다. 또한 교수자가 갖추어야 할 기본 공통역량으로는 성인학습자의 특성에 대한 이해 및 학습상담, 교수자의 인성과 태도, 커뮤니케이션 역량이라고 주장하였다.

이상 선행연구를 종합해 보면, 평생교육 교수자의 교수역량은 프로그램을 설계하여 기획할 수 있는 기획역량, 성인학습자의 원활한 학습활동을 촉진하는 실행역량, 학습목표 달성 여부와 학습평가를 위한 관리역량, 성인학습자의 지속적인 학습활동을 위해 자원을 제공하는 지원역량을 포함하고 있음을 알 수 있다. 평생교육 교수자의 교수역량을 세부적으로 살펴보면 〈표 8-2〉와 같다(최세이, 2021).

표 8-2 평생교육 교수자의 교수역량

수행시기	교수역량	의미	하위요인
학습 전	기획역량	학습목표 수립을 통해 학습활동을 하기 위한 프로그램 교수설계와 개발역량	전문성, 학습자분석, 요구분석, 환경분석, 과정개발, 교재개발, 교수매체개발 및 설계
학습전반에 걸쳐 수행	실행역량	학습내용을 효율적이고 효과적으로 전달할 수 있는 교수학습 진행역량	전문성, 교수법, 매체활용, 주의환기, 동기부여, 학습촉진, 교수자 열정 등
	관리역량	학습목표 달성 정도 및 학습자 이해 평가와 프로그램 평가역량	학습진행평가, 학습목표 달성 평가, 프로그램평가 등
	지원역량	성인학습자의 지속적인 학습활동을 위해 자원을 지원하고 제공하는 역량	학습정보제공, 학습상담, 피드백, 동아리 지원, 네트워크 형성 등

선행연구를 통해 제시된 평생교육 교수자의 교수역량을 세부적으로 살펴보면 다음과 같다(최세이, 2021).

첫째, 평생교육 교수자의 기획역량은 학습목표 수립을 통해 학습활동을 하기 위한 프로그램의 전반적인 교수설계와 개발역량을 의미한다. 이와 같은 평생교육 프로그램 기획역량은 다양한 환경변화에 둘러싸여 프로그램을 수행하는 관계로 특별한 중요성을 갖는다. 또한 사회적 요구들에 대응해서 프로그램 수행의 정당성을 제시하기 위해 합리적으로 기획되어야 한다(이복희, 유인숙, 2020). 이러한 프로그램 개발은 성인학습자의 특성과 이해가 선행되어야 하며, 가르치고자 하는 내용에 적합한 프로그램을 설계할 수 있어야 한다. 즉, 프로그램 개발 역량인 기획역량은 성인학습자의 특성을 반영한 요구분석이 이루어져야 함을 시사한다.

둘째, 평생교육 교수자의 실행역량은 교수학습내용에 대한 전문성과 학습내용을 효율적이고 효과적으로 전달하기 위한 교수법 적용 및 교수자의 프레젠테이션 역량 등 교수학습 프로그램을 실천할 수 있는 역량이 포함된다. 이러한 평생교육 교수자의 실행역량은 기획된 프로그램을 효과적으로 실행할 수 있는 역량을 의미한다. 특히 이론과 실제를 겸비한 학습자중심의 교육이 되기 위해서 다양한 교수전략이나 교수법을 실제로 시연해 볼 수 있는 기회를 확대하여 교수역량을 강화할 필요가 있다(진성희, 2010). 다시 말해 평생교육 교수자는 학습내용에 대한 명확한 이해와 전문적 지식을 바탕으로 교수 매체를 활용한 원활한 학습진행 및 학습자와 상호작용할 수 있는 다양한 교수전략을 실행하는 역량이 요구된다.

셋째, 평생교육 교수자의 관리역량은 학습활동을 하는 과정에서 발생할 수 있는 장애를 진단하고 분석하여, 성인학습자의 학습목표 달성 정도 및 프로그램을 평가하는 역량이다. 강훈 등(2016)은 성인교육자의 핵심역량 도출과 수준분석에서 교육목적 달성의 정도와 진행상의 장 · 단점, 보완계획 등 프로그램을 전반적으로 분석하고 평가하는 역량을 도출하였다. 이와 같이 교수자의 관리역량은 평생교육 프로그램의 환류와 질 관리를 위해 공정하게 수행되어야 할 역량이다.

넷째, 평생교육 교수자의 지원역량은 성인학습자의 지속적인 학습을 위해 자원을 지원하고 제공하는 역량이다. 즉, 성인학습자에게 맞춤형 학습정보 제공과 학습효과를 극대화하기 위한 사회관계망 구축 및 네트워크망을 구축하여 학습자의 역량개발을 지원하고 지속적인 학습을 실천할 수 있도록 지원하는 역량을 의미한다. 김윤아(2019)는 평생학습 자원 활용, 동아리 구성 및 운영지원, 진로정보 제공 등과 같은 성인학습자의 생애학습상담은 성인학습자의 개인적 자본의 만족을 높여 궁극적으로 평생학습 참여 성과에 대한 효과성을 향상한다고 하였다. 이러한 환경과 자원을 관리하는 등의 교수자의 능력은 교수학습 활동을 안정성 있게 수행할 수 있게 한다.

교수 · 학습 과정에서 수행되는 교수역량은 교육의 수요자인 학습자 관점에서 학습효과를 증진시키기 위한 교수자의 교수수행능력이며, 이는 학습자가 지각하고 인식한 교수수행능력일 때 더욱 극대화될 수 있다. 특히 성인학습자들이 교수자의 어떠한 교수역량에 더욱 민감하게 반응하는지를 고려하는 것은 평생교육의 질적 향상을 위해서 매우 중요한 일이라고 할 수 있다(최세이, 2021).

3. 효과적인 교수 · 학습방법

평생교육에서 학습전략이 포함된 효과적인 교수방법이 학급내 여러 가지 원인의 학습문제해결에 적절한 도움을 주기 위하여 개발되어 왔다. 그중에서도 오랜 기간 동안 효과적이고 유용한 교수방법으로서 많이 연구가 된 8가지 교수법으로는, 즉 개별화 교수법, 소집단 협동학습, 연습 및 반복학습, 설명식 수업, 토론식 문제해결중심 학습, 또래지도학습, 직접교수, 사례중심학습이 있다. 이들 각각의 교수법은 과목의 특성과 과제내용과 교사의 선호도 등의 태도에 따라 독립적인 방법과 병합된 방법으로 사용할 수 있다. 예를 들어, 협동학습은 문제해결학습 과제나 학습과제에 위계성이 있을 경우 경쟁학습보다 효율적으로 활용할 수 있다. 지금까지 연구와 효과성이 검증된 8가지 교수·학습방법에 대해 살펴보면 다음과 같다(정애라, 2015).

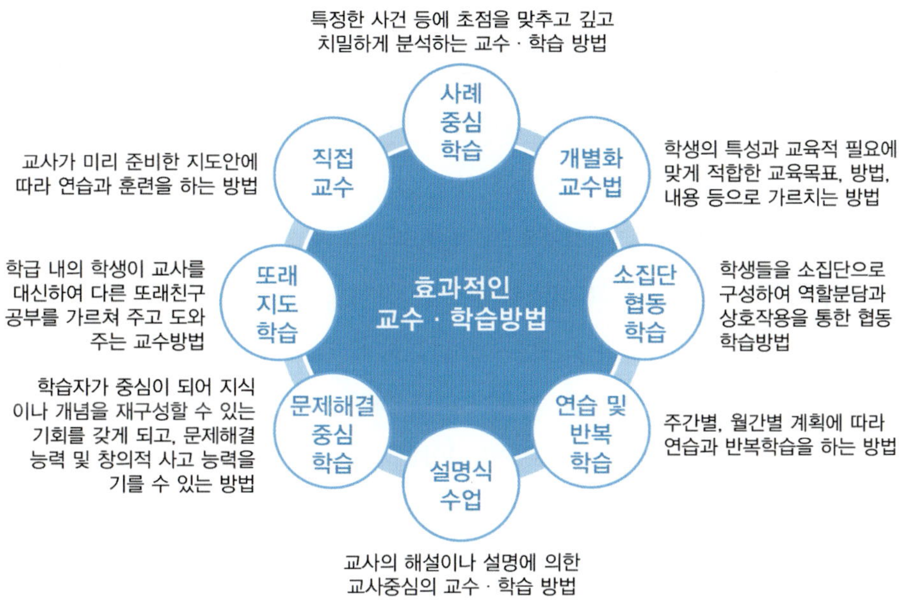

그림 8-3 효과적인 교수·학습방법

1) 개별화 교수법

개별화 교수법은 각 학생의 특성과 교육적 필요에 맞게 적합한 교육목표, 방법, 내용 등으로 가르치는 방법이다. 교육학용어사전(1995)에 의하면, 전통적으로는 교사 1명이 학생 1명을 대상으로 한 개별교수나 수업의 상황이었으나 공교육 정신에 따라 교육의 규모가 점차 증대하게 되어 1대 1 관계에 의한 개별교수는 어려워지게 되었고 오늘날 이질적인 학생을 한 교실에 수용하여 교육하는 다인수 학급의 형태가 일반화되었다.

하지만 개별교수의 이상이 사라진 것은 아니며, 다인수 학급의 상황에서 일제수업(획일수업)을 하면서도 수업의 개별화를 기하기 위한 여러 가지 방법이 개발되고 있다. 첫째는 일제교수를 하면서 학습부진아와 우수아에 대해서는 개별적인 특별지도를 하는 식으로 일제교수와 개별교수를 병행하는 형태이며, 둘째는 능력별 학급편성을 통한 방법이며, 셋째는 능력별 편성을 변형한 것으로서 능력별 · 진도별 학급편성을 통한 교수의 개별화이다. 이는 능력에 따른 학급편성을 함과 더불어 학급의 계통에 따라 진도를 달리하는 것이다. 넷째는 능력별로 편성하되 지망계통에 따라 목표수준을 달리하고 방법도 달리하는 형태이다. 마지막으로 위네트카 플랜(Winnetka Plan)에서 볼 수 있듯이 일제 학급식의 편제를 버리고 전통적인 개별교수의 형태를 취하는 방법이다.

개개인의 특성을 고려하고 그러한 특성에 반응하는 수업의 방법으로 개별처방 수업체제, 개별적 안내교육, 학습자 요구 부응 수업체제, 개별적 교수체계, 적성처치 상호작용, 통합학습체제, 개별처방수업, 적응적 학습 환경 모형, 개별적 안내교육, 요구부응학습프로그램, 완전학습체제 등 학생들의 다양한 특성을 고려한 교육방법 등 개별화의 방향과 방법은 다양하게 제안되고 있다(손승현, 2008).

2) 소집단 협동학습

소집단 협동학습은 학생들을 소집단으로 구성하여 역할분담과 상호작용을 통한 협동학습 방법이다. 슬래빈(Slavin)이 정의한 협동학습이란 학습의 능력이 상이한 학생들이 합의된 동일한 학습목표를 향하여 소집단 모둠 내에서 함께 활동하는 수업방법이다. 협동학습은 모둠학습(group learning)의 일종이지만 서로 구분된다. 즉, 학생을 몇몇 모둠으로 나누고, 각 모둠에 학습과제가 주어지고, 모둠원이 주어진 과제를 함께 완수하는 과정을 모둠학습이라고 한다. 이와 같이 모둠학습이 모두 협동학습은 아니다. 모둠학습으로서의 협동학습에서는 모든 모둠원이 동시에 상호작용하고, 모둠 안의 개인 대 개인 사이의 대화가 동등하게 이루어지며, 축구에서 축구 선수들과 같이 상호 간에 의존하고, 그리고 학습의 결과에 대하여 모둠원 모두 책임을 가지게 된다. 중 · 고등학교에서 흔히 적용하는 협동학습은 학생들이 서로 협력하고 적극적으로 상호작용하는 교수 · 학습 과정을 총칭한다(김경태, 2010).

또한 다양한 협동학습 유형은 집단구성 방법, 보상구조 모둠조직 방식에 따라 서로 다른 특징과 장단점을 가지지만 협동학습 모형들의 공통적인 특징은 〈표 8-3〉과 같다.

표 8-3 **협동학습 모형들의 공통적인 특징**

- 협동학습에서 집단구성은 이질적 집단으로 구성된다.
- 집단구성원 간에 대면적 상호작용이 존재한다. 이는 구성원 간 심리 · 정서적으로 밀접하게 상호작용함을 의미한다.
- 모둠 구성원 사이의 긍정적 상호의존성이 있다.
- 협동학습은 집단활동의 과정을 매우 중요시한다.
- 협동학습은 모둠 구성원 간 협력을 강조한다.
- 협동학습은 개별적 책무성을 가진다.

3) 연습 및 반복학습

연습 및 반복학습이란 주간별, 월간별 계획에 따라 연습과 반복학습을 하는 방법이다. 이러한 반복학습은 학습태도에 영향을 미친다고 할 수 있다. 그리고 새로 학습되어질 단원에 이미 경험이나 지식을 갖고 있을수록 새로운 것을 학습하는 과정에서 받는 저항이 적어 학습내용의 습득이 수월하게 전개되고 이로써 짧은 시간에 목표한 학습수준에 도달할 수 있게 된다(김유진, 2010).

인간의 기억은 감각기억, 단기기억, 장기기억으로 나누어지며, 이들 중에서 공부한 학습정보를 궁극적으로 저장해야 하는 기억 장소는 바로 장기기억인데, 인간의 오감을 통해 매 초당 들어오는 수많은 정보 중에서 실제 필요한 정보를 선택적으로 기억하고 이를 반복 기억하여 결국 장기기억으로 전환시키기 때문이다. 따라서 학습에는 반드시 반복기억의 과정이 있어야 한다(김소연, 2010).

에빙하우스(Ebbinghaus)는 '인간의 기억은 시간의 제곱에 반비례 한다'는 실험결과를 바탕으로 감소되는 기억을 영구히 보존하는 장기기억으로 전환하기 위해서는 망각곡선의 주기에 맞추어 적절한 시점에 반복학습을 해 주어야 한다고 주장하였다.

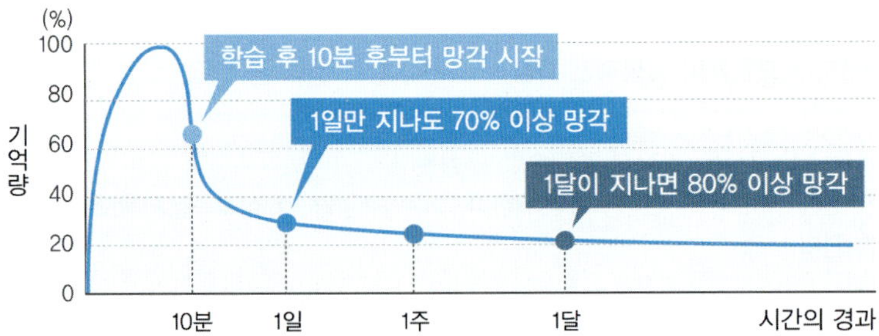

그림 8-4 에빙하우스의 망각 곡선

또한 김경란(2010)은 학습한 내용을 잊지 않고 장기 기억화시키기 위해서는 10분 후 복습, 1일 후 복습, 1주일 후 복습, 한 달 후 복습이 반드시 필요하다고 주장한다. 따라서 망각으로부터 기억을 유지하는 효과적인 방법은 주기적인 복습이며 어느 시점에 복습하는지에 초점을 두어 복습하는 주기가 매우 중요하다.

4) 설명식 수업

설명식 수업은 교사의 해설이나 설명에 의한 이루어지는 교사중심의 교수 · 학습 방법이다. 설명식 수업은 전통적인 강의식 수업을 의미하며, 설명식 수업은 짧은 시간에

넓은 범위의 정보를 다량으로 전달할 수 있다는 장점을 지닌다.

이러한 강의는 단원을 소개할 때, 명확하게 이해시키려고 할 때, 과학적 용어를 정의할 때, 읽기 수준이 낮은 학생들에게 많은 정보를 주려 할 때 등에 적용하면 효과적이다. 또한 강의는 다수를 다루는 경제적 수업으로서 그 효과는 학생들의 선행지식을 참고하여 논리적으로 제시할 때 극대화된다.

강의중심 교수·학습의 일반적 절차에 대해서 에겐과 카우착(Eggen & Kauchak, 2006)은 소개-제시-이해점검-통합-검토 및 끝내기의 순서로 진행을 하고, 강의의 첫 번째 단계에서는 학생들의 동기를 유발하며 강의의 내용을 소개한다고 하였다. 강의의 전개는 여러 가지 시청각 기자재를 이용하여 수업의 내용을 진행되는 과정에서 학생들이 이해한 정도를 점검하고 그들의 선행지식이 분화된 정도를 확인한다. 형식적 강의에서는 주요 개념을 될수록 상세하게 말하여 강의의 내용을 평서문으로 요약하고, 대화식 강의에서는 질문으로 요약한다. 강의의 끝부분에서는 핵심적 내용이나 일반화로 강의의 내용에 관한 결론을 내린다.

5) 토론식 문제해결중심학습

토론식 문제해결중심학습은 직접교수 모형과 달리 학습자가 중심이 되어 문제를 해결해 가는 과정을 통해서 지식이나 개념을 재구성할 수 있는 기회를 갖게 되고, 문제해결능력 및 창의적 사고 능력을 기를 수 있다. 수업절차는 도입-문제제시-문제해결-발표 및 토의-정리의 수업모형으로 문제해결단계를 간단히 소개하면, 탐구성-문제해결을 위한 하위 목표 검토-하위 목표해결을 위한 과제의 규명과 분담-학습 자료의 선정, 수집, 검토-주어진 문제 재검토-가능한 해결 방안 모색(브레인스토밍 정교화)-해결 방안 결정 및 보고서 작성 등을 적용하게 된다(교육과학기술부, 2012).

문제해결학습은 정해진 교재에만 국한되지 않으므로 특수교육 환경에서 학습자의 발달 수준과 심리적 단계에 따라 개별적으로 학습되기 때문에 흥미를 갖고 학습활동에 참여시킬 수 있으며, 배운 내용을 직접 실생활에 적용할 수 있도록 유도할 수 있다. 반면 문제해결학습은 체계적이고 조직적인 학습능력이 요구되고 수업상황이 어수선할 경우 일관성이 있는 학습지도가 곤란하다. 또한 문제해결학습을 통하여 학문적인 지식을 단시간 내에 습득하기가 어렵다는 단점도 있어 인지능력이 낮은 학생에게 제시하기에는 다소 무리가 따를 수 있다. 그러나 학습자의 발달수준과 심리적 단계에 따라 개별적으로 학습되기 때문에 학습자의 흥미를 끌 수 있는 학습과제를 갖고 문제해결학습을 적용시키면 학습자의 학습참여 활동을 증진시킬 수 있으며, 배운 내용을 직접 실생활에 적용할 수 있도록 유도할 수 있는 장점이 있다(권순황, 2008).

6) 또래지도 학습

또래지도는 학급내의 학생이 교사를 대신하여 다른 또래친구의 공부를 가르쳐 주고 도와주는 교수방법이다. 즉, 또래교수는 학습능력이 떨어지는 학생에게 개별화된 교수를 실시함으로써 또래교수자와 또래학습자 모두 학습내용을 쉽게 이해하게 할 수 있다. 교사보다 또래 간에 더욱 친근감을 갖기 때문에 원활한 의사소통을 통해 학업성취를 이룰 수 있다. 그리고 학습이해 속도가 느린 학습자는 친근한 또래교수의 개별적인 관심으로 심리적 안정을 얻을 수 있다. 또한 다인수 학급 수업에서의 교사 부담을 줄여주고 학생들은 교사의 입장을 이해하게 된다. 또래교수는 수업의 일부 또는 전체 수업에 사용될 수 있으며, 모든 학습내용에도 사용될 수 있다. 또래전략을 실시할 때는 학생들에게 특별한 지침과 같은 충분한 준비를 통해 긍정적 효과를 기대할 수 있다(김선정, 2013).

또래교수의 대표적 유형은 다음과 같다. 첫째, 상호적 또래교수(reciprocal peertutoring)는 학업능력이 비슷한 같은 연령의 학생끼리 지식을 전달하는 또래 교수자와 이를 받아들이는 또래학습자 역할을 교대로 수행하여 학습하는 교수전략이다(Fantuzzo et al., 1990). 둘째, 학급전체 또래교수(classwide peer tutoring)는 학급구성원 전체가 또래교수에 참여하는 것이다. 학급전체 또래교수(CWPT)는 동년배의 학생들을 대상으로 학급단위로 실시하며, 성별 및 기능 수준 간의 차이가 있는 학생들에게 적절하게 활용할 수 있다(Buttler, 1999). 셋째, 학급전체 또래교수팀(classwidepeer tutoring teams)는 학급전체 또래교수에 토너먼트식 학습을 접목시킨 것이다(Utley et al., 1997). 토너먼트식 학습은 협력학습의 원리로 3~5명의 학습능력이 다른 학생이 한 팀이 되어 소그룹을 형성하고 팀별로 경쟁을 하는 학습방법이다.

7) 직접교수법

직접교수법은 교사가 미리 준비한 지도안에 따라 연습과 훈련을 하는 방법이다. 직접교수법은 미국에서 불리한 교육환경에 처한 학생들을 효율적으로 지도할 수 있는 교육방법을 개발하는 과정에서 얻은 결과로, 직접교수법이 교육학에 본격적으로 도입된 것은 1970년대 중반 이후라고 할 수 있다. 직접교수법이란 교사가 학생에게 새로운 개념이나 기술을 설명하고 교사의 지시에 따라 연습하게 하여 학생의 이해 정도를 파악하고 교사의 지도하에 계속 연습하도록 하는 교수 형태로써 문제해결을 위한 전략을 가르치거나 추상적인 사고 작용을 지도할 때, 또는 창의성을 지도할 때 적용할 수 있다.

다시 말해 교사가 무엇을 어떤 위계로 가르칠 것인지 결정한 후 학생에게 단계별로 자세히 설명을 해 주고 시범을 보이며, 질문을 통해 점검한 후 끊임없는 연습과 피드백의 제공을 통해 궁극적으로는 학생 스스로 활동하도록 하는 교수방법이라고 할 수 있다. 직접교수법의 교수 · 학습 단계는 다섯 단계로 나누어 안내–예시–시범–교사 보조 활동–학생 독립활동으로 진행된다(권순황, 2008).

8) 사례중심 학습

사례중심 학습은 사례를 중심으로 지도하는 방법으로 크게 사례연구법과 사례분석법이 있다. 사례연구법은 특정한 사건 등에 초점을 맞추고 깊고 치밀하게 분석하는 교수·학습 방법이다. 사례분석법은 토론식 수업을 성공적으로 유도할 수 있는 하나의 방법으로서 교사중심의 수업방식을 탈피할 수 있는 하나의 좋은 대안이다. 사례분석을 통한 수업에서는 교사는 단지 학습자의 의견을 경청하고, 모호한 부분에 대하여 학습자 자신이 질문하고 문제를 찾아내고 분석하며 해답을 찾아낸다(백혜진, 2006).

이러한 사례중심의 교수학습방법은 사회과의 법과 같은 어려운 과목에서 적용 예가 많으며 이해와 기억력 지속효과의 장점이 인정되고 그 활용도가 높아지고 있다. 사례중심 교수·학습방법이 성공하기 위해서는 교사의 역할이 매우 중요한데 교사는 수업상황을 잘 준비하고 제시되는 사례를 잘 이해하고 있어야 하며, 주요 쟁점에 대해서 다양한 질문을 통해 학생들의 사고의 방향을 이끌어 줌으로써 가능한 추론이나 결론 등을 분명하게 해 줄 수 있어야 한다(전효진, 2007).

4. 평생교육평가

1) 학습성과

무엇이, 어떻게 평가해야 하는가를 규명하는 과정에는 통제할 수 없는 많은 변인들이 작용하고 있기 때문에 연구자에 따라 학습성과에 접근하는 관점, 목적, 방법이 다르다. 또한 학습성과에 영향을 미칠 수 있는 변인들도 개인의 문제에서 국가적 관계에 이르기까지 다양하기 때문에 학습성과에 대한 구체적인 정의를 내리기는 어렵다고 할 수 있다.

이러한 관점에도 불구하고 학습성과 초기의 연구에는 타일러(Tyler, 1950)의 이론을 중심으로 한 교육목표를 측정하기 위하여 〈표 8-4〉와 같이 평가계획의 한 차원으로 학습성과를 평가하여 왔다.

표 8-4 **타일러의 목표달성모형 평가절차**

절차	평가내용
1. 목표선정	일반 교육목표를 설정한다.
2. 목표명시	일반 교육목표를 행동목표로 명세화한다.
3. 도구제작	평가방법과 평가도구를 선정 또는 개발한다.
4. 자료수집	평가도구를 사용하여 데이터를 수집한다.
5. 가치판단	수집한 데이터를 기준으로 목표의 달성도를 파악한다.

이는 평가대상을 교육목표와 관련된 행동목표 또는 학습자 행동에 초점을 둔 일반목표를 의미하는 것으로, 다음과 같은 문제점을 제기하고 있다고 할 수 있다(변주성, 2009). 첫째, 학생들의 의도된 행동변화 여부를 평가의 기준으로 보고 있어 교육과정 평가와 학업성취도 평가가 불분명하다. 둘째, 사전에 의도된 결과가 아닌 다른 부수적인 결과를 평가대상에서 간과할 수 있으며, 구체적으로 진술하기 어려운 목표는 목표 설정에서 제외될 우려가 있다. 셋째, 평가의 주체가 주로 교사나 교육행정가 또는 교육내용 전문가들로 학습의 결과에만 관심을 두고 있다.

그러나 학생을 대상으로 하는 전통적인 학교교육 중심의 페다고지(pedagogy)와는 대조적으로 등장한 성인교육학의 안드라고지(andragogy)에서의 평가는 교수자중심의 평가로부터 교육수혜자인 성인학습자 중심으로 변화되었다.

자비스(Javis, 1985)도 안드라고지(andragogy)의 특성을 설명하면서, 전통적인 학교교육에서는 평가의 제도화로 교사가 시험을 주도하며, 표준에 대해 강조하고 경쟁위주의 공식적 상대평가를 중요시하지만, 성인교육학에서는 학습결과에 대한 상호평가와 학습자 자신에 의한 자율적인 평가를 강조하고 있음을 밝히고 있다. 또한 노울즈(Knowles, 1990)도 안드라고지(andragogy)를 인간의 자아개념, 자신만의 독특한 경험을 축적하고 있는 것, 생애발달 단계에 따라 독특한 학습과제와 발달과제가 존재한다는 것, 성인들은 미래보다 현재의 즉각적인 지식의 적용을 선호한다는 것 등으로 설명하면서 학습에 대해서 자신 스스로의 평가의 중요성을 강조하였다. 이러한 학교교육과 성인교육을 비교하여 정리하면 〈표 8-5〉와 같다.

표 8-5 학교교육과 평생교육의 비교

구분	학교교육(pedagogy)	평생교육(andragogy)
대상	일부소수, 일부국민, 고정적, 획일적, 동질적	불확정 다수, 전 국민, 다양성, 탄력성, 이질성
시기	한정, 청소년기, 장기간, 계속적	무한정, 전 생애, 단기적, 계속적
장소	한정(주로 학교 내)	무한정(어디서나), 학교 내 · 외
참가	독재적, 통제적	자발적, 융통적, 자유
내용	미래지향적, 준비교육, 지적, 추상적, 계통적, 원리적, 기호문화의 지배, 계획적	현실 지향적, 생활교육, 다양화, 구체적, 실제적, 개성적, 행동적, 비계획적, 실제생활에 밀착
목적	입신출세, 취직조건, 이상적	인간교육, 인격향상, 실제적
제도	형식적, 고정적, 사회변화에 적응곤란	비형식적, 다양, 모호, 사회변화에 적응용이
방법	일방교육, 교사 중심적, 수동적	상호교육, 능동적, 반드시 교사가 있는 것이 아님
주최	조직적	조직적 또는 비조직적

이처럼 안드라고지(andragogy) 관점에서의 평가는 인본주의의 주요 개념을 성인교육 측면까지 확장한 것으로, 성인의 관심과 요구를 충족시켜 주는 데 역점을 두고 있다. 다시 말해 학습의 주체와 학습과정의 중요성을 부각시키는 실제적인 평가과정이라고 정의할 수 있다(변주성 2009).

2) 성인학습자의 학습성과

성인학습자의 학습성과는 그 내용상 정규교육을 받는 학생들의 학습성과와는 다르다. 왜냐하면 성인학습자란 동기와 목표가 다르기 때문이고, 또한 연령층의 차이로 인해 효과적인 학습의 방법과 내용에서 차이가 있기 때문이다(김애련, 2004). 그리고 의도성, 대상, 확인시기, 영역, 경로 등의 다양함을 전제로 교육기관의 목표달성 수준이 아닌 학습자 스스로의 주도권과 자율성을 갖는 실천적인 학습과정에서 일어나는 모든 지식이나 태도, 행동의 지속적인 변화의 과정과 그 결과를 의미한다.

성인학습자의 학습성과를 규명하는 과정에는 통제할 수 없는 변인들이 작용하고 있으나 일반적으로 다음과 같이 제시할 수 있다. 첫째, 교육기관이 본래 계획하고 의도했던 교육목적이나 목표를 어느 정도 달성했는지를 기준으로 하여, 성인학습자의 학습성과를 측정하는 방식이 있다.

둘째, 본래 의도했던 목적이나 목표와 관계없이 교육을 받음으로 인하여 결과적으로 나타난 최종 산출물을 놓고 학습성과를 평가하는 방식이 있다. 전자를 '당위적(의도적) 성과'라고 한다면 후자를 '실제적인(우연적) 성과'라고 한다.

셋째, 개인적인 측면에서 보는 학습성과와 사회적인 측면에서 보는 학습성과가 있다. 개인적 측면에서 보는 학습성과는 지식, 기능, 기술 등의 인지적 성과, 가치관 태도, 동기, 자아개념 등의 정의적 성과, 체력 증진 등의 신체적 성과를 말하며, 사회적 측면에서 보는 학습성과는 인맥형성이나 소득 등의 사회, 경제적 성과를 말한다.

넷째, 학습성과가 확인되는 시기에 따라 단기적 성과와 장기적 또는 지속적 성과로 구분할 수 있으며, 학습성과가 직접적으로 나타나는지, 아니면 어떠한 경로를 통하여 나타나는지에 따라 직접적 성과와 간접적 성과로 나누어 볼 수 있다.

이처럼 성인학습자의 학습성과에 대한 개념을 의도성, 대상, 확인시기, 영역, 경로 등에 따라서 〈표 8-6〉과 같이 여러 측면에서 분류할 수 있다.

표 8-6 학습성과의 개념화

구분의 준거	평생교육 성과의 구분	특성
의도성	의도적 성과	평생교육에서 산출해야만 한다고 기대되는 결과 (교육목표 달성도)
	우연적 성과	평생교육에 대한 기대와 관련 없이 평생교육을 받음으로 인해서 실제로 나타난 결과
대상	개인적 성과	개인에게 나타난 평생교육의 결과 (인지적, 정의적, 신체적, 협의의 사회적 성취 등)
	사회적 성과	사회에 나타난 평생교육의 결과 (인력의 공급, 기술개발, 사회 불평등의 해소 등)
확인시기	단기적 성과	학교를 다니는 동안 또는 학습 이후 보이는 결과 (학업성취, 의식과 태도의 변화, 체력의 증진 등)
	장기적 · 지속적 성과	학습 이후 사회에서 성인으로서 살아가면서 보이는 결과 (정치 참여도, 질서 의식, 성취동기, 새로운 지식에 대한 수용성 등)
영역	인지적 성과	학업성취도, 지식, 기술, 기능 등 인지적 측면에서 나타나는 결과
	정의적 성과	태도, 가치관, 도덕성, 동기, 자아개념, 사회적 기술(social skill) 등 정의적 측면에서 나타나는 결과
	신체적 성과	체력의 증진 등 신체적 측면에서 나타나는 결과
	사회적 성과	취업, 소득, 인맥형성 등 사회 · 경제적 지위의 성취 측면에서 나타나는 성과
경로	직접적 성과	매개요인 없이 직접적으로 나타는 결과
	간접적 성과	매개요인을 통하여 간접적으로 나타나는 결과

이와 같이 학습성과에 대한 개념을 의도성, 대상, 확인시기, 영역, 경로 등에 따라서 분류한 것을 바탕으로 성인학습자의 학교평생교육 학습성과를 여러 측면에서도 조명할 수 있으며, 최근에는 이러한 학습성과에 대한 연구가 점차 확대되고 있다.

앞의 내용을 종합해 볼 때, 성인학습자의 학습성과는 정규교육을 받는 학생들의 학습성과와는 다른 관점에서 접근해야 하며, 학생들과 같은 교육을 받고 있다고 하더라도 평생교육 차원에서 참여 동기와 목표가 다르고, 개인적 배경 특성이 다양하기 때문에 자기주도적인 평가방법에 의한 학습성과로 설명할 수 있다.

Chapter

09 평생교육 교수체제설계

배울내용

1. 교수체제설계
2. 교수체제설계의 모형

학습목표

1. 교수체제설계의 개념을 이해한다.
2. 교수체제설계의 발전과정을 통해 현재 상황의 변화를 모색해 본다.
3. ADDIE 모형을 의한 평생교육 프로그램 개발의 절차를 숙지한다.
4. 신속(RP) 모형에 의한 평생교육 프로그램 개발의 절차를 숙지한다.

1. 교수체제설계

1) 교수체제설계의 개념

평생교육 프로그램 개발은 미시적 차원과 거시적 차원으로 구분할 수 있다. 미시적 프로그램 개발은 구체적인 교육과정의 진행 내용과 방법을 설계하고 교재, 교안, 교구, 교수방법을 개발하는 것이다. 거시적 프로그램 개발은 교수체제설계 모형에 기초하여 분석, 설계, 개발, 실행, 평가의 전 과정을 기획하고 수행하는 것이다(신용주, 2017; 이해주 외, 2017). 즉, 교수체제설계 모형은 거시적 프로그램을 개발할 때, 개발자가 기준으로 삼아야 할 과정과 절차를 담은 매뉴얼이라고 할 수 있다. 따라서 교수체제설계 모형은 체계적인 훈련 프로그램을 개발하는 도구로서 널리 사용되고 있다. 초기의 교수체제설계 모형들은 1960년대 후반에 개발되어 1970년대에 보급되기 시작하였다. 2000년대에는 100가지 이상의 다양하게 변형된 모형들이 존재하지만, 모두 ADDIE 과정을 포괄적으로 반영하고 있다(Allen, 2006). 교수체제설계 과정을 수행하는 가장 기본적인 모형은 문제와 원인을 확인하는 분석, 해결책을 제시하는 설계, 해결책을 준비하는 개발, 해결책을 적용하는 실행 및 해결책의 성공여부를 결정하는 평가의 다섯 가지 단계를 포함하는 체계적인 문제해결 모형인 ADDIE 모형이다(Gagné et al., 2005).

교수체제설계의 기본적인 분류 구조에 대해 구스타프슨과 브랜치(Gustafson & Branch, 1997)는 교실중심, 제품중심 및 체제중심으로 분류하였으며, 가네 등(Gagné et al., 2005)은 일반모형과 상황모형으로, 리치(Richey, 2005)는 개념모형과 절차모형으로 분류하였다〈그림 9-1〉.

구스타프슨과 브랜치(1997)는 교수체제설계의 기본적인 분류 구조를 3가지, 즉 교실중심, 제품중심, 체제중심으로 분류하였는데, 구체적인 내용은 〈표 9-1〉과 같다.

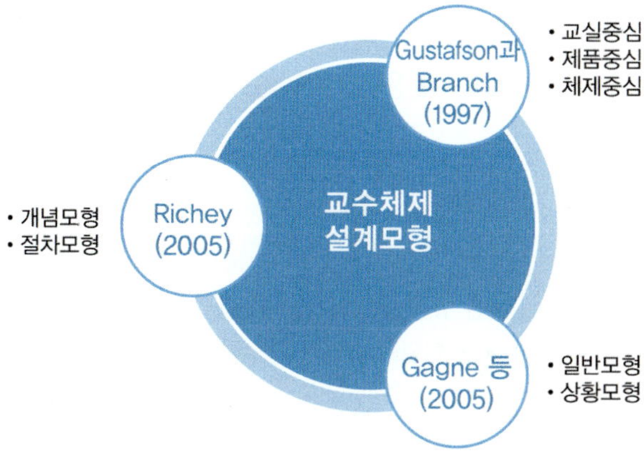

그림 9-1 교수체제설계의 분류 구조

표 9-1 구스타프슨과 브랜치(1997)의 교수체제설계의 분류

구분	내용
교실중심	교실중심(classroom focus) 모형은 시간 단위 교육과정을 산출하는 것이 목적이다. 교사, 학생, 커리큘럼, 시설이 이미 존재하는 상황에서 기존의 교육자료와 교수전략을 선택하고 개선하는 데 적용하는 모형으로 ASSURE 모형이 대표적이다. 이 모형에서는 교사들의 업무적 부하와 개발에 소요되는 시간과 비용을 고려하여 새로운 것을 개발하기보다는 기존의 자원을 활용하는 방법을 선택한다. 교사의 역할은 적절한 내용 선택, 교수전략 기획, 적절한 전달전략 파악, 교수 실시, 학습자 평가이다. 학생의 수행 수준은 교육의 내적 효과성에 따라 편차가 생길 수 있다.
제품중심	제품중심(product focus) 모형은 모듈단위의 프로그램을 산출하는 것이 목적이다. 이미 결정된 프로그램 개발의 목표에 따라 구체적인 특성을 소유한 학습자를 대상으로 효과적이고 효율적인 새로운 프로그램을 반복적으로 신속하게 제작하는 것이 목적이다. 기존의 자료를 선택 또는 수정하는 것이 아니라 개발, 시험, 개선을 강조한다. 학습자의 수행 수준은 프로그램의 효과성에 따라 외적으로 정해진다.
체제중심	체제중심(system focus) 모형은 자료, 장비, 관리 계획 및 강사 훈련 등을 포함한 전반적인 체제를 개발하는 것이 목적이다. 사용 환경, 업무 특성, 개발 필요성에 대한 광범위한 분석과 문제해결적 접근을 통해 자료를 수집하고 문제의 본질을 파악하는 것을 우선 과정을 삼는다. 대규모의 팀에 의한 개발, 선형적 개발 과정, 체제의 광범위한 보급, 문제해결지향이며, ADDIE 모형과 딕과 캐리(Dick & Carey) 모형이 대표적이다.

가네 등(2005)은 교수체제설계의 기본적인 분류 구조를 2가지, 즉 일반모형과 상황모형으로 분류하였는데, 구체적인 내용은 〈표 9-2〉와 같다.

표 9-2 가네 등(2005)의 교수체제설계의 분류

구분	내용
일반모형	일반모형(generalized model)은 교수체제설계가 어떻게 수행되어야 하는지에 대한 모형으로 저자의 개념 또는 다양한 환경과 맥락에서의 일반적인 프로그램개발 접근방법을 제시하는 모형으로 ADDIE 모형과 같이 대부분의 발표된 모형이 여기에 해당한다.
상황모형	상황모형(situated model)은 특정 기관의 요구와 목적에 맞도록 주문을 통해 개발된 모형으로 일반적으로 공개되지 않으며, 특정인 또는 기관에 소유권이 있다.

리치(2005)는 교수체제설계의 기본적인 분류 구조를 2가지, 즉 개념모형과 절차모형으로 분류하였는데, 구체적인 내용은 〈표 9-3〉과 같다.

표 9-3 리치(2005)의 교수체제설계의 분류

구분	내용
개념모형	개념모형(conceptual model)은 변인들이 설계 과정에 미치는 영향과 변인들 간의 직·간접적인 상호관계를 경로도와 같은 도표로 표현한 모형으로 프로그램 개발과정에 대한 일정한 형식이 없다. 데일(Dale, 1969)의 Cone of Experience 모형이 대표적인 개념 모형에 속한다.
절차모형	절차모형(procedural model)은 일반체제이론에서 파생된 것으로 설계 과정에서 준수해야 할 단계와 절차를 시각적 도표로 제시하는 모형이다. 주로 다양한 형태의 분석 과정부터 시작해서 학습환경을 구성하고 학습자료를 개발하는 과정을 거쳐 실행과 평가의 단계로 진행된다. 대표적인 절차적 모형으로는 딕과 캐리 및 캐리(Dick, Carey & Carey, 2009)가 제시한 모형과 ADDIE 모형이 있다.

2) 교수체제설계의 발전과정

교수체제설계의 발전을 시대별로 요약해서 살펴보면 〈표 9-4〉와 같다(윤규원, 2022;

Kaufman, 1977; Reiser, 2001; Reiser & Dempsey, 2002; Shrock, 1995).

표 9-4 교수체제설계의 발전과정

시기	내용
1920년대	손다이크(Thorndike)와 같은 행동주의 심리학자들에 의해서 인간과 동물의 학습에 대한 과학적 탐구를 통해 교육에 대한 경험적 지식 기반이 성립되면서 교육목표와 개별화 교육과 같은 교수개발에 대한 근본적인 개념이 성숙하게 된 시기이다.
1930년대	타일러의 8년 연구를 통해서 목표를 행동목표로 기술하고 형성평가를 통한 교과개정을 개선하는 방식이 도입되었다.
1940년대	제2차 세계대전 당시 군대 훈련자료를 연구하고 개발하기 위한 목적으로 실험연구에 경험이 있던 심리학자와 교육학자들이 훈련 자료를 개발하는 것으로 전개되었으며, 종전 후에도 교수 문제해결을 위한 연구를 지속하였다. 제2차 세계대전으로 인하여 현장에 투입될 수많은 군인에게 중요한 업무에 대한 교육을 신속하게 해야 하는 필요성이 제기되었다. 그래서 영상자료, 교수 매뉴얼과 같은 다양한 교수매체와 교수자료를 개발하게 되었고, 이것이 교수공학의 발전에 획기적인 사건이 되었다.
1950년대	프로그램 학습과 업무 분석이 교수개발의 이슈로 부각되었다. 스키너(Skinner)의 조작적 조건화와 강화이론에서 착안한 프로그램 학습은 명확하게 기술된 행동목표와 자기수준에 맞춘 능동적인 학습자의 반응, 반응에 대한 즉각적인 피드백이 특징인 작은 교수체제로서 교사의 교수행동이 아닌 학습자의 결과 행동에 초점을 맞추었다.
1960년대	준거참조검사가 도입되어 학생의 수행을 다른 학생의 수행 결과와 비교해서 평가하지 않고, 개별 학생의 사전 행동과 교육을 통한 사후 행동의 차이를 통한 평가를 시도하였다. 1957년 소비에트 연방의 Sputnik 위성 발사를 계기로 촉발된 미국의 수학, 과학 교육에 대한 위기의식으로 교수 재료의 효과성을 사전에 평가하고 수정하는 형성평가의 필요성이 대두되었다.
1970년대	교수설계의 목표를 결정하는 분석과정인 요구 사정 단계가 교수설계 과정에 추가되었다. 1970년대는 체제적 접근이 급성장한 시기로 학자들에 의해서 수많은 교수설계모형이 개발되었고 군대, 학교, 기업, 기관 등에서 훈련 성과를 향상시키기 위한 방법으로 교수설계를 도입하였다.
1980년대	소형컴퓨터의 등장으로 인해서 컴퓨터 기반 교수설계에 대한 관심이 증가하였고, 기업이나 비학교 기관 등 다양한 분야에서 교수체제개발을 도입하는 사례가 증가하면서 교수설계가 확산하고 성장하는 시기였다.
1990년대	1990년대에 등장한 새로운 교수설계의 흐름 중 하나는 RP이다. RP란 교수설계의 초기 단계에서 시제품을 신속하게 개발하고 시험과 수정의 과정을 거친 후에 본 프로그램에 적용하는 것으로서 전통적인 교수설계 방식보다 시간과 노력, 비용을 줄일 수 있다.

시기	내용
2000년대	컴퓨터, 디지털 기술, 인터넷의 비약적인 발전으로 인해서 기업, 기관, 학교, 군대 등의 모든 분야에서 교수목적을 위한 온라인 매체활용이 급속히 증가하여 공식적인 교육보다는 유튜브와 같은 소셜미디어를 통해서 정보를 공유하고 지식과 기술을 습득하는 비공식적 교육이 확산되었다.

2. 교수체제설계의 모형

1) ADDIE 모형

ADDIE는 분석(Analysis), 설계(Design), 개발(Development), 실행(Implementation), 평가(Evaluation)를 의미하는 용어이다(Branch, 2009). ADDIE 모형은 자체가 하나의 교수체제설계 모형이자 또한 새로운 모형을 구성하는 틀이며 현재 학계에 알려진 대부분의 교수체제설계 모형이 ADDIE 모형을 기본으로 재구성한 변형 모형이다(Allen, 2006; Branch, 2009; Gagné et al., 2005). ADDIE 모형의 전체적인 과정과 절차는 〈표 9-5〉와 같으며, ADDIE 모형의 프로그램 개발 과정은 〈그림 9-2〉와 같다(윤규원, 2022).

표 9-5 **ADDIE 모형의 과정과 절차**

구분	분석	설계	개발	실행	평가
과정	학습자의 요구에 부응하는 철저한 분석	단계별 교수전략 구체화	교수학습자료 개발과 테스트	학습환경 준비 프로그램 실행	교수학습 과정에 대한 전반적 평가
절차	교수전략 분석 요구분석 기관분석 목표 설정	목표 구체화 학습활동 선정 평가방법 개발	학습활동 결정 교수자료 결정 학습자료 결정 테스트 · 개선	프로그램 홍보 교수학습 실행 형성평가 수행	평가준거 설정 평가도구 선정 형성평가 총괄평가

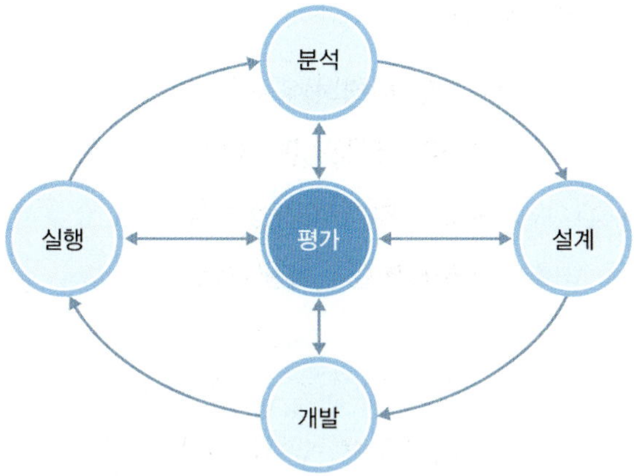

그림 9-2 ADDIE 모형의 프로그램 개발 과정

출처: Branch(2009). Instructional Design: The ADDIE Approach, p.2.

분석단계는 기존 환경에서의 수행 문제를 확인하여 내용과 매체 및 교수전략을 분석하고, 목표집단의 요구를 사정하며, 기관의 상황을 분석하고, 목표를 설정한다. 설계단계는 측정 가능한 용어로 목표를 진술하며, 학습활동과 매체를 구체화하며, 평가방법을 개발한다. 개발단계는 교수학습자료를 개발하고 테스트를 통하여 개선을 수행한다. 실행단계는 환경에 맞추어 설계된 교수과정을 수행한다. 평가단계는 프로그램의 개선을 위한 형성평가와 프로그램의 효과와 가치를 사정하는 총괄평가를 진행한다(Branch, 2009; Gagné et al., 2005; Gustafson & Branch, 2002; Vejvodová, 2015).

(1) 분석단계

분석(Analysis)단계는 교수를 통해서 해결할 문제를 찾는 과정이다. 즉, 현재 상태와 바라는 상태를 정확하게 설명하고 원하는 상태에 도달하는 데 영향을 주는 상황 맥락적 요소를 점검하는 것이 목적이다(Gagné et al., 2005). 따라서 분석 과정의 목적은 수행의 차이에 대한 원인을 규명하는 것이다(Branch, 2009). 분석 단계의 하위구성요소로는 요구사정, 학습자 분석, 환경분석 및 목적설정이 있다.

① 요구사정

요구사정(Needs Assessment)은 문제를 해결하기 위한 해결책을 모색하기 위하여 정보를 수집하는 활동이며(Rossete, 1995), 현재 상태(what is)와 바라는 상태(what should be)의 차이(gap)를 확인하는 것이다(Kaufman & Stakenas, 1981). 따라서 효과적인 요구사정을 수행하기 위해서는 교수자, 학습자, 지역사회구성원들의 참여가 요구되며(English & Kaufman, 1975), 기관중심의 요구사정이 아닌 학습자중심의 요구사정이 중요하다(Kaufman, 1977).

요구분석의 과정은, 첫째, 대상과 인원 결정, 둘째, 내용과 절차 결정, 셋째, 자료수집방법 결정, 넷째, 질문 문항 구성의 순서로 진행된다. 요구분석을 실행한 후에 수집한 자료를 토대로 분석의 준거 틀에 따라 요구의 우선순위를 결정한다.

그리고 요구분석의 자료수집 방법은 문헌조사, 설문지, 관찰, 면접, 워크숍 등이 있다. 설문지 방법은 시간과 비용 측면에서 효율적이지만 수집한 자료의 정확도와 회수율 측면에서는 낮은 효과를 보인다. 면담법과 관찰법은 시간과 비용 측면에서 비효율적이지만 심층적인 자료를 확보하는 측면에서는 효과적이다. 워크숍 기법은 시간과 비용 활용 측면에서도 효율적이며 참가자들의 다양한 견해를 종합하여 사안에 대한 합의를 도출할 수 있는 효과적인 방법이다(윤옥한, 2017; 이복희, 유인숙, 2020).

② 학습자 분석

학습자 분석(Learner Analysis)의 목적은 새로운 학습에 필요한 선수지식 보유 여부와 학습자의 동기유발적 특성을 파악하고(Gagné et al., 2005), 지식과 기술의 부족으로 인하여 촉발된 수행의 차이를 좁히기 위함이다(Branch, 2009).

평생교육 프로그램 개발 과정에서 프로그램에 참여할 잠재적 학습자들의 연령, 성별, 거주지, 학력, 소득 등의 인구통계학적 특성과 학습동기, 학습유형, 학습성향과 같은 개인적 특성에 대한 분석은 효과적인 학습결과를 도출하기 위해서 필요한 과정이다(이복희, 유인숙, 2020). 학습자 분석을 통해서 교육의 대상자를 선정할 수 있고, 잠재적 학습자의 현재 능력 수준을 파악할 수 있고, 적절한 교수전략과 교육내용을 계획할 수 있기 때문이다(윤옥한, 2017).

③ 환경분석

환경분석(Environment Analysis)은 학습에 필요한 모든 유형의 가용자원을 확인하는 것이 목적이다(Branch, 2009; Gagné et al., 2005). 윤옥한(2017)에 의하면, 인적자원, 내용자원, 장애요인과 제한점 등을 분석하는 미시적 환경분석과 기관에 관련된 일반적인 상황을 파악하는 거시적 환경분석이 있다.

④ 목적설정

목적설정(Goal Statement)은 프로그램을 통해서 학습자들이 달성해야 할 지식, 기술, 태도를 결정하는 것이며(Gagné et al., 2005), 효과적인 목적설정은 과정의 종료 시점에서 학습자가 수행해야 할 최종 과업을 서술하는 방식이다(Branch, 2009).

(2) 설계단계

교수체제설계 과정에서 설계(Design)단계는 요구를 확인하고 목적을 설정한 후에 교수설계자가 내용전문가와 함께 프로그램의 교수전략과 학습할 내용을 구성하는 단계이며(Gagné et al., 2005), 설계단계의 목적은 바라는 수행 수준을 확인하고 적절한 테스트 방법을 결정하는 것이다(Branch, 2009). 설계단계의 하위구성요소로는 목표설계, 내용설계, 교수설계 및 평가설계로 구성되어 있다.

① 목표설계

목표설계(Design of Objectives)는 프로그램의 목적(goals)을 프로그램 목표(objectives)로 해석하는 과정이며, 프로그램의 종료 시점에 학습자에게 기대하는 결과물의 수준에 대한 내용을 지적 기술, 인지적 전략, 태도, 운동 기술 등의 측면에서 정의하는 것이다(Gagné et al., 2005). 분석단계에서 수립하는 교수목적은 일반적인 기대를 묘사하는 것인데 반해, 설계단계에서 설정하는 수행목표는 구체적인 설명서를 제공한다(Branch, 2009).

② 내용설계

내용설계(Design of Contents)는 학습자의 요구를 반영한 학습목표를 달성하기 위하여 내용전문가와 함께 자료를 수집하고 분석하여 교육내용을 선정하는 활동이다(윤옥한, 2017).

③ 교수설계

교수설계(Design of Instruction)는 실제로 교수자가 수업 중에 진행하는 수업계획을 수립하는 것이다. 수업계획에는 도입 부분, 교수자의 강의활동, 학습자의 학습활동, 평가 등이 모두 포함된다. 교수설계는 이러한 수업계획을 구체적으로 기술하여 어떻게 효과적인 방법으로 학습자를 가르칠 것인지를 결정하는 활동이다(윤옥한, 2017; Kruse, 2009).

④ 평가설계

평가설계(Design of Evaluation)는 학습의 결과물을 학습목표에서 설정한 기준에 따라 학습자의 학습내용을 평가하는 계획을 수립하는 활동으로, 규준참조검사 또는 준거참조검사의 방식으로 구성한다. 규준참조검사(norm-referenced test)는 집단의 평균적 수행수준에 근거하여 비교적인 기준을 설정하는 것이며, 학습자들의 우열을 가리는 의사결정에 기여한다. 준거참조검사(criterion-referenced test)는 사전에 개별 학습자의 수행수준을 측정한 값이 평가의 기준이 되고 학습이 종료된 시점에서 개인의 향상 정도를 확인하는 방법으로 학습자가 학습목표를 달성했는지에 대한 의사결정에 정보를 제공한다. 교수의 목적이 학습자가 목표를 달성하는 데 있으므로 대부분의 교수설계 평가는 준거참조검사인 절대평가 방식으로 이루어진다(Gagné et al., 2005).

평가설계의 과정은 평가목적의 구체적 서술, 평가대상 확정, 평가 추진 일정 수립, 평가절차와 방법계획, 새로운 평가도구 제작 또는 기존의 평가도구 활용 여부 결정의 단계로 진행한다(윤옥한, 2017). 평가방법은 포트폴리오, 문제해결 시나리오, 서술형 · 논술형 시험, 사례연구, 평가자 질문, 체크리스트, 일지, 역할연기 등이 있다(이복희, 유인숙, 2020).

(3) 개발단계

개발(Development)단계는 교수목표, 설계의 세부내용, 기존 교수자료의 유무, 교수전달체제 등의 다양한 조건에 따라 유효한 학습자원을 선택하고 생산하며 계획한 교수과정을 실천하는 데 필요한 도구를 고안하는 활동이다(Branch, 2009).

개발단계의 하위구성요소로는 학습매체의 선택과 개발, 학습자용 자료 개발, 교수자용 자료 개발, 개발한 자료에 대한 예비검사를 통한 형성평가 등이 있다. 개발단계를 통해서 교재, 교안, 평가도구, 교육자료 등의 결과물을 생산해야 하며(윤옥한, 2017), 설계단계에서 명시한 교수 매뉴얼, 학습교재, 교안, 교육 매체를 제작해야 한다(이복희, 유인숙, 2020).

(4) 실행단계

실행(Implementation)단계는 학습환경을 준비하고 학습자를 참여시키는 과정으로서 실제의 학습환경에 진입하는 것이다. 실행단계가 시작되었다는 것은 개발활동과 개발한 교수자료에 대한 형성평가가 종료되었다는 것을 의미하며, 교수와 학습과정을 실행에 옮기는 과정의 개시를 의미한다(Gagné et al., 2005). 구스타프슨과 브랜치(2002)는 실행을 예비검사(Pilot Test)의 실행과 개발이 완료된 프로그램의 실행이라는 두 가지를 의미를 포괄하는 것으로 정의하였고, 이복희, 유인숙(2020)은 실행단계에 기자재 준비, 강의실 구성 배치, 프로그램 홍보, 학습 참여자 모집, 강사관리, 관리 업무까지 모두 포함시키고 있다.

(5) 평가단계

평가(Evaluation)는 ADDIE 모형의 마지막 단계로서, 문제에 대한 해결책이 적합했는지 결정하는 과정이지만, 실질적으로는 교수체제설계 과정의 모든 단계에서 이루어진다. 평가는 5가지의 평가유형과 2가지의 결정유형으로 분류할 수 있으며(Gagné et al., 2005), 내용은 〈표 9-6〉과 같다(윤규원, 2022).

표 9-6 평가유형과 결정유형

평가유형	자료 평가	과정 평가	학습자 반응	학습자 성취	교수 결과
결정유형	형성적 결정		총괄적 결정		
평가 목적	교수자료의 적합성 검토	과정의 효율성과 효과성 점검	학습자 만족도 확인	프로그램 효과성 검증	학습내용 전이와 적용 확인
평가자	내용전문가	외부 평가자	학습자	평가 전문가	평가 전문가
평가 대상	교수자료	ISD 과정	교수전략 강사 수준	학습자 성취 수준	전이와 적용 수준
평가 시점	개발단계 중	모든 단계	실행종료 후	실행종료 후	실행종료 후
평가 방법	설계서류 검토	단계별 서류검토	설문지	시험	설문지, 인터뷰 등

형성적 결정은 교수자료와 개발 절차의 개선을 위한 형성평가인 자료평가와 과정평가에서 이루어지는 의사결정이다. 그리고 총괄적 결정은 실행이 종료된 시점에서 프로그램의 효과와 가치에 대한 산출평가에서 이루어지는 학습자 반응, 학습자 성취, 교수 결과에 대한 의사결정이다(Gagné et al., 2005). 평가는 실행단계의 교수 결과물과 교수 과정의 품질을 사정하는 평가기준 및 평가도구의 선정과 평가실행의 과정을 모두 포함하

는 활동으로 ADDIE 모형에서 중요한 부분이다(Branch, 2009).

지금까지 살펴본 내용을 통해서 ADDIE 모형의 단계별 하위구성요소를 정리하면 〈표 9-7〉과 같다(윤규원, 2022).

표 9-7 ADDIE 모형의 단계별 하위구성요소

단계	분석	설계	개발	실행	평가
하위 구성 요소	요구 분석	목표 설계	교수자료 개발	관리 실행	형성평가
	학습자 분석	내용 설계	교수매체 개발	교수 실행	총괄평가
	환경 분석	교수 설계	예비검사	–	–
	목적 설정	평가 설계	–	–	–

2) 신속(RP) 모형

ADDIE 모형과 같은 교수체제설계 모형이 체계적이며 구조화되어 있어서 효과적인 프로그램을 개발하는 데 적합할 수 있지만, 시간과 비용이 많이 소요되는 비효율성에 대한 문제점이 제기되고 있다. 이에 비해 RP(신속모형, Rapid Prototyping)는 프로그램 개발의 시간과 비용을 줄일 수 있는 새로운 전략이다(Desrosier, 2011). 즉, 프로그램 관련 모든 이해관계자와 구성원들을 개발의 초기에 참여시켜서 빠른 피드백을 수집할 수 있어서 전통적인 ADDIE 모형이 가진 제한점을 극복할 수 있는 방법이다(Boulet, 2009). 또한 신속(RP) 모형은 ADDIE 모형의 선형적 접근과 달리 반복적이며 중첩적인 설계 과정을 특징으로 한다(Daugherty et al., 2007).

다시 말해 지금까지의 전통적 교수체제설계 모형은 프로그램의 효과성 측면을 강조했지만, 프로그램을 개발하는 데 소요되는 시간과 비용의 효율성을 간과하였다. 신속(RP) 모형은 소프트웨어 설계 분야에서 효과성을 유지하거나 향상하면서 효율성의 문제를 해결하는 방법으로 인정되고 있기 때문에 효과적이고 효율적인 프로그램 개발을 위한 교수체제설계 분야에 적용할 수 있는 전략으로 인정받고 있다(Tripp & Bichelmeyer, 1990).

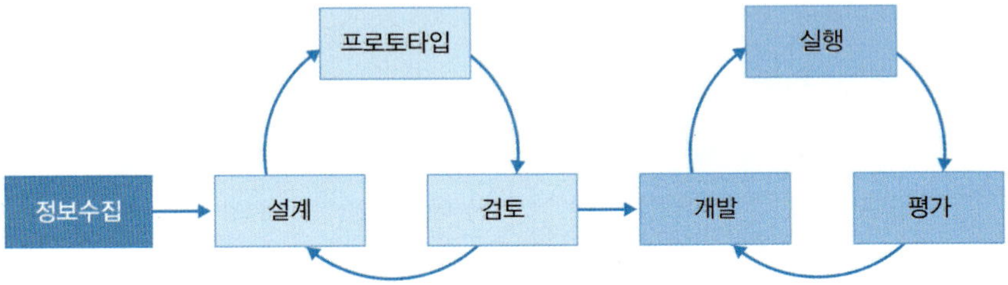

그림 9-3 전형적인 RP 모형

출처: Boulet(2009). Rapid prototyping: an efficient way to collaboratively design and d evelop e-learning content, p.3.

한편 데스로지어(Desrosier, 2011)는 참여적 프로토타이핑(prototyping) 사례연구를 통하여 복잡한 의사결정의 과정 없이 빠르게 현실적인 프로그램을 개발하는 원칙으로, 첫째, 신속한 분석과정, 둘째, 직관적인 판단과 동료와의 대화를 통한 신속한 설계, 셋째, 관련자의 참여를 통한 테스트를 제시하였다. 참여적 프로토타이핑은 교수자가 지속적으로 교수개발 과정에 관심을 가지면서 자신의 아이디어를 중요한 의사결정에 적용하게 하여 저비용으로 프로그램을 개발하고 유지하며 개선할 수 있는 방법이다(McDonald, 2006).

평생교육 프로그램 설계 및 개발 관련자들은 기존의 전통적인 교수설계 모형이 가지고 있는 제한점을 극복하기 위하여 더 효과적이고 신속한 프로그램 개발 기법을 추구해야 한다. 따라서 급변하는 교육환경에 대처하고 새로운 기회를 포착하기 위해서 신속(RP) 모형과 같은 효과적이며 효율적인 프로그램 개발 도구가 필요하다. 특수한 전문분야 내용을 다룬 교육 프로그램을 개발할 때, 교수자나 내용전문가가 직접 전통적인 교수체제설계 모형을 활용하여 개발하기에는 교육공학적 지식이 부족하다. 개별 교육분야에 대한 전문성이 부족한 교수설계 전문가는 개발을 의뢰받은 교육 프로그램에 대한 전문지식이 부족하기 때문에 필요한 내용을 교육 프로그램에 제대로 반영하기가 어렵다. 이러한 이유로 기존 교육 프로그램의 개선이나 새로운 교육 프로그램의 개발에 대한 요구가 있어도 교수체제설계 모형을 적절하게 활용할 수 없었다.

하지만 신속(RP) 교수체제설계 모형에서는 분석, 설계, 개발의 단계에서 프로그램 개발 의뢰인과 교수설계자 및 내용전문가의 지속적인 상호의사소통을 통해서 프로토타입을 개발하고 사용성을 평가한다. 이를 통해서 신속하고 효과적인 프로그램 개발과 지속적인 피드백을 통한 프로그램 개선이 가능하며, 교육설계 및 개발과정에 프로그램 교수자 및 의뢰인의 참여를 활성화할 수 있다(김영전 외, 2011).

PART 4

대상별 평생교육의 실제

Chapter

10 청소년 평생교육

배울내용

1. 청소년기 발달
2. 청소년의 권리와 사회적 책임
3. 형식교육으로서의 청소년 평생교육
4. 비형식교육으로서의 청소년 평생교육

학습목표

1. 청소년의 정의 및 영역별 발달특성을 숙지한다.
2. 청소년의 스트레스에 대해 설명할 수 있다.
3. 학교 밖 청소년에 대한 개입방안을 모색해 본다.
4. 청소년기의 발달과업 및 청소년의 권리와 책임을 파악한다.
5. 청소년에 대한 사회적 책임을 숙지한다.
6. 형식교육으로서의 청소년 평생교육의 유형에 대해 설명할 수 있다.
7. 비형식교육으로서의 청소년 평생교육의 유형에 대해 설명할 수 있다.

대상별 평생교육은 〈그림 10-1〉에서 보는 것과 같이 청소년, 성인, 노인, 장애인, 여성, 농업인, 학부모, 군인, 북한이탈주민 및 다문화 가정을 대상으로 실시되고 있다. 다양한 대상별 평생교육의 실제에 대해 본 장에서는 청소년 평생교육에 대해 살펴보고, 성인 평생교육은 11장, 노인 평생교육은 12장, 기타(장애인, 여성, 농업인, 학부모, 군인, 북한이탈주민 및 다문화) 평생교육은 13장에서 구체적으로 살펴보고자 한다.

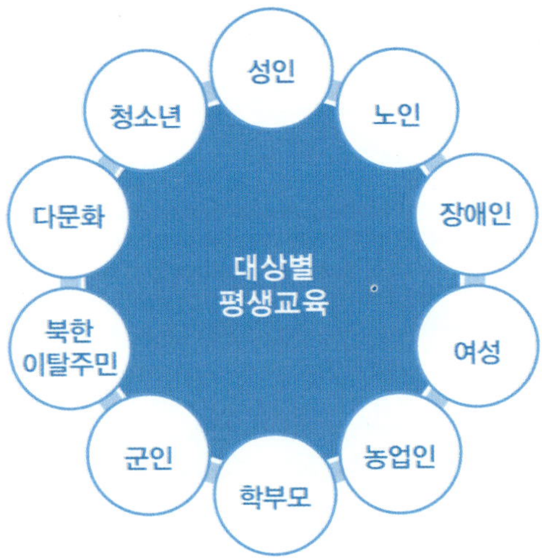

그림 10-1 대상별 평생교육

1. 청소년기 발달

1) 청소년의 정의

청소년이란 아동기에서 성인기로 넘어가는 발달적 과정으로 신체적 · 인지적 · 정서적 · 사회적 · 영적으로 가장 큰 변화를 겪는 시기를 의미한다. 그리고 청소년기 시기를 발달적 과도기(developmental transition)라고 말하는데, 왜냐하면 청소년은 이 시기 동안 신체 및 심리 · 사회적으로 급격한 혼란과 변화를 맞이하면서 자아정체감을 형성해 나가기 때문이다. 또한 청소년은 자의식이 높아지는 한편 기성세대와 사회에 대한 불만과 반항심을 갖게 되기도 하는데, 이때 타인은 이해할 수 없는 자신만의 고독, 불안, 심한 정서적 갈등, 혼란, 좌절 등을 경험하기도 한다. 청소년기라는 용어를 처음 사용한 홀(Hall, 1904)은 이와 같은 다양한 경험을 하게 되는 청소년기를 '질풍노도(storm and stress)의 시기'라고 규정하였다.

인간의 발달단계에서 청소년기를 결정하는 기준은 일반적으로 연령이나 신체적인 성장, 심리적 성숙 등을 기준으로 나누고 있지만 청소년이 속한 사회와 문화, 정책에 따라 다양하게 결정되기도 한다. 하지만 일반적으로 청소년기는 생물학적인 변화로 시작되어 청소년이 속한 사회 · 문화적인 기대와 기준을 따르는 것으로 청소년기가 끝난다고 본다(정옥분, 2015).

따라서 청소년기는 미성숙한 상태에서 성숙한 상태로 발달해 가는 것으로 볼 수 있으며, 이러한 시기는 전 생애적 발달과정에서 볼 때 다른 시기에 비해 독특한 특성을 가지고 있다. 특히 청소년기에는 다양한 정신적 · 신체적 문제행동들이 발현되기도 한다.

2) 청소년기 영역별 발달특성

청소년기의 발달은 생물학적 발달, 인지적 발달, 사회 · 정서적 발달 및 영적 발달의 네 가지 영역을 통해서 이루어진다고 할 수 있다. 이 중 어느 하나가 중요한 것이 아니라 네 가지 영역이 서로 상호작용을 하며 발달을 하게 한다. 청소년기 발달특성에 대해 구체적으로 살펴보면 다음과 같다.

(1) 생물학적 발달

생물학적인 발달은 신체크기, 신체비율, 외모, 지각 및 감각운동능력 등을 말하며, 이러한 발달은 개인 차이가 크며 신체발달의 정도에 따라 자신의 가치감 형성에 영향을 미치게 된다. 이때 성호르몬의 발달에 의해 이차 성징이 나타나고, 증가되는 테스토스테론은 남자 청소년의 신체발달뿐만 아니라 성과 공격성에도 영향을 미치게 된다.

① 호르몬의 변화

남자는 안드로겐과 테스토스테론으로 인해 외부 생식기 및 신장의 증가 및 음성(목소리)이 변화하게 되고, 여자는 에스트로겐과 프로게스테론으로 인해 자궁과 가슴의 발달, 뼈대가 변화하게 된다.

② 신장과 체중의 변화

영아기 이후 인간의 발달단계에서 가장 왕성한 신체적 발육이 일어나는 시기이다. 이것을 제2차 성장급등기라고 한다. 이 시기에는 여자 청소년이 남자 청소년에 비해 2~3년 빠르다.

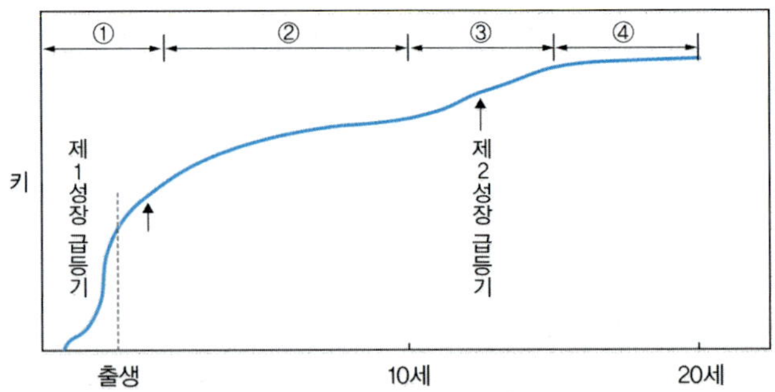

① 제1성장 급증기(growth spurt): 아이가 엄마 뱃속에서 만2세까지 급속하게 성장하는 시기
② 성장 완만기: 만2세부터 사춘기까지로 성장이 완만하게 일어나는 시기
③ 제2성장 급증기(adolescent growth spurt): 사춘기부터 15~16세까지로 급속하게 성장하는 시기
④ 성장 감속기: 성장 속도가 감소되는 시기로 보통 여아가 남아보다 빨리 찾아옴

그림 10-2 성장곡선

출처: 보건복지부, 육아정책연구소(2013). 영유아 문제행동지도를 위한 어린이집 보육교사 지침서.

③ 성적 성숙

청소년기에는 성인과 같은 생식능력을 가지게 되며, 남녀를 구별할 수 있는 중요한 요인, 즉 2차 성징의 발달이 나타나게 된다. 남자들은 가끔 음경이 단단해지고 커지는 경우가 있는데, 이것을 발기라고 한다. 이는 건강한 청소년에게 나타나는 자연스러운 현상이다. 청소년기가 되면 고환에서 정자가 만들어지기 시작한다. 정자가 정액과 함께 발기된 음경 안의 요도를 통해 몸 밖으로 배출되는 현상을 사정이라고 한다. 사정 시 배출되는 정액의 양은 3~5mL 정도이며, 그 속에는 약 2억~3억 개의 정자가 들어 있다. 몽정은 잠을 자는 동안에 무의식적으로 일어나는 사정 현상을 말한다. 청소년 대부분은 몽정의 형태로 사정을 경험한다.

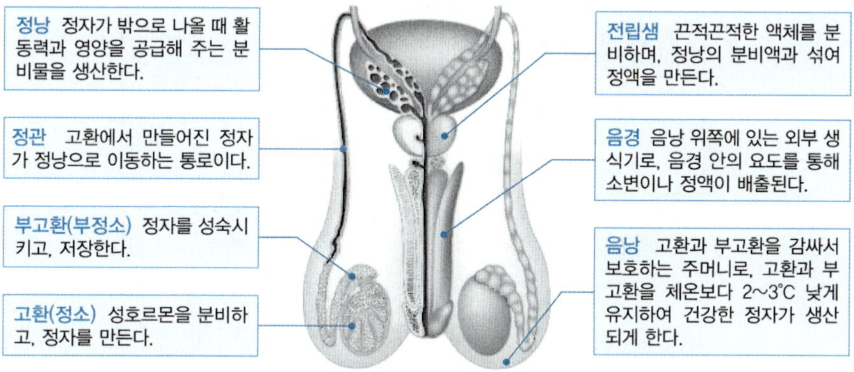

그림 10-3 남성의 생식기관

그림 10-4 정자와 난자의 비교

여성의 난소에는 태어날 때부터 수많은 미성숙한 난자가 들어 있다. 사춘기에 난소의 기능이 활발해지면서 한 달에 한 개씩 성숙한 난자가 좌우 난소에서 교대로 배출되는데, 이를 배란이라고 한다. 배란이 시작될 시기에는 난자가 정자를 만나 자궁에 자리 잡을 수 있도록 자궁 내막에 혈액이 고이면서 두꺼워진다. 그러나 배란된 난자가 정자를 만나지 못하면 두꺼워진 자궁 내막의 모세 혈관이 파열되면서 혈액이 질을 통해 몸 밖으로 나오는데, 이를 월경이라고 한다. 월경은 배란이 된 후 약 14일 후에 시작되어 3~7일 정도 지속된다. 첫 월경을 초경이라고 하며, 대체로 12~13세경에 경험한다. 월경을 한다는 것은 성적 성숙이 정상적으로 이루어지고 있다는 건강함을 뜻하므로, 이를 기쁘고 감사하게 받아들여야 한다.

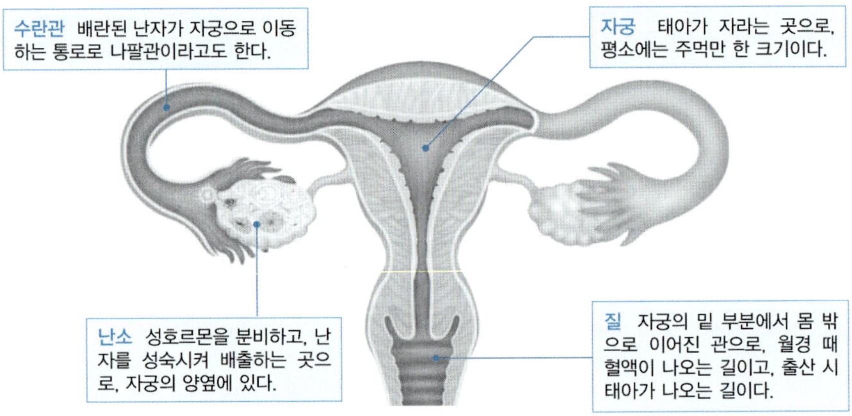

그림 10-5 여성의 생식기관

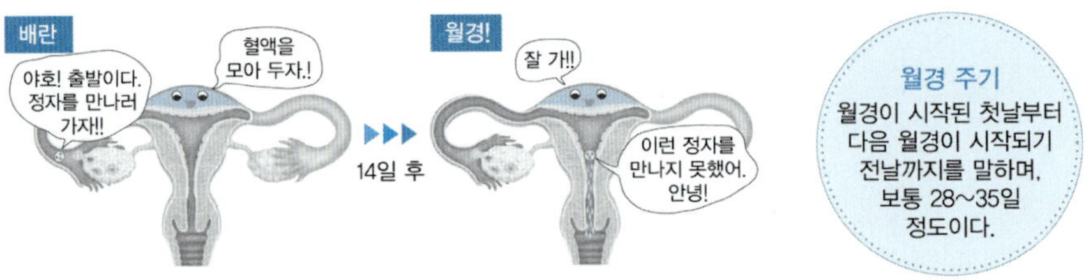

그림 10-6 배란과 월경

④ 신체적 특성의 변화가 미치는 영향

청소년기에는 자신의 신체에 대해 관심을 많이 가지게 된다. 그래서 연예인들의 외모를 따라 하려고 하기도 하며, 과도한 다이어트를 하기도 한다. 또한 주변 친구들과 자신의 신체변화를 비교하기 시작한다. 이러한 자신의 신체에 대한 평가는 청소년의 성격, 자아존중감, 대인관계 형성에 중요한 역할을 한다.

(2) 인지적인 발달

인지적인 발달은 주의집중, 기억, 문제해결, 창의성, 언어발달 등을 들 수 있으며, 청소년들의 지능은 12~14세까지 대체로 급상승하다가 그 이후에 발달속도가 완만해지며, 17~18세경에 정점에 달한다. 이러한 지능의 우열 역시 개인차이가 있으며 지능 발달이 지체되면 학습적으로 열등감을 가질 수 있게 된다. 또한 청소년은 피아제(Piaget)의 인지 발달단계에 따라 형식적 조작의 사고가 가능해지는 단계로 구체적인 사물에 의존하지 않고 연역적 또는 가설적 사고를 할 수 있게 된다. 이는 자신에 대한 깊은 추리나 탐색이 가능해진다는 것을 뜻하며, 스스로 자기 상상의 늪에 빠져 현실을 망각하여 비합리적인 사고를 하기도 한다. 이후 청소년 후기가 되면서 현실적·합리적 사고를 할 수 있게 된다.

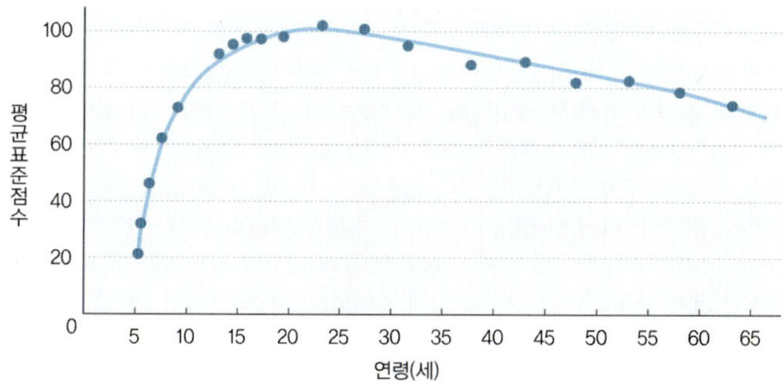

그림 10-7 지능의 발달곡선

출처: 강순희 외(2022). 영유아발달. 수양재.

표 10-1 청소년기 인지발달의 특성

구분	단계	내용
 피아제[1] (Piaget)	형식적 조작기	인지발달의 마지막 단계는 형식적 조작기(formal operational stage)로 11~15세까지이다. 이 시기가 되면, 논리적 사고뿐만 아니라 죽음, 자유, 종교 등과 같은 추상적 개념들에 대해서도 사고할 수 있다. 이러한 능력으로 세상에 대한 일반적인 법칙을 형성할 수 있고, 가능한 일들에 대한 검증이 가능해진다. 형식적 조작기의 특징은 시간을 초월하여 문제를 다루고, 문제해결을 위해 계획을 세우고, 체계적인 해결을 해 나가는 과학적 사고가 가능하며, 추상적인 개념도 이해가 가능하다는 것이다. 또한 이 시기의 청소년들은 이상적인 사고를 하는 것이 특징인데, 이로 인해 자신이 생각한 결과와 현실이 일치하지 않는 경우가 많고, 현실을 자기의 이상과 부합하도록 변화시키려는 노력을 하게 된다.
 프로이트 (Freud)	생식기	사춘기가 시작되면서 무의식에 억압되었던 성적 특성이 의식세계로 이동하면서 정신에너지의 재분배가 이루어진다. 사춘기에는 생식기관이 발달하고 2차 성징이 나타난다. 사춘기 초기에는 부모로부터 자유로워지는 것을 개인의 주요 과제라고 보았다. 남아의 경우 아버지와의 경쟁심을 버리고 아버지의 지배로부터 자유로워져야 한다. 여아도 마찬가지이다. 생식기에는 새롭게 나타난 성적 에너지가 동성 친구에게로 향했다가 점차 이성 관계, 결혼, 가족형성, 직업에 대한 관심으로 바뀐다. 프로이트는 잠복기 이전에는 자기애착적인 경향을 보이며, 사춘기 이후에는 이성 애착적인 경향을 보여 타인인 이성으로부터 성적 욕구를 만족시키려고 한다고 보았다. 또한 이 시기에 자아와 초자아는 부적절하게 발달할 경우 이상행동이나 비행을 야기시킨다고 보았다.

1) 피아제의 인지발달은 질적으로 다른 네 단계가 있으며, 이 단계들은 정해진 순서(감각운동기, 전조작기, 구체적 조작기, 형식적 조작기)대로 진행되며, 단계가 높아질수록 복잡성이 증가하는 것으로 보았다.

2) 에릭슨의 정신분석학적 관점에 따라 인간 발달을 영아기(신뢰 대 불신)에서 노년기(자아통합 대 절망)까지 총 여덟 단계로 구분한 고전적 발달단계 이론으로 프로이트의 심리 성적 발달단계(구강기, 항문기, 남근기, 잠재기, 생식기)에 비해 사회·문화적 요소를 강조했으며, 청소년기 이후의 발달 역시 제안했다는 점에서 매우 풍부한 고전적 발달 이론으로 알려졌다. 1단계(영아기)는 신뢰 대 불신 단계로 유아가 세상에 대한 신뢰 관계를 수립하는 시기이다. 2단계(유아기)는 자율성 대 수치 단계로 자신의 의지와 통제력을 발달시킨다. 3단계(초기 아동기)는 주도성 대 죄의식 단계로 주도적으로 자신의 삶에 관여함으로써 목표감과 가치를 추구한다. 4단계(후기 아동기)는 인지적, 사회적 기술을 연마하여 역량감을 키우는 근면성 대 열등감 단계이다. 5단계(청소년기)는 다양한 실험을 통해 자신의 위치를 파악하는 자아정체감 대 역할혼미의 단계이다. 성인초기의 6단계는 친밀한 대인관계를 형성하는 친밀감 대 고립감 단계이며, 중년기의 7단계는 다음 세대를 위해 생산을 하고 희생을 하는 생산성 대 자기침체의 단계이다. 마지막으로 노년기인 8단계는 자신의 인생을 평가하고 삶이 의미 있었음을 인식하는 자아 통합 대 절망의 단계라고 보았다(심리학 용어사전. www.koreanpsychology.or.kr).

구분	단계	내용
 에릭슨[2)] (Erickson)	자아정체감 대 자아정체감 위기	청소년기에 해당되는 이 시기(12~20세)의 핵심적인 발달과제는 자아정체성(ego identity)을 형성하는 일이다. 자아정체성이란 자신이 누구이며 자신의 삶에서 진정으로 가치 있고 중요한 것은 무엇인지에 대해 스스로 규정하는 신념체계를 말한다. 청소년기에 형성되는 자아정체성은 그 이후 진로와 직업을 선택하고 배우자를 만나 가정을 이루는 등, 자신의 생애 전체를 이끌어 나가는 과정에서 매우 중요한 역할을 하는 핵심 요소가 된다. 그러나 여러 측면에서 아직 미성숙한 청소년이 자기 자신과 자신의 삶을 제대로 바라보는 일은 쉬운 일이 아니기 때문에 그들은 자기 자신을 찾아 나선 길고 험한 여정에서 혼란과 시행착오로 인해 절망하고 방황하기도 하는데, 에릭슨은 이를 심리적 유예(psychological moratorium)라고 명명하였다

(3) 사회 · 정서적 발달

사회 · 정서적 발달은 자기이해, 대인관계기술, 우정, 친밀한 관계, 도덕적 추론 및 행동들을 말하며, 성격의 안정성과 변화는 사회 · 정서적 발달에서 중요한 내용이 될 수 있다. 또한 청소년들은 정서적 혼동을 경험하게 되어 불안함과 과민성이 증가하고, 불행하거나 울적한 기분을 느끼는 우울 또한 급증하게 된다. '위장된 우울증(masked depression)'이라는 용어로 개념화하는 청소년기 우울은 행동장애 간에 유의미한 관계가 있어(Cytrn & Mcknew, 1974), 다양한 외현적 행동문제인 반항, 자학적 행동, 비행, 학교생활의 문제, 학습의 어려움, 과활동성, 공격적인 행동 등으로 표출된다고 한다(Chiles, Miller & Cox, 1980). 청소년기에 나타나는 심리적, 정서적, 사회적 특성을 구체적으로 살펴보면 〈표 10-2〉와 같다(장은지, 2016).

표 10-2 청소년기 심리적, 정서적 및 사회적 특성

구분	항목	내용
심리적 특성	자아정체성 형성	자아정체감은 개인이 가지고 있는 다양한 지위와 역할 및 과거나 현재 혹은 미래와 같은 시간의 경과에 관계없이 연속되고 일관된 모습을 갖는 것이다. 이러한 자아정체감 형성은 청소년기에 획득해야 할 중요한 과업 중의 하나이다.
	자기중심적인 특성	청소년 시기에는 객관성이 없고, 자신의 신체변화 및 자신의 몸에 대한 타인의 반응에 집착하는 시기이다. 그리고 자기중심적인 특성을 가지고 있어 가상 청중, 개인적 우화라는 행동 경향을 보이기도 한다.
	도덕성 발달	도덕성 발달은 자신의 독자적인 판단과 선택을 할 수 있도록 돕는다는 측면에서 청소년기에 매우 중요하다. 이는 평생 동안의 도덕적 가치관에 영향을 줄 수 있다.
	사회적 이해의 발달	사회적 이해력이 발달함으로써 상대방의 감정이나 느낌을 공감하는 능력이 발생하게 된다. 이에 따라 사회적 상호작용이 활발해지게 된다.
정서적 특성	격렬함과 동요성	이기적인 것에서 이타적으로 변화되고, 자기 정서에 대해 이해하고 심미적 정서를 즐기며, 정서적 긴장을 해소하는 방법을 익히고, 사회적 통제를 이해하게 되면서 반항도 감소하게 된다.
	정서의 자극대상의 변화	청소년기는 무능력감과 불안정감을 일으키는 대상에 정서적 자극을 받게 된다.
	정서표현의 내면화	정서가 의식적으로 억제되어 분노가 초조감이나 혐오감으로, 공포심이 불안이나 우울로, 기쁨이나 환희가 행복감으로 이행하게 된다.
	개인차의 다양화	성공과 실패, 흥미, 사회적 요인 등으로 인해 정서가 자극되지만 어느 정도일때 어떤 정서가 자극되는가는 개인차가 존재한다.
사회적 특성	부모로부터 개별화	청소년기에는 부모로부터 개별화를 하려고 한다. 즉, 청소년이 부모와 정서적인 유대를 지속하면서 자신을 부모와의 다른 독특한 한 사람의 인격체로 인식하고 경험해 가는 심리적 과정을 경험하게 된다.
	또래집단에 몰입	동성이나 이성 친구 등 또래집단에 몰입하게 된다. 청소년기 이전부터 또래 관계는 유지되어 오지만 청소년기에 들어서는 그 이전과 구별되게 서로간에 심리적으로 관여하는 정도가 매우 깊어지고, 비밀을 털어놓을 수 있는 친밀한 관계를 형성하게 된다.

(4) 영적 발달

청소년기에는 영성적, 종교적 개념을 이해하기 시작한다. 즉, 청소년기는 영적 발달과 함께 청소년의 개인적 신앙에서도 의심과 문제가 많은 시기이다. 자아에 대해 눈을 떠 가면서 개인 속에 죄악감, 생사문제, 삶의 문제 등이 의식되어 종교의식과 연결되기도 한다.

지금까지 살펴본 청소년기의 생물학적, 인지적, 사회 · 정서적, 영적 발달은 청소년기 동안 서로 복잡하게 얽히며 발달하게 된다. 이때 발달적 변화들은 청소년이 어떠한 환경이나 맥락에 있는지에 따라 변화의 정도가 달라지며, 이러한 변화와 환경적인 요인은 청소년들의 심리적 특성(친밀감, 도덕성, 성적 관심, 자율성 등)을 형성하는 데 많은 영향을 미치게 된다.

3) 청소년의 스트레스

(1) 스트레스의 개념

현대의 일상생활에서 온갖 종류의 질환들과 성인병을 야기시키는 근본적인 원인을 스트레스로 규정하고 있다. 외부로부터 적응하기 힘든 환경에 직면하면서 발생하는 신체 및 정서적인 긴장 상태를 스트레스라고 정의한다. 이러한 스트레스란 말은 라틴어인 'strictus, stringere'에서 유래되었으며, 한국어로는 '좁다, 팽팽하다'라는 뜻이다.

스트레스란 용어가 아주 널리 알려진 것에 비해서 학자들마다 다른 입장 차이를 보이기 때문에 명확한 정의를 내리기는 어렵다. 하지만 보편적으로 스트레스의 개념을 설명할 때 두 가지의 관점으로 말할 수 있는데, 자극으로서의 스트레스와 반응으로서의 스트레스로 구분할 수 있다.

자극으로서의 스트레스는 외부 환경 자극과 내적인 생리적 자극까지 포함하여 다양한 자극들을 말한다. 이 자극은 개인이 겪는 일상생활의 모든 것이 스트레스가 되는데,

즉 일상적인 생활 사건이나 한두 사람의 소수에게 영향을 주는 중대한 변화, 다수에게 영향을 주는 중대한 변화 등을 말한다. 반응으로서의 스트레스는 자극의 대한 반응을 스트레스로 보고, 스트레스를 종속변인으로 취급한다. 이때 반응은 긴장을 하거나 심장 박동 수가 빨라지는 것처럼 생리적인 반응일 수 있으며, 싫거나 짜증이 났을 때와 같이 심리적인 반응일 수 있다.

이처럼 스트레스는 생리적, 심리적, 사회적 체계를 모두 포함하며, 어떤 사건이 스트레스로서 지각이 되는지, 안되는지를 결정하는 것은 자극이나 반응이 아니라 유기체가 환경 자극을 해석하여 요구에 응하는 것, 즉 대체 자원을 해석하는 방법이라고 말하고 있다.

(2) 청소년의 스트레스

스트레스는 유아기부터 노년기까지의 각 발달단계나 인생의 주기에서 주제만 다를 뿐 전 일생을 통해서 나타난다. 발달상 과도기인 청소년기에는 신체적, 심리적, 사회적으로 내 · 외적인 갈등을 겪는 시기로 성장과정에서 느끼는 스트레스의 양은 많다. 구체적으로 이 시기의 청소년들은 정체성 혼란을 겪을 수도 있고, 사회에서 요구하는 기대와 역할로 인해 긴장과 스트레스의 연속에서 살아가게 된다.

청소년들이 일상생활에서 경험하는 스트레스는 개인적 요인과 환경적 요인으로 구분할 수 있다. 개인적 요인에는 내적갈등으로 감정과 기복이 심하고, 객관적인 이성보다 감정에 치우쳐 판단하는 경향이 높다. 또한 과격하고 격렬한 행동을 보이기 쉬워, 다른 연령집단과의 차이로서 독특하며 복합적이고 다양한 스트레스를 경험한다. 다음으로 환경적 요인으로는 대표적으로 부모, 또래, 학업, 학교 등이 있다.

한국 사회에서의 청소년은 특히 부모의 교육열, 가족이나 집안에 대한 심리적 애착, 사회 학력의 인플레이션 현상 등이 대부분 청소년들에게 주는 스트레스 요인으로 작용하고 있다. 청소년기의 자율적 자기통제능력의 결여, 가치관에 대한 무조건적인 대응적 행동이 스트레스를 더욱 가중시킨다고 보고 가정, 학교, 동료집단에서의 상이한 역할 요구로 인해 스트레스가 발생한다고 보고 있다(황경애, 2008).

이렇듯 청소년들은 다양한 사회 환경과 문화 속에서 외부로부터 오는 자극요인은 많은데, 현실적으로 그에 비해 만족하지 못하거나 충족하지 못할 경우에는 스트레스가 증가할 수밖에 없다. 청소년 스트레스는 내부 및 외부로부터 오는 자극요인에 따라 몇 가지 스트레스 영역으로 구분할 수 있다. 즉, 청소년 스트레스 영역은 기준에 따라 포괄적으로는 네 가지 영역으로 구분할 수 있다(나동석, 2017).

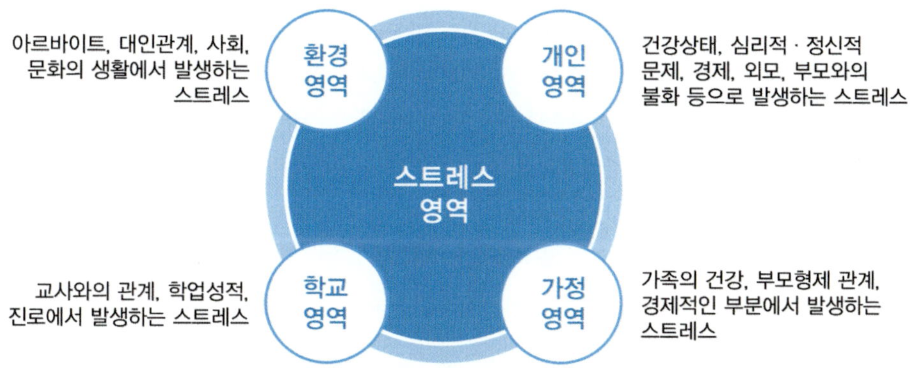

그림 10-8 청소년 스트레스 영역

4) 학교 밖 청소년

(1) 학교 밖 청소년의 정의와 실태

「학교밖청소년법」 제2조 제2호에 의하면, 학교 입학 후 3개월 이상 결석 혹은 기관에서의 취학 의무를 다하지 않거나, 고등학교 혹은 이와 같은 교육을 하는 학교에 진학하지 않거나, 제적이나 퇴학, 자퇴한 청소년을 학교 밖 청소년이라고 규정한다. 학교 밖 창소년은 단순히 학업을 중단한 청소년(중퇴, 근로, 비진학, 무직 등)뿐만 아니라 국가가 규정한 교과과정을 가르치는 학교에 다니지 않더라도 홈스쿨링, 대안학교, 검정고시, 취업, 유학 등 다양한 형태로 학업을 지속하는 청소년으로 그 의미가 매우 넓다고 할 수 있다(김진영, 2022).

표 10-3 학교 급별 학업중단율 변화

연도	전체			초등학교			중학교			고등학교		
	학생 수	학업 중단자	학업 중단율	학생 수	학업 중단자	학업 중단율	학생 수	학업 중단자	학업 중단율	학생 수	학업 중단자	학업 중단율
'18년	5,584,248	52,539	0.9	2,711,385	17,797	0.7	1,334,288	9,764	0.7	1,538,576	24,978	1.6
'17년	5,725,260	50,067	0.9	2,674,227	16,422	0.6	1,381,334	9,129	0.7	1,669,699	24,506	1.5
'16년	5,882,790	47,663	0.8	2,672,843	14,998	0.6	1,457,490	8,924	0.6	1,752,457	23,741	1.4
'15년	6,088,827	47,070	0.8	2,714,610	14,555	0.5	1,585,951	9,961	0.6	1,788,266	22,554	1.3

출처: 교육부(2020). 2019년 기본통계.

학교 급별 학업중단율 변화를 살펴보면, 학교 급별 학업중단율은 초등학교 0.7%(17,797명), 중학교 0.7%(9,764명), 고등학교 1.6%(24,978명)로 초등학교와 고등학교는 전 학년도(초: 0.6%, 16,422명, 고: 1.5%, 24,506명) 대비 각각 0.1%씩 상승했고, 중학교는 전 학년도(0.7%, 9,129명) 수준에서 유지되고 있는 것으로 나타났다(교육부, 2019).

(2) 학교 밖 청소년의 부적응 요인

학교 밖 청소년들은 학교를 그만두면서 다양한 어려움을 통한 사회적 부적응을 경험하고 있다. 학교 밖 청소년들을 대상으로 한 선행연구들을 통해 그들이 겪는 부적응 요인을 살펴보면, 크게 개인·심리적 요인과 사회·환경적 요인으로 구분할 수 있다(김진영, 2022).

표 10-4 학교 밖 청소년의 부적응 요인

구분	내용
개인 · 심리적 요인	• 계획한 일들이 잘 진행되지 않으면서 소외감을 느끼게 되고, 문제아 또는 실패자라는 좌절감 등을 느끼게 된다. • 친구, 부모를 비롯한 관계의 단절로부터 심리적이고 정서적인 영향을 받게 되고 이는 학교 밖 청소년들에게 미래에 대한 불안감과 막막함 등 부정적인 감정을 갖게 한다. • 공교육을 받지 않는다는 이유로 사회와 주변으로부터 부정적인 낙인감을 경험하게 되고, 이유를 불문하고 학교를 그만뒀다는 그 자체로 개인의 부적절한 문제로 보는 편견을 받게 된다. 사회적 낙인으로부터 오는 편견과 부정적인 인식은 학교 밖 청소년들에게 부정적 평가와 직 · 간접적으로 차별, 폭력 등의 부당한 대우를 받게 하고, 학교 밖 청소년들에게 심각한 스트레스를 제공하는 원인이 된다. • 스스로가 주변에 가치 없는 존재로 내재화하여 가치 없는 존재로 인식하게 된다.
사회 · 환경적 요인	• 학업을 중단하게 되면서 학교공동체와 또래집단과의 관계형성에 어려움을 겪게 되고, 부모와의 갈등까지 생기게 되면서 청소년기 발달과정에서 형성되어야 하는 사회화 과정을 정상적으로 거치지 못해 사회적 부적응을 경험하게 된다. • 특히 부모의 영향을 더욱 크게 받게 되는데, 이 과정에서 부모의 방임과 학대적 양육방식은 그들이 진로를 준비하고 사회적으로 적응하는 과정에서 방해의 요인이 된다. • 부모와의 건강한 관계와 지지를 받지 못한 경우 가정에서 채워지지 않은 심리적 욕구를 충족시키기 위해 비행행위와 일탈을 할 가능성이 높아지고, 삶에 대한 방황과 비관적 태도가 높아지게 되어 자신의 진로를 위한 준비과정에서 어려움을 겪게 된다. • 학교 밖 청소년들과 부모와의 관계는 정서조절능력에도 영향을 미친다. 부모의 긍정적 양육태도는 건강한 정서조절능력을 갖게 하지만, 부모의 부정적인 양육태도는 정서조절능력을 약화시키게 된다.

학교 밖 청소년들은 사회적 차별과 편견, 부모와의 관계 그리고 심리 · 정서적 불안감과 우울증을 겪고 있으며, 불확실한 자신의 미래에 대한 막막함과 두려움을 겪고 있다. 이와 같은 문제점들은 학교 밖 청소년들의 건강한 성장을 방해하며 사회적인 문제로 발전하게 될 가능성이 높다. 따라서 학교 밖 청소년들의 학업을 유지할 수 있도록 관심과 평생교육을 통한 학업을 지속할 수 있는 개입이 무엇보다 필요하다고 할 수 있다.

2. 청소년의 권리와 사회의 책임

청소년기는 아동에서 성인기로 전환하는 시기이다. 연령적으로 대략 만12~24세이며, 12~18세의 청소년기 전기와 18~24세의 청소년기 후기로 구분할 수 있다. 청소년기 전기에는 급속한 신체적 변화와 인지적 발달을 경험하며, 청소년기 후기는 자아정체감 확립과 더불어 성인생활을 준비하기 위한 여러 가지 과제에 집중하는 시기이다. 그리고 이 시기에는 달성해야 하는 발달과업이 있으며, 또한 청소년으로서 가지는 권리와 사회적 책임을 가지게 되는 시기이다.

1) 청소년기의 발달과업

발달과업은 특정한 발달단계에서 각 개인이 배우지 않으면 안되는 여러 가지의 과제, 즉 발달과제를 의미하는 것으로 이는 개인의 건전한 성장 발달을 위해 이루어야 할 과업이다. 청소년기에 이루어야 할 과업을 살펴보면 〈표 10-5〉와 같다.

표 10-5 청소년기의 발달과업

- 남녀 사이의 새로운 관계 그리고 더욱 성숙한 관계를 이루어야 한다.
- 남자와 여자로서의 사회적 역할을 학습한다.
- 자기의 체격을 인정하고, 자기의 성역할을 인식한다.
- 부모 또는 다른 성인으로부터 정서적 독립을 이룬다.
- 경제적 독립의 필요성을 절실히 느낀다.
- 직업의 선택과 준비에 몰두한다.
- 시민적인 자질로서 필요한 지적 기능과 개념을 발달시킨다.
- 결혼과 가정생활을 준비한다.
- 사회적으로 책임 있는 행동을 익히며, 이를 실천한다.
- 행동의 지침으로서 적절한 과학적 지식에 맞추어 가치관과 윤리체계를 형성한다.

2) 청소년의 권리와 책임

청소년들은 사회구성원의 일원이므로 그들이 행사할 수 있는 권리와 책임이 있다. 「청소년기본법」 제5조(청소년의 권리와 책임)와 제5조의 2(청소년의 자치권 확대)에서 청소년의 권리와 책임에 대해 〈표 10-6〉과 같이 구체적으로 제시하고 있다.

표 10-6 **청소년의 권리와 책임 및 자치권 확대**

구분	내용
제5조 (청소년의 권리와 책임)	① 청소년의 기본적 인권은 청소년활동 · 청소년복지 · 청소년보호 등 청소년육성의 모든 영역에서 존중되어야 한다. ② 청소년은 인종 · 종교 · 성별 · 나이 · 학력 · 신체조건 등에 따른 어떠한 종류의 차별도 받지 아니한다. ③ 청소년은 외부적 영향에 구애받지 아니하면서 자기 의사를 자유롭게 밝히고 스스로 결정할 권리를 가진다. ④ 청소년은 안전하고 쾌적한 환경에서 자기발전을 추구하고 정신적 · 신체적 건강을 해치거나 해칠 우려가 있는 모든 형태의 환경으로부터 보호받을 권리를 가진다. ⑤ 청소년은 자신의 능력을 개발하고 건전한 가치관을 확립하며 가정 · 사회 및 국가의 구성원으로서의 책임을 다하도록 노력하여야 한다.
제5조의2 (청소년의 자치권 확대)	① 청소년은 사회의 정당한 구성원으로서 본인과 관련된 의사결정에 참여할 권리를 가진다. ② 국가 및 지방자치단체는 청소년이 원활하게 관련 정보에 접근하고 그 의사를 밝힐 수 있도록 청소년 관련 정책에 대한 자문 · 심의 등의 절차에 청소년을 참여시키거나 그 의견을 수렴하여야 하며, 청소년 관련 정책의 심의 · 협의 · 조정 등을 위한 위원회 · 협의회 등에 청소년을 포함하여 구성 · 운영할 수 있다. ③ 국가 및 지방자치단체는 청소년과 관련된 정책 수립 절차에 청소년의 참여 또는 의견 수렴을 보장하는 조치를 하여야 한다. ④ 국가 및 지방자치단체는 청소년 관련 정책의 수립과 시행과정에 청소년의 의견을 수렴하고 참여를 촉진하기 위하여 청소년으로 구성되는 청소년참여위원회를 운영하여야 한다. ⑤ 국가 및 지방자치단체는 제4항에 따른 청소년참여위원회에서 제안된 내용이 청소년 관련 정책의 수립 및 시행과정에 반영될 수 있도록 적극 노력하여야 한다. ⑥ 제4항에 따른 청소년참여위원회의 구성과 운영에 필요한 사항은 대통령령으로 정한다.

3) 청소년에 대한 사회의 책임

「청소년기본법」 제7조에는 청소년에 대한 사회의 책임을 〈표 10-7〉과 같이 구체적으로 규정하고 있다.

표 10-7 청소년에 대한 사회적 책임

① 모든 국민은 청소년이 일상생활에서 즐겁게 활동하고 더불어 사는 기쁨을 누리도록 도와주어야 한다.
② 모든 국민은 청소년의 사고와 행동양식의 특성을 인식하고 사랑과 대화를 통하여 청소년을 이해하고 지도하여야 하며, 청소년의 비행을 바로잡는 등 그 선도에 최선을 다하여야 한다.
③ 모든 국민은 청소년을 대상으로 하거나 청소년이 쉽게 접할 수 있는 장소에서 청소년의 정신적 · 신체적 건강에 해를 끼치는 행위를 하여서는 아니 되며, 청소년에게 유해한 환경을 정화하고 유익한 환경이 조성되도록 노력하여야 한다.
④ 모든 국민은 경제적 · 사회적 · 문화적 · 정신적으로 어려운 상태에 있는 청소년들에게 특별한 관심을 가지고 이들이 보다 나은 삶을 누릴 수 있도록 노력하여야 한다.

3. 형식교육으로서의 청소년 평생교육

청소년들이 받을 수 있는 평생교육은 학교 형태로 이루어지는 형식적 교육과 청소년 단체나 학원 등으로 이루어지는 비형식 교육으로 구분될 수 있다. 여기서는 학교 형태의 청소년 평생교육에 대해서 살펴보고, 다음으로 비형식교육으로 이루어지는 검정고시, 학원과 청소년단체 등을 통한 평생교육을 살펴보고자 한다.

1) 각급학교에서의 평생교육

각급학교에서는 청소년들을 대상으로 평생교육을 실시하고 있다. 「평생교육법」(법률 제18195호 일부개정 2021. 06. 08.) 제29조 제1항에 따르면, 「초 · 중등교육법」 및 「고등교육법」에 따른 각급학교의 장은 평생교육을 실시함에 있어서 평생교육의 이념에 따라 교육과정과 방법을 수요자 관점으로 개발 · 시행하도록 하며, 학교를 중심으로 공동체 및 지역문화 개발에 노력하여야 한다. 또한 제2항에는 각급학교의 장은 해당 학교의 교육여건을 고려하여 학생 · 학부모와 지역 주민의 요구에 부합하는 평생교육을 직접 실시하거나 지방자치단체 또는 민간에 위탁하여 실시할 수 있다. 다만 영리를 목적으로 하는 법인 및 단체는 제외한다. 제2항에 따른 학교의 평생교육을 실시하기 위하여 각급학교의 교실 · 도서관 · 체육관, 그 밖의 시설을 활용하여야 한다.

또한 「평생교육법」 제30조에 따르면, 학교 부설 평생교육시설에 대해 규정하고 있다. 즉, 각급학교의 장은 학생 · 학부모와 지역주민을 대상으로 교양의 증진 또는 직업교육을 위한 평생교육시설을 설치 · 운영할 수 있으며, 대학의 장은 대학생 또는 대학생 외의 자를 대상으로 자격취득을 위한 직업교육과정 등 다양한 평생교육과정을 운영할 수 있다.

표 10-8 「평생교육법」 29조와 30조

구분	내용
제29조 (학교의 평생교육)	① 「초 · 중등교육법」 및 「고등교육법」에 따른 각급학교의 장은 평생교육을 실시하는 경우 평생교육의 이념에 따라 교육과정과 방법을 수요자 관점으로 개발 · 시행하도록 하며, 학교를 중심으로 공동체 및 지역문화 개발에 노력하여야 한다. ② 각급학교의 장은 해당 학교의 교육여건을 고려하여 학생 · 학부모와 지역 주민의 요구에 부합하는 평생교육을 직접 실시하거나 지방자치단체 또는 민간에 위탁하여 실시할 수 있다. 다만, 영리를 목적으로 하는 법인 및 단체는 제외한다. ③ 제2항에 따른 학교의 평생교육을 실시하기 위하여 각급학교의 교실 · 도서관 · 체육관, 그 밖의 시설을 활용하여야 한다. ④ 제2항 및 제3항에 따라 학교의 장이 학교를 개방할 경우 개방시간 동안의 해당 시설의 관리 · 운영에 필요한 사항은 해당 지방자치단체의 조례로 정한다.

구분	내용
제30조 (학교 부설 평생교육시설)	① 각급학교의 장은 학생 · 학부모와 지역 주민을 대상으로 교양의 증진 또는 직업교육을 위한 평생교육시설을 설치 · 운영할 수 있다. 평생교육시설을 설치하는 경우 각급학교의 장은 관할청에 보고하여야 한다. ② 대학의 장은 대학생 또는 대학생 외의 사람을 대상으로 자격취득을 위한 직업교육과정 등 다양한 평생교육과정을 운영할 수 있다. ③ 각급학교의 시설은 다양한 평생교육을 실시하기에 편리한 형태의 구조와 설비를 갖추어야 한다.

2) 특별학제로서의 학교 형태 평생교육

학교 형태의 청소년 평생교육을 살펴보려면, 학교제도(학제)의 유형인 기본 학제와 특별 학제를 이해할 필요가 있다(김규태 외, 2017). 구체적으로 기본 학제는 초등학교, 중학교, 고등학교, 대학 및 대학원 등의 정규 학교교육에 대한 제도를 의미하고, 특별 학제는 기본 학제의 보완적 기능을 수행하거나 사회교육의 성격을 지니고 정규학교의 교육과정에 준하는 교육을 실시하는 학제를 의미한다. 예를 들어, 방송통신고, 방송통신대, 기술대, 산업대, 공민학교, 고등공민학교, 고등기술학교, 각종 학교 등이 포함된다. 이 중에서 청소년 관련 학교 형태 평생교육은 바로 특별 학제에 해당된다고 볼 수 있다. 다음에서는 특별 학제에 해당되는 학교 형태 평생교육기관과 그 특징을 제시해 보고자 한다.

(1) 중학교 · 고등공민학교

특별 학제로서 중학교과정의 교육기관으로 고등공민학교가 있다. 중학교 · 고등공민학교는 「초 · 중등교육법」(법률 제18461호 일부개정 2021. 09. 24.) 제5절 중학교 · 고등공민학교(제41조, 제42조, 제43조, 제44조)에 구체적으로 제시하고 있다.

표 10-9 「초·중등교육법」 제5절

구분	내용
제41조 (목적)	중학교는 초등학교에서 받은 교육의 기초 위에 중등교육을 하는 것을 목적으로 한다.
제42조 (수업연한)	중학교의 수업연한은 3년으로 한다.
제43조 (입학자격 등)	① 중학교에 입학할 수 있는 사람은 초등학교를 졸업한 사람, 제27조의2제1항에 따라 초등학교를 졸업한 사람과 동등한 학력이 인정되는 시험에 합격한 사람, 그 밖에 법령에 따라 이와 같은 수준 이상의 학력이 있다고 인정된 사람으로 한다. ② 그 밖에 중학교의 입학 방법과 절차 등에 필요한 사항은 대통령령으로 정한다.
제43조의2 (방송통신중학교)	① 중학교 또는 고등학교에 방송통신중학교를 부설할 수 있다. ② 방송통신중학교의 설치·교육방법·수업연한, 그 밖에 운영에 필요한 사항은 대통령령으로 정한다.
제44조 (고등공민학교)	① 고등공민학교는 중학교 과정의 교육을 받지 못하고 제13조 제3항에 따른 취학연령을 초과한 사람 또는 일반 성인에게 국민생활에 필요한 중등교육과 직업교육을 하는 것을 목적으로 한다. ② 고등공민학교의 수업연한은 1년 이상 3년 이하로 한다. ③ 고등공민학교에 입학할 수 있는 사람은 초등학교를 졸업한 사람, 제27조의2제1항에 따라 초등학교를 졸업한 사람과 동등한 학력이 인정되는 시험에 합격한 사람, 그 밖에 법령에 따라 이와 같은 수준 이상의 학력이 있다고 인정된 사람으로 한다.

(2) 고등학교

특별 학제의 고등학교 과정의 교육기관으로 방송통신중·고등학교, 근로청소년을 위한 특별학급, 고등기술학교 등이 있다. 방송통신중·고등학교는 공립 중학교와 일반계 고등학교에 부설하여 인터넷 수업, 출석 수업 등의 방식으로 중학교 또는 고등학교를 졸업하지 못한 자에게 교육의 기회를 제공하고 있다. 근로청소년을 위한 특별학급은 산업체에 근무하는 청소년에 대한 고등학교 과정의 교육을 위하여 산업체에 인접한 고등학교에 야간수업을 주로 하는 특별학급을 말한다. 고등기술학교는 국민생활에 직접 필요한 직업기술교육을 하는 것을 목적으로 하는 학교로서, 수업연한은 1년 내지 3년이다.

① 방송통신중 · 고등학교

방송통신중 · 고등학교는 「초 · 중등교육법」 제43조의 2 및 제51조에 따른 방송통신중학교 및 방송통신고등학교 설치기준령에 그 설치 · 교육과정 · 교육방법 · 수업연한 · 입학자격 및 학력인정과 그 운영에 관한 사항이 자세히 규정되고 있다. 방송통신중 · 고등학교는 국공립 일반 중학교와 고등학교에 방송통신중학교와 방송통신고등학교로 부설로 설치 운영되고 있는 학교이다. 교육과정은 「초 · 중등교육법 시행령」 제43조를 준용하고 있다. 또한 학교 외 학습경험을 과목 이수로 인정하고 있다. 수업은 방송 · 정보통신을 통한 수업과 출석수업(통상 24일, 월2회, 일요일)으로 하고 있으며, 수업연한은 3년으로 하며, 이를 수료한 사람에게는 중학교와 고등학교 학력을 인정하고 있다. 그리고 방송 · 정보통신을 통한 수업은 한국교육개발원에 위탁하여 실시하고 있다.

표 10-10 「초 · 중등교육법」 제43조의 2 및 제51조

구분	내용
제43조의 2 (방송통신중학교)	① 중학교 또는 고등학교에 방송통신중학교를 부설할 수 있다. ② 방송통신중학교의 설치 · 교육방법 · 수업연한, 그 밖에 운영에 필요한 사항은 대통령령으로 정한다.
제51조 (방송통신고등학교)	① 고등학교에 방송통신고등학교를 부설할 수 있다. ② 방송통신고등학교의 설치, 교육방법, 수업연한, 그 밖에 그 운영에 필요한 사항은 대통령령으로 정한다.

② 근로청소년을 위한 특별학급

근로청소년을 위한 특별학급은 「초 · 중등교육법」 제52조에 따라 근로청소년을 위한 특별학급의 설치 목적을 규정하고 있는데, 그것은 산업체에 근무하는 청소년이 중학교 · 고등학교과정의 교육을 받을 수 있도록 하기 위하여 산업체에 인접한 중학교 · 고등학교에 야간수업을 주로 하는 특별학급을 둘 수 있다. 또한 제2항에는 하나의 산업체에 근무하는 청소년 중에서 중학교 또는 고등학교 입학을 희망하는 인원이 매년 2학급 이상을 편성할 수 있을 정도가 될 것으로 예상되는 경우 그 산업체는 희망하는 청소년이 교육을 받을 수 있도록 하기 위하여 중학교 또는 고등학교(산업체 부설 중 · 고등학교)를 설립 · 경영할 수 있다. 그리고 둘 이상의 산업체에 근무하는 청소년 중에서 입학을 희망하는 인원이 매년 2학급 이상을 편성할 수 있을 정도가 될 것으로 예상되는 경우에는 제2항에도 불구하고 그 둘 이상의 산업체가 공동으로 하나의 산업체 부설 중 · 고등학교를 설립 · 경영할 수 있다.

표 10-11 제52조(근로청소년을 위한 특별학급 등)

① 산업체에 근무하는 청소년이 중학교 · 고등학교 과정의 교육을 받을 수 있도록 하기 위하여 산업체에 인접한 중학교 · 고등학교에 야간수업을 주로 하는 특별학급을 둘 수 있다.
② 하나의 산업체에 근무하는 청소년 중에서 중학교 또는 고등학교 입학을 희망하는 인원이 매년 2학급 이상을 편성할 수 있을 정도가 될 것으로 예상되는 경우 그 산업체는 희망하는 청소년이 교육을 받을 수 있도록 하기 위하여 중학교 또는 고등학교(이하 "산업체 부설 중 · 고등학교"라 한다)를 설립 · 경영할 수 있다.
③ 둘 이상의 산업체에 근무하는 청소년 중에서 입학을 희망하는 인원이 매년 2학급 이상을 편성할 수 있을 정도가 될 것으로 예상되는 경우에는 제2항에도 불구하고 그 둘 이상의 산업체가 공동으로 하나의 산업체 부설 중 · 고등학교를 설립 · 경영할 수 있다.
④ 제1항부터 제3항까지의 규정에 따른 특별학급 및 산업체 부설 중 · 고등학교의 설립 기준과 입학방법 등에 필요한 사항은 시 · 도의 조례로 정한다.
⑤ 제1항부터 제3항까지의 규정에 따른 특별학급 또는 산업체 부설 중 · 고등학교에 다니는 청소년을 고용하는 산업체의 경영자는 시 · 도의 조례로 정하는 바에 따라 그 교육비의 일부를 부담하여야 한다.
⑥ 지방자치단체는 시 · 도의 조례로 정하는 바에 따라 제1항부터 제3항까지의 규정에 따른 특별학급 또는 산업체 부설 중 · 고등학교에 다니는 학생의 교육비 중 일부를 부담할 수 있다.

③ 고등기술학교

고등기술학교는 「초 · 중등교육법」 제54조에 따라 국민생활에 직접 필요한 직업기술 교육을 하는 것을 목적으로 하며, 수업연한은 1년 이상 3년 이하로 한다. 또한 고등기술학교에는 고등학교를 졸업한 사람 또는 법령에 따라 이와 같은 수준 이상의 학력이 있다고 인정된 사람에게 특수한 전문기술교육을 하기 위하여 수업연한이 1년 이상인 전공과(專攻科)를 둘 수 있다. 그리고 공장이나 사업장을 설치 · 경영하는 자는 고등기술학교를 설립 · 경영할 수 있다.

표 10-12 제54조(고등기술학교)

① 고등기술학교는 국민생활에 직접 필요한 직업기술교육을 하는 것을 목적으로 한다.
② 고등기술학교의 수업연한은 1년 이상 3년 이하로 한다.
③ 고등기술학교에 입학할 수 있는 사람은 중학교 또는 고등공민학교(3년제)를 졸업한 사람, 제27조의2제1항에 따라 중학교를 졸업한 사람과 동등한 학력이 인정되는 시험에 합격한 사람, 그 밖에 법령에 따라 이와 같은 수준 이상의 학력이 있다고 인정된 사람으로 한다.
④ 고등기술학교에는 고등학교를 졸업한 사람 또는 법령에 따라 이와 같은 수준 이상의 학력이 있다고 인정된 사람에게 특수한 전문기술교육을 하기 위하여 수업연한이 1년 이상인 전공과(專攻科)를 둘 수 있다.
⑤ 공장이나 사업장을 설치 · 경영하는 자는 고등기술학교를 설립 · 경영할 수 있다.

④ 학교 형태의 평생교육시설

학교 형태의 평생교육시설은 「평생교육법」(법률 제18195호 일부개정 2021. 06. 08.) 제31조에 따라 운영되고 있다. 학교 형태의 평생교육기관은 교육과정 및 시설 · 설비 등이 중학교 또는 고등학교와 유사한 시설이다. 경제적 이유 등 개인 사정으로 중 · 고등학교 또는 대학에 진학하지 못한 근로청소년, 성인 등을 대상으로 하는 평생교육시설로, 중학교, 고등학교, 전문대학의 졸업자와 동등한 학력 및 학위가 인정된다. 「평생교육법」 제31조는 학교 형태의 평생교육시설을 규정하고 있다. 우선, 학교 형태의 평생교육시설을 설치 · 운영하고자 하는 자는 대통령령으로 정하는 시설 · 설비를 갖추어 교육감에게 등록하여야 한다. 교육감은 제1항에 따른 학교 형태의 평생교육시설 중 일정 기준 이상의 요건을 갖춘 평생교육시설에 대하여 이를 고등학교 졸업 이하의 학력이 인정되는 시설로 지정할 수 있다. 그리고 학교교육을 담당하는 교원을 둘 수 있으며, 교원의 복무 · 국내연수와 재교육에 관하여는 국 · 공립학교의 교원에 관한 규정을 준용한다. 또한, 「초 · 중등교육법」 제54조 제4항에 따라 전공과를 설치 · 운영하는 고등기술학교는 교육부장관의 인가를 받아 전문대학 졸업자와 동등한 학력 · 학위가 인정되는 평생교육시설로 전환 · 운영할 수 있다.

표 10-13 「평생교육법」 제31조(학교형태의 평생교육시설)

① 학교형태의 평생교육시설을 설치 · 운영하고자 하는 자는 대통령령으로 정하는 시설 · 설비를 갖추어 교육감에게 등록하여야 한다.
② 교육감은 제1항에 따른 학교형태의 평생교육시설 중 일정 기준 이상의 요건을 갖춘 평생교육시설에 대하여는 이를 고등학교 졸업 이하의 학력이 인정되는 시설로 지정할 수 있다. 다만, 제6항에 따라 지방자치단체로부터 지원받은 보조금을 목적 외 사용, 부당집행하였을 경우에는 그 지정을 취소할 수 있다.
③ 제2항에 따른 학력인정 평생교육시설에는 「초 · 중등교육법」 제19조 제1항의 교원을 둘 수 있다. 이 경우 교원의 복무 · 국내연수와 재교육에 관하여는 국 · 공립학교의 교원에 관한 규정을 준용한다.
④ 「초 · 중등교육법」 제54조 제4항에 따라 전공과를 설치 · 운영하는 고등기술학교는 교육부장관의 인가를 받아 전문대학졸업자와 동등한 학력 · 학위가 인정되는 평생교육시설로 전환 · 운영할 수 있다. 이 경우 전공대학의 명칭을 사용할 수 있다.
⑤ 제2항에 따른 학력인정 평생교육시설의 지정 및 지정취소 기준 · 절차, 입학자격, 교원자격 등과 제4항에 따른 평생교육시설의 인가 기준 · 절차, 학사관리 등의 운영 방법 등에 필요한 사항은 대통령령으로 정한다.
⑥ 지방자치단체는 해당 지방자치단체의 조례로 정하는 바에 따라 예산의 범위 내에서 「초 · 중등교육법」 제2조의 학교에 준하여 제2항에 따른 학력인정 평생교육시설에 필요한 보조금을 교부하거나 그 밖의 지원을 할 수 있다.
⑦ 제2항에 따른 학력인정 평생교육시설로 지정을 받은 자가 그 시설을 폐쇄하고자 하는 때에는 재학생 처리방안 등 대통령령으로 정하는 사항을 갖추어 관할 교육감의 인가를 받아야 한다.
⑧ 제2항에 따른 학력인정 평생교육시설의 재산관리, 회계 및 교원 등의 신규채용에 관한 사항은 각각 「사립학교법」 제28조, 제29조 및 제53조의2 제9항을 준용하고, 장학지도 및 학생의 학교생활기록 관리는 각각 「초 · 중등교육법」 제7조 및 제25조 제1항을 준용한다. 다만, 교비회계에 속하는 예산 · 결산 및 회계 업무는 교육부령으로 정하는 방식으로 처리하여야 한다.

(3) 고등교육기관

특별 학제의 고등교육기관으로는 산업대학, 원격대학, 방송통신대학, 기술대학, 원격대학 등이 있다. 산업대학은 「고등교육법」 제37~40조에서 규정하고 있다. 산업대학은 산업사회에서 필요로 하는 학술 또는 전문적인 지식이나 기술의 연구와 연마를 위한 교육을 계속하여 받으려는 사람에게 고등교육의 기회를 제공하여 국가와 사회의 발전에 이바지할 산업인력을 양성함을 목적으로 한다. 산업대학의 수업연한과 재학연한은 제한하지 않는다. 산업대학(전문대학 · 원격대학을 포함)은 산업체(산업체를 구성원으로 하는 단체를 포함)로부터 위탁받아 교육을 실시하거나 산업체에 위탁하여 교육을 실시할 수 있다.

표 10-14 「고등교육법」 제37조, 제38조, 제40조 및 제40조의 2

구분	내용
제37조(목적)	산업대학은 산업사회에서 필요한 학술 또는 전문적인 지식이나 기술의 연구와 연마를 위한 교육을 계속하여 받으려는 사람에게 고등교육의 기회를 제공하여 국가와 사회의 발전에 이바지할 산업인력을 양성함을 목적으로 한다.
제38조(수업연한 등)	산업대학의 수업연한과 재학연한은 제한하지 아니한다.
제40조(산업체 위탁교육)	① 산업대학(전문대학 · 원격대학을 포함한다. 이하 이 조에서 같다)은 산업체(산업체를 구성원으로 하는 단체를 포함한다. 이하 이 조에서 같다)로부터 위탁받아 교육을 실시하거나 산업체에 위탁하여 교육을 실시할 수 있다. ② 제1항에 따라 산업대학이 위탁받은 교육을 실시하거나 위탁하여 교육을 실시하기 위하여 필요한 사항은 대통령령으로 정한다.
제40조의 2(산업대학을 폐지하여 대학을 설립하는 경우의 특례)	이 법 시행 당시 산업대학을 설치 · 경영하는 국가 또는 학교법인이 산업대학을 폐지하고 대학을 설립하려는 경우 그 시설 · 설비 등 설립기준은 대통령령으로 정하는 특례요건을 갖추어야 한다.

원격대학은 「고등교육법」 제52~54조에서 규정하고 있다. 원격대학은 국민에게 정보 · 통신 매체를 통한 원격교육으로 고등교육을 받을 기회를 제공하여 국가와 사회가 필요로 하는 인재를 양성함과 동시에 열린 학습사회를 구현함으로써 평생교육의 발전에 이바지함을 목적으로 한다. 원격대학에는 대통령령으로 정하는 바에 따라 전문학사학위과정과 학사학위과정을 둘 수 있고, 그 수업연한은 전문학사학위과정의 수업연한은 2년으로 하고, 학사학위과정의 수업연한은 4년으로 하고 있다.

표 10-15 「고등교육법」 제52~54조

구분	내용
제52조 (목적)	원격대학은 국민에게 정보 · 통신 매체를 통한 원격교육(遠隔敎育)으로 고등교육을 받을 기회를 제공하여 국가와 사회에 필요한 인재를 양성함과 동시에 열린 학습사회를 구현함으로써 평생교육의 발전에 이바지함을 목적으로 한다
제53조 (원격대학의 과정 및 수업연한)	① 원격대학에는 대통령령으로 정하는 바에 따라 전문학사학위과정과 학사학위과정을 둘 수 있다. ② 원격대학의 전문학사학위과정의 수업연한은 2년으로 하고, 학사학위과정의 수업연한은 4년으로 한다. ③ 원격대학은 학칙으로 정하는 바에 따라 학위취득에 필요한 학점 이상을 취득한 사람에 대하여는 대통령령으로 정하는 바에 따라 제2항에 따른 수업연한을 단축할 수 있다.
제54조 (학위의 수여)	① 원격대학의 학사학위과정에서 학칙으로 정하는 과정을 마친 사람에게는 학사학위를 수여한다. ② 원격대학의 전문학사학위과정에서 학칙으로 정하는 과정을 마친 사람에게는 전문학사학위를 수여한다. ③ 제1항과 제2항에 따른 학위의 종류와 수여에 필요한 사항은 대통령령으로 정한다.

기술대학은 「고등교육법」 제55~58조에서 규정하고 있다. 기술대학은 산업체 근로자가 산업현장에서 전문적인 지식 · 기술의 연구 · 연마를 위한 교육을 계속하여 받을 수 있도록 함으로써 이론과 실무능력을 고루 갖춘 전문인력을 양성함을 목적으로 한다. 기술대학에는 전문학사학위과정과 학사학위과정을 두며, 수업연한은 각각 2년으로 한다.

표 10-16 「고등교육법」 제55~58조

구분	내용
제55조 (목적)	기술대학은 산업체 근로자가 산업현장에서 전문적인 지식 · 기술의 연구 · 연마를 위한 교육을 계속하여 받을 수 있도록 함으로써 이론과 실무능력을 고루 갖춘 전문인력을 양성함을 목적으로 한다.
제56조	① 기술대학에는 전문학사학위과정과 학사학위과정을 둔다.

구분	내용
(기술대학의 과정 및 수업연한)	② 제1항에 따른 각 과정의 수업연한은 각각 2년으로 한다.
제57조 (입학자격 등)	① 기술대학의 전문학사학위과정에 입학할 수 있는 사람은 고등학교를 졸업한 사람이나 법령에 따라 이와 같은 수준 이상의 학력이 있다고 인정된 사람으로서 대통령령으로 정하는 기간 이상 산업체에 근무하고 있는 사람으로 한다. ② 기술대학의 학사학위과정에 입학할 수 있는 사람은 전문대학을 졸업한 사람이나 법령에 따라 이와 같은 수준 이상의 학력이 있다고 인정된 사람으로서 대통령령으로 정하는 기간 이상 산업체에 근무하고 있는 사람으로 한다. ③ 기술대학은 제1항과 제2항에 따른 자격이 있는 사람 중에서 학생을 선발하되, 그 선발방법은 대통령령으로 정하는 바에 따라 학칙으로 정한다.
제58조 (학위의 수여)	① 기술대학의 전문학사학위과정에 입학하여 학칙으로 정하는 과정을 마친 사람에게는 전문학사학위를 수여한다. ② 기술대학의 학사학위과정에 입학하여 학칙으로 정하는 과정을 마친 사람에게는 학사학위를 수여한다. ③ 제1항과 제2항에 따른 학위의 종류와 수여에 필요한 사항은 대통령령으로 정한다.

방송통신대학은 「한국방송통신대학교 설치령」에 따라 1972년에 개교하여 현재까지 운영되는 학교로서, 대학교육을 받지 못한 사람들에게 원격교육을 통하여 다양한 영역에 걸친 대학수준의 교육 프로그램을 제공함으로써 사회교육의 확대발전과 국가가 필요로 하는 분야별 인재 양성을 목적으로 설립 · 운영되고 있다. 수학연한은 4년이고, 교육방법은 방송강의, 녹음강의, 보충강의, 출석수업 등으로 이루어진다. 이 중 방송대학은 TV를 이용한 방송강의가 주를 이룬다. 녹음강의는 녹음테이프를 이용한 강의이고, 보충강의는 PC통신이나 케이블TV 등을 이용한 강의이다. 출석수업은 원격교육의 단점을 보완하기 위해 대학본부나 시 · 군학습관에서 교수와 학생의 직접 대면으로 이루어지며 매 학년 6일 이상 실시해야 한다. 출석수업이 어려운 자는 출석수업 대체시험으로 대신할 수 있다. 또한 성적이 'F'가 나온 교과목을 대상으로 정규 학기와는 별도로 학점을 재취득할 수 있는 기회를 부여하기 위하여 계절수업을 실시하고 있다.

4. 비형식교육으로서의 청소년 평생교육

1) 검정고시

검정고시는 초, 중, 고등학교의 입학자격 또는 특정한 자격에 필요한 지식과 학력 유무를 검정하기 위해 실시하는 국가수준의 시험이며, 초등학교 졸업학력 검정고시, 중학교 졸업학력 검정고시, 고등학교 졸업학력 검정고시가 있다.

학력인정제도로서의 검정고시의 근거는 「초 · 중등교육법」과 「초 · 중등교육법 시행령」, 「초 · 중등교육법 시행규칙」에 있다. 「초 · 중등교육법」 제27조의 2는 학력인정 시험에 관한 조항을 규정하고 있고 「초 · 중등교육법 시행령」 제96조부터 제98조까지는 학교 수준별 졸업자와 동등한 학력인정에 대하여 규정하고 있으며, 「초 · 중등교육법 시행규칙」 제26조에서 제44조는 「초 · 중등교육법 시행령」에 따라 학력인정 시험인 검정고시에 필요한 사항을 정하고 있다.

법령에서 '검정고시란 ~을 말한다'라고 명확한 정의를 내리고 있는 조항은 찾을 수 없지만 「초 · 중등교육법」 제27조의 2(학력인정시험) 조항에 따르면 검정고시제도는 학력이 인정되는 학교의 교육과정을 마치지 않은 사람들이 시험을 치르고 합격 시 각 해당 급의 초등학교, 중학교, 고등학교의 학력을 인정받는 제도이다. 학교 급별 시험은 별도로 치러지며 초등학교 졸업학력 검정고시는 연령 제한이 있고 중학교 졸업학력 검정고시는 초등학교 졸업학력이 있는 자, 고등학교 졸업학력 검정고시는 중학교 졸업학력이 있는 자만이 응시가 가능하다.

초등학교 졸업학력 검정고시에 연령 제한이 있는 이유는 이전 단계의 학력인정단계가 없기 때문에 연령 제한만 있는 것이고 중학교와 고등학교의 경우 연령의 제한은 없고 이전 단계의 학력을 인정받은 사람만 응시할 수 있도록 응시자격 제한을 두어 단계적으로 학력을 취득할 수 있다. 연령의 제한이 없으므로 학령기에 학교교육을 받지 못한 성인학습자들이 출석에 의하여 학력을 인정받는 성인대상의 초·중·고등학교나 학력인정 문해교육과정에 참여하기 어려운 상황에서 학력을 취득하기 위한 방법으로 선택하고 있는 학력인정제도이다. <표 10-17>은 「초·중등교육법 시행규칙」에 따라 현재 시행되고 있는 검정고시 시험의 개요를 요약한 것이다.

표 10-17 검정고시 시험 개요

<table>
<tr><th>구분</th><th colspan="3">내용</th></tr>
<tr><td>법적근거</td><td colspan="3">「초·중등교육법」 제27조 2(학력인정시험)
「초·중등교육법 시행령」 제96조 ~ 제98조
「초·중등교육법 시행규칙」 제26조~제44조</td></tr>
<tr><td>시험종류</td><td colspan="3">초등학교 졸업학력 검정고시(초졸)
중학교 졸업학력 검정고시(중졸)
고등학교 졸업학력 검정고시(고졸)</td></tr>
<tr><td>시험실시</td><td colspan="3">연 2회</td></tr>
<tr><td>시험출제</td><td colspan="3">한국교육과정평가원</td></tr>
<tr><td>성적관리</td><td colspan="3">한국교육과정평가원</td></tr>
<tr><td>시행주체</td><td colspan="3">전국 17개 시·도교육청</td></tr>
<tr><td rowspan="3">응시자격</td><td>초졸</td><td colspan="2">응시자격: 전년도 기준 만 11세 이상
응시자격제한: 초등학교 재학 중인 자</td></tr>
<tr><td>중졸</td><td colspan="2">응시자격: 초등학교 졸업자 및 동등 이상의 학력이 있는 자
응시자격제한: 중학교 졸업 또는 재학 중인 자</td></tr>
<tr><td>고졸</td><td colspan="2">응시자격: 중학교 졸업자 및 동등 이상의 학력이 있는 자
응시자격제한: 고등학교 졸업 또는 재학 중인 자</td></tr>
<tr><td rowspan="3">시험과목</td><td>초졸</td><td>6과목</td><td>필수 4(국어/수학/사회/과학) + 선택 2과목
선택과목: 도덕, 체육, 음악, 미술, 실과, 영어 중 택 2</td></tr>
<tr><td>중졸</td><td>6과목</td><td>필수 5(국어/수학/사회/과학/영어) + 선택 1과목
선택과목: 도덕, 기술·가정, 체육, 음악, 미술 중 택 1</td></tr>
<tr><td>고졸</td><td>7과목</td><td>필수 6(국어/수학/사회/과학/영어/한국사) + 선택 1과목
선택과목: 도덕, 기술·가정, 체육, 음악, 미술 중 택 1</td></tr>
</table>

구분	내용
합격기준	각 과목 100점 만점 기준, 전 과목 평균 60점 이상 합격 60점 이상 과목 합격(면제)
관련제도	초등 · 중학 문해교육 학력인정 제도, 평생학습계좌제

출처: 서울시교육청(http://www.sen.go.kr/).

2) 학원

청소년들이 자주 이용하는 평생교육시설은 학원이라고 할 수 있다. "학원이란 사인(私人)이 대통령령으로 정하는 수 이상의 학습자 또는 불특정 다수의 학습자에게 30일 이상의 교습과정(교습과정의 반복으로 교습 일수가 30일 이상이 되는 경우를 포함)에 따라 지식 · 기술(기능을 포함) · 예능을 교습(상급학교 진학에 필요한 컨설팅 등 지도를 하는 경우와 정보통신기술 등을 활용하여 원격으로 교습하는 경우를 포함)하거나 30일 이상 학습 장소로 제공되는 시설"을 말한다(법제처, 2021). 법률에서는 학원 산업의 발달과 유형이 다양해지면서 규모와 형태를 확대하고 인정하여 교습소, 개인과외교습자, 과외교습을 학원의 범주에 포함하여 규정하고 있다(김은하, 2019).

「학원의 설립 · 운영 및 과외교습에 관한 법률」에 따르면, 학원의 유형은 학교교과교습학원과 평생직업교육학원으로 분류되어 있다. 먼저 학교교과교습학원이란 「초 · 중등교육법」 제23조에 따른 학교교육 과정을 교습하거나 「유아교육법」 제2조 제1호에 따른 유아, 「장애인 등에 대한 특수교육법」 제15조 제1항 각 호의 어느 하나에 해당하는 장애가 있는 사람, 「초 · 중등교육법」 제2조에 따른 학교의 학생, 다만 직업교육을 목적으로 하는 직업기술 분야의 학원에서 취업을 위하여 학습하는 경우는 제외한다고 명시되어 있다(법제처, 2021). 다시 말해 학교교과교습학원은 학교교육 과정에서 배우는 교과목을 초 · 중 · 고등학생을 대상으로 가르치는 학원을 말한다. 〈표 10-18〉은 학교교과교습학원의 유형과 내용을 정리한 것이다.

표 10-18 학교교과교습학원의 유형과 내용

유형	계열	내용
입시검정보습	보통교과	초등학교 · 중학교 · 고등학교의 교육과정에 속하는 교과 (예 · 체능계 및 실업계 고등학교의 전문교과 제외) 및 논술
	진학지도	진학상담 · 지도
국제화	외국어	보통교과에 속하지 않는 교과로서 유아 또는 초등학교 · 중학교 · 고등학교 학생을 교습대상으로 하는 실용외국어
예능	예능	음악, 미술, 무용
독서실	독서	유아 또는 초등학교 · 중학교 · 고등학교 학생을 주된 대상으로 하는 시설
정보	정보	정보 교과에 속하는 교육 활동
특수교육	특수교육	특수학교 교육과정에 속하는 교육 활동
기타	기타	그 밖의 교습과정

학원강사(private tutoring instructor)는 학원에서 교습을 담당하는 강사로서 대통령령으로 정하는 자격을 갖춘 자를 의미하며, 학령과 전문분야에 따른 다양한 교육적 수요에 맞춰 지식과 기능을 전수하는 사람을 총칭하는 개념이다. 학교교과교습학원의 학원강사 자격 기준은 「초 · 중등교육법」 제21조에 따른 교원 자격이 있는 사람이거나 전문대학 졸업자 또는 이와 같은 수준 이상의 학력이 있는 자로 정하고 있다. 학원에서 교습을 담당하는 강사는 학습자가 학습과정을 능률적으로 극대화할 수 있는 자가 되어야 한다. 학원강사의 자격기준은 「학원의 설립운영 및 과외교습에 관한 법률 시행령」 제12조 제2항에 제시되고 있으며, 그것은 〈표 10-19〉와 같다.

표 10-19 학원강사의 자격기준(제12조 제2항 관련)

구분	자격기준
학교교과 교습학원	1. 「초 · 중등교육법」 제21조에 따른 교원의 자격이 있는 사람 2. 전문대학 졸업자 또는 이와 같은 수준 이상의 학력이 있는 사람 3. 「국가기술자격법」에 따라 교습과목과 같은 종목의 기술사 · 기능장 · 기사 및 산업기사의 자격을 취득한 사람

구분	자격기준
	4. 「국가기술자격법」에 따라 교습과목과 같은 종목의 기능사 자격을 취득한 후 3년 이상의 실무경력이 있는 사람 5. 「자격기본법」이나 그 밖의 다른 법령에 따라 면허증 또는 자격증 등을 취득한 사람으로서 제3호 또는 제4호에 상응한다고 교육감이 인정하는 사람 6. 고등학교 졸업자 또는 이와 같은 수준 이상의 학력이 있는 사람으로서 교습하려는 부문에 2년 이상 전임(專任)으로 교습한 경력이 있는 사람 7. 국가 또는 지방자치단체 등 공공기관이 주관하거나 후원하는 전국 규모의 각종 기능경기대회에서 교습하려는 부문에 입상한 실적이 있는 사람 8. 국가무형문화재 보유자(시 · 도무형문화재 보유자를 포함한다) 등 기능 또는 예능 보유자로서 교육감이 인정하는 사람 9. 대학 졸업 이상의 학력이 있는 외국인으로서 「출입국관리법」 제10조 및 같은 법 시행령 제12조에 따른 해당 체류자격이 있거나 같은 법 제20조 및 같은 법 시행령 제25조에 따라 해당 교습활동에 관한 체류자격 외 활동허가를 받은 사람
평생직업 교육학원	1. 고등학교 졸업자 또는 이와 같은 수준 이상의 학력이 있는 사람 2. 학교교과교습학원 강사의 자격기준 중 제3호부터 제5호까지 또는 제7호부터 제9호까지의 어느 하나에 해당하는 사람

3) 청소년 시설 및 단체

학교 이외에도 청소년들은 청소년 시설이나 단체를 통해 평생학습과정에 참여할 수 있다. 여기서 말하는 청소년 시설은 청소년활동 · 청소년복지 및 청소년 보호에 제공되는 시설을 말한다. 국가 및 지방자치단체는 청소년 시설을 설치 · 운영하여야 한다(「청소년기본법」 제18조). 또한 청소년 시설의 적합성 · 공공성 · 안전성에 대한 국민의 신뢰를 확보하고, 그 설치와 운영을 지원하기 위하여 필요한 지도 · 감독을 할 수 있다(「청소년기본법」 제19조).

청소년의 평생교육은 YMCA, 컵스카우트, 걸스카우트 등과 같은 청소년 단체를 통해 실시되고 있다. 청소년 단체는 학교교육과 서로 보완할 수 있는 청소년 활동을 통한 청소년의 기량과 품성 함양, 청소년 복지 증진을 통한 청소년의 삶의 질 향상, 유해환경으로부터 청소년을 보호하기 위한 청소년 보호 업무수행 등을 도모하고 있다(「청소년기본법」 제28조). 또한 학교의 정규교육으로 보호할 수 없는 시간 동안 청소년의 전인적 성장 · 발달을 지원하기 위하여 다양한 방과 후 활동 프로그램 등을 제공하는 종합적인 지원방안을 마련하여야 한다(「청소년기본법」 제48조의 2). 「청소년기본법 시행령」(「대통령령」 제30375호 일부개정 2020. 01. 29.) 제33조의 4는 청소년 방과 후 활동 지원 주체로서 여성가족부 장관과 시 · 도지사 및 시장 · 군수 · 구청장 등을 제시하고 있다.

표 10-20 「청소년기본법」 및 「청소년기본법 시행령」

구분	항목	내용
「청소년 기본법」	제18조 (청소년시설의 설치 · 운영)	① 국가 및 지방자치단체는 청소년시설을 설치 · 운영하여야 한다. ② 국가 및 지방자치단체 외의 자는 따로 법률에서 정하는 바에 따라 청소년시설을 설치 · 운영할 수 있다. ③ 국가 및 지방자치단체는 제1항에 따라 설치한 청소년시설을 청소년단체에 위탁하여 운영할 수 있다.
	제19조 (청소년시설의 지도 · 감독)	국가 및 지방자치단체는 청소년시설의 적합성 · 공공성 · 안전성에 대한 국민의 신뢰를 확보하고, 그 설치와 운영을 지원하기 위하여 필요한 지도 · 감독을 할 수 있다.
	제28조 (청소년단체의 역할)	① 청소년단체는 다음 각 호의 역할을 수행하기 위하여 최선의 노력을 하여야 한다. 1. 학교교육과 서로 보완할 수 있는 청소년활동을 통한 청소년의 기량과 품성 함양 2. 청소년복지 증진을 통한 청소년의 삶의 질 향상 3. 유해환경으로부터 청소년을 보호하기 위한 청소년보호 업무 수행 ② 청소년단체는 제1항에 따른 역할을 수행할 때에 청소년의 의견을 적극 반영하여야 한다.
	제48조의2 (청소년 방과 후 활동의 지원)	① 국가 및 지방자치단체는 학교의 정규교육으로 보호할 수 없는 시간 동안 청소년의 전인적(全人的) 성장 · 발달을 지원하기 위하여 다양한 교육 및 활동 프로그램 등을 제공하는 종합적인 지원 방안을 마련하여야 한다. ② 제1항의 종합적인 지원 방안 마련에 필요한 사항은 대통령령으로 정한다.

구분	항목	내용
「청소년 기본법 시행령」	제33조의4 (방과 후 활동 종합지원사업 실시)	① 여성가족부장관과 시·도지사 및 시장·군수·구청장은 청소년의 방과 후 활동을 지원하는 청소년 방과 후 활동 종합지원사업(이하 이 장에서 "방과후사업"이라 한다)을 실시할 수 있다. 이 경우 방과후사업은 장애청소년과 다문화청소년 등 특별한 교육 및 활동이 필요한 청소년을 대상으로 할 수 있다. ② 방과후사업은 다음 각 호의 활동을 포함한다. 1. 청소년의 역량 개발 지원 2. 청소년의 기본학습 및 보충학습 지원 3. 청소년의 안전하고 건강한 방과 후 활동을 위한 급식, 시설 지원 및 상담 4. 청소년의 안전하고 건강한 방과 후 활동을 위한 학부모 교육, 청소년의 방과 후 활동을 지원하는 기관 및 단체 등의 개발 및 연계 5. 그 밖에 청소년의 방과 후 활동을 지원하기 위해 필요한 활동

Chapter 11

성인 평생교육

배울내용

1. 성인의 발달
2. 성인학습자의 특성
3. 성인 평생교육 실태

학습목표

1. 성인 전기의 발달특성과 과업을 숙지한다.
2. 성인 중기의 발달특성과 과업을 숙지한다.
3. 성인 후기의 발달특성과 과업을 숙지한다.
4. 성인학습자의 특성을 설명할 수 있다.
5. 성인학습자 특성의 구성요소를 설명할 수 있다.
6. 성인 평생교육 실태를 통해 향후 발전방안을 모색해 본다.

대상별 평생교육은 청소년, 성인, 노인, 장애인, 여성, 농업인, 학부모, 군인, 북한이탈주민 및 다문화 가정을 대상으로 실시되고 있다〈그림 10-1 참조〉. 청소년 평생교육에 대해서는 10장에서 살펴보았고, 본 장에서는 성인 평생교육에 대해 구체적으로 살펴보고자 한다.

1. 성인의 발달

생애주기란 인생을 봄, 여름, 가을, 겨울의 계절 변화에 비유하여 생애발달에 일정한 순서가 있다고 보는 것이다. 생애주기는 물론 개인에 따라 소속된 사회에 따라 주기에 대한 구분이나 주기별 특성이 차이가 있겠지만, 일정 시기를 중심으로 그 시기의 보편적인 삶의 특성을 드러내는 대체로 어느 정도 일치하는 시기 구분과 특성이 그려질 수 있다. 생애주기를 구분하는 기준은 연령이 가장 중심이지만, 인생의 주요 사건 역시 중요한 고려 기준이 된다. 대체로 연령과 인생사건을 기준으로 생애주기를 구분하는 것이 보편적인 접근이다.

성인들의 전 생애 발달이론의 연구자들(Erikson, 1982; Knowles, 1984; Levinson, 1986; Maslow, 1970)은 성인의 발달단계를 완전히 성숙한 단계로 구분하여 설명하였다. 인간 발달에 관한 초기의 전통적 이론과 개인의 성장 발달에 관한 연구들은 대부분 유·아동기와 청소년기까지를 대상으로 이루어졌으며, 인생의 주기와 성인기의 발달에 대한 연구는 매우 미흡한 편이었다. 이는 신체가 완전히 성장하는 청소년기 이후에는 성격 발달을 비롯한 인간 발달이 멈춘다는 믿음이 지배했기 때문이다. 그러나 오늘날 대부분의 발달론자들은 인간은 살아 있는 한 끊임없이 변화하고 성장할 수 있는 가능성이 있다고 주장한다.

1) 성인 전기

성인 전기의 일반적인 발달 특성은 신체적, 지적, 성격 및 사회성 발달 등의 영역으로 구분해 볼 수 있다. 먼저 신체발달은 체력, 정력, 지구력, 감각 등 신체 기능의 모든 면에 있어서 최고의 절정에 이르는 시기이다. 또한 이 시기는 인생 주기 동안 인간이 가장 건강하다고 느끼는 시기이기도 하다. 지적 발달은 다른 연령대에 비해서 가장 높은 지적 기능을 소유하고 있다. 성격 및 사회성 발달은 이 시기에 개인이 경험하게 되는 다양한 환경변화에 적응해 나가는 과정을 통해서 이루어지게 된다.

에릭슨(1963)은 인간의 생애를 연속적인 8단계로 구분하여 성인기를 발달이 완료된 상태가 아니라 발달과정의 한 상태로 보았으며, 각 단계별로 극복해야 할 위기와 성취해야 할 발달과업이 있음을 주장하였다. 에릭슨(1963)에 의하면 성인 전기는 20세경부터 40세에 이르며, 개인의 발달 과정에서 '친밀감 대 고립감'의 위기를 경험하고 자신의 정체성을 확립해 나가는 시기라고 보았다. 이 시기의 성인들은 친밀감을 필요로 하고 이를 원하며, 다른 사람에 대해서도 개인적으로 깊이 관여하기를 바란다. 만일 그렇게 할 수 없거나 하는 것이 두렵다면 그들은 고립되고, 자기 몰두에 빠지게 된다는 것이다. 그러므로 성인 전기의 사회성 발달 특성은 다양한 인간적 유대 관계를 형성하기 위한 위기를 극복하면서 정체감을 형성하는 것이라고 보았다.

또 다른 발달 특성으로 직업 발달을 들 수 있다. 성인 전기에 처음으로 본격적인 사회적 직업 활동을 시작하여 사회활동의 영역을 넓혀 가게 되고, 이를 통해 정체감의 중요한 국면개척과 경제적 자립을 이루어 책임감 있는 성인의 역할을 수행한다. 특히 성인 전기의 직업 발달은 개인의 연령과 성별에 따라 각기 다른 태도 및 의식을 형성하며 그 수행 방식에 있어서도 차이가 있다. 성인 전기의 발달특성과 과업을 정리하면 〈표 11-1〉과 같다(김민서, 2016).

표 11-1 **성인 전기의 발달특성과 과업**

발달단계	연령	항목	특성과 과업
성인 전기 전환기	17~22	발달 특성	성인 이전기에서 성인 초기로의 이동
			이 시기는 청년기를 마감하고 성인 초기를 시작하는 전환기이다. 이전 세계와 자신의 위치에 대해 의문을 던지는 시기이다
		발달 과업	• 가족, 또래, 학교, 청소년 세계의 의미 있는 부분들과의 관계를 끝맺고 새로운 시기를 위한 기반을 마련하는 것이다. • 교육수준이 강한 영향력을 가지며, 고등교육기관으로의 진학여부와 관련한 다양한 선택의 차이는 여성의 인생에서 매우 중요한 역할을 한다. • 대학진학선택, 결혼의 선택 또는 단기취업 후 결혼을 선택하기 위한 과정은 이 시기의 여성에게 대단히 중요하다.
성인 전기 입문기	22~28	발달 특성	첫 번째 성인 인생구조
			사랑, 결혼, 가족, 직업, 원래의 가족들과의 분리, 삶의 양식 등 최고의 중요한 의무와 함께 젊은 성인으로서의 삶을 계획하는 시기이다. 자신의 새로운 삶의 스타일 등에 관해 탐색하면서 젊은 성인으로서 세상에서 자신의 자리를 만들기 위해 결정하고 노력하는 시기이다.
		발달 과업	삶의 다양한 영역이 아직 제대로 자리를 잡지 못한 상황에서 여성들이 여러 가지 갈등을 경험하게 되고, 그에 따른 문제해결을 위한 선택을 하게 되는 것이다.
30대 전환기	28~33	발달 특성	첫 번째 인생구조의 수정
			첫 번째 인생구조의 선택에서 나타난 결함과 관계를 수정할 수 있는 기회로, 자아와 세계 안에서 새로운 가능성을 탐색하며 더욱 개별화되어 새로운 인생구조를 형성하는 시기이다.
		발달 과업	• 발달과업은 매우 중요한 의미를 갖는데, 그 이유는 이 시기의 발달과업을 어떻게 해결하는가가 성인 전기 초기에 가졌던 야망의 실현과 밀접하게 연관되기 때문이다. • 기혼 여성은 자신들의 결혼 생활을 재평가하고 가정 영역에서 개입을 점진적으로 제한하며, 사회 내 직업세계에 참여하기 시작하기도 한다. • 직업생활을 선택한 여성의 경우 직장에서 조직생활 경험을 통해 경력 여성으로의 의식, 태도 및 행동 등의 변화를 경험하고 그에 따라 직업야망과 인생목표가 재설정되기도 한다.

발달단계	연령	항목	특성과 과업
성인 전기 절정기	33~40	발달 특성	두 번째 인생구조의 수정
			성인 초기의 절정을 이루는 시기로 사회에서 자신의 자리를 확고히 하기 위해 노력하는 시기이다.
		발달 과업	• 일차적 발달과업은 사회에서 자신의 위치를 보다 안전하고 확고하게 마련하는 것이며, 또한 성인 세계에서 그동안 '연소자'의 위치에 있던 개인들이 '연장자'의 위치로 이동하게 된다. • 레빈슨(Levinson)은 "자기 자신이 되는 여성"의 시기라고 정의하였는데, 이는 이 시기에 대부분의 여성들은 독립적이고 유능하고 책임감 있고 보다 완숙한 성인이 되려고 노력하며, 사회로부터도 그런 대접을 받고자 하기 때문이다.

2) 성인 중기

에릭슨의 8단계 중 제7단계인 성인 중기는 40~50세로 볼 수 있는데, 발달과정에서 '생성감 대 침체감'의 시기로 주된 관심은 부모됨과 직업에서의 성취를 통해 자신의 흔적을 영속적으로 남길 수 있는 무엇인가를 생산하는 것이다. 이 시기는 인생의 여러 측면에서 안정되고 성숙된 시기로 단순히 자신과 자기 세대의 이익과 번영에만 관심을 쏟는 것이 아니라, 후손 및 미래를 위해 보다 나은 세상을 만드는 데 헌신하는 시기이다.

성인 중기는 가정과 직장 모두 성인 전기의 '자기 자신이 되고 싶은 욕구'가 강하게 발현되는 시기이다. 사회적 기대에 맞추어 '내가 아닌 나'로 살아온 인생 전반기가 지난 시점에서 진정한 자신을 찾고자 하는 단계로 이행하는 것이라고 할 수 있다. 이것은 자신의 성장 요구이며, 이러한 요구의 표현은 기존의 생활방식, 자녀, 부부관계와 충돌할 수 있다. 그러한 갈등이 원만히 해결되지 못하거나 요구가 충족되지 못할 경우, 이는 성인 중기의 심각한 위기로 전환될 수 있다. 성인 중기의 발달특성과 과업을 정리하면 〈표 11-2〉와 같다(김민서, 2016).

표 11-2 성인 중기의 발달특성과 과업

발달단계	연령	항목	특성과 과업
중년 전환기	40~45	발달 특성	성인 초기에서 중년기로의 이동
			자신의 내적인 문제와 함께 외적인 세계와의 엄청난 갈등과 위기를 경험하는 시기이다.
		발달 과업	• 중년기에 걸맞게 젊음과 늙음의 균형을 이루는 새로운 방법을 모색하려고 애쓴다. 즉, 그러한 개별화 과정은 중년기의 마지막까지 펼쳐질 수정된 자아와 삶의 중요한 과제이다. • 개별화 작업은 특히 이 시기 중 내적 모형이 형성된다.
중년 입문기	45~50	발달 특성	새로운 인생구조 형성기
			겉으로는 비슷해 보이나 상당히 차이가 드러나는 시기이다.
		발달 과업	• 일차적 과업은 중년기를 시작할 첫 인생구조를 만들어 내는 것이다. 이 구조는 30대 후반의 인생구조와 비록 겉으로 보기에는 유사할 경우에도 (이전과 동일한 직업, 결혼, 공동체에 머물러 있을 경우) 인생구조를 형성하고 있는 관계들에서 중요한 차이가 난다. • 사람들은 새로운 세대에서 인생의 새로운 계절에서 다시 설 자리를 마련하고 있다.
50대 전환기	50~55	발달 특성	성인 중기의 인생구조에 적응
			자신의 삶에 대해 다시 한번 점검하는 시기
		발달 과업	• 인생구조를 재평가하고 자아와 세계에 대한 탐색에 더욱 관심을 기울이며 다음 시기의 인생구조를 형성하기 위한 기초를 마련한다. • 이 시기는 발달적 위기의 가능성이 있는데, 특히 이전 10~15년 동안에 의미 있는 삶의 변화가 별로 없었거나 부적합한 변화를 경험한 사람들에게는 이 시기가 위기일 수 있다.
중년 절정기	55~60	발달 특성	성인 중기 정절인생구조
			중년기의 계획과 목표가 현실화되고 구체화되는 시기이다.
		발달 과업	30대 절정기처럼 이 시기의 인생구조는 중년기의 중요한 야망과 목표를 실현하기 위한 수단이 된다.

3) 성인 후기

성인 후기는 성인기를 마무리하고 노년기로 접어드는 시기이다. 이 시기는 60~65세를 의미하며, 은퇴와 신체적 노화에 대비하는 시기로 새로운 정체감을 형성해야 할 중요한 시기이다.

표 11-3 성인 후기의 발달특성과 과업

발달단계	연령	특성과 과업
성인 후기 전환기	60~65	성인 중기가 끝나고 성인 후기로 넘어가는 시기: 은퇴와 신체적 노화에 대비하는 시기로 인생주기에 있어서 중요한 전환점이 된다. 역할상실로 인해 모호해진 정체감의 재정립이 필요한 시기이다.
성인 후기	65~	새로운 사회적 관계망 형성

2. 성인학습자의 특성

1) 성인학습자 특성의 개념

성인학습이란 성인들의 지식과 행동규범 등이 학습의 경험을 통해 변화되는 과정이라고 할 수 있다. 카파렐라(Caffarella, 1994)는 성인학습에서 특히 관계를 통한 학습이 중요한 네 가지 이유를 다음과 같이 제시한다. 첫째, 성인학습자들은 학습하는 경험을 계획할 때 협동적 상호작용(collaborative interaction)이 효과적이고, 둘째, 학습과정에서 교수자와 상호지원적일 때 학습이 좀 더 촉진되며, 셋째, 상호 협력적인 의사소통 방식의 사용을 중요시하고, 마지막으로 성인학습자들은 관계향상을 중시한다는 것이다(신용주, 2012).

성인학습자는 아동이나 청소년과는 학습을 하는 데 있어 다른 특성을 가지고 있다. 성인학습자의 특성은, 첫째, 무엇인가를 배우려고 할 때 먼저 그것을 배울 필요가 있는지 알고 싶어 하고, 둘째, 자기가 결정하는 것과 자신의 삶에 대해 책임이 있다는 것을 알며, 셋째, 성인들은 살아가면서 겪은 다양한 삶의 경험을 가지고 학습에 임하고, 넷째, 성인학습자들은 알아야 할 필요가 있는 사항에 대하여 또한 실제생활에 효과적으로 대처할 수 있도록 하기 위한 것에 대하여 배울 준비가 되어 있으며, 다섯째, 성인들은 생활중심, 과업중심, 문제중심으로 학습하려는 경향성이 있고, 여섯째, 성인들은 더 좋은 직장, 승진, 봉급인상 등과 같은 외재적 동기유발에 반응을 보이는 경우도 있지만, 직무만족, 자아존중감, 삶의 질과 같은 내재적 동기유발이 훨씬 더 강력하다(유승우, 이종문, 2013).

노울즈(1989)에 의하면, 성인학습의 특성은, 첫째, 학습에 참여하는 성인학습자의 학습동기는 본인의 경험에 의해 학습의 필요성과 흥미가 유발되고, 둘째, 성인들은 교과목을 중시하기보다 삶의 현장 속에서의 배움을 중시하고, 셋째, 성인학습의 가장 중요한 자원은 경험이며, 넷째, 성인은 자기주도적이고, 다섯째, 성인학습자들의 연령에 따라 학습스타일, 시간, 장소, 학습 속도의 차이를 충분히 고려해야 한다는 것이다.

이를 바탕으로 성인들은 생애 주기와 발달과제를 고려하면서 학습의 가능성과 학습특성을 고려해야 하고, 성인을 대상으로 하는 교육은 교육의 방법과 내용, 교육목표와 성과에 대한 접근방법을 성인학습자들의 생애주기와 그들의 특성을 감안하여 청소년기의 학습과는 다른 관점으로 접근해야 한다. 성인학습자의 특성을 살펴보면 〈표 11-4〉와 같다(김규영, 2021).

표 11-4 성인학습과 발달

성인학습	성인학습자의 특징
학습주의	주체성, 개방성(열린사회), 생활중심(과제중심), 학습자발성
자기주도학습	긍정적 자아개념(자기확신), 독립성, 내재적 동기, 환경과의 능동적 상호작용, 독자적인 협상능력
학습방법의 학습	주도성, 자기확신, 자기반성
경험학습	누적된 경험의 소유, 계속적인 학습생활중심, 환경과의 상호작용
전환학습	자기반성, 능동성, 지식구성의 주체, 계속적 변화

2) 성인학습자 특성의 구성요소

노울즈는 성인학습(안드라고지)의 기본 전제로 자아개념, 경험의 역할, 학습 준비, 학습 지향성 등 4가지를 제시하였고, 이후 1984년에 학습할 필요를 1989년에 학습동기를 추가하여 보완하였다. 안드라고지론은 후대 학자들에 의해 지속적으로 수많은 논의가 되어 왔고 용어와 분류의 차이는 있지만 6가지의 기본전제와 대체로 일치하는 경향을 보인다(김석구, 2014).

안드라고지론의 6가지 전제는 다음과 같다. 첫째, 자아개념으로서 스스로 선택하며 자기주도적인 자아로 발달, 둘째, 풍부한 경험의 학습자원화, 셋째, 학습에서의 경험의 역할, 넷째, 자아실현과 개인의 성장을 위한 내적 학습동기, 다섯째, 생애발달과업과 직업적 과업에 대한 준비와 그에 신속하게 적응하기 위한 학습준비, 마지막으로 무언가 학습하려 할 때, 왜 그것을 배워야 하는지를 알려고 하는 학습할 필요성이 그것이다. 노울즈가 분류한 6가지 전제에 따라 성인 학습자 특성을 살펴보면 다음과 같다(김규영, 2021).

안드라고지의 첫 번째 전제는 학습필요성이다. 안드라고지의 핵심원리는 성인이 학습 시작 전, 먼저 학습에 대한 이유를 알고자 한다는 점이다. 기존 페다고지가 학습의 필요성에 대한 성찰보다 단지 교사가 전달하는 내용을 학습하는 데 초점을 맞췄다면 안드라고지에서 학습자는 학습의 이유와 결과에 대한 판단에 의해 계속 학습할 필요성을 갖는다고 본다(Knowles, 1990). 또한 성인들이 학습을 시작할 때, 학습으로부터 얻게 되는 내용과 함께 학습하지 않을 경우 부정적인 결과가 무엇인지에 대한 판단을 위해 노력한다고 보기도 한다.

학습의 필요성에 대한 인식은 성인학습자들이 현재 지점과 목표 간의 차이를 스스로 찾아내는 가상의 경험이다. 학습하는 방법이 자신에게 맞는지 확인하는 것도 성인의 학습필요성을 인식하는 데 중요한 작용을 하는데(Knowles, Holton, & Swanson, 2005), 이는 머지로우(Mezirow, 1991)와 콜브(Kolb, 1984)가 성인학습자들의 학습에 있어 비판적 성찰을 강조한 것과 유사하다. 결국 학습할 필요는 성인학습자가 학습을 시작할 때 그리고 학습을 진행하는 중에도 스스로 성찰을 유도한다는 점에서 성인학습의 중요한 요소가 된다(최미옥, 홍아정, 2015).

두 번째 전제는 자아개념의 변화이다. 성인이란 한 개인이 필수적인 자기지식에 관한 자아개념을 인식하는 시점이며, 한 인간은 성장하면서부터 점차 자기주도적으로 변한다. 성인은 자기 자신을 자주적으로 바라보며 타인도 자기주도적으로 지각되기를 원한다(송선희, 노유석, 2017). 그러한 맥락에서 성인학습자는 독립적이고 자율적인 자기주도적 학습(self-directed learning)이 가능하다(최운실, 2003). 따라서 성인은 존경을 가지고 대해야 하고 자기 스스로 결정하고 독특한 인간으로 인식되고 싶은 욕구를 지니는 존재이며, 자율적인 개인으로서의 자아개념이 인정되지 않는 상황에서의 성인학습자는 학습을 거부하는 경향이 있다고 본다(권두승, 2000).

노울즈는 교육을 통해 자기주도성을 키우고 자기주도적인 사람으로 변모되어야 함을 지적하여 인간의 교육가능성과 변화가능성 및 잠재성에 대해 인식하고, 인간을 교육가능하며 주체적인 존재로 파악하였다(Smith, 2002).

세 번째 전제는 경험의 역할이다. 성인에게 있어 경험은 곧 그 사람 자체이며, 성인학습자의 풍부한 경험은 학습자원화하거나 새로운 학습의 바탕이 된다(Knowles, 1990). 성인은 그들이 획득한 경험으로 스스로가 중요하고도 풍부한 자원이 됨으로써 다른 사람의 학습에 공헌할 수 있다(최운실, 2003). 성인학습자에게는 단지 학습내용의 전달보다는 경험으로부터 배우도록 하는 방법이 자기실현의 열쇠가 될 수 있으며, 성인학습에 있어 경험이 매우 필수적인 요소가 된다(김한별, 2019). 학창시절의 학습경험이 학습몰입과 학습성과 인식에 영향을 미치며, 성인은 그가 행했던 것으로 의미가 부여되는 것이다. 성인학습자는 이전 경험을 기반으로 새로운 학습에서 과거의 경험과 관련지을 수 있고, 이러한 경험이 고정된 습관과 사고방식을 만들어 덜 개방적인 경향이 있다.

네 번째 전제인 학습준비도는 성인의 발달과업과 연관되어 있다. 인간은 성장하면서 여러 발달단계를 거쳐 성숙해 간다. 한 발달단계에서 다음 단계로 도약하기 위해 개인이 필요한 것을 학습하는 과정을 거친다. 각각의 발달과업은 가장 잘 학습할 수 있는 순간을 의미하는 학습준비도라는 개념을 탄생시켰다. 이러한 사회적 역할을 수행하는 데 요청되는 것들은 성인 단계를 거치게 되면서 변화한다. 이와 유사하게 노울즈(1990)도 사회적 역할이 나이에 따라 달라지고 그에 따른 발달과제도 바뀌며, 학습에 관한 준비도가 변한다고 주장하며, 성인의 발달은 단지 나이에 따른 생리적 변화가 아니라, 사회적 역할변화에 따라 전환과 위기를 맞는 것이라는 점을 유념할 필요가 있다고 보았다.

다섯째 학습경향성은 학습한 내용의 즉각적인 활용과 과업 및 성과에 대한 경향성이 강조됨을 말한다. 현재의 문제를 해결하기 위한 문제중심 교육을 해야 한다는 것은 안드라고지의 중요한 가정 중 하나이다. 성인에게 교육과 학습은 삶에 직면하고 있는 문제를 다루는 능력을 향상시키는 과정이다. 아동기에는 미래지향적인 준비 교육적 성격이 강하지만 성인학습자를 위한 교육은 현실지향적이고 현재지향적이며 실제지향성이 강한 특성을 보인다(최운실, 2003). 따라서 성인의 학습내용은 개인의 생활환경과 조화를 이루어야 하며, 성인학습은 현재성을 지니고 즉각적인 적용이 가능해야 한다. 이러한 학습경향성은 문제중심적이고 현재성을 지녔다는 점에서 문제중심학습(problem based-learning)과 관련성이 있다고 할 수 있다.

여섯째는 학습동기이다. 로저스는 학습자의 내재적 동기에 대해 강조하며 학습을 촉진하고 학습자의 학습동기를 지속적으로 유지하는 데 있어 교사의 역할이 촉진적이고 지원적인 것이어야 함을 주장하였다(Knowles, 1973). 성인학습자들이 학습 참여 동기 수준은 학습이 삶과 일에 연결되어 있는지 정도와 직접적으로 관련되어 있다(Smith, 2002). 이렇듯 중년기 학습자의 학습참여 동기가 삶의 의미를 높일 수 있는 방안이 될 수 있다(이임순, 2020). 학습동기와 관련하여 하울(Houle, 1961)은 성인학습자의 참여동기를 목표지향, 활동지향, 학습지향의 세 가지 범주로 유형화했고, 이후 이 이론을 근거로 다양한 후속연구가 수행되어 왔다.

3. 성인 평생교육 실태

2020년 한국 성인의 평생학습 참여율을 살펴보면 〈그림 11-1〉과 같다.

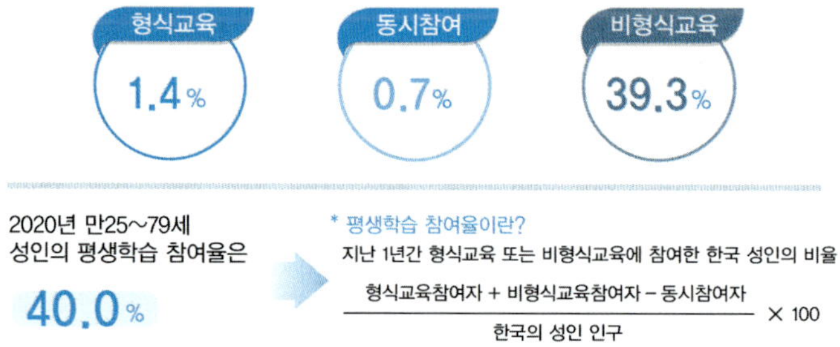

그림 11-1 평생학습 참여율

출처: 국가평생교육진흥원(2021). 2020 평생교육백서.

〈그림 11-1〉에서 보는 것과 같이 2020년 25~79세 성인의 평생학습 참여율은 전체적으로 40.0%로 나타났으며, 비형식교육 39.3%, 형식교육 1.4%, 동시참여 0.7%로 나타났다, 성별, 연령별 및 학력별로 살펴보면 〈그림 11-2〉와 같다.

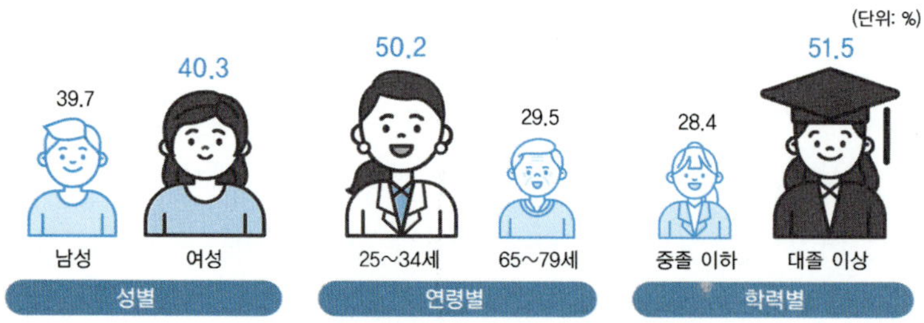

그림 11-2 성별, 연령별 및 학력별 현황

출처: 국가평생교육진흥원(2021). 2020 평생교육백서.

성별에서는 여성이 40.3%, 남성 39.7%였으며, 연령별에서는 25~34세 50.2%, 65세~79세 29.5%로 나타났으며, 학력별로는 대졸 이상 51.5%, 중졸 이하 28.4%로 나타났다. 월 가구소득별, 고용형태별 및 거주지역별 현황은 〈그림 11-3〉과 같다.

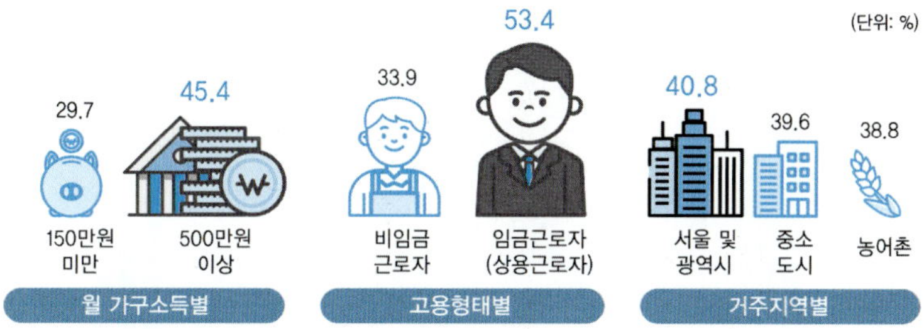

그림 11-3 월 가구소득별, 고용형태별 및 거주지역별 현황

출처: 국가평생교육진흥원(2021). 2020 평생교육백서.

월 가구소득별에서는 500만원 이상이 45.4%, 150만원 미만 29.7%였으며, 고용형태별로는 임금근로자(상용근로자) 53.4%, 비임금근로자 33.9%로 나타났으며, 거주지역별로는 서울 및 광역시 40.8%, 중소도시 39.6%, 농어촌 38.8%로 나타났다. 형식교육 또는 비형식교육에 참여한 한국 성인의 비율을 연도별로 살펴보면 〈그림 11-4〉와 같다.

$$\text{평생학습 참여율(\%)} = \frac{\text{형식교육참여자} + \text{비형식교육참여자} - \text{동시참여자}}{\text{한국의 성인 인구}} \times 100$$

그림 11-4 평생학습 참여율

출처: 국가평생교육진흥원(2021). 2020 평생교육백서.

2020년 평생학습 참여율에서는 전체 42.1%로 나타났으며, 비형식 교육이 41.3%, 형식교육 1.6%으로 나타났다. 1인당 연간 평생학습 자기부담학습비에 대한 현황은 〈그림 11-5〉와 같다.

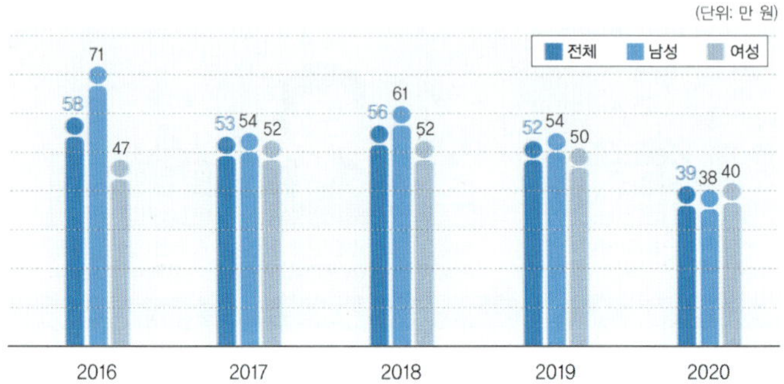

$$\text{자기부담학습비(만 원)} = \frac{\text{형식교육 지출액} + \text{비형식교육 지출액}}{\text{형식 또는 비형식교육 참여자 수}} \times 100$$

그림 11-5 1인당 연간 평생학습 자기부담학습비

출처: 국가평생교육진흥원(2021). 2020 평생교육백서.

2020년 평생학습 참여자들이 형식 또는 비형식교육에 투자한 자기부담학습비는 전체적으로는 39만원이었으며, 여성 40만원, 남성은 38만원으로 나타났다. 형식교육 참여시간에 대한 현황은 〈그림 11-6〉과 같다.

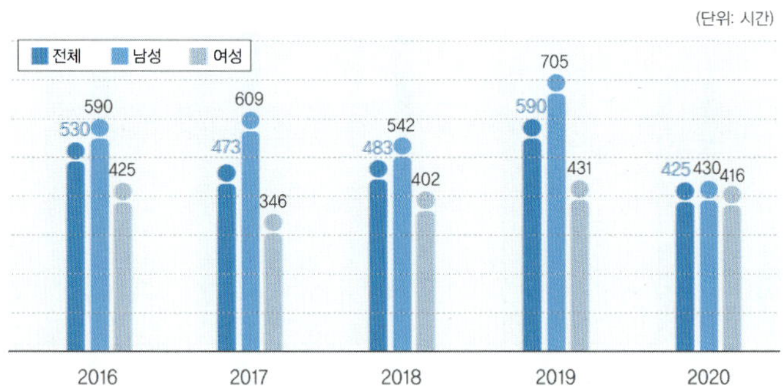

$$\text{형식교육 참여시간} = \frac{\text{지난 1년간 형식교육 참여자의 교육 참여 시간}}{\text{형식교육 참여자 수}}$$

그림 11-6 형식교육 참여시간

출처: 국가평생교육진흥원(2021). 2020 평생교육백서.

형식교육 참여자들의 연평균 교육 참여시간은 전체적으로 425시간이었으며, 남성 430시간, 여성 416시간으로 나타났다. 비형식교육 참여시간에 대한 현황은 〈그림 11-7〉과 같다.

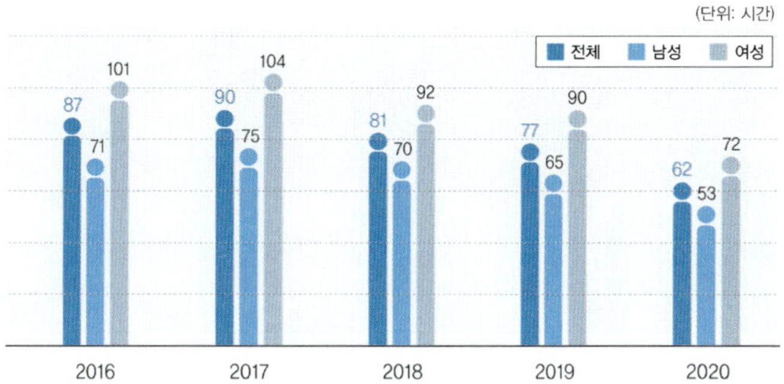

비형식교육 참여시간 = 지난 1년간 비형식교육 참여자의 교육 참여시간 / 비형식교육 참여자 수

그림 11-7 비형식교육 참여시간

출처: 국가평생교육진흥원(2021). 2020 평생교육백서.

비형식교육 참여자들의 연평균 교육 참여시간은 전체적으로 62시간이었으며, 남성 53시간, 여성 72시간으로 나타났다. 자녀의 유무와 육아형태에 따른 평생학습 참여율은 〈그림 11-8〉과 같다.

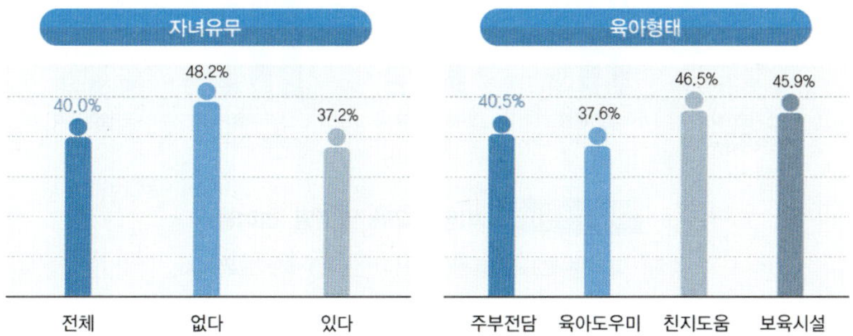

그림 11-8 자녀의 유무와 육아형태에 따른 평생학습 참여율

출처: 국가평생교육진흥원(2021). 2020 평생교육백서.

자녀의 유무에서는 자녀가 없는 경우 48.2%, 있는 경우 37.2%였으며, 육아형태는 친지도움 46.5%, 보육시설 45.9%, 주부전담 40.5%, 육아도우미 37.6%로 자녀의 유무에 따라, 육아형태에 따라 참여율에 차이가 있는 것으로 나타났다. 비형식교육 참여형태별 참여율은 〈그림 11-9〉와 같다.

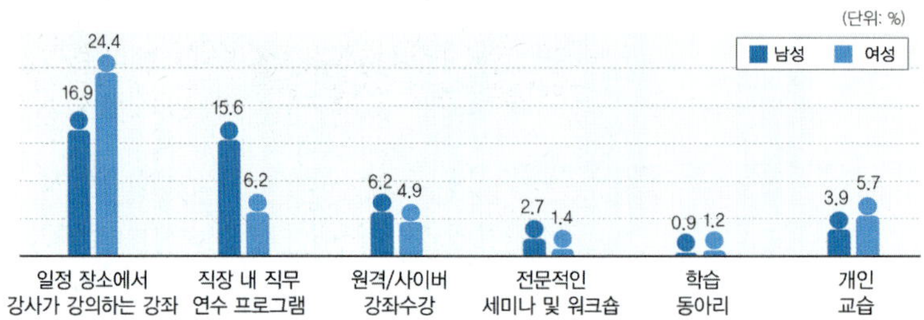

그림 11-9 비형식교육 참여형태별 참여율

출처: 국가평생교육진흥원(2021). 2020 평생교육백서.

비형식교육 참여형태별 참여율은 일정 장소에서 강사가 강의하는 강좌가 가장 높은 것으로 나타났다. 비형식교육 영역별 참여율은 〈그림 11-10〉과 같다.

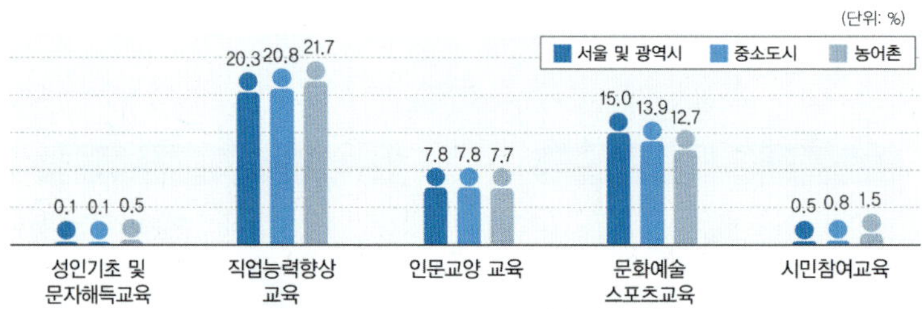

그림 11-10 비형식교육 영역별 참여율

출처: 국가평생교육진흥원(2021). 2020 평생교육백서.

비형식교육 영역별 참여율은 직업능력향상교육, 문화예술스포츠교육, 인문교양교육 순으로 나타났다. 비형식교육 프로그램별 참여율의 현황은 〈그림 11-11〉과 같다.

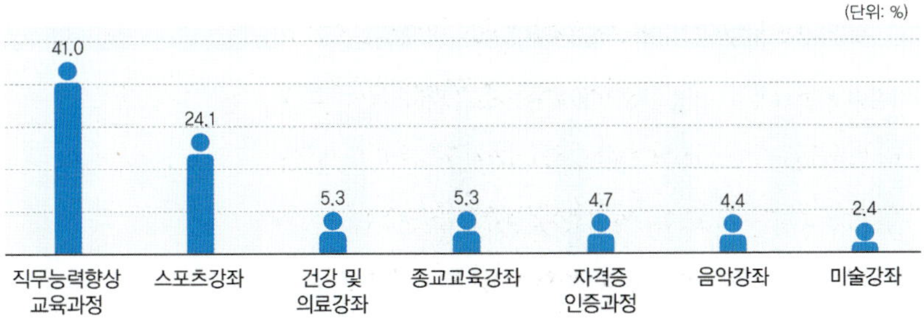

그림 11-11 비형식교육 프로그램별 참여율

주: 한 사람의 응답자가 '5가지 비형식교육 영역별'로 최근 참여한 프로그램을 3개까지 응답 가능(최대 15개 프로그램)하며, 1인당 1.3개 프로그램에 참여한 것으로 나타남.
출처: 국가평생교육진흥원(2021). 2020 평생교육백서.

비형식교육 프로그램 참여율은 직무능력향상교육과정, 스포츠강좌, 건강 및 의료강좌, 종교교육강좌 순으로 나타났다. 비형식교육 참여목적은 〈그림 11-12〉와 같다.

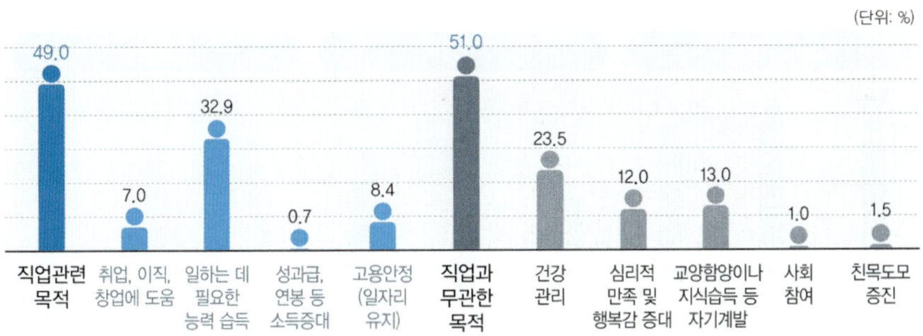

그림 11-12 비형식교육 참여목적

출처: 국가평생교육진흥원(2021). 2020 평생교육백서.

비형식교육 참여목적은 일하는 데 필요한 기능 습득, 건강관리, 교양함양이나 지식습득 등 자기계발 순으로 나타났다. 평생학습 성과(개인, 직업, 사회영역별)에 대한 현황은 〈그림 11-13〉과 같다.

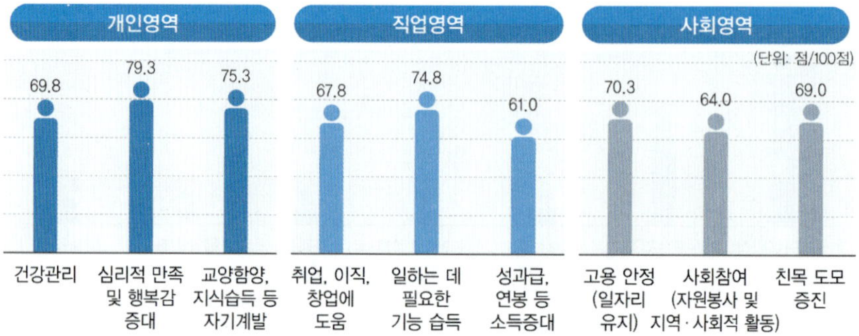

그림 11-13 평생학습 성과(개인, 직업, 사회영역별)

출처: 국가평생교육진흥원(2021). 2020 평생교육백서.

평생학습 참여는 심리적 만족 및 행복감 증대, 교양함양, 지식습득 등 자기계발에 가장 많은 도움을 주는 것으로 나타났다. 고령자(만65~79세)의 평생학습 성과에 대한 현황은 〈그림 11-14〉와 같다.

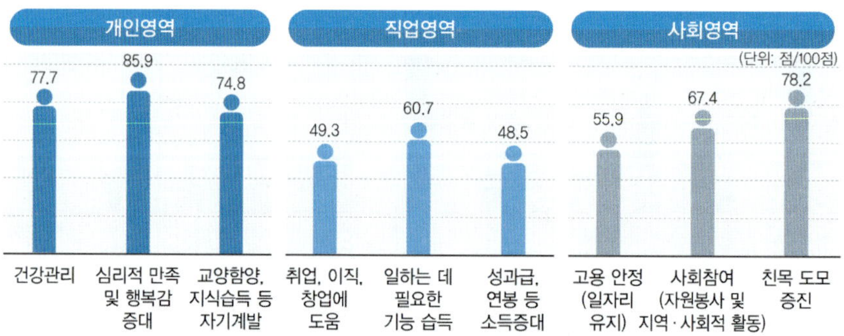

그림 11-14 고령자(만65~79세)의 평생학습 성과

출처: 국가평생교육진흥원(2021). 2020 평생교육백서.

고령자(만65~79세)의 평생학습 성과는 심리적 만족 및 행복감 증대, 친목 도모 증진, 건강관리, 교양함양, 지식습득 등 자기계발 순으로 나타났다. 평생학습 참여가 미치는 삶의 질 향상 정도에 대한 결과는 〈그림 11-15〉와 같다.

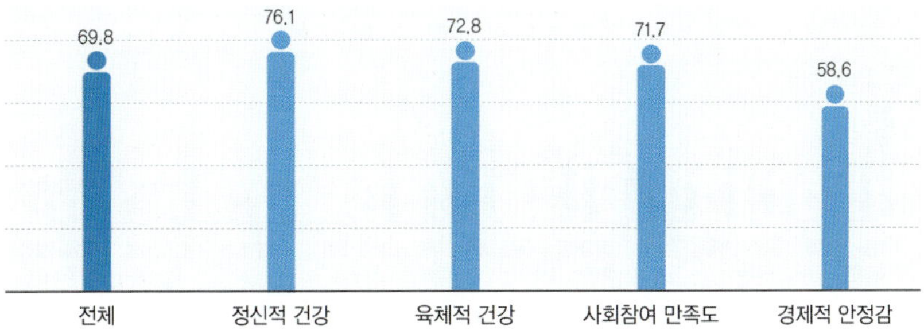

그림 11-15 **평생학습 참여가 미치는 삶의 질 향상 정도**

출처: 국가평생교육진흥원(2021). 2020 평생교육백서.

평생학습 참여가 미치는 삶의 질 향상 정도는 전체 69.8점으로 나타났다. 평생학습 불참요인(성별)에 대한 결과는 〈그림 11-16〉과 같다.

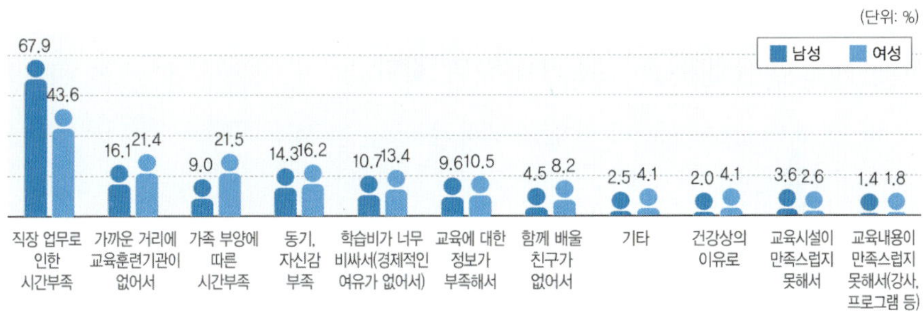

그림 11-16 **평생학습 불참요인(성별)**

출처: 국가평생교육진흥원(2021). 2020 평생교육백서.

남녀 모두 직장업무로 인한 시간부족이 가장 많았으며, 가족부양에 따른 시간부족으로 평생학습 프로그램을 참여하지 못한 응답은 여성이 남성보다 높게 나타났다. 평생학습 불참요인(월 가구소득별)에 대한 결과는 〈그림 11-17〉과 같다.

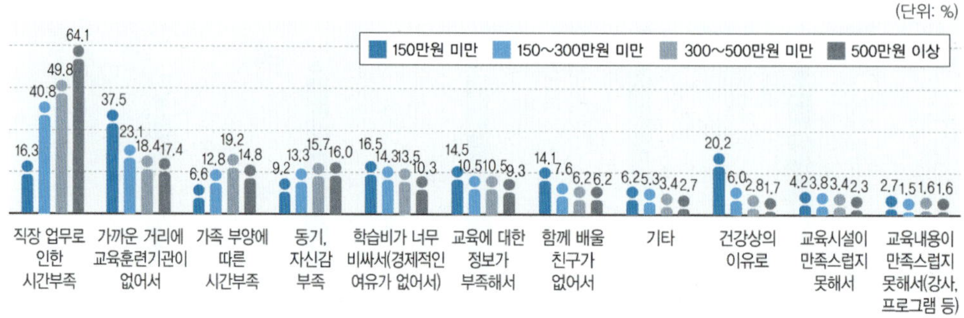

그림 11-17 평생학습 불참요인(월 가구소득별)

출처: 국가평생교육진흥원(2021). 2020 평생교육백서.

월 가구소득이 많을수록 직장업무로 인한 시간부족, 동기, 자신감 부족으로 참여하지 못하였다고 응답하였으며, 월 가구소득이 적을수록 가까운 거리에 교육훈련기관이 없어서, 학습비가 비싸서, 교육에 대한 정보가 부족해서, 함께 배울 친구가 없어서 참여하지 못하였다는 응답이 많은 것으로 나타났다. 앞으로 참여하길 희망하는 프로그램(상위 8위)에 대한 조사결과는 〈그림 11-18〉과 같다.

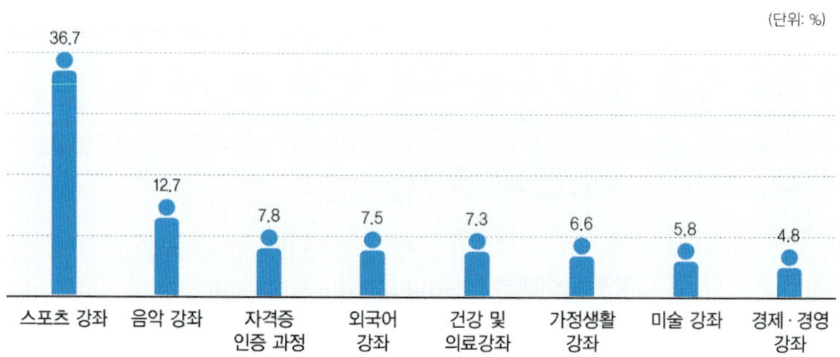

그림 11-18 앞으로 참여하길 희망하는 프로그램(상위 8위)

출처: 국가평생교육진흥원(2021). 2020 평생교육백서.

앞으로 참여하길 희망하는 프로그램에서는 스포츠 강좌가 가장 많았고, 그 다음으로 음악 강좌, 자격증 인증 과정, 외국어 강좌 등의 순으로 나타났다.

Chapter

12 노인 평생교육

배울내용

1. 노인에 대한 이해
2. 노인 평생교육의 개념과 필요성
3. 노인 평생교육 프로그램의 운영 실태

학습목표

1. 노인의 정의 및 노인의 인구학적 특성에 대해 파악한다.
2. 발달단계로 본 노년기 및 특성을 설명할 수 있다.
3. 노인 평생교육의 개념을 파악한다.
4. 노인 평생교육의 필요성을 설명할 수 있다.
5. 노인 평생교육 프로그램의 개념을 설명할 수 있다.
6. 노인 평생교육 프로그램의 현황을 바탕으로 앞으로의 프로그램 방향을 모색해 본다.

대상별 평생교육은 청소년, 성인, 노인, 장애인, 여성, 농업인, 학부모, 군인, 북한이탈주민 및 다문화 가정을 대상으로 실시되고 있다〈그림 10-1 참조〉. 청소년 평생교육은 10장, 성인 평생교육은 11장에서 살펴보았고, 본 장에서는 노인 평생교육에 대해 구체적으로 살펴보고자 한다.

1. 노인에 대한 이해

1) 노인의 정의

일반적으로 '노인'을 정의하는 데 개인의 신체적 특성이나 사회 · 문화적 차이에 따라 그 기준이 서로 다르지만, 대체로 나이라는 기준을 통해 노인의 개념을 규정하고 있다. 구체적으로 UN에서는 노인의 기준을 65세로 규정하고 있고, 국내의 「노인복지법」에서는 노인을 65세 이상인 자로, 국민연금수급 대상자 선정에서는 노인을 60세 이상인 자로, 기초노령연금제도나 각종 경로우대제도는 65세를 노인의 기준으로 하고 있다(김청자 외, 2012).

이와 같이 나이를 기준으로 노인을 구분하는 것이 일반적이지만, 인간의 발달은 단순히 시간의 경과에 따라 이루어지는 것이 아니기 때문에 나이로만 노인을 규정짓는 것이 반드시 옳은 것은 아니라는 논의도 많다. 왜냐하면 발달의 속도가 개인마다 다를 뿐만 아니라 같은 사람이라도 어떤 면은 빨리 성장하고 또 다른 면은 느리게 성장하기 때문이다.

따라서 나이에 대한 개념 정의의 한계를 벗어나 기능적인 측면에서 노인을 규정하고자 하는 의견도 있다. 이 관점에서는 생물학적 연령(biological age), 심리적 연령(psychological age) 그리고 사회적 연령(social age)으로 노인을 구분하기도 한다(정옥분, 2008). 생물학적 연령은 개인이 어느 정도로 신체적 활력을 갖고 있는가를 의미하는 것으로서 나이와 가장 밀접하게 관련을 맺고 있다. 생물학적 연령은 출생 이후 계속 성장을 해 나가다가, 20대를 전후 해서 천천히 하강 내지는 유지하며, 60세를 전후로 해서 급격한 쇠퇴를 나타내는 것으로 알려져 있다(Cross, 1982). 그러나 중요한 사실은 이러한 생물학적 연령이 나이와 반드시 일치하는 것은 아니며 또한 모든 개인에게 동일하게 적용되는 것도 아니라는 것이다. 생물학적 연령은 개인마다 큰 차이가 있다. 생물학적 연령은 개인의 신체적 건강수준에 따라 측정되기 때문에 유전적 요소와 운동량, 식사, 그가 경험한 사고의 종류와 횟수, 흡연과 음주 등 생활습관, 그리고 생활환경 등의 영향을 받는다(정옥분, 2008). 그렇기 때문에 규칙적으로 운동을 하는 60세 성인이 전혀 운동을 하지 않는 50세 성인보다 생물학적 연령이 더 낮을 수 있다(남선경, 2012).

심리적 연령은 심리적 성숙도를 의미하는 것으로 나이가 같은 사람들과 비교하여 환경변화에 얼마나 잘 적응하며 예기치 않은 생활사건이 주는 스트레스에 얼마나 잘 대처하는가에 의해 측정된다. 이러한 심리적 연령은 개인에 따라 차이가 크다. 다양한 개인차가 나타나는 원인은 유전적 요인, 환경적 요인, 각 개인이 그 자신의 삶의 과정에 영향을 주는 방식에서부터 초래되는 개별화의 효과, 그리고 다양한 종류의 질병 등의 영향을 받는다고 볼 수 있다. 따라서 심리적 연령은 나이에 따른 일률적인 과정이 아니라는 점이 강조되어야 한다(Baltes & Baltes, 1990).

사회적 연령은 개인이 속한 사회에서 자신의 연령에 적합한 역할을 얼마나 훌륭히 수행하는가를 의미하는 것으로 우리 사회에서 하나의 규범으로 정해진 나이를 말한다. 사회적 연령은 나이와 밀접한 관련이 있다. 취업, 결혼, 출산, 은퇴 등에 적절한 나이가 있다는 사회적 기대가 형성되어 있어 사람들은 이 같은 사회적 시간대에 자신의 주요 인생사건을 맞추려는 경향이 있다. 과거에 비하여 평균수명이 연장되고 노년층의 건강 상태가 보다 향상되었음에도 불구하고 하나의 규범으로 정해진 사회적 연령은 과거 관습에서 벗어나지 못하고 있다.

특히 강제정년에 의하여 노년층은 일정 연령에 이르면 직장에서 도태되기 십상이다. 정년제도가 처음으로 도입될 당시 우리나라 사람들의 평균수명은 남녀 각각 54.9세와 61.0세였으나 2021년 우리나라 사람들의 평균기대수명은 남녀 각각 80.9세와 86.8세로 25세 이상이 증가했음에도 불구하고 정년연령은 그 당시의 수준을 유지하고 있다. 또한 의료기술의 발달과 풍부한 영양 섭취로 평균수명은 계속 증가할 것으로 전망되므로, 건강하고 일을 계속할 능력을 가진 노년층에게 고용을 연장해 주고, 적절한 분야에 재배치하기 위한 노력뿐 아니라 시대상에 맞춘 사회적 연령의 변화가 필요하다(통계청, 2010).

앞서 살펴본 바에 의하면, 노인을 정의할 때 가장 일반적인 것은 나이에 의한 개념으로서 우리나라의 경우 65세 이상을 노인으로 분류한다. 하지만 발달이 단순히 시간이 경과하는 것으로 이루어지는 것이 아니기 때문에 여러 가지 기능적 연령도 함께 고려되어야 한다. 기능적 연령은 크게 생물학적 · 심리적 · 사회적 연령으로 분류될 수 있다. 생물학적 연령은 개인의 신체적 활력과 관련되고, 심리적 연령은 심리적 성숙도를 의미하며, 사회적 연령은 사회의 규범으로 정해진 나이를 말한다. 이때 생물학적 · 사회적 연령은 나이와 밀접한 관련이 있지만, 이것이 나이와 일치하는 것은 아니며 모든 개인에게 동일하게 적용되지도 않는다. 즉, 모든 기능적 연령은 나이와 관련이 있지만 나이가 많다고 해서 각 기능적 연령이 높은 것은 아니라는 것이다. 따라서 단순히 나이만으로 노인을 구분 짓는 것보다는 기능적 연령을 고려하여 노인을 이해하는 것이 필요하다. 특히 사회적 연령 중 정년제도의 나이는 과거에 비하여 평균수명이 연장되고 노년층의 건강상태가 보다 향상되었음을 고려하여 상향 조정될 필요가 있다(남선경, 2012).

2) 노인의 인구학적 특성

노인 인구학적 특성에서 연령계층별 고령인구 및 인구구조 변동추이 및 전망을 살펴보면 〈그림 12-1〉과 같다.

연령계층별 고령인구

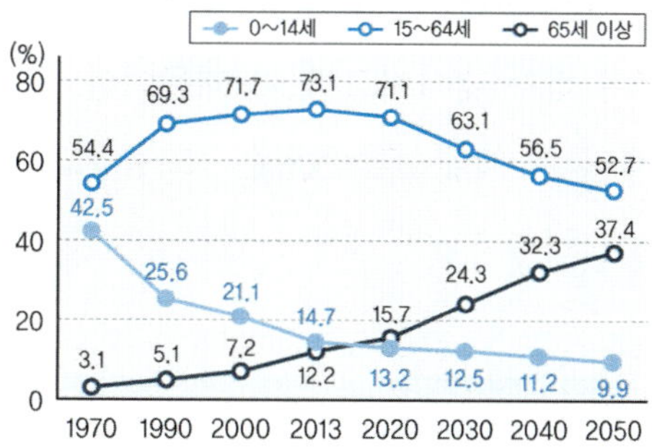

인구구조 변동추이 및 전망

(단위: 만 명)

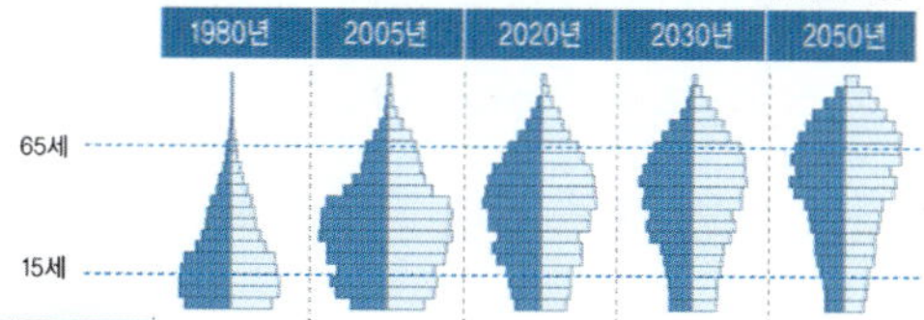

	1980년	2005년	2020년	2030년	2050년
총인구	3,812	4,829	5,009	4,933	4,235
생산가능인구	2,372	3,467	3,589	3,189	2,276
노인인구	146	437	786	1,174	1,536
유소년인구	1,295	924	630	554	380

그림 12-1 연령계층별 고령인구와 변동추이

총인구에서 65세 이상 고령자가 차지하는 비율인 노령인구는 1970년 3.1%에서 2013년 12.2%, 2021년 16.6%로 크게 증가하였으며, 2030년 24.3%, 2050년 37.4% 수준에 이를 것으로 전망되고 있다. 특히 85세 이상 초고령 인구 비율은 2013년 0.9%에서 2030년 2.5%, 2050년 7.7%로 크게 증가할 것으로 예상된다. 또한 가임여성 인구가 크게 감소하고 있기 때문에 출생아 수가 지속적으로 감소하고 있다. 성별 고령인구에 대한 현황은 〈그림 12-2〉와 같다.

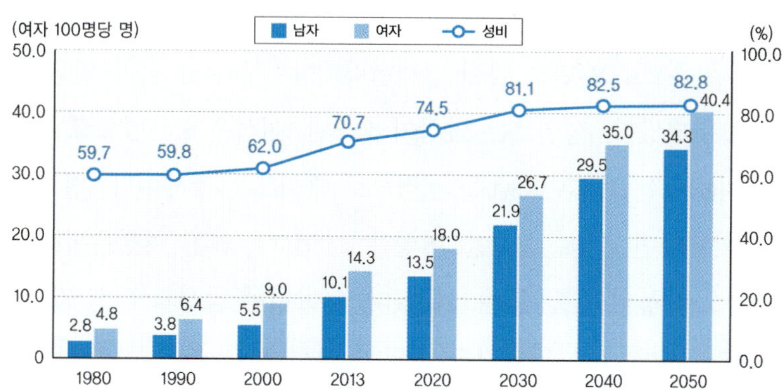

그림 12-2 성별 고령인구

성별 고령인구를 보면, 65세 이상 고령자의 성비(여자인구 100명당 남자 수)는 70.7%로 2030년에는 8.1%로 크게 높아질 것으로 예상되며, 이는 의료기술의 발달 및 건강에 대한 관심 고조 등으로 인해 남자 고령자의 사망률이 점차 낮아지고 있기 때문이다. 우리나라 연도별 평균 기대수명 추이과 OECD 주요 국가 기대수명 현황은 〈그림 12-3〉과 같다.

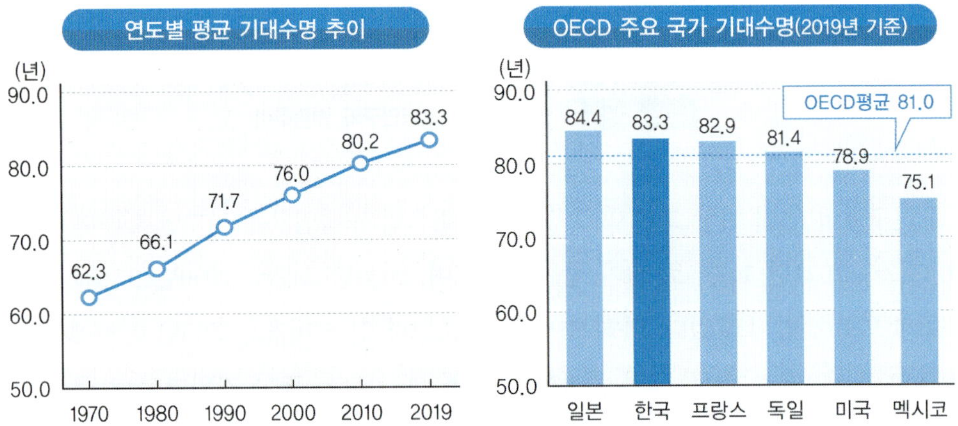

그림 12-3 연도별 평균 기대수명과 OECD 주요 국가 기대수명

1970년 통계를 집계한 이래 해당 연도 출생아의 기대수명은 꾸준히 증가세를 보였는데, 2019년에는 처음으로 83년을 넘어 경제협력개발기구(OECD) 국가 평균(81.0년)보다 2년 이상 긴 것으로 나타났다. 성별로는 남성이 80.3년, 여성은 86.3년으로 나타났다. 여성과 남성 간 격차(6.0년)는 1985년(8.6년)을 정점으로 줄어드는 추세이다. 경제협력개발기구(OECD) 평균과 비교하면 남성은 2.2년, 여성은 2.9년 더 높다. 여성은 OECD 회원국 중 일본(87.3년) 다음으로 높았고, 남성은 11위였다. 1999년엔 남성과 여성 각각 OECD 평균보다 0.6년, 0.7년 낮았으나 의학기술 발달 등으로 빠른 속도로 개선되고 있다.

3) 발달단계로 본 노년기

노년기 역시 여느 발달단계와 마찬가지로 독특한 발달과업을 포함하고 있다. 아동기를 힘과 경험을 모으고 확대시키는 시기로 본다면, 노년기는 학습하고 적응하는 과정에서 이미 성취해 놓은 것들을 더욱 명확히 하고 심화시켜 나가며, 삶 전체에 대한 본인만의 조망을 형성해 가는 시기라고 할 수 있다. 이러한 의미에서 본다면, 결국 노년은 보다 완성에 가까운 것을 향유할 수 있는 시기이며, 더 성숙하고 복잡한 인간으로서 살아가는 시기인 것이다.

노년기에 관한 이러한 시각은 특히 인간 발달에 관한 새로운 이론적 입장, 즉 전 생애 발달이론(life-span development)의 등장과 큰 관련이 있다. 이 이론의 등장 이전에는, 인간은 태어나서 청소년기까지만 발달하며 그 이후로는 정지 내지는 오히려 쇠퇴하는 것으로 생각하였다. 그러나 1950년경부터 등장하기 시작한 전 생애 발달 이론의 관점은, 인간이 태어나 사망에 이르기까지 전 생애 기간에 걸쳐 발달이 이루어진다는 새로운 관점을 제시하였다. 전 생애 발달 이론의 관점에서 볼 때, 노년기란 인간의 전 생애에 걸친 긴 발달 행로 중의 한 과정이라 할 수 있다. 노년기는 인생의 마지막이거나 더 이상 갈 곳이 없는 막다른 골목이 아니라 미완의 발달 과업을 남겨 놓고 있는 진행형의 과정으로 보는 것이다. 또한 노년기는 단순히 양적인 쇠퇴의 시기이기보다는 계속적인 질적 변화와 발달의 시기이며 어떤 특수한 계층이나 집단만이 경험하게 되는 비정상적이고 특수한 경험이 아닌, 인간이라면 누구나 맞이하게 되는 보편적인 발달상의 한 단계이다.

에릭슨의 인간발달과정 모형은 발달과 노화의 이해를 돕는 데 가장 유용한 모형이다. 에릭슨은 평생 동안의 성장을, 반드시 수행되어야 할 발달과업과 관련하여 제시하였다. 삶의 각 단계에서 안정의 시기는 발달위기를 수반한다. 이 위기를 해결함으로써 다음 단계로의 이행이 계속된다. 하지만 이 단계들은 위계적이지 않고 순환적이며 예측 가능하다(Beatty et al., 2003). 단계들이 순환적이라는 것은 특정 단계의 과업이나 위기를 완전히 해결하지 않고서도 다음 단계로 진행될 수 있다는 것이다. 위기의 해결 여부와 상관없이 일정 연령에 도달하면 생물학적 성숙이나 사회적 압력에 의해 다음 단계의 발달로 진행하게 된다고 보았다. 그 결과, 노년기가 되었을 때에는 전 단계에서 해결하지 못한 과업이나 위기는 그대로 남아 있어 자아통일을 이루고자 할 때 장애가 된다(정옥분, 2008).

에릭슨의 여덟 가지 발달단계 중 마지막 단계인 노년기는 자신의 삶을 되돌아보고 평가하며 통합하는 시기이다. 통합은 지난날의 과오, 결점, 실패 등을 인정하고 수용하는 데서 시작된다. 자신의 삶에서 이루고자 했던 것을 실현시키고 이루었으며 후회를 거의 하지 않고 만족하며 자신의 인생을 받아들이게 된다(김태련 외, 2004).

기존의 정신분석 · 심리이론이 인간의 발달을, 주로 청소년기까지로 한계를 긋고 있는 반면, 에릭슨의 발달이론은 개인의 자아 발달을 장년기 · 노년기까지 포함하고 있다는 점에서 인간의 전 생애 발달과정을 좀 더 폭넓게 설명해 준다(김태련 외, 2004). 하지만 같은 연령의 성인이라도 개인차가 매우 심하기 때문에 성인의 발달을 연령에 따른 일련의 단계로만 보는 것은 현실과는 잘 맞지 않는다.

레빈슨(1978)은 임신에서 죽음에 이르기까지 개인의 인생주기를 계절의 개념으로 접근하였다. 레빈슨의 성인발달모델 역시 에릭슨과 마찬가지로 발달과정을 연령의 단계로 구분하였다. 그는 노년기를 인생의 마지막 계절이라고 지칭하면서 60대 초반에 전환기를 거쳐 65세에 노년기에 진입한다고 보았다. 전환기는 중년기를 끝내고 노년기를 준비하는 시기이다. 즉, 중년기를 성공적으로 끝내고, 은퇴를 준비하며, 노년기의 신체적 쇠퇴에 대비하는 시기로서 인생주기에서 매우 중요한 전환점이다. 전환기를 마치면 노년기에 진입하게 되는데, 이 시기는 은퇴와 신체 쇠퇴에 적합한 새로운 인생구조를 수립하고, 질병에 대처하고 잃어버린 젊음에 대한 심리적 적응을 하게 된다(정옥분, 2008).

두 이론의 특성을 비교해 보면 에릭슨이 8단계로 발달의 전 생애이론을 주장한 반면, 레빈슨은 인생주기 모형을 크게 4개의 시기로 나누고 세 번의 전환기를 통해 각 단계별로 거쳐야지만 발달이 된다고 주장하였다. 두 이론은 단계의 구분은 다르지만 성인 발달이 연령과 밀접한 관련이 있음을 주장한 점에서 유사하다. 하지만 아동기와는 달리 성인기에는 동일한 쟁점들이 되풀이되고, 동시에 복잡하고 역동적인 사회적 관계 속에서 다양한 역할을 부여받기 때문에 이같이 단순화시켜서 이해하는 것은 자칫 성인기의 다양성을 단순화시킬 우려도 있다(남선경, 2012).

연령지향적인 발달단계가 이 같은 결함에도 불구하고 매력을 느끼게 하는 이유는 중년기 및 그 이후의 성격발달에서는 어떠한 주요 변화도 일어나지 않는다는 기존의 관념에 도전하여 성인기에도 계속해서 변화하고, 발달하고, 성장한다는 메시지 때문이다(Feldman et al., 1981).

4) 노인의 특성

대부분의 사람들이 특정 연령대에 들어서면 비슷한 특성을 보인다. 노년층 또한 고유의 특성을 나타내는데, 이는 개인마다 조금씩 차이가 있다. 노년층의 특성은 크게 신체적 · 인지적 · 사회적 특성으로 구분하여 살펴볼 수 있다(남선경, 2012).

첫 번째 노년층의 특성으로 신체적 특성을 말할 수 있다. 인간은 일정한 나이를 넘으면 노화에 의해서 신체활동이 서서히 둔화되고 작업능률이 저하되기 시작한다. 이러한 신체 상태 자체는 자연적 변화로 정상적인 것으로 보아야 한다. 또한 나이가 들어감에 따라 신체 내부의 기능에서도 이러한 변화를 수용해야 한다. 노화현상은 신경계통 및 혈액순환, 호흡, 소화, 배설, 생식 같은 모든 기능에 영향을 미치고 수면시간 또한 감소하게 된다. 이러한 변화에 대하여 인식하고 수용할 준비가 되어 있지 않다면 불안 · 욕구불만 및 스트레스 같은 심리적 반응을 초래하고, 행동과 적응력 등 모든 부분에 부정적 영향을 미칠 수도 있다(김청자 외, 2012). 이러한 신체적 특성은 나이와 가장 밀접한 관련을 갖지만, 나이와 반드시 일치하는 것이 아니며 모든 개인에게 동일하게 진행되는 것도 아니다. 노년층의 신체적 특성은 개인에 따라 큰 차이를 나타내므로 본인 스스로 자신의 건강을 지키기 위해 어떤 노력이 필요한지 알아야 한다.

두 번째 노년층의 특성으로 인지적 특성을 들 수 있다. 과거에는 노년층의 인지적 특성을 감퇴 도식으로 설명하였다. 다시 말해 노년층의 인지적 특성을 지능, 기억, 언어, 문제해결 등 거의 모든 영역에서 지적 능력의 감퇴가 일어나는 것으로 보았다. 하지만 노년층의 인지적 특성을 감퇴 도식으로 설명하는 것에 대한 의문이 제기되기 시작하였고, 1970년대에 들어서면서 노년기의 인지적 수행을 낮추는 요인들을 식별해 내는 데 관심을 기울이는 것으로 연구동향이 바뀌었다. 건강의 악화로 인한 주의력 결핍, 높은 점수를 받고자 하는 동기의 결핍, 오랜 기간 동안의 교육경험 부재, 지나친 조심성으로 인한 수행기피, 검사 상황의 경험 부족과 비친숙성, 반응속도의 둔화 등이 노년기에 인지적 능력이 있으면서도 수행능력이 낮아지는 현상을 설명하는 이유로 제시되었다. 노년층의 인지적 특성에 대한 최근의 관점과 연구동향들을 살펴보면, 노년층 인지발달을 단순히 실험실에서 제시하는 과제의 수행 숫자로 진단하는 데서 벗어나 노인들이 몸담고 있는 일상의 삶이라는 사회·문화적 맥락내에서 고려해야 한다는 결론을 얻을 수 있다. 교육, 직업, 삶의 경험 등에서 얻은 정보와 기술을 실제로 활용하는 노년층의 인지발달은 매우 가치가 있다. 이렇게 볼 때 노년층은 인지적으로 매우 풍요로우며 보다 발전된 문제해결 사고를 지니고 있다고 말할 수 있다(김청자 외, 2012).

세 번째 노년층의 특성으로 사회적 특성을 말할 수 있다. 인간은 신체적 노화와 함께 사회적 위치도 변화한다. 사회적 특성은 사회구성원들이 바라보는 노년층에 대한 인식에 의해 규정된다. 젊은 세대의 노인들에 대한 무관심, 이해 부족, 효 윤리의 약화는 노인에 대한 이미지를 점점 부정적으로 변화시키고 있다. 인간은 누구나 늙어 결국엔 죽음에 이르게 된다. 그러나 대부분의 사람들은 그것이 남의 일이라고 생각한다. 노인에 대한 부정적인 고정관념과 편견은 자신이 늙은이로 취급받는 것을 모욕이라고 생각하게 만들고 노인을 자신과는 다른 부류로 분절화시키게 한다. 또한 노동중심의 사회조직에서 취업, 교육, 문화생활은 모두 젊은 세대를 겨냥하여 집중되어 있고 노년기는 취업, 교육 등에서 배제되고 여가생활만이 강조된다. 이러한 연령 분리적인 규범은 세대 간의 원만한 의사소통을 방해하고 이해대립과 갈등을 초래하기도 한다. 사회 전체의 노인에 대한 인식이 어떠한가는 노인정책의 방향을 설정하는 데 영향을 줄 수 있다는 점에서 중요하다. 즉, 사회 전체적으로 노인을 의존적이고 무능력한 존재로 인식하는 경우 노인정책은 시혜적인 차원을 벗어날 수 없다. 따라서 노인문제가 새로운 사회문제로 자리 잡게 된 시점에서 노인을 실질적으로 돕기 위한 여러 정책의 마련도 시급하지만, 이러한 정책들의 방향을 정립하고 노인에 대한 사회적 인식을 새롭게 하기 위한 접근은 중요한 과제라고 할 수 있다. 노동의 생산성이나 인간의 가치에 대한 평가에 있어서 질적인 면, 특히 경험의 측면을 고려하지 않음으로써 노인들이 젊은 사람들보다 생산적이지 못하다는 편견에서 벗어나서, 노인은 경험이라는 가장 강력한 무기를 지니고 있는 존재라는 새로운 인식의 전환이 이루어져야 할 것이다. 노년층은 전 생애를 볼 수 있는 거울이다. 이미 전 생애를 경험하였고, 따라서 인간의 전 생애를 이해하고 공감할 수 있는 유일한 연령이다. 따라서 노년층의 능력과 인생의 경험은 교육의 중요한 자원으로서의 노인의 가치를 가능하게 한다.

2. 노인 평생교육의 개념과 필요성

1) 노인 평생교육의 개념

일반적으로 노인은 태어나면서 성장과정을 거쳐 일정한 연령에 이른 사람이나 노화과정을 겪어 가는 사람들을 말한다. 1951년 세인트루이스에서 열린 제2회 국제노년학회에서는 노인이란 "인간의 노화(aging)과정에서 나타나는 생리적, 심리적, 환경적 변화와 행동의 변화가 상호작용하는 과정에 있는 사람"이라고 정의하였다(최순자, 2010).

노인교육은 활용성, 적응학습, 노동시장성, 계속교육이 그 중심이 되는 평생교육이다(김남선 외, 2014). 교육은 인간의 변화를 이끌어 내는 활동이며, 이를 위하여 적절한 외부 환경을 제공하고 사회적으로 누구에게나 타당하게 인식되는 좋은 방향과 바람직한 변화를 유발하기 위하여 사전에 계획된 활동이다. 이때 학습은 가르치는 사람이 가르쳐 준 것을 배우고 익히는 것과 더불어 아무도 가르쳐 주지 않은 것을 배우는 사람이 스스로 깨우치고 익히는 모두를 포함하고 있다(양흥권, 2017).

평생교육이란 우리나라 「평생교육법」 제2조 1항에서 학교의 정규교육 과정을 제외한 모든 형태의 조직적인 교육 활동을 의미하며 교육의 기회를 학령기인 아동에서부터 노인에 이르기까지 평생교육의 대상임을 법규 상으로 정의하고 있다. 노인 평생교육은 1919년 영국의 성인교육위원회의 보고서를 바탕으로 관심을 가지기 시작하면서 1965년 유네스코(UNESCO)에서 랑그랑이 제창한 평생 교육이념으로 인해 학계에 주목을 끌게 되었으며, 현대적 의미의 평생교육의 시초가 되었다(임재춘, 2015). 불과 얼마 전까지의 노인의 교육은 교육이라는 측면보다는 노인을 위한 복지적 측면에서 볼 수 있었다. 전통적 경로사상의 사회적 통념에서 비롯된 소외되고 스스로의 삶을 책임질 수 없는 집단에 대한 봉사단체나 종교적 활동을 통한 도움 정도의, 남는 시간을 무료하지 않게 보내기 위한 수준의 교육이 대부분을 차지하였다.

성인 평생교육의 일부분으로서 노인학습자를 대상으로 하는 교육을 노인 평생교육이라 할 수 있다. 평생교육이 태어나면서 죽음에 이르기까지 인생의 전 과정에 걸쳐서 이루어지는 교육활동임과 동시에 인간 완성을 지향하는 교육이라면, 평생교육의 한 과정으로 인생의 노년기에 이루어지는 교육을 노인 평생교육이라고 할 수 있다. 고령화 사회에서 평생교육은 삶의 질과 만족도를 높이기 위하여 전 생애에 걸쳐서 개인에게 제공되는 모든 학습과정과 교육적 결합을 의미한다. 노인교육을 포함한 평생교육이 추구하는 이념은 전체성, 통합성, 융통성, 민주성 등으로 표현될 수 있다(오만록, 2005). 일부 학자들은 노인 평생교육에 대해서 〈표 12-1〉과 같이 정의하고 있다.

표 12-1 **노인 평생교육의 정의**

구분	내용
Peterson(1977)	노인을 위한, 노인과 노화에 관한 교육적 노력의 실천 및 연구
Jarvis(1990)	노인들을 위한 교육, 노화와 노인에 관한 교육적 노력의 연구 및 실천
박성희(2004)	노인의 교육적 욕구를 충족시키는 동시에 사회화의 수단으로 새로운 노인문화를 형성하고 건전한 여가활동을 통한 사회 참여의 길을 제공하는 것
한정란 등(2006)	노인이 최대한 자기 발달단계에서 잠재력을 발휘하고, 또한 자신의 발달과정에서는 효율적으로 적응해 나갈 수 있도록 하는 것

노인교육은 먼저 평생교육의 개념과 관련시켜서 이해해야 하는데 개인과 사회의 질을 향상시키기 위해 개인의 일생에 거쳐 개인적, 사회적, 전문적인 기술과 자질을 향상시키고 성취하게 하는 교수·학습의 총체적 이념이라고 정의할 수 있다. 노인에 관한 교육이 노인 평생교육으로 태어나면서부터 노인에 이르기까지 살아가면서 노인이 될 사람들, 현재 노인과 관련된 직업이거나 직업을 원하는 사람들, 퇴직을 앞두고 있는 사람들, 그리고 노인 모두를 포함한다. 노인과 노화에 관한 지식들과 그들과 상호작용하는 것과 그에 적응하는 데 필요한 기술과 지식을 다루며 노인들의 경험과 지혜를 활용하는 노인에 의한 교육이며 인생의 경험과 지혜를 지니고 있는 인적자원인 노인을 활용하는 것이다(이영희, 2018). 노인교육은 단순히 아동, 성인, 노인이라는 연령에 따른 대상 구분이 아니라 연령 지위, 성에 관계없이 각자의 관심과 이해에 따라 여러 세대가 한곳에 모여 상호작용함으로써 그 속에서 서로 간에 정보를 교환하고 새로운 지식을 만들어 내는 적극적 과정으로 제3의 교육학 또는 초세대적인 교육의 의미를 갖는 '트라고지(trigogy)'를 의미한다(권중돈, 2010). 이러한 아동교육, 성인교육, 노인교육의 특성을 비교해 보면, 〈표 12-2〉와 같다(하미경, 2021).

표 12-2 아동교육, 성인교육 및 노인교육의 특성 비교

구분	아동교육(pedagogy)	성인교육(andragogy)	노인교육(geragogy)
자아개념	타인에 대한 의존성(교사중심)	자기주도성 증대(학습자중심)	경험의 축적, 문화, 교육적 계승과 치매로 인한 경험의 퇴화
경험의 역할	학습지원	학습 · 직업생활에서 상호 교류됨	전문적 경험의 축적, 문화, 교육적 계승 또는 치매로 인한 경험의 퇴화
학습과제	과학적 연구와 발달단계에 기초를 둔 학습과제(교과중심)	직업, 사회생활에 요구되는 과제(과제중심, 경험중심)	삶의 보람, 취미, 생활 등 고령화에 하는 과제(생활, 교양중심)
교육과정	공교육으로 법률로 정한 교육과정	위 학습과제에 기초를 둔 프로그램	위 학습과제에 기초를 둔 프로그램
학습결과	학력 형성, 직업에 대한 예비적 사회화	즉각적 응용, 경력 재구성	인생의 평온, 내세적 이해에 응용
학습조직 · 방법	단위제, 학년제, 공적 교육기관	재교육방식, 평생학습기관	평생학습방식, 지역사회 평생학습기관
학습동기	장래에 대한 기대 학문적 성과	사회적 역할 기대	인생의 적응과 통합

노인인구가 빠르게 증가하는 것에 대비하기 위해 노인복지제도와 물질적 지원 체계 도입도 중요하지만 노인의 평생교육 활성화로 노인 자신이 그들의 입장을 받아들이고 급변하는 현대사회 생활에 잘 대처할 수 있도록 도움을 주며 건강이 허락하는 범위내에서 자신 문제를 스스로 해결하고 자존감을 높이는 일은 더 중요하다. 나아가 오랜 시간 동안 축적된 경험을 살려 국가와 사회에 긍정적인 영향을 주며 젊은 세대를 앞서 인도할 수 있는 인생의 선배로 교육하는 것이 중요하며, 일생 동안 거치는 많은 발달 과정 중 가장 중요하고 많은 시간을 교육해야 하는 기간이 노인교육의 시기라고 할 수 있다. 이런 사회 · 환경적 변화와 함께 맥클러스키(McClusky, 1971)는 노인들의 교육 욕구를 〈그림 12-4〉와 같이 다섯 가지 범주로 분류하였다(하미경, 2021).

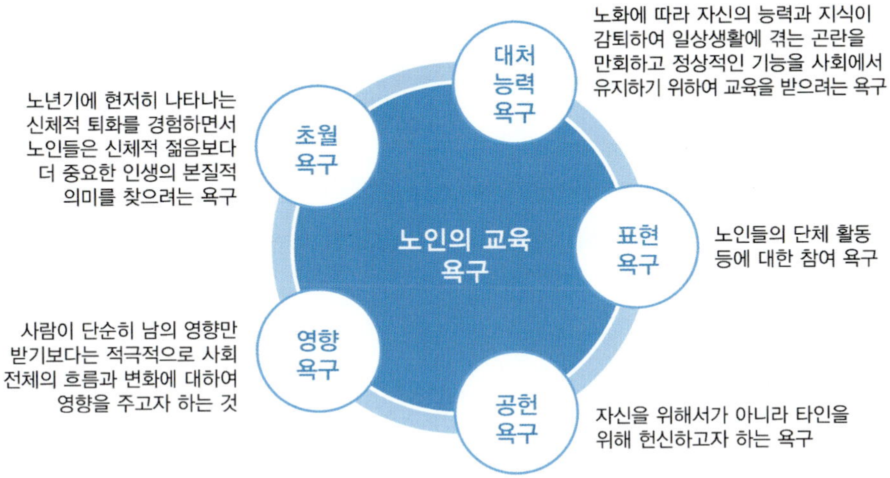

그림 12-4 노인의 교육욕구

첫째, 노인들의 대처능력욕구(coping needs)이다. 노화에 따라 자신의 능력과 지식이 감퇴하여 일상생활에 겪는 곤란을 만회하고 정상적인 기능을 사회에서 유지하기 위하여 교육을 받으려는 욕구이다. 예를 들어, 가족관계 적응, 건강관리, 수입유지, 여가선용, 법률적 조언 등이 해당된다.

둘째, 표현적 욕구(expressive needs)이다. 이는 노인들의 단체 활동 등에 대한 참여욕구를 말한다. 즉, 노인들은 자발적인 사회적 활동, 신체운동, 새로운 경험, 그리고 새로운 것을 배우는 그 자체적인 재미와 다른 동료들과의 교제로 보다 높은 정신건강 수준유지와 심리적 안정을 바라는 노인들의 욕구이다.

셋째, 공헌적 욕구(contributive needs)이다. 이는 자신을 위해서가 아니라 타인을 위해 헌신하고자 하는 욕구가 노인들에게는 있다. 의료보건 및 사회복지기관, 종교단체에 자원봉사활동에 참여 등 지역사회에 참여함으로써 스스로 만족을 구하고 자아개념을 충족시키게 되는 것을 말한다.

넷째, 영향력 욕구(influence needs)이다. 이는 사람이 단순히 남의 영향만 받기보다는 적극적으로 사회 전체의 흐름과 변화에 대하여 영향을 주고자 하는 것처럼 노인들도 노인단체, 종교단체, 봉사단체, 사회단체 등에 가입하여 많은 영향을 미치려고 하는 욕구이다.

다섯째, 초월적 욕구(transcendence needs)이다. 노년기에 현저히 나타나는 신체적 퇴화를 경험하면서 노인들은 신체적 젊음보다 더 중요한 인생의 본질적 의미를 찾으려는 욕구가 있다(McClusky, 1971).

학교교육이 교육의 전체였다고 할 수 있는 과거와는 달리 오늘날 고령사회에서는 개인의 학습욕구가 높아지게 됨으로써 평생학습의 생활화가 점차 요구됨에 따라 노인의 교육도 더욱 중요한 의미를 지닌다. 이와 같이 노인의 평생교육이란 여러 학자들의 견해를 종합해 보면, 노화과정의 특성을 이해하고 노년기를 준비하기 위한 교육이며 노인의 지혜와 경험을 활용하는 노인에 의한 교육이며, 노년기의 과업을 실현할 수 있게 하기 위해 신체적, 경제적, 사회적 등의 변화 상황에 잘 적응할 수 있도록 능력을 발전시키기 위한 교육·학습활동을 의미한다고 할 수 있다.

2) 노인 평생교육의 필요성

고령사회의 오늘날 노인 평생교육은 사회변화에 따른 적응능력을 키우고 노인 자신의 자립적인 삶을 살아갈 수 있도록 지식을 습득하고 자신의 능력과 잠재력 계발을 통해 생산적이면서 발전적이며 능동적으로 사회에 기여할 수 있는 주체적인 삶을 살아가도록 하기 위해 필요하다. 우리나라의 노인 평생학습에 대한 관심은 외국에서 사회복지학, 노년사회학을 전공하고 돌아온 복지 전문가들에 의해 시작되었다. 1990년대에 와서야 비로소 평생학습 입장에서 교육학(평생교육학) 전공자들에 의해 연구되어지기 시작하였다. 평생교육학적 차원에서의 노인 평생교육은, 모든 국민의 교육기회 불평등 현상 해소 방안으로서 노인교육은 절실히 필요하며, 오늘날 고령사회에 따른 대응 방책으로 노인 평생교육은 더욱더 필요하다고 하겠다.

심리 · 사회 발달이론을 제창한 에릭슨은 인간의 발달 시기를 8단계로 보았고 각 발달 시기마다 발달과업을 잘 수행해 가면 긍정적인 발달을 이룬다고 말했다. 노인의 발달 시기는 8단계 중 마지막 단계를 의미하고, 이 단계에서는 임박해진 죽음을 수용하고 현재의 삶에 만족하며 긍정적 자아통합을 이루어야 한다. 이러한 과업이 수행되지 않으면 절망에 빠지게 되고 죽음에 대한 공포와 불안으로 죽음을 맞이하게 된다. 이러한 노인의 특성을 감안해서 노인에게 제공할 수 있는 교육이 마련되어야 한다. 그 외에도 각자 처해 있는 개인적인 건강상태, 학습욕구, 주변 환경 등을 고려하여 알맞은 교육환경을 조성해야 하는 등 노인들에게 고독과 소외감 등을 없애 주고 현대사회에 적응할 수 있는 능력을 키우기 위한 지식을 습득하게 하고, 보람을 찾아 노후를 보람있게 해 주기 위해서 노인 평생교육은 필요하다. 다시 말해 노인들 자신이 그들의 입장을 인식하고 급변하는 현대 생활에 적응할 수있도록 도와주며, 건강이 허락하는 범위안에서 자신들의 문제를 스스로 해결하고, 나아가서 국가 및 사회에 공헌하며 젊은 세대를 선도할 수 있는 노인들이 되도록 해야 한다(김남선, 2002). 특히 노인은, ① 체력감소로 인해 건강에 적응하는 일, ② 은퇴와 수입 감소에 적응하는 일, ③ 배우자의 사망에 적응하는 일, ④ 자기 동년배와 친밀한 관계를 맺기, ⑤ 사회적 및 국민적 책임을 이행, ⑥ 만족스런 생활조건을 구비하는 일과 같은 것에 적응하기 위해서는 체계적인 교육을 받을 필요가 있다(김남선, 2002).

종합적으로 노인교육 참여의 필요성은 세 가지로 요약할 수 있다. 첫째, 노인이 학습의 주체가 되어야 하며 사회에 효과적으로 적응해 나가기 위한 생활방식, 지식, 기술, 가치관이 필요하다. 또한 소외감, 고독 등을 해소하고 삶의 의미를 찾아 만족도와 노후를 준비할 수 있도록 하기 위해서 반드시 필요하다. 둘째, 젊은 세대와 노인의 세대가 노후를 설계하고 노인에 대한 이해를 높여야 한다. 세대 간의 화합과 이해를 증진시키기 위하여 함께하는 사회를 만드는 데 기여해야 하며, 셋째, 고령사회에서 정체성이 확립되도록 노인의 역할을 새롭게 모색하여야 한다(이현찬, 2011).

여기서 노인교육은 많은 중요한 욕구를 노인의 삶에 있어서 충족시킨다. 그것은 타인과의 관계를 지속시켜 주고, 삶의 안목을 넓혀 주며 의미 있는 활동을 만들거나 발전시켜 준다. 하지만 가장 중요한 점은 평생교육이 노인들로 하여금 정신적, 신체적 안녕을 유지할 수 있게 돕는다는 것이다. 계속적인 노인교육과 훈련을 통해 노년기에 노인이 가지고 있는 지혜와 잠재적인 능력을 최대한 활용할 수 있는 여건과 환경을 만드는 데 노인 평생교육의 목적이 있다.

또한 노인의 성공적인 노화와 삶의 질을 높이는 것이라 할 수 있으며, 노인 평생교육은 노년기에 발생되는 노인들의 사회적인 소외 문제나 그로 인해 발생되는 분리집단으로서의 노인을 노인복지 개념에서 단순한 보호 대상이 아니라 자신의 능력과 잠재력 개발을 통해 보다 발전적이고 생산적이면서 능동적으로 사회에 기여할 수 있는 주체로 삶을 변화할 수 있도록 하는 의미 있는 교육이다. 따라서 노년기에 자신의 삶을 보다 의미 있게 되찾고 노인 자신의 자립적인 삶을 유지하며 세대 간의 화합도 증진시키는 방향으로 노인의 평생교육이 발전해야 한다. 이상의 선행연구를 바탕으로 〈표 12-3〉과 같이 노인 평생교육의 목적을 요약할 수 있다(김남선, 2002).

표 12-3 노인 평생교육의 목적

- 노인 평생교육은 노인들로 하여금 급변하는 현대사회에 성공적으로 적응하도록 돕는 목적을 갖는다.
- 노인 평생교육은 적극적으로 노년기 삶의 질을 향상시키 데 목적이 있다.
- 노인 평생교육은 연령에 의한 문화적 갈등과 노소의 가치를 좁히는 목적을 가지고 있다.
- 노인 평생교육은 노인들로 하여금 계속적인 자기개발과 원만한 사회적응과 다른 연령 집단과의 연대감을 통해 안정된 노후를 보내도록 하는 데 목적이 있다.

3) 노인 평생교육과 관련한 이론

노인 평생교육의 의의를 설명할 수 있는 이론으로는 활동이론, 연속이론 및 사회교환이론이 대표적이다(강옥주, 2019).

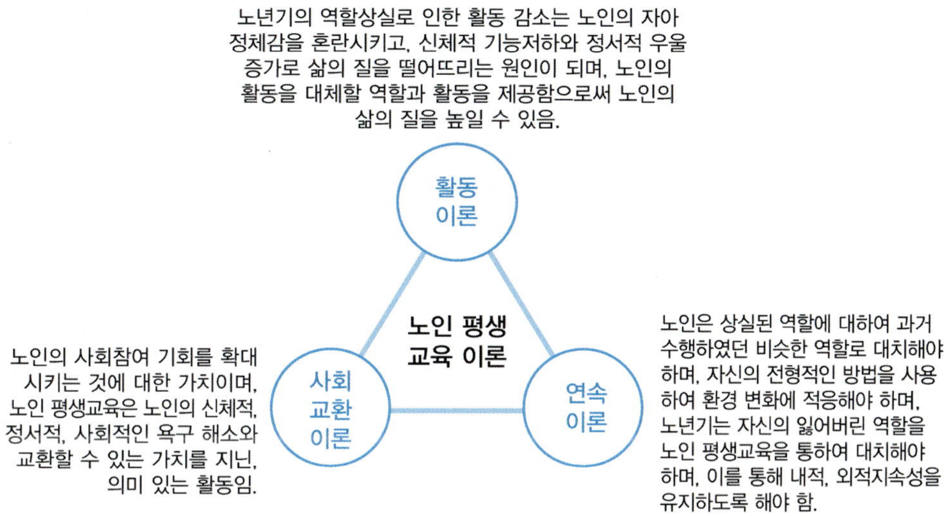

그림 12-5 노인 평생교육의 이론

(1) 활동이론

활동이론(avtivity theory)은 캔자스시 성인연구결과를 토대로 하여 해비거스트(Havighurst)가 제시한 이론이다. 활동이론은 인간은 자신에 대한 평가를 자기 주변의 인물들로부터 반영된 평가에 의해 평가한다는 상징적 상호작용이론에 그 근거를 두고 있다. 해비거스트와 그 동료들은 노인은 불가피한 건강상의 변화를 제외하고는 중년기와 다름없는 사회적 욕구를 가지고 있으므로, 사회적인 분리가 기능적이라는 구조기능주의의 분리이론은 설득력이 없다고 주장하였다(Havighurst et al., 1967). 노인은 일반적으로 사회적 규범과 제도에 의해 활동을 제한받고 있다. 노년기는 활동의 제한과 감소로 인하여 자아정체감의 혼란을 초래하여, 노년기 적응능력을 저하시키고 있다. 이에 따라 노인 여가활동의 중요성을 강조하는 많은 연구에서 노인의 삶의 질 향상을 위해 노인의 활동을 지지하고 있는 것이다(Havighurst, 1977; Lemon et al., 1972).

노인의 활동은 개인의 자아개념을 재확인하는 데 필요한 역할지지를 제공한다. 때문에 노인의 활동이 빈번하고 친밀해질수록 역할지지는 더욱 확실해지게 된다고 주장한다(최성재, 장인협, 2010). 특히 노년기에는 퇴직이나 은퇴로 인하여 상실된 역할을 대치할 만한 활동이 더욱 필요하다. 개인의 삶의 만족도를 높이기 위해, 노년기에도 사회적 관계를 위한 활동에 적극 참여하여야 한다는 것이다. 노인들을 위한 새로운 역할이나 활동을 개발하는 것은 부(富)나 생산적인 일을 중시하는 사회적인 가치와도 일치한다. 또한 노인들은 활동을 제한받는다는 것을 쇠퇴의 증거로, 활동을 지속하는 것이 자신들의 삶의 만족을 유지시켜 주는 것으로 믿고 있다. 따라서 활동이론은 노인들이 젊은 시절만큼 활동적으로 일을 수행할 수는 없더라도, 일을 통해 자신이 사회의 한 일원으로서 공헌하고 있고, 자신이 아직도 가치 있는 인간이라는 인식을 심어 줄 수 있어(Havighurst, 1977), 결과적으로 노인에게 삶의 의미를 부여해 주고, 자아정체성을 형성하게 하며, 노화에 대한 적응능력을 높여 준다는 것이다. 일반적으로 건강한 노인들은 직업을 가지고 있고, 노년기에도 사회적 활동을 활발하게 하고 있다. 대부분의 노인들은 경제활동을 하거나, 사회에 참여하여 어떠한 일을 하거나, 어떤 조직에 소속되어 활동을 할 수 있는 기회를 원한다. 그러나 우리 사회의 많은 노인들은 길어진 노년기의 여가 시간을 의미 있는 활동으로 보내지 못하고 있는 실정이다. 따라서 노인복지 차원에서 노인에 적합한 역할과 활동을 개발하여, 사회통합을 이룰 수 있도록 하여야 할 것이다(정옥분 외, 2008).

노년기의 역할상실로 인한 활동 감소는 노인의 자아정체감을 혼란시키고, 신체적 기능저하와 정서적 우울 증가로 삶의 질을 떨어뜨리는 원인이 된다. 이에 활동이론 측면에서 노인 평생교육의 의의는 노인의 활동을 대체할 역할과 활동을 제공함으로써 노인의 삶의 질을 높일 수 있다는 것이다.

(2) 연속이론

연속이론(continuity theory)은 적응의 사회 · 심리학적 이론으로 노년기에도 일관성 있는 행동을 유지하며, 환경에 적응해 나가기 위해 이전에 수행하던 역할과 유사한 역할을 수행해야 한다는 이론이다. 사람은 나이가 들었다고 해서 갑작스럽게 변화하는 것이 아니며, 거의 유사한 성격패턴을 유지하며, 생활만족은 자신의 생활경험과 현재의 활동이 얼마나 일치하는가에 좌우된다고 한다. 따라서 연속이론은 젊은 시절에 활동적이었던 사람은 나이가 들어서도 적절한 활동수준을 유지해야 하고, 반면 젊은 시절에 비활동적이었던 사람들은 적절한 활동으로 은퇴생활을 즐기는 것이 개인의 적응에 도움이 된다는 논리이다. 연속이론은 합리적인 이론이라는 점에서 타당성이 있으나, 노화에 대한 개인의 적응은 한 가지 요인이 아닌 여러 요인들의 상호작용에 의해 영향을 받기 때문에 실증이 어렵다는 한계점이 지적되고 있다. 또한 이 이론은 개인차의 문제를 지나치게 강조함으로써 노화문제에 대한 사회적 역할을 간과하였으며, 노인들이 직면한 문제를 해결하는 데 있어서 정부의 자유방임적인 접근을 합리화하고 있다는 한계를 갖는다(정옥분 외, 2008).

연속이론은 노년기의 변화를 잘 적응하기 위해서는 사회활동을 계속하는 것보다 내적, 외적 지속성을 유지하는 것이 중요하다는 것이다. 내적 지속성은 신체적 기능 변화나 질병에는 유지될 수 있으나, 인지기능의 문제가 발생하면 이를 유지하기가 어렵다. 치매 등의 인지기능 변화는 정신적인 문제를 유발할 수 있기 때문이다. 반면, 외적 지속성은 신체 및 사회적 환경을 의미하며, 노화와 함께 나타나는 신체적 및 정신적 변화를 극복하는 데 절대적으로 중요하다(김욱 외, 2012).

노인은 상실된 역할에 대하여 과거 수행하였던 비슷한 역할로 대치해야 하며, 자신의 전형적인 방법을 사용하여 환경변화에 적응해야 한다. 연속이론에 근거한 노인 평생교육의 의의는 인간은 나이가 들어감에 따라 자신만의 생활패턴을 지속해야 한다는 것이다. 따라서 노년기는 자신의 잃어버린 역할을 노인 평생교육을 통하여 대치해야 하며, 이를 통해 내적, 외적 지속성을 유지하도록 해야 할 것이다.

(3) 사회교환이론

사회교환이론(social exchange theories)은 인간의 사회행위를 주고받는 교환 행위를 바탕으로 정립한 이론이며, 대표적인 학자는 호만스(Homans)이다. 그는 경제학적인 개념에 입각하여 "인간은 이윤을 추구하는 존재로서, 자신이 지출한 원가나 투자액에 비하여 반드시 이윤이 있다고 판단되어야 행동을 취하며, 일반적으로 최대한의 이익(maximum profit)을 기대하고 행동을 한다"라고 말했다. 호만스는 공리주의 경제학 이론에 행동주의 학습이론을 도입하여, 학습자가 과거에 보상을 받은 경험이 있는 활동은 반복할 가능성이 크다고 한다.

사회교환이론은 개인 대 개인의 관계뿐 아니라, 개인과 사회적 상호작용의 한 형태로 이해되고 있다. 즉, 개인 간의 관계에서도 정신적이거나 물질적인 보상을 기대하고 관계를 유지한다고 보고 있으며, 개인과 집단, 집단과 집단의 관계에서도 물질적인, 권력 · 명예 · 지위 등의 보상을 얻으려는 기대 때문에 관계를 갖는다고 보고 있다. 이 이론은 타인과의 관계는 사회조직 속에서 흥정과 타협을 통하여 서로 주고받게 되어야 관계의 균형이 유지된다는 것을 시사하고 있어, 교환이론은 인간을 지나치게 계산적으로 단순하게 취급한다는 비판도 있다(권중돈, 2016).

노인세대들이 가지고 있는 전통적인 지혜와 덕목 자체는 후세대에게 전수할 보상으로 가치가 충분히 있다. 그러나 산업화되면서 노인들이 가지고 있는 전통적인 지혜나 덕목은 그 교환가치를 상실하게 되었다. 연령이 증가함에 따라 노인의 역할이나 기회는 상대적으로 감소하여 보다 적은 사회적 자원을 가지게 되고, 결과적으로 그들의 지위는 더욱 감소하게 된다. 따라서 노인은 사회적 활동이 점차 감소하지만 사회적 상호작용을 통한 어떤 이득이 있는 쪽으로 사회교환활동을 할 수 있다는 논리이다(Dowd, 1980). 노인은 이렇듯 제한된 자원에도 불구하고 존경과 인정, 사랑, 현명함, 자원봉사 활동력과 같은 비물질적 자원을 가지고 있어, 이를 교환할 수 있는 사회활동이 가능하다. 사회교환이론에 근거한 노인 평생교육의 의의는 노인의 사회참여 기회를 확대시키는 것에 대한 가치이다. 노인 평생교육은 노인의 신체적, 정서적, 사회적인 욕구 해소와 교환할 수 있는 가치를 지닌, 의미 있는 활동이라는 것이다.

노인 평생교육의 의의에 대해 활동이론과 연속이론, 교환이론을 근거로 하여 정리하자면, 노인들은 노인 평생교육에 참여함으로써 역할 상실로 인한 소외감, 고독, 무위를 극복하고, 신체적, 정서적, 사회적 건강을 도모하여 새로운 역할변화에 대한 적응을 통하여 노인의 삶의 질을 높일 것으로 기대한다.

3. 노인 평생교육 프로그램 운영 실태

1) 노인 평생교육 프로그램의 개념

평생교육 프로그램을 정의하면 '평생교육'과 '프로그램'이 합체된 용어로 프로그램이라는 용어의 사전적 의미는 진행 계획이나 순서 또는 연극이나 방송 따위의 진행 차례나 진행 목록의 뜻을 가지고 있다. 이는 하나의 목적을 성취하기 위한 활동의 집합체로 볼 수 있으며, 또한 목적을 달성하기 위한 일련의 상호의존적인 활동이라고 할 수 있다(최은수 외, 2016). 평생교육은 바로 프로그램 개발이라고 했다. 그는 평생교육을 평생학습 프로그램의 절차와 방향을 확립시키기 위해서는 학습자와 기관이 연결되는 발전적인 과정으로 정의하였다(기영화, 2001). 노인 평생교육이란 생애학습의 부분으로서 노인을 대상으로 실시하는 교육, 노인이 자기발달 단계에서 최대한 능력을 발휘하고 자신의 발달과정에 능률적으로 적응해 나갈 수 있도록 하는 것이라 정의하고 있다. 장천식(2008)

은 〈표 12-4〉와 같이 노인 평생교육 프로그램의 필요성을 주장하고 있다.

표 12-4 노인 평생교육 프로그램의 필요성

- 노인들에게 학습의 주체로서 성장 기회를 위해 노인 여가복지시설 평생교육 프로그램을 제공해야 된다.
- 명예퇴직과 조기퇴직 등으로 인한 고령자의 증가에 따라 직업교육과 훈련을 위해 노인 여가 복지시설의 평생교육 프로그램의 필요성은 불가피하게 되었다.
- 지식 기반 사회의 도래로 지식 정보화와 관련된 가치가 과거의 전통적 가치보다 중시되는 평생교육 프로그램의 욕구는 증대되고 있다.
- 고령사회의 진입은 교육수준이 높고 건강하고, 경제력 있은 노인들이 자의로써 노인 평생교육기관의 평생교육 프로그램 참여가 증대할 것이 예상되므로 평생교육 프로그램이 필요하다.
- 모든 노인이 학력, 소득, 연령 정도 등의 특성에 따라 새로운 욕구와 자신이 이루지 못했던 이상 등을 실현하기 위한 방안으로 노인 평생교육기관의 평생교육 프로그램이 요구된다.
- 전통사회에서는 일, 여가, 교육이 일직선상에서 뚜렷하게 구분되었으나 현대사회는 이런 세 분야가 혼합형으로 바뀌었다. 혼합형 생애 주기는 교육이 한 시기에 일회적인 것이 아니라 평생 동안 지속되는 것으로 노인 평생교육기관의 평생교육 프로그램의 학습욕구를 강화시키는 요인이 되었다.

한국에서 노인의 평생교육의 시작은 1972년 10월 종로 태화관의 서울평생교육원이 개설한 노후생활강좌로부터 시작되었다(김기진 외, 2010). 그 후 1978년 문교부(현 교육부)에서 '노인교실 설치요강'을 만들어 운영비를 지원하며 전국 초등학교 각 학구 단위마다 노인교실을 설립하도록 하였다. 또한 1981년 가장 많은 학구단위 노인교실을 확보하고 있던 한국성인교육협회가 대한노인회로 흡수되면서 대한노인회가 노인교실의 설치 · 운영을 맡게 되었다. 1981년 6월 5일 제정된 「노인복지법」은 정부조직의 개편으로 인해 일부 개정되었다. 「노인복지법」 제36조 제1항에 의하면 노인의 여가복지시설의 종류에는 노인복지관, 경로당, 노인교실이 해당된다. 이러한 시설이 운영되면서 노인의 평생교육서비스 지원도 비교적 체계적이고 수월하게 이루어졌다(박수진, 2020). 「노인복지법」에 의한 노인 여가복지시설을 살펴보면 〈표 12-5〉와 같다(하미경, 2021).

표 12-5 「노인복지법」의 노인 여가복지시설 종류

구분	내용
노인복지관	• 노인복지관은 60세 이상 노인이 이용, 복지서비스가 필요한 노인을 대상으로 노인의 교양, 취미생활 및 사회참여활동 등에 대한 각종 정보와 서비스를 제공하고, 건강증진 및 질병예방과 소득보장, 재가복지, 그 밖에 노인의 복지증진에 필요한 서비스를 제공함을 목적으로 하는 시설이다. • 진행 프로그램: 평생교육지원(정보화, 사회학, 어문학 등), 취미여가지원(문화, 취미활동, 예능 · 체육활동 등), 건강증진지원(치매예방 서비스, 건강체조 등), 사회참여지원(노인일자리, 자원봉사 활성화 사업, 동아리 활동) 등
경로당	• 경로당은 65세 이상의 노인이 이용하며 정원 20명 이상(읍 · 면은 10명 이상)이어야 설치 가능, 지역노인들이 자율적으로 취미 활동, 공동 작업장 운영 및 각종 정보교환과 친목 도모 기타 여가활동을 할 수 있도록 하는 장소를 제공함을 목적으로 하는 시설이다. • 독거노인 생활교육 등 독거노인 보호기능 수행, 학대노인 지킴이 센터 • 건강관리, 여가, 자원봉사, 운동, 교육 등 다양한 프로그램 제공으로 노인이 가장 쉽게 접근할 수 있는 다기능 공간으로 활용
노인교실	• 노인교실은 60세 이상 노인이 이용하며 이용정원 50명 이상이여야 설치가능, 노인들에 대하여 사회활동 참여욕구를 충족시키기 위하여 건전한 취미생활, 노인건강 유지, 기타 일상생활과 관련한 학습프로그램을 제공함을 목적으로 하는 시설로 주1회 교육진행으로 여가, 오락 수준의 단편적인 운영이 이루어진다.

2020년 현재 노인여가복지시설[1] 로 등록되어 운영되고 있는 시설은 전국에 68,413개소가 있다. 전국을 기준으로 경로당이 97.46%로 가장 많이 차지하고 있으며 노인교실이 1.97%, 노인복지관은 0.56%를 차지한다. 한국보건사회연구원(2017)의 노인실태조사에 따르면, 노인(65세 이상)이 가장 많이 이용하는 평생교육 관련 시설은 노인복지관(34.8%)이었으며, 다음이 경로당(19.2%), 시 · 군 · 구민회관 및 동 · 읍 · 면주민센터(13.8%), 공공문화센터(10.5%), 사설문화센터 및 학원(7.7%), 종교기관(5.7%) 등의 순으로 나타났다.

이상과 같이 노인 여가시설로 운영되고 있는 기관 중 경로당이 차지하는 높은 비율에 비해 평생교육 프로그램 이용 비율은 현저하게 낮음을 볼 수 있는데, 노인들의 접근

1) 「노인복지법」에 의한 노인복지시설의 종류는 노인여가복지시설, 노인의료복지시설, 노인주거복지시설, 재가노인복지시설이 있다.

성이 가장 용이하다고 할 수 있는 경로당에서 운영되는 프로그램 개발이 시급함을 알 수 있다.

2) 노인 평생교육 프로그램 현황

현재 노인 평생교육 기관에서 실시하고 있는 평생교육 프로그램은 취미, 여가, 건강 증진, 교양교육에 편중되어 있어 평생교육 프로그램 내용에 참여하는 노인에게 다양하게 제공한다고 보기는 어렵다. 이는 평생교육 프로그램 계획 시 참여하는 노인들의 욕구를 반영하지만 현재 운영되고 있는 평생교육 프로그램에 참여하는 대부분의 노인들이 만족하고 있기 때문에, 현실적인 한계로 인해서 비슷한 평생교육 프로그램에 대한 소수의 의견 위주로 효율성 있는 운영의 면에서 이루어져, 다양한 평생교육 프로그램 내용을 제공하지 못하고 있기 때문이다. 또 다른 이유로는 평생교육 프로그램의 욕구조사를 참여 노인들을 중심으로 실시하므로 평생교육 프로그램에 비참여하는 노인이 욕구의 반영은 현실적으로 어려운 구조때문이다(안은경, 2012).

노인 평생교육 프로그램의 내용은 새로운 기술진보와 과학문명에 적응하는 것이어야 하고, 노년기의 신체적 변화와 건강에 대한 지식과 이에 적응하는 내용이어야 한다. 아울러 배우자와 사별에 적응하는 내용, 친구나 친인척을 잃는 슬픔에 적응하는 내용, 정년퇴직에 따른 수입 감소와 여가시간 등에 적응하는 내용, 다가오는 죽음을 준비하는 내용도 포함되어야 할 것이다. 또한 젊은 세대에 대한 이해와 국제적인 감각에 접근하고 적응하는 내용, 노년기를 즐기는 방법을 찾는 내용이어야 한다. 이를 바탕으로 분류한 것을 기준으로 한 프로그램의 내용을 살펴보면, '생활 교육', '퇴직 준비교육', '죽음 준비 교육'의 세 영역으로 나눌 수 있다. 최근 들어서는 노인 평생교육 프로그램 참여 대상인 노인의 더 다양해진 욕구를 고려하여 크게 다섯 영역으로 지적, 건강, 사회적, 경제적, 정서적 욕구의 영역 등으로 분류가 가능하다. 이러한 프로그램의 분류가

하나의 욕구를 충족시키기 위해 실시되어진다기보다는 욕구를 다양하게 충족시키는 것으로 이해되어져야 할 것이다. 또한 노인교육 내용을 구성함에 있어 필수적으로 고려되어야 하며 올바른 가치관을 함양하기 위한 청소년 교육과는 달리 노인교육에서는 실생활에 필요한 실용적이고 구체적인 교육 내용이 바람직하다(오애숙, 2013). 평생교육에 참여하는 노인의 욕구 충족을 위한 노인 평생교육 프로그램 다섯 영역의 주요 내용을 살펴보면 〈표 12-6〉과 같다(하미경, 2021).

표 12-6 노인 평생교육 프로그램의 욕구영역별 분류

구분	내용
건강 욕구 영역	노년병에 대한 기본지식과 건강관리법, 규칙적인 운동, 체력과 건강 유지, 식이요법에 관한 지식, 지병의 적절한 처방과 대처
지적 욕구 영역	사회변화와 세대차 이해, 건강증진을 위한 지식 갖추기, 정치, 문화 · 사회, 경제의 최신 동향 배우기, 은퇴 후 필요한 생활과 지식 배우기
정서적 욕구 영역	건전한 오락과 취미, 적극적 생활태도의 유지, 여가습득, 소외감과 허무감 극복, 죽음에 대한 심리적인 준비와 적응, 독신생활 적응
사회적 욕구 영역	가정과 직장에서 일과 책임을 계승, 자녀와 손자들과 원만한 관계유지, 동년배와의 친교 유지, 어른 구실하기, 사회봉사 활동에서의 참여
경제적 욕구 영역	생계비, 재산 관리, 용돈 마련과 관련한 교육, 은퇴에 의한 수입 감소에 적응하기, 재취업과 공동작업 등 수입사업과 관련한 교육

궁극적으로 노인 평생교육의 목적은 노인으로 하여금 삶의 질을 높일 수 있도록 지원하는 것이지만 구체적인 목표에 다양한 내용들이 포함된다. 즉, 건강, 취미, 오락, 여가시간의 활용, 지식산업사회에 대한 이해, 가치 있는 삶의 철학, 컴퓨터, 인터넷에 이르기까지 생활의 가치 있는 자료로써 활용될 수 있도록 할 수 있어야 한다. 하지만 노인 평생교육에서 중요시되어야 하는 것은 개인차의 존중이다. 취미오락이든 교양이든 건강과 새로운 지식습득에서도 개인의 환경과 능력, 학습요구에 따라서 교육목표는 달라져야 하기 때문이다. 노인 평생교육의 방향과 과제로는 만인을 위한 평생학습 기

회 균등 및 기회 확충, 교육 취약계층을 위한 평생학습 지원정책, 일터의 학습 동아리화 및 민간 평생직업 교육의 활성화, 지역 학습문화 진흥을 통한 평생교육의 지역화, 양질의 평생학습 제공을 위한 평생교육기반 강화 등을 들 수 있다.

노인 여가복지시설에서의 최근 평생교육 프로그램은 은퇴노인을 대상으로 다양한 교육을 실시하는 곳도 생겨나는 등 기존에 자기계발을 위한 지식함양이나 여가문화 프로그램 위주에서 벗어나 제2의 인생을 위한 자격증교육이 인기를 모으고 있다. 노인의 평생교육 프로그램은 건강증진교육, 정보화교육, 교양교육, 취미여가교육, 자격증교육으로 크게 5가지로 분류할 수 있다. 프로그램 명에 대한 것은 각 기관별로 상이하지만 일반적으로 〈그림 12-6〉, 〈표 12-7〉과 같이 구분할 수 있다.

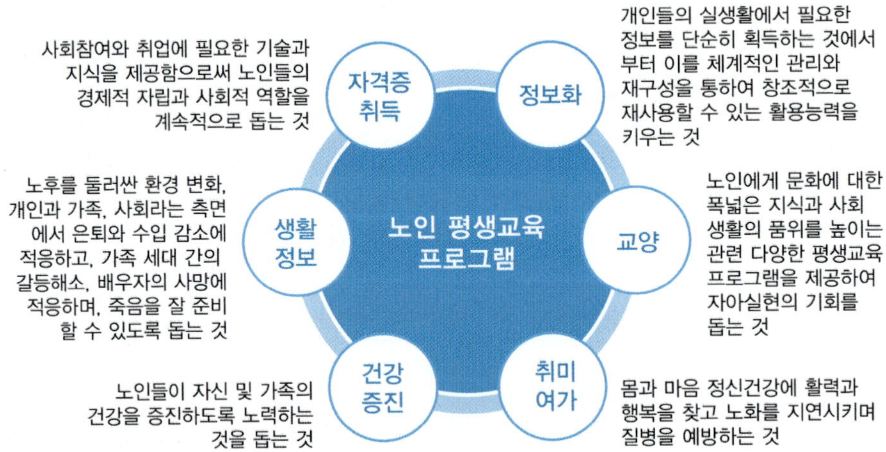

그림 12-6 노인 평생교육 프로그램

표 12-7 노인 평생교육 프로그램의 주요 내용

구분	내용
정보화 프로그램	컴퓨터(문서편집, 인터넷 활용, 블로그 활용, SNS 활용, 동영상 제작), 디지털카메라(사진편집), 스마트폰 활용 인생설계 프로그램 등
교양 프로그램	한글, 한문, 중국어, 영어, 일본어, 풍수지리, 명심보감, 역학, 인문학, 고전의 향기 등
취미여가 프로그램	민요, 가요, 오카리나, 가곡, 노래교실, 장구, 사진, 서예, 손글씨, 한국화, 서양화, 사군자, 글짓기, 문예창작, 하모니카, 크로 마하프, 아코디언, 오카리나, 포크기타, 우쿠렐레, 실버난타, 마술, 미술, 풍물, 민화, 소리장고, 통기타, 색소폰, 장수춤, 고전 무용, 수묵화, 독거남 요리교실, 연극 등
건강증진 프로그램	한국무용, 스포츠댄스, 웰빙댄스, 포크댄스, 벨리댄스, 라인댄스, 국학기공, 세라밴드, 실버태권도, 발건강, 웃음건강, 건강요가체조, 리듬짝체조, 단전호흡, 건강체조, 몸살림운동, 생활댄스, 우리춤 체조, 민속생활체조, 기체조, 수지침, 태극권, 탁구, 당구, 모던댄스, 덩더쿵체조, 실버에어로빅, 게이트볼 등
생활정보 프로그램	부모교육, 가족관계, 은퇴 설계, 연금과 재산관리, 노년기 질환 예방, 노인복지, 생활안전, 생활법률, 웰다잉
자격증취득 프로그램	바리스타, 베이비시터, 문화해설사, 전래놀이지도사, 원예지도사, 동화구연지도사, 타로 심리상담사, 한자지도사 등

노인복지관의 현재 실시되고 있는 평생교육 프로그램을 정보화 프로그램, 교양 프로그램, 취미여가 프로그램, 건강증진 프로그램, 자격증 프로그램 등 6개 영역으로 나누어 살펴보면 다음과 같다(하미경, 2021).

첫째, 정보화 프로그램은 개인들의 실생활에서 필요한 정보를 단순히 획득하는 것에서부터 이를 체계적인 관리와 재구성을 통하여 창조적으로 재사용할 수 있는 활용능력을 키우는 정보화 교육이라 할 수 있다. 최근에는 사용자의 다양한 활동에 있어서 컴퓨터와 정보통신기기를 포함한 도구로 활용하는 데 필요한 지식, 기술, 태도를 육성하는 교육을 포함하는 포괄적인 개념으로 발전하였다(김영대 외, 2017). 노인복지관에서 운영되고 있는 정보화 프로그램은 참여 노인에 맞는 컴퓨터 평생교육 프로그램으로 한글, 인터넷, 윈도우, 엑셀 등 컴퓨터 활용에 대한 수준별 학습실을 구성하여 다양하게 운영되고 있다. 또한 스마트폰을 활용한 SNS 소통, 인공지능 음성 서비스, 음악 및 동영상

다운받기, 앱 활용하기 등이 운영되고 있다.

정보화와 관련된 평생교육 프로그램의 목적은 노인들이 컴퓨터와 스마트폰을 활용하여 사회에서 소외되지 않게 사회와 소통할 수 있도록 함과 또한 사회참여 기회를 제공함으로 사회적 연결을 통한 자기계발에 있다. 교육목표는, ① 노인들이 쉽게 접근하여 배울 수 있는 체계적인 교육을 통해 컴퓨터와 스마트폰의 활용능력을 높인다. ② 컴퓨터와 스마트폰의 활용 능력을 높여 다양한 정보 습득으로 급변하는 현대사회에 적응할 수 있도록 돕는다. ③ 가족과 지인과 지역사회에 의사소통을 할 수 있는 기회를 넓힐 수 있도록 컴퓨터, 스마트폰의 활용능력을 향상시킨다.

둘째, 교양 프로그램은 참여 노인에게 문화에 대한 폭넓은 지식과 사회생활의 품위를 높이는 관련 다양한 평생교육 프로그램을 제공하여 자아실현의 기회를 돕는다. 교양 관련 평생교육 프로그램의 목표는, ① 노후설계를 위한 다양한 정보를 제공한다. ② 고령시대의 생활에 맞는 교양을 향상시킨다. ③ 자기계발능력을 향상 시키는 데 있다. 운영하는 프로그램으로는 한글, 영어, 중국어 등 언어 프로그램을 비롯하여 문예창작, 인문학, 역학, 풍수지리 등이 있다.

셋째, 취미여가 프로그램은 노인의 여가생활은 사회변화에 따른 노인들의 생활과 직접 연결되는 영역이며 사회 구조적 문제이다. 한 연구에 의하면, 1주일에 20분 이상 여가활동을 하는 사람은 피로에 덜 지치는 것으로 나타났고 즐거운 여가활동이 혈압을 낮추거나 체질량 지수 감소와 우울증 등 부정적인 영향을 제거하는 데 큰 도움이 된다고 주장한다. 즉, 노인들이 취미, 여가활동으로 몸과 마음 정신건강에 활력과 행복을 찾고 노화를 지연시키며 질병을 예방하는 데 큰 도움이 된다고 하겠다. 노인들이 취미여가 프로그램을 선택할 때 고려해 볼 수 있는 요소는 다음과 같다. ① 본인 적성에 맞고 좋아하는 프로그램 선택으로 스트레스를 감소할 수 있는 분야이다. ② 친구, 지인들과 즐겁게 교류를 할 수 있는 분야이다. ③ 즐거운 취미생활은 삶의 전반적인 기능을 향상시키므로 즐거움을 주는 것이어야 한다. ④ 만족감을 주는 것이어야 한다. 이상으로 볼 때, 노인의 취미여가의 활동으로 스트레스를 줄이고 정신적 능력을 높여 기억력을 향상시키며 신체적 면역력을 강화하는 등 자기존중감을 향상시킬 수 있다고 할 수 있다. 취미여가 부분 운영 프로그램으로는 노래교실, 악기 배우기, 그림 그리기, 사진 찍기, 공예, 화분 키우기, 마술, 연극 등이 있다.

넷째, 건강증진 프로그램은 「국민건강증진법」 제3조에 의하면 국가 및 지방자치단체는 건강에 관한 국민의 관심을 높이고 국민건강을 증진할 책임을 진다. 즉, "모든 국민은 자신 및 가족의 건강을 증진하도록 노력하여야 한다"라고 명시되어 있다. 노인의 건강증진 프로그램의 목표는, ① 일상생활에서 건강관리 능력과 건강정보를 배워 활용할 수 있는 힘을 키운다. ② 규칙적인 운동 습관을 가져 정기적이고 지속적인 참여를 유도한다. ③ 신체적, 정신적 건강을 도울 수 있도록 또래집단을 만들어 함께 활동을 하는 것이다. 운영 프로그램으로는 실버댄스, 스포츠댄스, 실버요가, 한국무용, 탁구, 수지침, 발 마사지, 게이트볼, 기공체조 등이 있다

다섯째, 생활정보교육은 인구의 고령화와 더불어 노후를 둘러싼 환경변화 또한 개인과 가족, 사회라는 측면에서 은퇴와 수입 감소에 적응하고, 가족 세대 간의 갈등해소와 배우자의 사망에 적응하며 동년배와의 관계, 죽음을 잘 준비할 수 있도록 돕기 위한 목적이다. 운영하는 프로그램으로는 노인상담, 가족관계, 은퇴설계, 웰다잉, 생활건강, 자산관리, 생활법률, 생활안전 등이 있다.

여섯째, 자격증취득 프로그램은 장년층의 직장 조기 퇴직이 늘고 있는 현실에서 노인의 자격증취득 프로그램은 노인들의 제2의 인생설계와 함께 사회참여와 취업에 필요한 기술과 지식을 제공함으로써 노인들의 경제적 자립과 사회적 역할을 계속적으로 돕는 데 목적이 있다. 운영 프로그램으로는 베이비시터, 한식조리사, 바리스타, 문화해설사, 전래놀이지도사, 동화구연지도사, 한자지도사 등이 있다.

Chapter 13

기타 대상별 평생교육

배울내용

1. 장애인 평생교육 ● 2. 여성 평생교육 ● 3. 농업인 평생교육
4. 학부모 평생교육 ● 5. 군인 평생교육 ● 6. 북한이탈주민 평생교육
7. 다문화 평생교육

학습목표

1. 장애인 평생교육의 의미와 앞으로의 평생교육 발전 방안을 모색해 본다.
2. 여성 평생교육의 의미와 앞으로의 평생교육 발전 방안을 모색해 본다.
3. 농업인 평생교육의 의미와 앞으로의 평생교육 발전 방안을 모색해 본다.
4. 학부모 평생교육의 의미와 앞으로의 평생교육 발전 방안을 모색해 본다.
5. 군인 평생교육의 의미와 앞으로의 평생교육 발전 방안을 모색해 본다.
6. 북한이탈주민 평생교육의 의미와 앞으로의 평생교육 발전 방안을 모색해 본다.
7. 다문화 평생교육의 의미와 앞으로의 평생교육 발전 방안을 모색해 본다.

대상별 평생교육은 청소년, 성인, 노인, 장애인, 여성, 농업인, 학부모, 군인, 북한이탈주민 및 다문화 가정을 대상으로 실시되고 있다〈그림 10-1 참조〉. 청소년 평생교육은 10장, 성인 평생교육은 11장, 노인 평생교육은 12장에서 살펴보았고, 본 장에서는 기타(장애인, 여성, 농업인, 학부모, 군인, 북한이탈주민 및 다문화) 평생교육에 대해 교육부와 국가평생교육진흥원(2021)의 연구를 중심으로 구체적으로 살펴보고자 한다.

1. 장애인 평생교육

장애인 평생교육 사업은 장애인 평생교육 지원에 대한 국가 책무성을 강화함으로써 장애인의 사회 참여와 삶의 질을 향상하는 데 목적이 있다. 이를 위하여 2020년에는 장애 친화적 평생학습 환경을 조성하고, 장애 특성 및 요구를 고려한 장애인 맞춤형 평생교육 지원을 강화하였으며, 장애인 평생교육의 제도적 기반을 마련하려 하였다. 끝으로 장애인 평생교육의 체계적 관리 및 정보 제공을 강화하기 위해 노력하였다. 특히 학령기 의무교육 단계에서 교육기회를 놓친 장애인에 대한 실질적 교육지원을 위한 제도를 개선하고자 하였다.

2017년 장애인 평생교육 관련 사항이 「평생교육법」으로 이관되면서 장애인 평생교육의 국가·지자체의 책임이 강화되었으며, 이에 따라 교육부에 장애학생진로평생교육팀, 국립특수교육원 내 국가장애인평생교육진흥센터가 설치되는 등 국가 단위의 장애인 평생교육 전담기관이 구성되었다. 그러나 시도 단위의 추진체계는 미비하여 지역의 장애인 평생교육을 활성화할 수 있는 기반 마련과 체제 구축이 시급한 실정이었다. 이에 교육부는 장애인 평생교육 활성화를 위해 시도 평생교육 담당관, 국가장애인평생교육진흥센터, 시도평생교육진흥원 담당자 협의회를 개최하는 등 지역과의 연계체계 구축을 지속하였다. 2020년 5월 29일에는 17개 시도평생교육진흥원을 장애인 평생교육 거점기관으로 지정하여, 교육부와 국가장애인 평생교육진흥센터, 시도평생교육진흥원 간 최신 정보 공유 및 교류 활성화를 위한 장애인 평생교육 네트워크 구축의 첫발을 내디뎠다. 장애인 평생학습 활성화 지원체계는 〈그림 13-1〉과 같다.

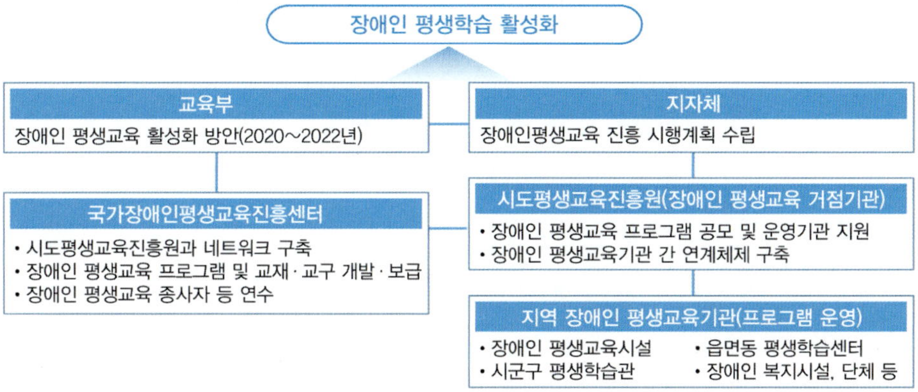

그림 13-1 **장애인 평생학습 활성화 지원체계**

출처: 교육부(2020). 장애인 평생교육 거점기관 지정 추진 계획.

㈜한국갤럽조사연구소를 통해 2020년 6월부터 10월까지 면접조사 및 인터넷 설문조사로 실시된 장애인 평생교육 프로그램 운영 현황의 주요 결과는 〈표 13-1〉과 같다.

표 13-1 **장애인 평생교육 프로그램 운영 현황** (단위: 개, 명)

기관 유형	기관 수	프로그램 수	학습자 수			행정사무 직원 수	교강사 수
			계	남	여		
전체	1,296	20,198	75,448	40,802	34,646	3,637	8,998
장애인 평생교육시설	77	1,060	2,498	1,391	1,107	220	1,008
일반 평생교육기관	161	1,894	6,350	3,279	3,071	328	1,492
장애인복지시설	1,046	17,244	66,392	36,005	30,387	3,089	6,498
특수교육기관	12	–	208	127	81	–	–

출처: 국립특수교육원(2021). 2020 장애인 평생교육 현황 조사.

2. 여성 평생교육

여성고용률이 점진적인 증가 추세(2016년 56.1%, 2017년 56.9%, 2018년 57.2%, 2019년 57.8%)를 보이기는 하지만 OECD 국가 여성경제활동 참가율 평균인 약 65%에는 못 미치고, 여성의 생애주기에 따른 경력단절현상 또한 다소 완화되었으나 아직 M-Curve를 보이고 있다. 이것이 바로 여성의 경제활동 참여 촉진을 위한 사회적 기반 조성과 고용 활성화를 위한 정책적 지원이 강조되는 이유이다. 현재 평등하게 일할 권리와 기회의 보장을 위해서 재직여성의 고용해소와 역량개발, 기업문화 개선을 지원하는 경력단절예방서비스, 경력이음사례관리 등을 확대하여 추진하고, 직업 진입부터 성별에 따른 차별적 분리와 격차 해소를 위한 정책적 지원이 이루어지고 있다.

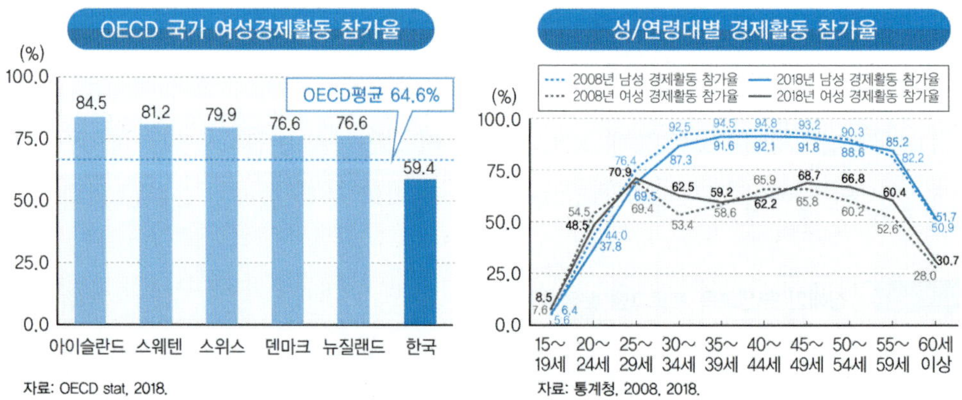

그림 13-2 여성경제활동 현황

출처: 여성가족부(2020). 제3차 경력단절여성 등의 경제활동촉진 기본계획(2020~2024).

1) 여성인재아카데미

여성인재아카데미 교육은 「양성평등기본법」 제28조(여성인재의 관리 · 육성)에 근거하여, 양성평등 사회실현을 목적으로 여성인재의 지속적인 성장과 사회참여 확대를 지원하여 여성리더로 성장할 수 있는 역량을 제고하기 위해서 실시하는 사업이다. 2013년부터 여성가족부가 한국양성평등교육진흥원에 위탁하여 사업을 운영하였으며, 지역 간 성평등 격차 해소와 지역사회 내 여성리더의 균형 있는 양성을 위해 2014년부터는 권역별 지역 거점 교육기관을 선정하여 교육 기반을 확대하였다.

2) 여성새로일하기센터

2020년은 경력단절여성의 경력활동 촉진을 위한 정책의 법적 근거인 「경력단절여성등의 경제활동촉진법」(2008. 6. 5. 제정, 12. 6. 시행)이 시행된 지 11년을 맞은 해이다. 따라서 지난 10년 간의 성과와 향후 과제를 토대로 사업내용을 점검하고 내실을 다지는 방향으로 사업을 운영하였다. 본 법은 임신 · 출산 · 육아 부담에 따른 경력단절과 노동시장 이탈, 하향취업 그리고 재취업의 어려움 등으로 인한 경력단절여성의 경제활동을 촉진하기 위한 제도와 체계 마련을 목적으로 한다. 취업이 어려운 경력단절여성 등에 대하여 맞춤형 취업지원서비스를 제공하기 위한 주요 사업으로는 취업상담, 직업교육훈련, 컨설팅, 취 · 창업지원 등 경력단절예방을 위한 종합적인 취업지원서비스 제공 등이 있다.

여성다시일하기센터는 2008년 4월부터 여성가족부와 고용노동부의 공동 추진 합의에 따라 동년 11월 여성새로일하기센터로 개편하였다. 2014년에는 유형별로 여성새로일하기센터를 지정하였으며, 2015년 이후에는 일반형, 경력개발형, 농어촌형으로 개편하여 운영하고 있다.

3. 농업인 평생교육

농업인을 위한 평생교육은 농림축산식품부와 농촌진흥기관(농촌진흥청, 도농업기술원, 시군농업기술센터)를 통해서 주로 이루어진다. 농림축산식품부는 1982년부터 농업, 농촌교육과 관련된 구체적인 사업 계획을 매년 발표하고 있는데, 2020년에는 '농업 · 농촌교육훈련사업 기본계획'에 해당 정책을 구체화하였다. 2020년 기본계획(안)에 따르면, 농업 · 농촌교육훈련사업은 전문농업경영인 및 후계농업인 육성을 위해 농업인, 농고생 · 농대생 등에 대한 교육훈련에 소요되는 경비, 농업교육 프로그램 개발 및 교육인프라 구축을 지원하는 것을 주된 목적으로 한다. 이 사업은 「농어업경영체 육성및 지원에 관한 법률」, 「농어업인 삶의 질 향상 및 농어촌지역 개발촉진에 관한 특별법」, 「자영농업고등학교 육성에 관한 규정」, 「농어업 · 농어촌 및 식품산업기본법」 등에 근거하여 교육 · 훈련을 추진하고 있다.

한편 농촌진흥청은 제2차 농촌진흥사업 기본계획(2018~2022)에 따라 교육훈련사업의 비전을 '농업 · 농촌의 미래를 선도하는 농업기술혁신 전문인력 양성'으로 설정하고, 현장의 다양한 교육 수요 대응과 기술경영 기반 농업인 교육 강화(농업인 교육), 첨단농업 전문인력 양성 및 농업기계 안전교육 · 점검 강화(첨단기술 교육), 농업기술 혁신으로 국민 삶의 질 향상을 견인할 전문인력 양성(공무원 교육), 농촌진흥사업 발전을 지원할 전략 교육 확대(전략 교육), 창의성 개발 · 학습자 지향의 열린학습 지원 스마트학습 환경 조성(기반 구축) 등을 실행 과제로 추진하고 있다.

1) 농림축산식품부

농림축산식품부의 농업 · 농촌교육훈련사업은 「농어업경영체육성 및 지원에 관한 법률」 제9조(학교등 농어업교육지원), 제22조(농어업교육 계획의 수립 등), 제23조(농어업인단체 등의 교육운영 지원), 제25조(통합농어업교육정보시스템의 운영), 「농어업인 삶의 질 향상 및 농어촌지역 개발촉진에 관한 특별법」 제24조(농업 기초인력 양성), 제28조(농촌학교의 시설 · 설비 등 지원), 「자영농업고등학교 육성에 관한 규정」(대통령령) 제12조(경비지원), 「농업 · 농촌 및 식품산업 기본법」 제11조의2(농정원의 설립), 제39조(농어업경영체의 경영안정 및 구조개선 등의 지원) 등을 추진 근거로 한다. 이를 토대로 예비농업인 육성을 위한 관리 체계 구축 및 실습 등을 강화하고, 정책과제 이행을 위한 지원을 강화하며, 사업 내실화를 위해 부실한 교육과정을 정비하고 신규 과정을 개발하는 것을 추진 방향으로 설정하고 있다. 교육대상은 예비농업인, 신규농업인, 농업경영인, 전문농업경영인으로 나누어 프로그램을 제공하고 있다. 이를 위해 농업교육기관협의회, 농업마이스터대학장협의회(9개교), 마이스터협회(184명), 신지식농업인회(273명), WPL협회(91명), 미래 농업선도고교협의회(3개교), 영농창업특성화대학협의회(5개교) 등과의 네트워크를 구축하고 있다.

2) 농촌진흥기관

농촌진흥기관은 「농촌진흥법」 제5조(농촌진흥사업 기본계획 등), 제19조(평생교육진흥사업지원) 및 「지자체별 농업인대학설치 및 운영조례」 등에 근거하여 농업인 교육훈련사업을 실시하고 있다. 농촌진흥기관(농촌진흥청, 도농업기술원, 시군농업기술센터)의 교육은 신수요자 농업 · 농촌교육(도 · 시민, 초중고생 대상), 농촌생활교육(고령농, 다문화농업인 대상), 농업입문교육(부업농, 한계농, 신규 농업인), 농업기술교육(준전업농, 중소농, 수출농), 기술경영교육(전업농) 등 5단계로 구분된다. 구체적으로 각 단계별 대표적 교육은 1단계 농업농촌가치교육, 2단계 농촌생활안정교육, 3단계 새해농업인실용교육, 4단계 품목별 전문교육, 5단계 농업인대학 등이다.

4. 학부모 평생교육

교육부는 「헌법」 31조 및 「교육기본법」 제13조에 기반하여 학부모의 교육권을 보장하고 학부모가 자녀 양육 및 교육의 책임과 권리를 수행할 수 있도록 2009년부터 학부모정책을 추진하고 있다. 2009년 5월 교육부 내에 학부모정책 전담 부서를 신설하고, 2010년 10월 국가평생교육진흥원을 전국학부모지원센터 운영 기관으로 지정하였다. 이후 국가평생교육진흥원은 시도(지역)학부모지원센터 협력 및 연계, 학부모의 학교 참여, 학부모교육 및 상담 등을 지원하는 중앙 전달체계로서의 역할을 수행하고 있다. 또한 2012년부터 17개 시도교육청 또는 지역교육지원청 내에 학부모지원센터가 설치[1) 되어 2020년 현재 시도(지역)학부모지원센터 102개소에서 학부모지원업무를 담당하고 있다.

1) 시도학부모지원센터 운영 지원 및 네트워크 구축

교육부는 국가 차원의 학부모교육정책을 효율적으로 추진하고자 국가평생교육진흥원을 전국학부모지원센터 운영 기관으로 지정하여 지역의 특성에 따른 학부모지원 서비스를 제공하고 있는 시도(지역)학부모지원센터와의 협력체계를 구축하고 있다. 이를 위해 전국학부모지원센터는 추진 주체별(교육부 – 시도교육청 – 지역학부모지원센터) 담당자 협의회 및 워크숍을 운영하고 있다.

1) 시도(지역)학부모지원센터는 5가지 운영 모델의 형태를 띠고 있다(모델 A: 본청에 학부모부서가 있으며 별도의 학부모지원센터를 운영하는 경우, 모델 B: 본청 학부모부서가 학부모지원센터의 역할을 담당하는 경우, 모델 C: 본청 학부모부서를 비롯하여 관내 모든 지역 교육지원청에서 학부모지원센터를 운영하는 경우, 모델 D: 본청 학부모부서와 관내 일부 지역교육지원청에서 거점 센터로서 학부모지원센터 업무를 담당하는 경우, 모델 E: 본청 학부모부서가 아닌 별도 기관에서 독립적으로 운영하는 경우).

2) 학부모 자녀교육 역량 강화

전국학부모지원센터의 주요 기능 중 하나인 학부모의 자녀교육 역량 강화를 위해 전국학부모지원센터는 2013년부터 '학부모On누리' 플랫폼을 구축하여 온라인교육과정을 운영하고 있다. 2020년 현재 제공하고 있는 온라인교육과정은 총62개 과정으로 자체개발과정 40개와 유관 기관과의 공동 운영 교육과정[2] 22개 과정이 이에 해당한다. 자체개발과정의 경우 학부모 수요를 반영한 콘텐츠를 중심으로 매년 6종씩 신규 개발하고 있으며, 2020년에 개발한 신규 교육과정으로는 '공부머리 독서법', '메타인지 학습법', '성인지 감수성을 키우는 교육', '아이의 마음을 읽는 법', '사춘기 자녀 마음 이해하기', '미래를 여는 선택, 고교학점제' 등이 있다. 2019년부터는 다문화가정 및 장애학부모의 접근 편의성을 위해 다국어(6개 국어: 한, 영, 중, 일, 러, 베) 자막서비스 및 수어(手語) 영상서비스를 단계적으로 제공하고 있다(2020년 총 23개 과정 자막서비스 제공).

3) 학부모의 교육 참여 활성화

학부모의 교육 참여 문화를 확산하고자 전국학부모지원센터는 민관 기관과의 업무제휴를 통하여 2013년부터 수도권 지역을 중심으로 '자녀와 함께하는 체험형 밥상머리교육'을 운영하고 있다. 2020년은 코로나19의 지속 · 확산으로 체험형 키트를 보급하여 비대면 교육을 실시하였다. 이를 계기로 체험형 밥상머리교육은 수도권 이외의 지역까지 확대되었다.

2018년부터는 「학부모의 교육참여지원(찾아가는 교육정책 서비스)」 사업을 통해 주요 교육정책에 대한 학부모의 이해를 제고하고 공교육에 대한 신뢰를 높이고자 교육부와 함께

2) 2020년 교육과정 공동 보급 및 활용에 참여한 관련 부처 및 유관 기관으로는 보건복지부, 경기도 지식(GSEEK), 방송통신대학교 프라임칼리지, 한국저작권위원회, 한국지능정보사회진흥원(구 한국정보화진흥원), 한국청소년상담복지개발원 등이 있다.

학부모 의견 소통의 장(설명회, 토크콘서트, 학부모-부총리 대담회)을 마련하고 있다.

2019년부터는 자발적인 학부모 교육 참여 활성화를 위해 학부모 정책 모니터단을 구성·운영하여 정책 발굴부터 집행, 결정, 평가 등 추진 단계별로 학부모의 다양한 의견을 청취하여 수요자 중심의 교육정책을 추진할 수 있도록 지원하고 있다. 2020년에는 학부모교육에 관심 있는 현장 교사도 모니터단에 포함하여 학부모와 교사 간 상호 이해 증진을 위한 소통 통로를 추가로 마련하였다.

또한 교육 주체별 인식 전환이 필요함에 따라 교원 인식을 제고하고 학부모와의 원활한 소통 및 협력 체계를 구축하고자 교원 역량 강화를 위한 연수를 추진하였다. 이를 위해 원격 교원연수 콘텐츠를 개발하고 중앙교육연수원을 통한 시도교육청 교장 대상 원격 연수 과정을 운영하였다. 교원 인식 개선 연수는 교장연수를 시작으로 시도교육청별 특성을 고려하여 원격 연수와 소통과정[3]을 결합한 형태의 시도교육청별 선도 교사연수도 실시하였다.

5. 군 평생교육

한국의 국방 여건은 인구절벽 현상에 따른 병역자원의 감소 문제에 직면해 있다. 이에 대응하여 정예화된 부대 및 전력구조로의 개편이 요구됨에 따라 「국방개혁 2.0」 추진으로 강한 전투원 및 전투부대를 육성해 나가고 있다. 또한 4차 산업혁명 등 미래 안보환경 변화에 능동적으로 대응하고 국방 분야의 혁신을 주도할 창의적 전문 인력을 육성하기 위해 전문학위 교육과 국외 군사교육을 실시하고 있다.

3) 소통과정 운영 내용에는 교수자-학습자 간 과제 제출 및 첨삭 피드백을 비롯한 서클대화 프로그램, 실시간 온라인 특강 등이 포함된다.

그동안 군 평생교육은 장기적으로는 국가 인적자원개발을 통한 미래 성장동력 확충에 기여하여 왔으며, 중기적인 성과로는 장병 평생학습을 위한 시스템을 구축하였다고 평가할 수 있다. 특히 군복무 중 학점취득 확대사업은 중단 없는 학습활동으로 개인 및 군, 국가의 경쟁력을 강화하였을 뿐만 아니라 병영 내 학습문화 조성에 기여하였다.

군 평생교육은 전투력 보존과 군 본연의 임무와의 일부 충돌을 야기함에도 불구하고, 군 조직의 발전을 유지하고 선도할 수 있는 현실적 대안이라는 정책적 의사결정 속에서 꾸준히 발전해 왔다.

1) 자율과 책임의 선진 병영문화 정착

군은 대비태세를 유지하면서 국민의 눈높이에 맞게 장병들의 자율성과 인권을 보장함으로써 국민으로부터 신뢰받는 선진 병영문화를 정착시켜 나가고 있다. 특히 2014년부터 추진해 온 병영문화혁신은 인명 사고, 군무이탈 감소 등 상당한 성과를 거두고 있으며, 이를 통해 국민으로부터 안심하고 군에 보낼 수 있는 복무 환경이 조성되고 있다는 긍정적인 인식을 얻고 있다. 이에 따라 국방부는 장병들의 창의적인 생각과 다양성이 존중되는 건전한 병영생활을 만들고, 그들이 자신의 행동에 책임질 줄 아는 '군복 입은 민주시민'으로 거듭날 수 있도록 자율과 책임의 병영문화 조성을 위해 노력하고 있다.

2) 병 복무에 대한 합리적인 보상

국방부는 병역의무 이행자에 대한 합리적인 보상과 국가책임 강화 차원에서 2020년 기준 2017년 최저임금의 50%까지 병 봉급을 연차적으로 인상하는 방안을 추진하고 있다. 2020년 현재 병 봉급은 2017년 최저임금의 40%까지 인상되었으며, 2022년에는 병장 기준 67만 6천원까지 인상될 예정이다. 군에서는 병 봉급 인상과 연계하여 병사들이 전역 후 사회에 진출할 때 마중물로 활용할 수 있는 목돈을 마련할 수 있도록 2018년 8월 시중 14개 은행과 협약을 맺고 '장병내일준비적금'을 출시하였다. 현재 이 적금의 가입 인원은 꾸준히 증가하여 2020년 11월 기준 누적 가입 인원은 32만 5천명을 돌파하였고, 개인별로 월평균 28만 8천원을 적립하고 있는 것으로 나타났다.

또한 군 특수성과 작전 및 근무 환경을 고려하여 우수 인력 충원과 유지에 중요한 요소인 군인 보수와 수당을 합리적이고 객관적인 수준으로 개선해 나가고 있다. 2019년 유급지원병 보수를 일반하사와 동일한 수준으로 지급하였고, 단기복무부사관의 장려 수당을 기존 250만원에서 500만원으로 인상하여 부사관 충원의 어려움을 일부 해소하였다. 그리고 군 복무로 인해 사회 진출이 늦어지는 현역병 등 병역의무 이행자에 대해서는 군 복무 기간 중 6개월만 인정되는 현 국민연금 군복무 크레딧을 군 복무 기간 전체로 확대하는 방안을 단계적으로 추진해 나갈 예정이다.

3) 학력별 맞춤형 학습지원

국방부는 군 복무 중인 장병을 대상으로 한 학력별 맞춤형 학습지원으로 학점취득을 지원하고 있다. 현재 진행하는 지원은 대학 원격강좌 학점취득, 군 복무 경험 학점취득, 특기병 교육훈련 학점취득이 있다. 대학 원격강좌 학점취득은 부대 내 사이버지식정보방에 설치된 인터넷 및 모바일을 통해 대학이 개설한 온라인 강좌를 수강하여 학점을 취득하는 방법으로 학기당 6학점 이내(연 12학점 이내)로 가능하며, 전공 및 교양 과목(대학별 개설 과목 상이)을 대상으로 수강료 50%를 지원(개인 부담 50%)하고 있다. 현재 대학 원격강좌를 수강해 학점취득으로 인정해 주는 이 제도는 2020년 기준 서울대 등 161개 대학이 참여하고 있다.

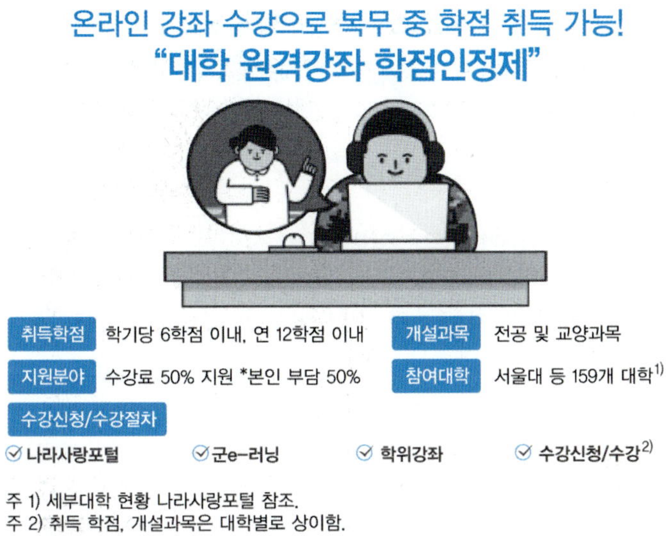

그림 13-3 군 복무중 학점취득 가능한 대학 원격강좌 학점인정제도

주1) 세부대학 현황 나라사랑포털 참조.
주2) 취득 학점, 개설과목은 대학별로 상이함.
출처: 국방부 홈페이지.

4) 군 복무 중 자기개발 지원 확대

국방부는 장병들이 군 복무 중 자기개발과 평생학습을 위해 개인적으로 지출하는 비용의 일부를 지원받을 수 있도록 병 자기개발 비용 지원제도[4]를 꾸준히 확대하고 있다. 현역 복무 중인 병사를 대상으로 1인당 연간 최대 5만원을 지원하고 있으며, 2020년부터는 10만원으로 확대되었다. 지원금은 자격취득 · 어학 등 능력검정 응시료, 도서 구입비, 문화 관람비(전시회 · 공연 관람 가능, 영화 제외), 각종 강좌 수강료, 학습, 운동용품비로 사용이 가능하다. 또한 개인별로 상이한 자기개발 수요를 충족하기 위해 다양한

4) 병 자기개발 비용 지원제도는 2018년 시범사업(예산 1억원, 개인별 연 5만원, 본인 부담 50%)으로 시작하여 2019년에는 20억원(개인별 연 5만원, 본인 부담 50%), 2020년에는 80억원(개인별 10만원, 본인 부담 20%)으로 확대되었다.

e-러닝 학습콘텐츠를 무료로 지원하고 있다. 특히 검정고시나 독학사 학위취득 지원을 위해서는 교재비 전액을 지원하고 있다.

5) 군 복무 중 평생직업교육 취업지원

국방부는 군 복무 중 평생직업교육 지원 차원의 진로 및 취업지원 정책을 다음과 같이 적극 추진하고 있다. 첫째, 군 복무설계 교육이다. 이는 장교(초군반, 고군반), 부사관(초급반, 중급반) 교육부터 적용한다. 이는 주로 온라인 교육을 통해 이루어지고 있으며, 연금제도나 직업군인지원 시 면접방법 등을 교육하고 있다.

둘째, 찾아가는 진로도움 프로그램이다. 이는 청년장병을 위해 상담사가 부대로 찾아가서 진로지도 교육에서부터 개인별 특성을 고려한 1:1 취업상담까지 이뤄지는 원스톱 청년장병(의무복무병 및 34세 미만 간부) 특화 진로도움 프로그램으로 취업맞춤특기병, 유급지원병, 고졸장병, 단기복무병 등을 포함하여 1인당 3회 이상 상담 및 취업 매칭을 실시하고 있다. 사단급부대에 전문상담사가 배치되고 2명의 강사가 1팀으로 편성되어 지원(교육과 상담)하고 부대운영계획에 사전 반영하여 교육을 실시하고 있으며 긍정적인 평가를 받고 있다.

셋째, 청년장병 취업사관학교이다. 청년장병을 대상으로 해당 분야 전문역량을 향상하고 1:1 취업 지원을 실시하는 취업사관학교는 기업공채준비반과 공공기관준비반으로 나뉘어 외부 연수원(숙박, 참가비 무료, 홈페이지 참고)에서 진행되고 있다. 이는 공기업이나 대기업을 준비하고 있는 장병들에게 인기가 높다.

넷째, 기업 맞춤형 취업과정이다. 청년장병을 대상으로 기업에서 필요로 하는 실무능력을 교육하고 취업을 연계하여 성공적인 취업지원을 하고 있다. 1개 기수당 40~50명 단위로 민간 시설(숙박, 참가비 무료, 홈페이지 참고)에서 LG유플러스, LG전자, LG하이프라자, LG하우시스, (주)에스텍시스템, 포스코, 한미약품(주), 이브자리 등의 기업과 관련한 취업교육을 실시하고 있다.

다섯째, 찾아가는 현장 채용 설명회와 구인구직 만남행사 및 취업박람회 등이다. 찾아가는 현장 채용 설명회는 격·오지 근무 장병들을 위해 이루어지며 청년장병이 선택한 취업 목표와 지역을 고려하여 지방자체단체 또는 지역 단위 채용설명회를 실시하고 있다. 또한 구인구직 만남행사는 군 전역 간부(단기복무 하사 이상, 중기복무자를 포함한 간부)를 대상으로 구인구직 만남행사를 통해 전역 간부에게 취업 기회를 제공한다. 더불어 전역예정 장병 취업박람회는 전 장병을 대상으로 취업에 필요한 정보 제공과 더불어 맞춤형 컨설팅, 취업 관련 세미나, 구인 기업과의 현장면접 등 취업지원 토탈케어 서비스를 제공하는 박람회이다.

여섯째, 정부 부처 간 협업으로 진행 중인 취업지원 서비스이다. 그중 국방부와 중소기업부의 협업으로 이루어지는 청년장병 취업역량교육은 청년장병을 대상으로 4차 산업 관련 직무교육으로 특화된 직업훈련을 실시하여 드론, 3D프린팅, 사물인터넷, 빅데이터 분석, AUTO CAD, 전기전자회로, 측정, 배선 등에 대해 교육한다. 또한 청년장병 희망열차 운행을 통해 청년장병이 중소기업을 방문하게 함으로써 중소기업에 대한 인식을 개선하고 취업을 지원하고 있다.

6. 북한이탈주민 평생교육

정부는 북한이탈주민이 정치, 경제, 사회, 문화 등 모든 생활영역에서 안정적으로 정착할 수 있도록 보호하고 지원하기 위해 1997년 「북한이탈주민 보호 및 정착에 관한 법률」(이하 북한이탈주민법)을 제정하였다. 동법에 의거 1999년 북한이탈주민정착지원사무소

(이하 통일부 하나원)를 개원하여 북한이탈주민에게 우리 사회 정착을 위한 사회적응교육을 본격적으로 실시하기 시작하였고, 각종 정착지원금 및 지원제도를 마련하였다.

2013년에는 「북한이탈주민법」을 개정하여 「북한이탈주민 보호 및 정착지원에 관한 기본계획」을 수립하고 시행하였다. 이 기본계획에는 교육, 직업훈련 및 고용촉진, 고용유지, 의료지원과 생활보호, 주거지원, 사회통합 및 인식개선 등에 관한 사항을 포함하도록 규정하고 있다. 이에 따라 2014년 1차 기본계획(2015~2017)에서는 북한이탈주민의 취업지원과 자산형성지원(미래행복통장) 등 자립 · 자활역량강화 정책과 함께 중앙과 지방 및 민간과 협업체계를 구축하고 관련 기관 간 정책을 조율하여 정착지원의 효율성을 제고하고자 노력하였다.

2018년 2차 기본계획(2018~2020)에서는 북한이탈주민의 삶의 질을 개선하기 위한 생활 밀착형 북한이탈주민 정책의 추진 방향을 정립하고, 북한이탈주민들의 실생활에 도움이 되는 정책들을 발굴하기 위한 노력을 경주하고 있다.

북한이탈주민 지원정책은 정부-지자체-민간이 상호 협력하여 추진하고 있다. 중앙정부 차원에서는 통일부가 19개 부처가 참여하는 「북한이탈주민대책협의회(탈대협)」를 통해 북한이탈주민 정책을 협의 · 조정하여 총괄 추진하고 있다. 거주지 차원에서는 지방자치단체, 통일부 산하 공공기관인 북한이탈주민지원재단(이하 남북하나재단), 지역적응센터(이하 하나센터)가 협력하여 북한이탈주민의 특성과 지역 실정에 따라 정착지원서비스를 제공하고 있다. 민간 차원에서는 지역 민간단체, 의료기관, 종교단체, 자원봉사자 등이 남북하나재단 및 하나센터와 협력하여 각종 민간의 자원을 활용하여 북한이탈주민이 정착과정에서 필요로 하는 지원에 참여하고 있다.

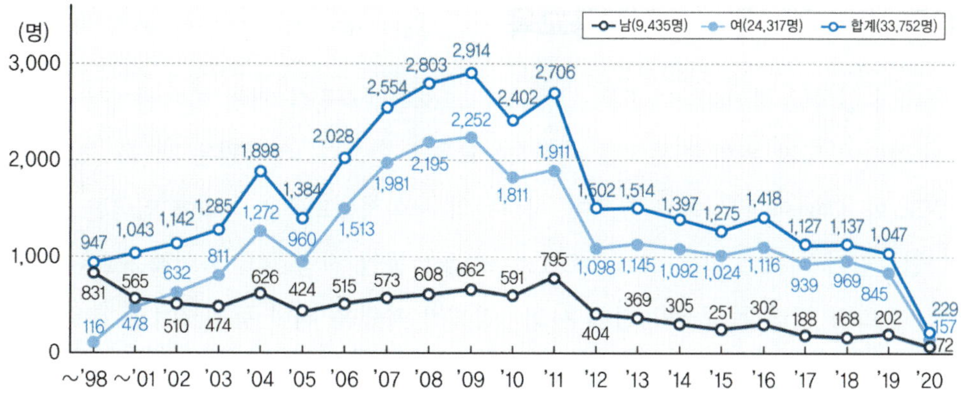

그림 13-4 **연도별 입국 추세**

출처: 통일부(2021). 2021년도 북한이탈주민 정착지원 시행계획.

2020년 12월 기준 국내 입국 북한이탈주민은 33,752명이다. 2000년대 들어 입국 증가 현상이 지속되다가 2012년을 기점으로 1천 명대 수준으로 입국하는 경향을 보이고 있다. 2002년부터 여성 입국자 수가 남성 입국자 수를 추월하기 시작했고, 전체 북한이탈주민의 72%가 여성으로 여성 비율이 압도적으로 높은 특징을 보이고 있다. 북한이탈주민은 북한에서 주로 무직·부양자, 노동자 등에 해당했던 비율이 84.5%로 남한의 노동시장에 진입하기 위해 상당한 직업능력 개발이 요구되는 취업 취약자가 많다. 또한 고등학교 이하 학력이 79.8%로 일반 국민에 비해 상대적으로 학력이 낮은 특징을 보인다. 반면, 입국 당시의 북한이탈주민 중 20~40대가 전체의 75.2%로 왕성한 경제활동을 할 수 있는 연령대이지만, 제한된 직업 경력, 낮은 학력 및 탈북 과정에서의 어려움 등으로 남한 사회에 안정적으로 적응하는 데 많은 어려움이 수반되는 경우가 일반적이다.

1) 통일부 하나원: 사회적응교육

국내에 입국한 북한이탈주민은 합동조사, 보호결정과정을 거쳐 하나원에서 우리 사회 구성원이 되기 위한 기본적인 사회적응교육을 받는다. 하나원은 경기도 안성(본원), 강원도 화천(분원)에 위치하고 있으며, 하나원의 사회적응교육은 국내에 입국한 모든 북한이탈주민이 최초로 받는 교육으로 12주(약 3개월) 동안 진행된다. 사회적응교육은 정서 안정, 문화적 이질감 해소와 함께 사회 · 경제적 자립을 위한 동기부여를 교육목표로 하고 있다. 주요 교육 프로그램은 정서 안정 및 건강 증진, 우리 사회에 대한 이해 증진, 진로지도 및 직업교육, 초기 정착지원제도 안내 과정, 생애 설계 등의 정규 프로그램과 언어, 운전 등의 자율참여형 보충 프로그램으로 구성되어 있다.

정규 프로그램은 평일 오전 9시부터 오후 5시까지 편성된 교육일정에 따라 운영하고, 자율참여형 보충 프로그램은 평일 교육일정 후와 주말 · 공휴일에 운영한다. 자율참여형 보충 프로그램은 개인별 선호 및 필요 요구에 따라 선택 수강이 가능한 맞춤형 교육인데, 주요 과목은 우리말 교실, 영어 회화, 컴퓨터, 운전 이론, 정착 사례 특강, 멘토링 프로그램, 체육 · 문화 활동 등으로 구성되어 있다. 또한 가족관계등록, 주민등록번호 발급, 기본 정착지원금 지급, 주택 알선 등 북한이탈주민이 남한 사회 정착에 필요한 초기 정착지원제도와 정책에 대한 안내교육을 운영하고 있다.

2) 남북하나재단: 정착지원교육

(1) 대학교육 지원

남북하나재단에서는 북한이탈주민이 학교에 진학하는 경우 학비를 지원하고 있다. 중고등학교의 경우 학교 자체에서 입학금, 수업료, 학교운영지원비 및 기숙사 사용료 등을 면제한다. 대학의 경우, 국공립대는 해당 대학에서 입학금, 수업료 및 기성회비 등을 100% 면제하고, 사립대는 통일부의 위탁을 받아 남북하나재단이 50%를 보조한다. 또한 북한이탈주민은 북한 또는 외국에서 이수한 학력을 국내 학력과 동등한 자격으로 인정받을 수 있다. 고등학교 이하 학력은 시도교육감이, 전문대학 이상 학력은 교육부장관이 해당 절차에 따라 인정하고 있다. 북한이탈주민은 「고등교육법 시행령」 제29조의 규정에 따라 대학에 진학하고자 할 때에는 정원 외로 특례입학을 할 수 있다.

(2) 취업교육 지원

북한이탈주민의 자립과 취업역량을 제고하기 위해 전국 25개 하나센터에 취업상담사를 배치하여 취업지원 사업을 운영하고 있다. 북한이탈주민에게 1:1 맞춤형 일자리를 제공하기 위해 직업교육훈련, 재직자 역량강화교육, 직장적응교육 등을 실시하고 있다. 또한 북한이탈주민의 취업을 촉진하고 장기근속을 유도하여 안정적인 자립 기반 마련을 지원하기 위해 2015년부터 자산형성제도(미래행복통장)를 운영하고 있다. 이 제도는 「북한이탈주민법」 제5조 제3항에 따른 거주지 보호기간 내의 북한이탈주민으로 3개월 이상 취업 상태를 유지하면서 본인 근로소득의 30% 이내(10~50만 원)를 저축하면 동일한 금액을 최대 4년까지 정착지원금으로 매칭하여 지원하는 제도이다.

(3) 하나센터: 지역적응교육

하나원을 수료하고 거주 지역으로 전입한 북한이탈주민이 거주지에서 안정적으로 적응할 수 있도록 하나센터를 통해 지역적응교육을 실시하고 있다. 현재 하나센터는 전국 16개 시도에 25개(서울 4개, 경기 6개, 강원 2개, 그 외 광역시도별로 1개)를 운영하고 있다. 하나센터에서는 관할 지역에 전입한 북한이탈주민을 대상으로는 초기 집중교육을, 기정착한 북한이탈주민을 대상으로는 지역적응 지원서비스를 제공한다.

초기 집중교육은 진로 및 취업지원교육, 사회적응교육, 정서안정교육, 지역사회 이해를 위한 지역 맞춤형 교육을 50시간 실시하고 있다. 지역적응지원사업은 거주지 보호기간 5년 동안 북한이탈주민에게 필요한 다양한 분야의 서비스를 제공하는 사업으로 탈북학생들을 위한 교육 및 진학지원, 구직자를 위한 진로 및 취업지원, 그 밖에 생계지원, 의료지원, 법률지원, 심리안정지원 등을 실시하고 있으며, 남한주민과의 사회통합을 위한 주민교육사업 등도 지원하고 있다.

7. 다문화 평생교육

「세계인권선언」 제26조 1항에서는 "인간은 누구나 교육받을 권리를 가진다"라고 명시하고 있다. 그리고 교육받을 권리는 인간의 기본적 인권에 속하는 것으로서 성별, 인종, 계층 등에 좌우되지 않고 모든 이에게 동일하게 교육받을 기회가 제공되어야 하는 것이다. 인적 교류와 이동이 국경을 넘어 빈번하게 일어나는 오늘날 다문화교육은 우리가 살아가는 데 필요한 사회체제로서의 교육과 밀접하게 관련되어 있다. 즉, 국민 모두가 전 생애에 걸친 학습을 보장받고, 다문화사회 구성원으로서의 덕목과 역할에 따른 역량을 함양해야 한다는 점에서 다문화교육은 평생교육의 관점에서 접근할 필요가 있다.

우리나라가 다문화사회가 되었다는 것은 객관적 수치로 확인할 수 있다. 2019 지방자치단체 외국인 주민 현황에 따르면, 우리나라에 거주하는 외국인 주민의 수는 약 222만명으로, 총인구 대비 4.3%에 이르는 것으로 나타났다. OECD는 총인구 중 외국인, 이민 2세, 귀화자 등 '이주배경인구'가 5%를 넘으면 다문화·다인종 국가로 분류한다(행정안전부, 2020).

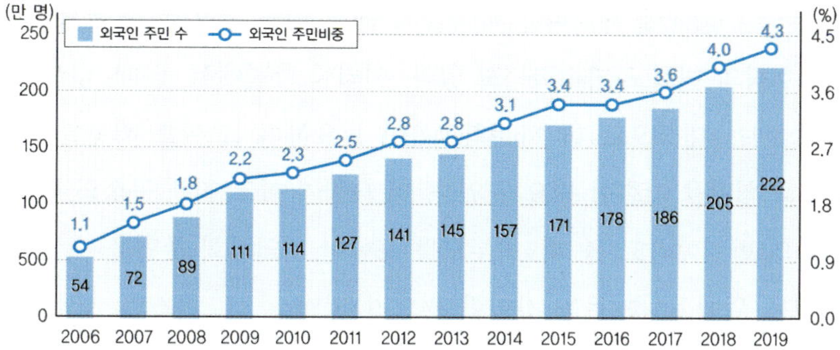

그림 13-5 **국내 거주 외국인 주민 증가 추이**

출처: 행정안전부(2020). 2019년 지방자치단체 외국인 주민 현황.

국내 거주 외국인 주민 수의 증가는 학교교육의 현장에서도 동일하게 나타나고 있다. 최근 5년간 초·중등학교 다문화학생 수는 매년 평균 1만명 이상 증가하였는데, 2020년 기준 다문화학생 수는 147,378명으로 전년 대비 10,153명(7.4%)이 증가하였으며, 다문화학생 비율은 2.8%로 전년 대비 0.3%p 상승하였다(한국교육개발원, 2020). 초등학교는 107,694명(전년 대비 3.7%), 중학교는 26,773명(전년 대비 23.4%), 고등학교는 12,478명(11.1%), 각종 학교는 433명(3.8%)으로 전년 대비 모든 학교급의 다문화학생 수가 증가하였다.

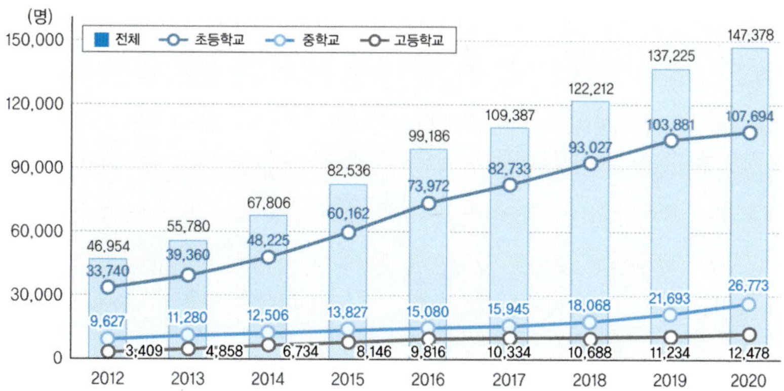

그림 13-6 **다문화학생 현황**

출처: 교육부(2021). 2020년 교육기본통계.

이에 따라 국내 학교에 재학하는 학생들의 언어, 인종, 문화적 배경 등은 더욱 다양화되어 학교현장의 변화도 가속화되고 있다. 이러한 측면에서 볼 때, 다문화학생을 포함한 모든 학생을 대상으로 한 다문화교육이 필요하며, 교사를 비롯한 학교 구성원 모두의 다문화 역량을 강화할 필요가 있다. 더 나아가 학교 학생 구성의 변화가 인구·사회적 변화의 반영이라고 볼 때, 학부모를 포함한 지역사회 주민을 대상으로 다문화 수용성 제고를 위한 교육 등을 강화할 필요가 있다.

외국인, 다문화가족 등에 대한 지원 정책 및 사업은 정부 부처 차원에서 단독 또는 연계·협력을 통해 다양하게 이루어지고 있다. 예를 들어, 법무부는 외국인과 난민 등에 관한 이민정책[5] 및 지원 사업, 고용노동부는 외국인 노동자 등에 대한 고용허가 및 취업 지원 등의 정책과 사업 지원, 과학기술정보통신부와 산업통상자원부는 해외 우수 인재 유치 지원, 교육부는 유학생과 중도입국학생 및 외국인학생 등에 대한 진로·진학을 포함한 일련의 교육정책 및 관련 사업 지원, 그리고 여성가족부는 다문화가족 및 학교 밖 아동·청소년 등에 대한 정책과 관련 사업을 지원하고 있다.

5) 법무부는 「재한외국인 처우 기본법」 제5조에 따라 5년마다 '외국인정책기본계획'을 수립하여 한국으로 이주하고자 하는 외국인과 그 자녀 등에 대한 영구적 또는 일시적인 사회 구성원 자격 부여와 이들이 국내에서 살아가는 데 필요한 제반 환경조성에 관한 사항을 총괄함. 2018년에 범부처 차원의 '제3차 외국인정책 기본계획'(2018-2022)을 수립하고 추진함.

참고문헌

가영희, 성낙돈, 안병환, 임성우(2008). **평생교육학개론**. 서울: 청목출판사.

강경애(2019). 평생교육기관의 동형화와 탈동형화 현상 분석 연구: 춘천시 소재 평생교육기관을 중심으로. 강원대학교 대학원 박사학위논문.

강경희, 박선희(2017). 대학 교원의 교수역량 도구 개발과 적용 연구. **한국콘텐츠학회논문지, 17**(9), 88-98.

강순희, 김연진, 김이영, 김재현, 김중기, 김현실, 배경란, 시옥진, 이용환, 장지현(2022). **영유아발달**. 경기: 수양재.

강신형(2019). 학습지교사의 감정노동수준이 교사효능감과 직무몰입도에 미치는 영향. 숭실대학교 교육대학원 석사학위논문.

강옥주(2019). 노인평생교육 참여자의 여가만족이 성공적 노화에 미치는 영향: 자아통합의 매개효과를 중심으로. 원광대학교 대학원 박사학위논문.

강은영(2021). 유네스코 평생교육과 우리나라 평생교육의 비교 연구. 연세대학교 교육대학원 석사학위논문.

강철승(2016). 한국 4차 산업혁명과 정책 프로세스 개혁. **한국정책학회 동계학술발표논문집, 1**, 112-131.

강훈, 한상훈, 구주형(2016). 성인학습자의 학습성과 영향요인에 관한 구조적 분석. **한국산학기술학회논문지, 17**(9), 340-350.

고용노동부(2013). 고용노동백서.

고용노동부(2020). 직업능력개발사업현황.

공지은(2019). 교육서비스 제공자 감정소진의 선행요인에 대한 연구. 경남대학교 대학원 석사학위논문.

교육과학기술부(2012). 기본교육과정.

교육부(2018). 제4차 평생교육진흥기본계획.

교육부(2020). 2019년 기본통계.

교육부(2020). 2020년 매치업(Match業) 운영 기본계획.

교육부(2020). 장애인 평생교육 거점기관 지정 추진 계획.

교육부(2021). 2020년 교육기본통계.

교육부(2021). 2021년 성인문해교육 활성화 지원 기본계획.

교육부, 국가평생교육진흥원(2020). 2019 평생교육백서.

교육부, 국가평생교육진흥원(2021). 2020 평생교육백서.

교육부, 한국교육개발원(2013). 2013년 평생교육통계자료집.

교육부, 한국교육개발원(2019). 2019 한국 성인의 평생학습실태.

교육부, 한국교육개발원(2020). 2020 평생교육통계자료집.

국가평생교육진흥원(2017). 2017년 성인문해능력조사.

국가평생교육진흥원(2020). 2020년 매치업(Match業) 사업 내부 자료.

국가평생교육진흥원(2020). 내부 자료.

국가평생교육진흥원(2020). 독학학위제 내부 자료.

국가평생교육진흥원(2021). 2020 평생교육백서.

국가평생교육진흥원(2021). 2020년 성인문해교육 지원사업 운영 결과 보고.

국립특수교육원(2021). 2020 장애인 평생교육 현황 조사.

권건일(2006). **교육학개론**. 경기: 양서원.

권대봉(2001). **평생교육의 다섯마당**. 서울: 학지사.

권두승(2000). **성인학습지도방법의 이론과 실제**. 서울: 교육과학사.

권두승, 조아미(2016). **평생학습사회 실현을 위한 성인학습 및 상담**. 서울: 교육과학사.

권두승, 최운실(2009). **평생교육경영론**. 경기: 교육과학사.

권순황(2008). **특수교육 교과교재연구 및 지도법**. 서울: 일문사.

권인탁, 임영희(2011). **평생교육 경영론**. 서울: 학지사.

권중돈(2010). **노인복지론**. 서울: 교학사.

권중돈(2016). **노인복지론**. 서울: 학지사.

기영화(2001). **평생교육 프로그램 개발**. 서울: 학지사.

기영화(2003). 평생교육기관 교수자의 수업관점에 관한 연구. **Andragogy Today, 6**(4), 59-86.

기영화(2007). **노년교육의 실제**. 서울: 학지사.

김경란(2010). 효과적인 영어 학습 암기 모델: Ebbinghaus의 망각 주기 이론을 적용하여. 단국대학교 대학원 석사학위논문.

김경태(2010). 협동학습과 강의식 수업을 복합적으로 적용한 수업이 중학교 과학 학업성취도에 미치는 영향. 아주대학교 교육대학원 석사학위논문.

김경희(2009). 평생교육사의 전문적 역량 성격과 특성. **평생교육학연구, 15**(4), 357-386.

김규영(2021). 평생학습관 중장년 성인학습자 특성이 학습몰입에 미치는 영향: 사회적 지지의 조절효과를 중심으로. 중앙대학교 대학원 석사학위논문.

김규태(2012). **교육책무성: 이론, 정책, 제도**. 서울: 원미사.

김규태, 강유정, 권민석, 최경민(2016). **학습자지원을 위한 현장중심 교육행정 및 교육경영**. 경기: 양성원.

김규태, 강유정, 권민석, 최경민(2017). **교육행정 및 교육경영**. 경기: 양서원.

김기진, 한정란(2010). 충청남도의 노인평생교육 현황 및 개선방안. **한국지역사회복지학, 32**, 61-83.

김남선(2002). **평생교육개론**. 서울: 형설출판사.

김남선 외(2014). **노인교육개론**. 서울: 형설출판사.

김문섭, 김규태, 김진숙(2019). **평생교육론**. 경기: 양성원.

김미영, 강훈(2016). 성인교육자의 핵심역량 도출과 수준 분석. **교육연구논총, 37**(1), 129-156.

김미정(2021). 평생교육사의 전문직업적 정체성 구성요소와 유형화에 관한 연구. 동의대학교 대학원 박사학위논문.

김미정, 안영식(2017). 평생교육 교수자의 교수 역량에 대한 교육 요구 분석. **직업교육연구, 36**(4), 44-61.

김민서(2016). 여성성인학습자 특성유형과 학습참여요인 및 학습성과 인식이 삶의 질에 미치는 영향. 동아대학교 대학원 박사학위논문.

김민아, 신현욱(20220. 04. 22.). 월패드 해킹 언제든 또 뚫린다!... "필수 설비 수년 간 누락". KBS.

김민지(2018). 간호 · 간병통합서비스 병동 간호사의 언어폭력 경험, 대처 양상, 사회적 지지가 직무스트레스에 미치는 영향. 부경대학교 대학원 석사학위논문.

김병한(2017). 의료기관 간호인력의 사회적자본이 직무만족, 조직몰입, 이직의도에 미치는 영향 분석. 신라대학교 일반대학원 박사학위논문.

김석구(2014). 안드라고지론에 근거한 학습자 성향, 학습참여 특성 및 SNS 활용이 학습성과 인식에 미치는 영향. 아주대학교 대학원 박사학위논문.

김선용(2008). 평생교육 교 · 강사의 개인적 특성이 직무만족도와 조직헌신도에 미치는 영향에 관한 연구: 대전지역 평생교육기관을 중심으로. 충남대학교 대학원 석사학위논문.

김선정(2013). 상호적 또래교수가 수학 학습 성취도 및 수학적 태도에 미치는 효과. 한국교원대학교 교육대학원 석사학위논문.

김소연(2010). 반복학습의 기간차이가 학업성취도와 수학학습태도에 미치는 영향. 국민대학교 교육대학원 석사학위논문.

김신일(2020). **학습사회**. 서울: 학이시습.

김애련(2004). 성인학습자의 학습성과 인식 연구. 단국대학교 대학원 박사학위논문.

김양신(2013). 여성신입사원의 직무스트레스가 정서적 소진과 조직사회화를 매개로 이직의도에 미치는 영향. 숙명여자대학교 여성인적자원개발대학원 석사학위논문.

김영대, 조윤희, 서영조(2017). 장 · 노년층 정보화교육의 효과에 관한 연구: 디지털 역량과 삶의 질을 중심으로. **행정론총**, 55(1), 229-259.

김영식(2018). **4차 산업혁명시대 교육의 미래**. 서울: 학지사.

김영아(2004). 여성평생교육정책의 과제와 전망에 관한 연구. **교육종합연구**, 2, 63-86.

김영전, 주찬웅, 유효현(2011). 간편 교수체제설계를 활용한 의료윤리 교육프로그램 개발 사례 연구. Korean journal of medical education, 23(3), 185-192.

김영화, 전도근(2007). 평생교육강사의 직무분석. Andragogy Today, 10(3), 63-86.

김욱, 김정현, 박현식, 조성희(2012). **노인복지론**. 경기: 양서원.

김원경(1984). 부산지방 소아 입원환자 및 유치원아의 간염 B항원과 항체의 출현빈도. **부산 성모병원 학술자료, 소아과**, 27, 61-67.

김유진(2010). 반복학습을 적용한 음악 개념 지도방안 연구: 4학년을 중심으로. 한국교원대학교 대학원 석사학위논문.

김윤아(2019). 성인학습자의 평생학습상담 수준이 학습몰입, 학습만족도, 평생학습 참여성과에 미치는 영향 연구. 백석대학교 대학원 박사학위논문.

김윤태(1994). **교육행정경영신론**. 서울: 배영사.

김은하(2019). 헤어미용종사자의 관계마케팅 전략이 고객만족과 신뢰도, 재방문의도, 추천의도에 미치는 영향. 한남대학교 사회문화·행정복지대학원 석사학위논문.

김정미(2017). 보육교사의 직무스트레스가 심리적 소진에 미치는 영향: 자아존중감의 매개효과를 중심으로. 한세대학교 대학원 박사학위논문.

김종표, 이복희(2013). **평생교육방법론**. 경기: 양서원.

김진숙, 김규태, 서민호, 조정선(2018). **평생교육경영론**. 경기: 양성원.

김진영(2022). 학교 밖 청소년의 발달자산수준에 관한 연구. 명지대학교 대학원 석사학위논문.

김진영, 김남진(2009). 제주지역 노인의 여가활동 조사연구: 여가활동 유형 및 만족도를 중심으로. **탐라문화**, 35, 291-324.

김진하(2016). 제4차 산업혁명 시대, 미래사회 변화에 대한 전략적 대응 방안 모색. KISTPEP, Inl, 15, 45-58.

김진화(2003). 평생교육사의 직업적 전문성과 직무의 탐구. **평생교육학연구**, 9(2), 219-247.

김진화(2011). 한국의 평생교육 실천가와 평생교육사에 대한 연구동향과 과제. 일본사회교육학회·한국평생교육학회 제2회 학술교류연구대회자료집, 15-20. 도쿄: 수도대학도쿄.

김진화, 고영화, 권재현, 정민주(2010). 한국 평생교육 프로그램 분류체제 개발 연구. **평생교육학연구**, 16(3), 211-236.

김진화 외(2009). **평생교육 프로그램 분류체계 연구**. 서울: 평생교육진흥원.

김청자, 선우현, 유경훈(2012). **발달심리학의 이해**. 서울: 동문사.

김태련 외(2004). **발달심리학**. 서울: 학지사.

김한별(2019). 평생교육의 관점에서 살펴본 노년기 성인의 학습경험 탐구방식. **노년교육연구, 5**(2), 41-56.

나동석(2017). 청소년의 스트레스가 공격성에 미치는 영향: 마음챙김의 조절효과. 청주대학교 일반대학원 석사학위논문.

나항진, 김경수, 김형수, 구본영, 박성희(2011). **평생교육론**. 경기: 양서원.

남궁근(2008). **정책학–이론과 경험적 연구**. 경기: 법문사.

남선경(2012). 노년층 성인교육자의 실천적 지식을 활용한 교수활동 특성 탐색. 숙명여자대학교 대학원 석사학위논문.

남정걸(2007). **평생교육경영학**. 서울: 교육과학사.

노정진(2018). 한국폴리텍대학의 교수역량 모델 개발과 교수수행 특성. 한양대학교 대학원 박사학위논문.

노화준(2012). **정책학원론**. 서울: 박영사.

민경화(2021). 평생교육 교수자의 교수활동에서 감정소진이 직무몰입과 이직의도에 미치는 영향관계연구. 백석대학교 기독교전문대학원 박사학위논문.

민성옥(2020). 보육교사의 감정노동, 직무효능감 여가활동 참여만족도가 소진에 미치는 영향. 건국대학교 교육대학원 석사학위논문.

박가열, 천영민, 홍성민, 손양수(2016). **기술 변화에 따른 일자리 영향 연구**. 충북: 한국정보고용원.

박경연(2017). 학습자의 참여특성에 따른 평생교육교수자 역량 인식에 관한 연구. 대구대학교 대학원 석사학위논문.

박경희, 한상훈(2016). 평생교육 강사의 핵심 교수역량모델 분석. **예술인문사회 융합 멀티미디어 논문지, 6**(3), 373-381.

박대식(2008). 정부조직개편 접근법 비교분석. **한국조직학회보, 5**(3), 103-126.

박명신(2014). 평생교육자의 핵심역량과 성인학습자의 인지적 학습역량 및 생애능력의 구조적 분석. 충남대학교 대학원 박사학위논문.

박복선(2013). 중국의 평생교육 정책의 변천과정과 방향. **한국동북아논총, 66**, 185-203.

박상수(2012). 공공기관 콜센터 근무자의 이직의도에 영향을 미치는 요인에 관한 연구. 서울대학교 대학원 석사학위논문.

박선희(2020). 평생학습관의 교육프로그램 효율적 운영 방안. 중원대학교 대학원 박사학위논문.

박소화, 김수구, 김경희, 김희중(2006). 미래사회의 학습형태에 관한 연구. **교육연구논총, 27**(1), 137-158.

박수진(2020). 노인의 평생교육프로그램 참여가 삶의 만족도에 미치는 영향: 도, 농복합 지역(청주시 오창읍)의 특성을 중심으로. 고려대학교 대학원 석사학위논문.

박천오(2011). 한국 정부조직개편에 대한 비판적 고찰. **한국조직학회보**, 8(1), 1-30.

박춘신(2012). 방문형 학습지 교사의 정서노동, 정서적 고갈, 이직의도 및 고객지향성 간의 관계. 서강대학교 교육대학원 석사학위논문.

박형민(2004). 유네스코 평생교육의 형성과 전개. 서울대학교 대학원 석사학위논문.

방병문(2013). 간호사의 이직의도에 관한 연구: 직무만족도 및 직무스트레스와 소진 및 이직의도와의 인과관계를 중심으로. 가톨릭대학교 행정대학원 석사학위논문.

백혜진(2006). 사회과 법교육의 '사례중심 교수-학습방법' 적용에 관한 연구. 숙명여자대학교 교육대학원 석사학위논문.

변주성(2009). 평생교육기관 도자교육 프로그램의 학습성과에 미치는 영향요인 구조분석. 한국교원대학교 대학원 박사학위논문.

보건복지부, 육아정책연구소(2013). 영유아 문제행동지도를 위한 어린이집 보육교사 지침서.

손성화(2021). 평생교육교수자의 교수역량 강화를 위한 코칭모델 개발. 대구한의대학교 대학원 박사학위논문.

손승현(2008). 학습부진아를 위한 개별화 교육방법. **교육방법연구**, 20(1), 93-110.

송선희, 노유석(2017). 중년기 성인학습자의 평생학습 참여동기, 자기효능감, 자기주도학습이 교육만족도에 미치는 영향. **한국콘텐츠학회지**, 17(12), 319-329.

신용주(2012). **평생교육방법론**. 서울: 학지사.

신용주(2017). **평생교육 프로그램 개발론**. 서울: 학지사.

안관수, 황재연(2019). 베이비붐 세대와 대학 평생교육 체제의 재구조화. **디지털융복합연구(Journalof Digital Convergence)**, 17(11), 509-515.

안은경(2012). 노인복지관 평생교육프로그램 참여의 장해요인에 관한 연구. 인천대학교 행정대학원 석사학위논문.

안지선(2011). 관리자의 권력유형 수준과 HRD담당자의 직무몰입 관계에서 경력지향성의 매개효과 연구. 고려대학교 교육대학원 석사학위논문.

양은아(2019). 지역사회 평생교육 맥락에서 문화예술교육 프로그램 총 공급 및 참여 패턴 연구: 10년간(2008-2017) 조사 자료를 중심으로. **예술교육연구**, 17(1), 107-137.

양은아, 한숭희, 김민수(2018). 인문교양 평생교육 프로그램 분석을 통한 '시민인문교육복합체' 형성의 실증적 탐구. **평생학습사회**, 14(3), 1-36.

양흥권(2016). 고등평생교육과 교수-학습방법 발전 방향. **교육연구**, 15(3), 219-247.

양흥권(2017). **평생교육론**. 서울: 신정.

여성가족부(2020). 제3차 경력단절여성 등의 경제활동촉진 기본계획(2020~2024).

여영(2010). 한·중 양국 정부의 행정조직개혁에 관한 비교연구. 배제대학교 대학원 박사학위논문.

오만록(2005). **교육학개론**. 서울: 형설출판사.

오애숙(2013). 노인의 평생교육프로그램 참여변인에 따른 삶의 만족도. 광주대학교 대학원 석사학위논문.

유수란, 배을규, 이민영(2018). 평생교육강사의 프로티언 경력태도와 주관적 경력성공의 관계에서 셀프리더십의 매개효과. **직업교육연구**, 37(6), 85-104.

유승우, 이종문(2013). **인간자원개발론**. 서울: 한국방송통신대학교출판부.

윤규원(2022). Design Thinking 기반 평생교육 교수체제설계 모형 구성 및 타당화. 대구한의대학교 대학원 박사학위논문.

윤옥한(2013). 평생교육프로그램개발 모형 탐색. **교육논총**, 33, 67-85.

이경아(2008). 평생학습 참여의 사회적 자본 형성 효과에 관한 실증 연구. **평생교육학 연구**, 14(2), 117-146.

이다현(2014). 유네스코 세계성인교육회의에 나타난 성인교육 이념 분석. 공주대학교 교육대학원 석사학위논문.

이문희(2011). 직무특성이 직무스트레스와 직무몰입에 미치는 영향 연구: 충청북도 내 공연예술단체 종사자를 중심으로. 배재대학교 대학원 석사학위논문.

이복희, 유인숙(2020). **평생교육 프로그램개발론**. 경기: 양성원.

이영호(2005). 유네스코의 평생교육 국제적 보급이 한국 평생교육에 미친 영향.

이영희(2018). 노인 남성의 평생교육 참여경험과 인식에 관한 합의적 질적 연구. 한국방송통신대학교 대학원 석사학위논문.

이용엽(2012). 셀프리더십이 직무몰입과 스트레스에 미치는 영향: 일과 삶의 균형 부분 매개효과를 중심으로. 호서대학교 벤처전문대학원 박사학위논문.

이윤경, 문명재(2011). 국정 의제의 변화와 정부 조직 개편에 대한 연구. **한국조직학회보**, 8(1), 59-106.

이임순(2020). 중년기 여성학습자의 생활사건 경험, 학습참여 동기와 삶의 의미 간의 관계: 관계성의 조절효과. 숙명여자대학교 대학원 박사학위논문.

이임엘(2021). 제4차 산업혁명시대 속 다음세대 예배 활성화 방안 연구. 백석대학교 기독교전문대학원 석사학위논문.

이종재, 이차영, 김용, 송경오(2015). **교육정책론**. 서울: 학지사.

이해주, 최운실, 권두순, 장원섭(2017). **평생교육 프로그램 개발**. 서울: 한국방송통신대학교출판문화원.

이현영, 김영수, 허희옥(2012). 공과대학 교수역량(Teaching Competency) 진단도구 개발연구. **교육**

공학연구, 28(3), 439-469.

이현찬(2011). 노인교육프로그램이 사회적 자본과 삶의 만족도에 미치는 영향. 경남과학기술대학 벤처기업대학원 석사학위논문.

이희수, 강대중, 김진화, 권인탁, 김현수, 양병찬, 임경수, 배현순, 한민서, 이효영(2017). **제4차 평생교육진흥 기본계획 수립을 위한 연구**. 세종: 교육부.

이희수, 박인종, 백은순, 서혜애, 유균상, 최돈민, 홍영란, 권재현, 이세정, 이정희(2000). **평생학습지원체제 종합 발전방안 연구(Ⅰ)**. 서울: 한국교육개발원.

이희수, 조순옥(2005). UNESCO 세계성인교육회의가 평생교육정체성 형성에 미친 영향 연구. **평생교육학연구**, 11(1), 15-144.

임봉순(2012). 목회자 평생교육 활성화를 위한 e-Learning 시스템 모형. 백석대학교 대학원 박사학위논문.

임재춘(2015). 노인의 평생교육 참여 실태와 학습 만족도에 관한 연구: 김천시 사례를 중심으로. 대구대학교 산업 · 행정대학원 석사학위논문.

장윤재(2016). 경제양극화 극복을 위한 화해의 선교. **대학과 선교**, 31, 73-106.

장은지(2016). Big 5 성격요인에 따른 청소년 성격특성의 발달적 변화. 가톨릭대학교 대학원 석사학위논문.

장천식(2008). 노인복지관 평생교육프로그램 운영에 관한 실증적 연구. 국제신학교 대학원 박사학위논문.

전영기(2017). 평생교육강사의 다문화교수전문성 형성 과정. 숭실대학교 대학원 박사학위논문.

전효진(2007). 사회과 법 교육의 사례 중심 교수-학습 방법. 한국외국어대학교 교육대학원 석사학위논문.

정애라(2015). 학습자유형별 학습문제의 원인과 효과적인 교수학습방법에 대한 교사 및 학생의 인식조사. 조선대학교 교육대학원 석사학위논문.

정영송(2000). 직장인의 직무스트레스와 직무만족 및 직무몰입의 관계. 고려대학교 교육대학원 석사학위논문.

정옥분(2008). **성인·노인 심리학**. 서울: 학지사.

정옥분(2015). **청년심리학**. 서울: 학지사.

정옥분, 김동배, 정순화, 손화희(2008). **노인복지론**. 서울: 학지사.

정주영(2012). 평생교육교수자의 교수역량 강화를 위한 핵심역량개발 연구. **수산해양교육연구**, 24(2), 210-223.

조윤득, 신현석, 박은앙(2010). 돌봄서비스 영역에서 감정노동이 사회복지사의 소진과 심리사회적 건강에 미치는 영향: 부산. 경남지역의 시설들을 중심으로. **사회과학연구**, 26(1), 121-142.

조효재(2015). 학습지 교사의 직무스트레스가 이직의도에 미치는 영향: 심리적 소진, 직무만족도의 매개효과 검증. 연세대학교 교육대학원 석사학위논문.

주명현(2021). 국정철학에 따른 교육부 조직개편과 평생교육정책의 변동과정에 관한 연구: 국민의 정부부터 박근혜 정부까지. 숭실대학교 대학원 박사학위논문.

진미형(2005). 직무특성이 정서적 고갈과 조직유효성에 미치는 영향. 이화여자대학교 대학원 석사학위논문.

진성희(2010). 초등예비교사들의 교수역량에 대한 자기성찰 및 강화방안. **한국초등교육, 20**(2), 233-247.

차갑부(2014). **평생교육론**. 경기: 교육과학사.

최미옥, 홍아정(2015). 성인학습자의 성찰학습이 심리적 안녕감에 미치는 영향: 학습자 특성과 학습몰입의 매개효과. **평생학습사회, 11**(2), 245-274.

최상덕(2008). **교육 훈련 고용의 연계를 위한 평생학습계좌제 발전방안**. 서울: 한국교육개발원.

최성재, 장인협(2010). **고령화 사회의 노인복지학**. 서울: 서울대출판사.

최세이(2021). 평생교육 교수자의 교수역량, 의사소통, 성인학습자의 자기주도학습능력, 학습성과 간의 구조적 관계. 백석대학교 기독교전문대학원 박사학위논문.

최순자(2015). 노인의 평생교육프로그램 참여가 삶의 질에 미치는 영향요인의 관한 연구: 교육만족도 매개효과를 중심으로. 중앙신학대학교 대학원 박사학위논문.

최용범(2008). 기업의 조직전략과 최고 경영자의 리더십이 전략적 인적자원개발 업무수행에 미치는 영향. 숭실대학교 대학원 박사학위논문.

최운실(2003). 성인고등교육기관으로서의 교육대학원 역할 모델 탐색. **평생교육학연구, 9**(3), 173-200.

최운실, 이장익, 권두승, 전도근(2005). **평생교육 기관실태 분석 연구**. 서울: 한국교육개발원.

최은수(2012). **평생교육정책론**. 서울: 학지사.

최은수, 김미자, 최연희, 윤한수(2016). **평생교육론**. 경기: 공동체.

최은수, 배석영(2008). **평생교육경영론**. 경기: 양서원.

최지혜(2018). 성인학습자의 학습특성이 학습지속에 미치는 영향과 사회적 자본의 매개효과. 중앙대학교 교육대학원 석사학위논문.

최항순(2010). 신행정조직론. 서울: 대명출판사.

통계청(2010). 장래인구추계.

통계청(2015). 인구주택총조사.

통계청(2017). 인구로 보는 대한민국.

통계청(2020). 인구동태통계연보.

통일부(2021). 2021년도 북한이탈주민 정착지원 시행계획.

하미경(2021). 노인의 인구사회학적 특성에 따른 평생교육프로그램 참여형태에 관한 연구. 대구대학교 디자인 · 산업행정대학원 석사학위논문.

하원규, 최남희(2015). **제4차 산업혁명: 초연결·초지능 사회로의 스마트한 진화 새로운 혁명이 온다.** 서울: 콘텐츠하다.

하태수(2014). 제2공화국 중앙정부 조직개편 분석. **사회과학연구,** 25(1), 35-54.

한국교육개발원(2020). 2020년도 방송통신고등학교 운영사업 결과보고서.

한국교육개발원(2020). 2020년도 방송통신중학교 운영사업 결과보고서.

한국교육개발원(2020). 2020학년도 1학기 전국 방송통신중학교 현황.

한국교육개발원(2020). 교육통계서비스(매년 5월 1일 기준).

한석주(2015). 지역사회 연계를 통한 농촌 초등학교 방과 후 평생교육 활성화 방안 모색. 중앙신학대학교 대학원 박사학위논문.

한정란(2008). 한국노년학 30년을 통해 본 노년교육 관련 연구. **한국노년학,** 28(4), 831-846.

한형교(2014). 한국 도로명주소 정책의 집행에 관한 연구. 중앙대학교 대학원 박사학위논문.

행정안전부(2020). 2019년 지방자치단체 외국인 주민 현황.

현대경제연구원(2017). 2017년 다보스포럼의 주요 내용과 시사점. **경제주평,** 727, 1-13.

현영섭(2010). 평생교육사의 5대 전문영역 모델과 교육요구에 대한 탐색. 한국교육학회. 2010 한국교육학회 춘계학술대회 분과학회 자료집. 31-51.

현영섭, 권대봉(2007). 평생교육기관 종사자 대상의 델파이 조사에 기초한 평생교육기관 경영의 변화 동향. **인력개발연구,** 9(1), 1-26.

호세화(2021). 한국과 중국의 평생교육정책에 관한 비교연구. 원광대학교 대학원 박사학위논문.

황경애(2008). 중학생의 스트레스와 자아개념 및 비행과의 관계. 탐라대학교 경영 · 사회복지대학원 석사학위논문.

Allen, W. C. (2006). Overview and Evolution of the ADDIE Training System. *Advances in Developing Human Resources, 8*(4), 430-441. doi:10.1177/1523422306292942.

Allport, G. W. (1945). The psychology of participation. *Psychology Review, 52*(3), 117-132.

Anderson, J. E. (1990). *Public policy making: An introduction.* Boston: Houghton Mifflin.

Baltes, P. B., & Baltes, M. M. (1990). Psychological perspectives on successful aging: The model of selective optimization with compensation. In P. B. Baltes & M. M. Baltes(Eds.), *Successful aging.* Cambridge, England: Cambridge University Press.

Bardach, E. (1976). Policy termination as a political process. *Policy Science, 7*(2), 123-131.

Barnard, C. I. (1938). *The functions of the executive.* Cambridge, MA: Harvard University Press.

Beatty, P. T. & Wolf, M. A. (2003). **노년기 성인교육: 원리 및 접근.** [Connecting with older adults : educational responses and approaches] (강윤정, 김지자, 김갑성 역). 경기: 서현사(원저출판: 1994).

Birchfield, V., & Crepaz, M. M. L. (1998). The impact of constitutional structures and collective and competitive veto on income inequality in industrialized democracies. *European Journal of Political Research, 34*, 175-200.

Boulet, G. (2009). Rapid prototyping: an efficient way to collaboratively design and develope-learning content. Retrieved from http://guyboulet.net/wp/wp-content/uploads/2012/02/Rapid_prototyping.pd

Branch, R. B. (2009). *Instructional Design: The ADDIE Approach.* Dordrecht: Springer.

Brookfield, S. (1995). Adult learning: An overview. *International encyclopedia of education, 10*, 375-380.

Buttler, F. M. (1999). Reading partners: students can help each other learn toread!. *Education and Treatment of Children, 22*, 415-426.

Caffarella, R. S. (1994). *Planning Programs for adult learners.* San Francisco, CA: Jossey-Bass.

Caiden, G. E. (1971). *The dynamic of public administration: Guidelines to current transformation in theory and practice.* New York: Holt, Rinehart, and Winston.

Cherniss, C. (1980). *Staff-Burnout: Job Stress in the Human Services.* Beverly Hills, CA: Sage Publications.

Chiles, J. A., Miller, M, L., & Cox, G. B. (1980). Depression in an adolescent delinquent population. *Archives General Psychiatry, 37*, 1179-1184.

Cotton J. L. & Tuttle J. M. (1986). Employee Turnover: A Meta Analysis and Review with Implication for Research. *Academy of Management Review, 11*(1), 57.

Cranton, P. (1992). *Working with adult learners.* Toronto, Ontario: Wall & Emerson.

Cross, K. P. (1982). *Adults as Learners.* San Francisco: Jossey-Bass Publishers.

Cytrn, L., & Mcknew, D. H. (1974). Factors influencing the changing clinical expression of the depressive process in children. *American Journal of psychiatry, 131*(8), 879-881.

Daugherty, J., Teng, Y., & Cornachione, E. (2007). Rapid Prototyping Instructional Design: Revisiting the ISD Model. Paper presented at the International Research Conference in The Americas of the Academy of Human Resource Development. https://eric.ed.gov/?id=ED504673.

Dave, R. H. (1976). *Foundations of Lifelong Education.* New York: Pergamon Press.

Desrosier, J. (2011). Rapid Prototyping Reconsidered. *The Journal of Continuing Higher Education, 59*(3), 135-145, DOI: 10.1080/07377363.2011.614881.

Dowd, J. J. (1980). *Stratification Among the Aged.* Cali: Brooks/Cole.

Dubin, R. (1956). Industrial workers' worlds: A study of the central life interests of industrial workers. *Social Problems, 3*(3), 131-142.

Dubin, R. (1958). *The world of work: Industrial society and human relations.* Englewood Cliffs, NJ: Prentice-Hall.

Dye, T. R. (1984). *Policy analysis.* Alabama: University of Alabama Press.

Eggen, P. D. & Kauchak, D. P. (2006). *Strategies and models for teachers: teaching content and thinking skills*(4th ed). Boston: Pearson.

Elmore, R. (1985). Forward and backward mapping: Reversible logic in the analysis of public policy. In H. Kenneth and T. A. J. Toonen(eds.), *Policy implementation in federal and unitary systems*(pp. 33—70). Dordrecht Netherlands: Martinus Nijhoff Publishers.

English, F. W., & Kaufman, R. A. (1975). *Needs Assessment: A Focus for Curriculum Development.* District of Columbia: Association for Supervision and Curriculum Development.

Erickson, E. H. (1963). *Childhood and society*(2nd ed.). New York, NY: W. W. Norton & Company.

Fantuzzo, J. W., Polite, K., & Grayson, N. (1990). An evaluation of school-based reciprocal peer tutoring across elementary school setting. *Journal of educational Psychology, 28*, 309-324.

Feldman, S. S., Biringen, Z. C., & Nash, S. C. (1981). Fluctuations of sex-related self-attributions as a function of stage of family life cycle. *Developmental Psychology, 17*, 24-35.

Gagné, R. M., Wager, W. W., Golas, K. C., & Keller, J. M. (2005). *Principles of instructional design*(5th ed.). Belmont, CA: Wadsworth/Thomson Learning.

Gustafson, K. L., & Branch, R. M. (1997). Revisioning models of instructional development. *Educational Technology, Research and Development, 45*, 73-89. https://doi.org/10.1007/BF02299731.

Gustafson, K. L., & Branch, R. M. (2002). What is instructional design? In R. A. Reiser & J . V. Dempsey(Eds.), *Trends and issues in instructional design and Technology*. Columbus, OH: Merrill/Prentice Hall.

Havighurst, R. J. (1977). A Social Psychological Perspective on aging, Let's learn about Aging.

J. R. Barry and C. R. Wingrove(eds), *A Book of Reading*. New York: Schenkman pub.

Havighurst, R. J., Neugarten, B. L. & Falk, J. M. (1967). *Society and education. A book of readings*(3rd ed). Boston: Allyn and Bacon.

Houle, C. D. (1961). *The inquiring mind.* Madison, WI: University of Wisconsin Press.

Hoy, W. K. & Miskel, C. G. (2013). *Educational administration: Theory, research and practice*(9th ed.). New York: McGraw-Hill.

Imel, S. (1999). Roles for Adult Educators. Trends and Issues Alert, 7(ERIC Document Reproduction Service ED435 039).

Iverson, R. D. (1992). *Employee intent to stay: an empirical test of a revision of the Price and Muller model.* Iowa City, IA: University of Iowa.

Kaufman, R. A. (1977). Needs assessments: Internal and external. *Journal of Instructional Development, 1*, 5-8. https://doi.org/10.1007/BF02904307.

Kaufman, R. A., & Stakenas, R. (1981). Needs Assessment and Holistic Planning. *Educational Leadership, 38*, 612-616

Knowles, M. S. (1984). *The adult learner: A neglected species*(3rd ed.). Houston, TX: Gulf.

Knowles, M. S. (1989). *The marking of an adult educator.* San Francisco, CA: Jossey-Bass.

Knowles, M. S. (1990). *The modern practice of adult education: From pedagogy to andragogy.* New York, NY: Cambridge Books.

Knowles, M. S. (2005). *The modern practice of adult education: From pedagogy to andragogy.* New York, NY: Cambridge Books.

Knowles, M. S., Holton, E., & Swanson, R. (2005). *The adult learner*(6th ed.). Woburn, MA: Butterworth Heinemann.

Kolb, D. A. (1984). *Experiential learning: Experience as the source of learning and development.* Englewood Cliffs, NJ: Prentice Hall.

Kruse, K. (2009). Gagné's nine events of instruction: An introduction. Retrieved on July. 2021 from https://psu.pb.unizin.org/app/uploads/sites/88/2018/06/Gagne-Nine-Events-of-Instructoin.pdf

Lawler, E. J. (2001). An Affect Theory of social exchange. *American Journal of Sociology, 107*, 321-352.

Lemon, B. W., Bengtson, V. L., & Peterson, J. A. (1972). An exploration of the activity theory of aging: Activity types and satisfaction among in-movers to a retirement community. *Journal of Gerontology, 27*(4), 511–523.

Lengrand, P. (1975). *An Introducation to Lifelong Education.* London: Croom Helm.

Lengrand, P. (1989). *Lifelong Education: Growth of the Concept, in Lifelong Education for Adults: An International Handbook*. ed. Colin J. Titmus. Oxford: Pergamon Press.

Levinson, D. J. (1978). *The seasons of a man's life*. New York: Knopf.

Lodahl, T. M. & Kejner, M. M. (1965). The Definition and Measurement of Job Involvement. *Journal of Applied Psychology, 49*, 24-33.

Longworth, N. (2003). *Lifelong learning in action*. London and New York: Routledge Falmer.

Lowi, T. J. (1972). Four systems of policy, politics and choice. *Public Administration Review, 32*(4), 298-310.

Maslach, C. (1976). Burned-out. *Human Behavior, 5*, 16-22.

Maslach, C., & Jackson, S. E. (1981). *The Maslach Burnout Inventory. Research edition*. Palo Alto, CA: Consulting Psychologists Press.

McClusky, H. Y. (1971). *Education: Background*. Report prepared for the 1971 White House Conference on Aging. Washington, DC: White House Conference on Aging.

McDonald, J. K. (2006). Participatory prototyping: Improving faculty participation in technology mediated instruction. In A. MéndezᲮVilas, A. Solano Martín, J .A. Mesa González and J. Mesa González(Eds.), *Current Developments in Technology-Assisted Education*(vol I I I, pp.1898-1902). Badajoz, Spain: Formatex.

Meyer, J. W., & Rowan, B. (1977). Institutionalized organizations: Formal structure as myth and ceremony. *American Journal of Sociology, 83*(2), 340-363.

Mezirow, J. (1991). *Transformative dimensions of adult learning*. San Francisco, CA: Jossey-Bass.

Mobley, W. H., Horner, S. O., & Hollingsworth, A. T. (1978). An Evaluation of precursors of hospital employee turnover. *Journal of Applied Psychology, 63*(4), 408-414.

Moe, T. (1989). *The politics of bureaucratic structure*. Washington: The Brookings Institute.

Perlman, B., & Hartman, A. E. (1982). Burnout: Summary and future research. *Human Relations, 35*, 283-305.

Rainey, H. G., Robert, W. B., & Levine, C. H. (1976). Comparing public and private organizations. *Public Administration Review, 36*(2), 233-244.

Reiser, R. A. (2001). A history of instructional design and technology. Part II: A history of instructional design. *Educational Technology, Research and Development 49,* 57-67. https://doi.org/10.1007/BF02504928.

Reiser, R. A., & Dempsey, J. V. (2002). *Trends and issues in instructional design and technology*. Boston, Massachusetts: Pearson.

Richey, R. C. (2005). Validating Instructional Design Models. In J. M. Spector & D. A. Wiley (Eds.), *Innovations in Instructional Technology: Essays in Honor of M. David Merrill* (pp. 171-185). Mahwah, NJ: Lawrence Erlbaum Associates, Publishers.

Rogers, A. (1996). *Teaching Adult*. Milton Keynes: Open University press.

Rossett, A. (1995). Needs Assessment. In Alglin, G. J.(eds) *Instructional Technology: Past, P resent, and Future*. Englewood, Colorado: Libraries Unlimited.

Schön, D. A. (1983). *How professionals think in action*. New York: Basic Books.

Selznick, P. (1949). *TVA and the grass roots: A study in the sociology of formal organization*. Berkeley, CA: University of California Press.

Shrock, S. A. (1995). *A brief history of instructional development. In Anglin, G. J.(Ed.). Instructional Technology: Past, P resent, and Future*. Colorado: Libraries Unlimited.

Sistare, H. (2004). *Government reorganization: Strategies and tools to get it done*. Washington, DC: IBM Center for the Business of Government.

Smith, P. J. (2002). 'Modern' learning methods: Rhetoric and reality-further to Sadler-Smith et al. *Personnel Review, 31*(1), 103-113.

Tripp, S. D., & Bichelmeyer, B. (1990). Rapid prototyping: An alternative instructional design strategy. *Educational Technology Research and Development, 38*, 31-44. https://doi.org/10.1007/BF02298246Vejvodova, 2015

UNESCO(1972). *Learning to be. The World of education today and tomorrow*. Paris: UNESCO.

UNESCO(1972). *Third International Conference on Adult Education, Final Report*. Paris: UNESCO.

UNESCO(1976). *Record of the General Conference Nineteenth Session Nairobi*. Annex1, Paris: UNESCO.

UNESCO(1985). Forth International Conference on Adult Education, Paris: UNESCO.

UNESCO(2009). *Six International Conference on Adult Education*. Final Report. Paris: UNESCO.

UNESCO(2009). United Nations Literacy. Decade International Strategic Framework for Action. Paris: UNESCO.

Utely, C. A., Mortweet, S. L., & Greenwood, C. R. (1997). Peer mediated instruction and intervention. *Focuson Exceptional Children, 29*(5), 1-23.

Van Horn, C. E. (1979). *Policy implementation in the Federal system: National goals and local implementors*. Lexington, Mass.: Lexington Books.

Vejvodová, V. (2015). The ADDIE model: Dead or alive. Department of Czech Language and Literature, Institute of Lifelong Learning, University of West Bohemia, Retrieved from http://virtuni.eas.sk/rocnik/2009/pdf/paper_127.pdf.

Weber, M. (1947). *The theory of social and economic organization, Translated by A. M., Henderson and Talcott Parsons*. New York: The Free Press.

국가법령정보센터. http://www.law.go.kr

국가평생교육진흥원 독학학위제 홈페이지. https://bdes.nile.or.kr

국방부 홈페이지. https://www.mnd.go.kr

서울시교육청. http://www.sen.go.kr

심리학 용어사전. http://www.koreanpsychology.or.kr

한국교육방송공사 홈페이지. http://ebs.co.kr

한국심리학회. http://www.koreanpsychology.co.kr

Daum 백과. https://100.daum.net

Daum 블로그. http://blog.daum.net/newslife/12783978

찾아보기

ㄱ

ㄴ

ㄷ

ㄹ

ㅁ

ㅂ

저자 소개

■ 이기원

국제문화복지 사회교육학과 교육학석사/사회복지학박사(Ph.D.)
명지대학교 아동심리상담학과 겸임교수
숭실대학교 복지경영학과 겸임교수
국민대학교 사회복지학과 강사
현) 목포과학대학교 평생교육복지학과 교수
저서) 사회복지실천기술론, 사회복지와 문화다양성, 정신건강사회복지론, 노인복지론 외

■ 한영상

대전대학교 경영학석사, 사회복지학석사
중부대학교 일반대학원 사회복지학박사
한국사회복지교육협회 대표이사
베스트평생교육원 원장
중부대학교 사회복지학과 겸임교수
현) 서정대학교 사회복지상담과 전임교수
저서) 평생교육방법론 외

■ 박선태

대구가톨릭대학교 사회복지학박사
현) 수성대학교 보건복지경영과 교수
저서) 사회복지실천기술론, 사회복지 윤리와 철학, 사회복지 법제와 실천, 사회복지행정론 외

■ 정혜선

서울사회복지대학원대학교 사회복지학석사
호서대학교 대학원 사회복지학박사
호원대학교 아동복지학과 강사
현) 서울사회복지대학원대학교 겸임교수
    서울사회복지대학원대학교 평생교육원 주임교수
    호서대학교 대학원 강사
저서) 행복을 주는 창의 · 인성 스피치

■ 명근홍

목포대학교 공학박사
현) 목포과학대학교 장애학습지원센터장 성인학습지원센터 단장
    목포과학대학교 산학협력단 단장
    목포과학대학교 기획산학처 부처장
    목포과학대학교 사회복지학과 부교수

■ 장순휘

육군사관학교 문학사(38기)
경남대 대학원 정치학 박사
미국 AFIT연수
전) 청운대학교 부교수
    협성대학교 · 홍익대학교 · 중앙대학교 · 한성대학교 외래교수
현) 가톨릭관동대학교 겸임교수
저서) 리더십의 이해, 스마트세계전쟁사 외 다수

평생교육론

1판 1쇄 인쇄 — 2023년 2월 6일
1판 1쇄 발행 — 2023년 2월 10일

저 자 - 이기원 한영상 박선태 정혜선 명근홍 장순휘
발 행 인 - 강철원
발 행 처 - 양성원
주 소 - 경기도 파주시 검산로 173번길 29-12
전 화 - 031-946-3861(代)
팩 스 - 031-946-3864
이 메 일 - tnwpub@naver.com
홈페이지 - tnwpub.co.kr
출판등록 - 2015년 8월 31일 제 2015-000211 호

ISBN 979-11-6126-466-0

정가 22,000원